# 黄土高原

## 聚落景观与乡土文化

霍耀中　刘沛林　著

国家社会科学基金项目（编号 12BZW127）资助成果

国家自然科学基金项目（编号 41271167）资助成果

中国建筑工业出版社

# 从传统聚落中发掘文化　从乡土景观中谋求发展

中国是一个历史文化悠久、文化遗存众多的国家，也是一个长期以农为主、农耕文化、定居文化特色鲜明的国家。60余年来，中国保存完整的古城已经很少，相对而言，古村古镇数目较多。然而，随着中国经济的快速发展，城市化进程的不断加快，分布在中国各地的古村古镇也正在急剧消失，这一代表中国传统乡土文明"化石地"的消亡，带给了我们无限的忧伤和落寞。唯有加大对传统聚落及其景观的保护，并从中发掘有保存意义和利用价值的乡土文化资源，为今天的人居环境建设和文化发展服务，才是明智的举措和根本的出路。

传统聚落浸透着丰富的人居文化思想。《管子·乘马》记载，理想的城邑之地，应该"非于大山之下，必于广川之上；高毋近旱而水用足，下毋近水而沟防省；因天材，就地利。"《后汉书·仲长统传》对居住之地的要求是："使居有良田广宅，背山临流，沟池环匝，场圃筑前，果园树后。"安徽歙县《清代尚书方氏族谱》对其村址的记载是："慕山水之胜而卜居焉……阡陌纵横，山川灵秀，前有山峰耸然而特立，后有幽谷窈然而深藏，左右河水回环，绿林荫翳。"清代《阳宅十书》记载："人之居处，宜以大地山河为主。"这些思想，均强调居住之所要依山傍水，顺应自然，亲近自然，以自然为本。实际上，中国传统聚落及其景观的建设均深深地印证了这些思想。

传统聚落是中国乡土文化的宝库。真正的中华文化离不开土生土长的乡土文化，这是中华文化的根系和母体所在，也是中华文化的神秘与特色所在。各地的乡土建筑由于产生的土壤和气候不同，总是会生长成不同的模样，而且都有它各自充足的理由。众多的乡土习俗又因为不同的地域或不同的民族，在各地聚落中保留和传承下来，成为各具特色的地方文化。南方的稻作文化区与北方的小麦、玉米文化区，东部的渔业文化区与西部的高原文化区，它们之间从自然环境到生产生活方式，都有着巨大的差异。这些差异总是先在乡土文化和民间习俗上有着明显的特征和表现，进而在各地聚落景观上也存在着巨大的反差。要真正了解中华文化，乡土文化显然是一把重要的钥匙。

中国传统聚落景观的区域差异是与相应的景观基因的差异密不可分的。按照刘沛林教授长期以来的观点，中国各地传统聚落景观的不同是由它们区域景观基因的不同而决定的；而且，为了更好地适应环境，这种基因会随着时间的变化和空间的迁移而产生一定程度的变异，但核心要素不会发生变化。比如，马头墙的传承代表了一定区域民居的特征，但在地域迁移过程中会随着地域环境的变化产生不同的差异。同理，四合院的空间大小也会在地域迁移的过程中因地理条件的变化而发生相应的改变。这一观点有助于解释聚落文化景观的区域差异、景观特点和演变规律。

黄土高原聚落景观有着鲜明的地域特征和丰富的文化内涵。这种聚落景观的地域特征，首先，因黄土地貌独特的性状、质地和环境条件而发生；其次，是黄河流域悠久的历史文化积淀使然；再次，则是各局部地域独特的地方文化的塑造。只有借助景观基因的方法，从各地的乡土文化景观基因入手，深入挖掘其中有价值的成分，在保护传统聚落文化景观的前提下，积极推进古村镇人居环境保护和建设，大力发展旅游业和文化产业，黄土高原聚落景观的保护和乡土文化的开发利用才会大有可为。

霍耀中教授和刘沛林教授的新作《黄土高原聚落景观与乡土文化》，就是一部将理论思想与实践应用紧密联系在一起的得力之作。该著作首先建立在深厚的理论基础之上，以聚落景观基因理论为出发点，采用景观形态学、聚落类型学、历史地理学等方法，创新性地提出了聚落形态分析的"胞—链—形"理论、文化旅游地保护与规划的"景观信息链"理论，并对黄土高原地区的聚落景观进行了分析比较和群系划分。该著作同时建立在深入实地调研的基础之上，研究小组几乎走遍了黄土高原所有的古村落，收集了丰富的第一手资料，测绘了大量的古村落的图件，完成了若干古村镇保护性规划和旅游发展规划，对黄土高原地区的聚落景观及其保护途径，形成了深刻的理性认识和感性认识。

这部著作是由两位长期从事中国古代聚落景观保护、文化遗产整理和规划的专家，在多年潜心调查和研究的基础上精心整理而成，我坚信一定会带给大家不少的惊喜。

是为序。

韩光辉

北京大学城市与环境学院教授、博士生导师

2013年元旦于燕北园

# 序二

# 这一片深情的黄土地……

黄土高原是一处特殊而神奇的地域，数千年岁月与自然的积淀在这里形成了独异的地貌景观。放眼黄河中游这大片粗犷而豪迈的黄土地，纵横起伏间，它厚重如苍茫日月，见证着人类文明的进程；墚峁沟壑里，它素朴如伟大母亲，哺育着一方儿女之生息。黄土高原独特的地形地貌生长出千姿百态的窑洞建筑，培育出了多彩多姿的黄土文化。

这是一片饱含深情的黄土地。众所周知，窑洞建筑具有冬暖夏凉、节能环保；就地取材、造价低廉；施工简易、坚固耐用等诸多优点。对于物质条件匮乏、自然环境局限且经济水平有限的黄土高原而言，生生不息的窑洞建筑便仿佛是这片浓情厚意的黄土地给予人类的慷慨馈赠。

黄土中深植着高原儿女的生命之根与力量之源。生于斯、长于斯的人们也一代代将生活的热忱都赋予了脚下的黄土地。黄河两岸，在那一座座能讲出几百年光阴故事的窑洞古村落里，那依山就势的规划思想，那自然天成的建筑形态，那和谐巧妙的装饰元素，好似在大自然怀抱中铺展开一幅幅生动隽美的人类聚居生存画卷。久经时空磨砺而形成的令人叹为观止的窑洞景观，处处体现着老百姓朴素而智慧的自然观，最平凡的生活里孕育出最动人的艺术。

从茹毛饮血的原始穴居时代，到处处高楼林立的当今时代，人类社会的住居形式经历了历史的跨越与变迁。当代人已经习惯了在冰冷的钢筋混凝土建筑里寻找前行的灵感与动力。而在晋西和陕北黄土漫漫、峁塬跌宕的高原上，历经数百年战乱与动荡得以幸存至今的窑洞古村落，以其强烈而持久的生命气韵与古朴而科学的建筑智慧，吸引着方方面面的专家、学者前来汲取养分。

这一片深情的黄土地上，饱含深情的古村落窑洞建筑里，摇曳着无尽的风情，潜藏着不竭的精华，启迪着当代建筑与城镇化研究的灵感。山西大学霍耀中教授就是这样一位扎根黄土高坡，埋头古村镇保护与发展事业的研究者。在近20年的研究生涯中，他孜孜以求、不断探索、不断奉献，跋涉的足迹遍布了黄河两岸山山峁峁的一村又一村，深入到了黄土高原窑洞古民居的每一处细节。怀着对于故土吕梁的一颗拳拳赤子之心，霍教授矢志不渝地时刻关注着古村镇的命运。近年来，他与刘沛林教授一道，先后主持完成了以碛口古镇为代表的十余项规划和课题研究，并出版有近10部相关专著，在许多核心期刊发表诸多有价值的学术论文，为山西古村落保护与发展研究作出了重要贡献。2005年9月，他们还曾与我共同牵头策划、发起"中国古村镇保护与发展碛口国际研讨会"，呼吁社会各界关注古村落保护，得到了国内外著名专家学者们的热烈响应，会议发布的《中国古村镇保护与发展碛口宣言》，还引起了高层领导、专家学者和社会各界对古村镇保护事业的高度重视，对古村镇保护具有里程碑意义。

正如霍耀中在一本著作中写道："我是走出大山而把根留在山里的吕梁人，在从事艺术的道路中从未间断地走在高原山涧中，黄河和黄土地成为我艺术生命的甘泉和沃土……"永葆着一颗年轻活力的探索之心、开拓之心，始终激荡着满怀热情，饱含着对家乡的款款深意，走在了古村镇保护的前沿战线。就在去年还因其对黄土高原古民居窑洞建筑的突出建树，获得了由中国民族建筑研究会授予的

"中国民族建筑事业优秀人物"称号，为山西建筑界争得了荣誉。

霍耀中教授的好友兼学术搭档刘沛林教授，早在2004年底就是山西大学聘任的兼职教授，由于在北京大学及国外知名大学接受过有关文化遗产保护和历史文化村镇保护规划等方面的良好训练，且长期从事中国传统村镇保护与规划研究，最早倡议要像保护"中国历史文化名城"一样建立"中国历史文化名村（名镇）"保护制度，在中国传统聚落景观与保护、人文地理学方面颇有建树，曾在1997年就获得过"全国青年地理科技奖"等荣誉。刘沛林教授多年来从事传统聚落景观研究的理论功底，与霍耀中教授长期以来积累的关于黄土高原古村古镇的调研、观感及思索交织在一起，正好碰出激情的火花，可谓珠联璧合，相得益彰，使黄土高原聚落景观的研究跨越建筑、地理、历史、旅游、规划、艺术等任何一门单一学科，从而走向综合化和整体化，进而推动整个区域聚落研究与建设的大发展。这是一项学科交叉、学者交叉研究的出色成果。

2009年7～10月间，霍耀中教授研究小组再次带领着他们的团队对晋西陕北明清窑洞古民居进行了系统的专项考察。7月的骄阳燃烧着探索者如火的热情，10月金秋开拓者捧回累累硕果。考察中，他们的足迹遍及晋、陕两省的11县市，共寻访明清古民居20处，成果喜人，为黄土高原聚落景观研究提供了丰富的内容。而在2009年12月5日，由该研究小组组织的"山西2009乡土景观与乡村旅游学术论坛"，汇聚了省内众多专家学者，对山西省乡土景观与乡村旅游展开了广泛而深入的研讨。论坛取得巨大成功，这对于保护黄土高原乡土景观与开发黄土高原乡村旅游有重要意义。此后不久，2010年1月1日，新年伊始，霍耀中教授和刘沛林教授再次聚首太原，热切地投入工作，再次发起召开了针对乡村文化旅游的专门研讨会，得到省内外诸多专家的大力响应，研讨会取得了积极的效果，并发表了长篇会议对话录。山西省乡土文化景观因此而越来越受到专家、学者们的高度关注。

在探索中发现，在探索中思考，在探索中前行。正是这些不畏劳苦、孜孜以求的人们，推动着学术研究和技术创新的车轮一路向前！这本《黄土高原聚落景观与乡土文化》洋溢着浓浓的黄土风情和乡土气息，或可为广大读者奉上一道盛宴，恭请细细品鉴，也希望本书能呼唤起更多的专家投身到古村落研究当中，投身到传统文化的抢救、保护和弘扬之中。让深情的黄土地开启我们阔步前行的灵感之源！

李锦生

山西省住房和城乡建设厅副厅长

山西省城市规划学会理事长

2013年春节于并州

# 前言

谈中国，离不开黄河；谈黄河，离不开黄土高原。

黄土高原，作为中华文明的重要发祥地之一，成为祖祖辈辈在这里休养生息的民众的美好家园。

在这片家园里，有无数供人们集中居住的地方，小的叫村，大一点的叫镇，再大一点的叫城市；村、镇、城市又被统称为聚落。《史记·五帝本纪》中说："一年而所居成聚，二年成邑，三年成都。"讲述了一个聚落的形成过程和三种不同形态。《汉书·沟洫志》的表述是："或久无害，稍筑室宅，遂成聚落。"起初，狭义的聚落仅指村落，后来演变为包括城镇在内的所有集中居住之所。我们今天所说的聚落为广义的聚落。

聚落是一个长期生活、聚居、繁衍在一个边缘相对清楚的地域的人群所组成的空间单元，是该地域政治、经济和文化生活的中心舞台，也是该地域政治、经济和文化的当然载体，尤其是该地域历史文化最好的传承地和保留地。由于考虑到乡土文化景观特征是本书的重点范围，因此，本书涉及的聚落重点是村镇，特别是历史文化村镇。

黄土高原聚落是黄土高原历史文化的重要载体。黄土高原聚落是在黄土高原这一特定的环境条件和历史条件下的产物。温带的气候，疏松的黄土，壮美的黄河，良好的肥力，勤勉的百姓，深厚的文明，造就了这一区域特定的聚落文化景观。

黄土高原聚落文化景观是全国聚落文化景观中的独特群系。它以垂直节理发育、质地疏松但不易垮塌的黄土为基础，结合周边地形整体布局，多沿黄土地貌的塬、墚、峁及沟谷地形分布，呈现较明显的自然态。建筑多为土木石结构。乡村多窑洞建筑，或崖壁式，或下沉式，或半下沉式，在不同区域各显千秋。地面建筑多四合院落，装饰较为精美。聚落景观强调因借自然，建筑讲究冬暖夏凉，表现出人与自然的高度融合。

任何区域的聚落景观都有着其内在的"基因"，这种基因是在较长时段内积淀而成的，同时又在岁月中不断遗传和传承。在黄土高原聚落景观研究中，我们借用"景观基因"的原理，在实地调研晋、陕古村落的基础上，重点以无定河以东、汾河以西、长城以南的黄土高原区域作为原生建筑和景观基因的研究范围，找寻并剖析以原生建筑为主体的极具代表性的三大窑居村落建筑景观群系：一是以窑洞建筑为主体、以家族社会为特征、富有陕北高原粗犷气质的米脂建筑景观群系；二是以原生窑洞建筑为主体、较多吸收外部建筑特征的碛口建筑景观群系；三是位于高原外围、受周边外来建筑元素影响特别明显的黄土丘陵边缘地带建筑景观群系。通过全景式梳理、形态比较和文化分析，发现了本区域内黄土高原原生建筑演替变迁的清晰线索。在此基础上，创造性地指出了黄土高原乡土建筑与外来建筑文化互为作用、双向融合对接的关系。对于摸清聚落和建筑景观的血缘，保护乡土文化，很有价值。

从景观形态学的角度而言，黄土高原聚落景观形态特征明显，内涵丰富。根据景观形态学的体系，我们从实体要素（景观形态形式）、虚体要素（景观形态逻辑）、情感要素（景观形态感性思维）

三方面，分析了汾河流域、沁水流域和黄河流域传统聚落的景观形态特征的差异性和相似性。通过对多个传统聚落景观形态要素的分析，提炼出村落实体要素，即：村落路径、村落边界、村落肌理、村落空间区域以及村落的节点和中心点。以此为基础，借鉴景观基因"胞—链—形"理论，挖掘各古村的虚体要素和情感要素，并用图示的方法对其景观形态进行了合理的分析和有效的表达。

　　黄土高原聚落景观是人类独特的文化遗产，不仅承载着浓郁的乡土文化，而且充满着丰富的生活哲理，保护和利用好黄土高原聚落文化景观，既是学者的责任，也是民众的责任，更是政府的责任。我有幸和耀中教授志同道合，近10年来一直在合作开展黄土高原地区传统村镇景观群系及其保护与利用研究，经常利用寒暑假来往于晋、湘两地之间。当然，耀中教授和他的学生们承担了更多的实地调研工作，我则主要在理论方面与他进行研讨并与他一道付诸实践。我们于2006年合作推出了《聚落风土》丛书4本，是几年前合作开展碛口古镇保护和文化旅游开发的成果。之后，我在总结碛口古镇保护与开发工作的基础上，提出了文化旅游地保护规划和旅游规划的"景观信息链"理论，这一观点和方法成为我们多年来开展传统聚落景观保护与旅游规划的思路和方法。当然，我们在本书中强调的聚落景观"形态有机复合"概念，也是我们工作小组在多年探索中提出的基本思想。

　　眼下正值国家提倡文化大发展、大繁荣的大好时机，如何在既有研究工作的基础上，把握机遇，充分挖掘黄土高原聚落文化和乡土文化的深刻内涵，推进有灵魂和个性的黄土高原村镇建设，促进历史文化村镇及其旅游文化产业发展，带动区域文化产业开发。但愿本书的工作，既对同行们有所裨益，也为我们研究小组未来的工作带来新起点。

刘沛林

2013年元旦于雁城

# 目录

# chapter 1 第一章
# 黄土高原聚落探访
## The settlement of the loess plateau visit

地处黄河中游地区的黄土高原是农耕文明之滥觞，华夏文明之肇始。在这里，中华民族的始祖炎帝"始作耒耜，教民耕种"，结束茹毛饮血，开始刀耕火种，在莽莽荒原上掘开了农耕文明的汩汩泉流，为华夏文明的发轫奠定了最初的物质文化基础。黄土高原农耕文化源远流长，千万年来农耕文明的演进与人类生存的变迁，在这片黄土地上留下了丰富的生存景观。生存不仅指一个生命的存在，更包括了一个物种的存在，以及宇宙万物演变发展的轨迹。人类只是浩渺宇宙中短暂的一瞬间，然而，这一瞬却经过了复杂而艰辛的历程，经过了自然界的种种淘漉与洗礼。纵观人类历史，出于生存所形成与创造的景观更是丰富多彩。景观与生存有着天然不可分割的关联。景观不仅局限于地理、生物、生态、旅游等专业领域的信息概念，它既涵盖风景元素，也囊括文化的内涵[①]。

黄土高原独特的地形地貌孕育着千姿百态的窑洞建筑，培育出了璀璨绚丽的黄土文化。黄河中游晋陕峡谷地带分布着很多极具研究价值的传统聚落。在这些传统聚落中，以明清时期窑洞建筑为主体的古民居承载了内涵丰富的社会、历史、文化信息。在新农村建设突飞猛进、城镇化进程势不可挡的时代背景下，黄土高原窑洞古建筑不仅向世人传达着人与自然和谐相处的至高智慧，更给予我们现代住居理念的无限启迪。

---

① 霍耀中,刘沛林.黄土高原村镇形态与大地景观 [J].建筑学报,2005,(12):42-44.

# 第一节　陕北高原聚落

## 一　木头峪与高家堡

### （一）木头峪——农耕文化的载体

黄土高原人类传统聚居环境是经过岁月长久积淀而形成的。那些经过时间雕刻的窑洞景观，是一部令人叹为观止的生存纪录。它适应天然地形，与自然生态有机地组成整体，形成人与自然环境之间的和谐景观。其建筑形态、装饰元素与大自然巧妙结合，显得格外生动美观[1]。

木头峪，古名浮图峪，亦称浮图寨，位于佳县城南20km的黄河冲积滩上，依山傍水，枣林环绕，景色优美，与山西临县曲峪镇隔河相望。古为秦晋贸易往来的水旱码头，河床宽而无石，水势平缓，历史上素有"好渡口"之称。木头峪曾作为黄河中游水运的一个重要码头，有过非常兴盛和繁荣。清光绪二十三年（1897年），知州在此设厘金卡筹集饷需。木头峪村商业的繁荣，首先得益于独特的地理位置。西通陕北内地，有骡马大道直达宁夏、甘肃。这里水势平缓，河床宽而无石，是包头到山西碛口的水运中转站。这里曾四季船筏不断，昼夜驼铃声声。便利的交通使这里商贸兴旺。如许多河运古村镇一样，随着水运的衰落，木头峪也成为一个经济落后、日渐衰败的地方。

木头峪古村聚落背依陕北高原，怀拥黄河，两条街道南北贯穿，东西有小巷相接，错落有致。村落建筑布局呈"井"字形，由前滩、后滩组成，中间戏楼、广场相连。其古民居建于明、清两代，多为四合院式，正窑三孔或五孔，左右厢房也是窑洞，建筑材料多为石头，石窑、石门、石围墙，厚重、宽敞、恢弘，是石头砌成的聚落。在以土木建筑为主的中国建筑体系里，木头峪古民居所保留下来这批明清时期的石头建筑组群，具有特别的意义[2]。

从聚落景观视角看，古村的空间环境、建筑形态、街巷特色，形成了承载丰富历史文化信息的农耕生存景观。整个村子以戏台和古庙为中心，可分为南北两段，由一条主街贯穿。石砌路洞保存完好，路洞与路洞环环相扣，形成了别致的洞巷景观。巷道是古村的交通走廊，兼有排水防洪的功能。所有民居院落在村街两旁，每院之间又有小巷道，前后左右整齐排列。聚落中多为张、苗、曹三姓院落。在保存完整的24个院落中，张家12院，苗家10院，曹家2院。每个宅院的大门皆悬挂牌匾，上刻着："慎修思永"、"积德乃昌"、"诗书门第"等等，底蕴深厚，古色古香。

① 霍耀中.流失的村落[M].太原：山西人民出版社，2005.

② 霍耀中,张入方.黄土中游地区农耕文明的生存景观[J].城市发展研究,2009,3:11-14.

图1-1 木头峪1

　　村中民居大都以石窑为正屋，由左右厢房、下院过厅、大门组成。这些院落造型均为方形。每个院落规模和工艺虽因财力有较大差别，但建筑均讲究方正、齐楚、对称。院门有石砌窑面式，也有灰砖门楼式。院中放置着石碾、石磨、马槽、耕犁、枣笆、打枣杆等生产生活用具，还有黄河边特有的捞河柴、河炭的工具，透露着浓浓的乡土风味，展示着纯粹的人与自然融洽的原生态景观。古村的庭院中种有桃树、枣树、杏树等；有的院中有菜园，菜园边上植有各种花草；有的还饲养着家畜家禽，鸡犬之声相闻。整个村落掩映在树荫之中，富含着浓郁的乡村生活气息。

　　木头峪村乡风民俗保留比较完整。正月活动最多，从初一到初三唱大戏，初五送穷鬼、迎财神，十五元宵节。到了元宵，闹秧歌、转九曲、观灯、垒火塔塔、放焰火、锣鼓鞭炮、唢呐秧歌，到处是火树银花、欢声笑语、红火热闹。正月十六"燎百病"，家家户户在院里燃火堆，燎衣物，大人小孩跳火堆，祈求吉祥。二月二龙抬头，早上吃龙眼窝窝，全家人分吃馍块，叫做"咬鼍头"。寒食清明吃"摊黄"。五月端午吃粽子，门前插艾叶、菖蒲避邪。六月六，新麦登场，农家尝新。八月十五中秋节，合家团圆赏月吃月饼、瓜果。九月九重阳节登高、饮酒。腊月初八吃腊八粥，腊月二十三送灶君。年三十，早饭后祭祖上坟，回来后贴对联、挂红灯、垒火塔塔、点长夜灯，合家欢乐吃年夜饭守岁，给小孩枕下放压岁钱。

　　木头峪村在陕北高原地区有独特的文化现象。崇尚教育，淳厚的民风代代相传。旧时，大年初一早晨，木头峪村的人们做的第一件事不是包饺子，而是三个一群，五个一伙，挨门逐户观看对联，因为木头峪村的对联大都是自编自写的。大家赏文论字，品头论足。木头峪村现有200余户，据考证，60余户有门匾和横匾，约占全村近三分之一。可见书香气之浓重、文化底蕴之深厚。这些匾额大都属于功德匾、颂神匾、门匾、牌匾等，如"恩进士"、"岁进士"、"文魁"、"德教堪式"、"公正廉明"等等。木头峪古民居

| 1-2 | 1-3 | 1-4 |

图1-2　木头峪2
图1-3　木头峪3
图1-4　木头峪4

丰富的匾额文化，不仅记录着民居主人的文化修养，也是一幅幅精美的书法作品，更为这个古文明村庄增添了十二分的灵气。在村史上，记载着一位名贯秦晋的私塾先生苗滋荣。据说经这位老师教导的学生，一个冬书念下来就能考个秀才，他也被老百姓称为"秀才模子"。后人为纪念苗老先生的功绩，在村外立了一块石碑。镶嵌在石头中的石碑虽几经风雨剥蚀，上面的字仍依稀可辨。

木头峪村的村民酷爱艺术，产生了许多戏曲爱好者。早在民国初年，木头峪的曹家猷就领着由各村组建起来的戏班走南闯北，声誉鹊起。从民国29年（1940年）的戏班子开始，到1953年专业的"佳县晋剧团"，木头峪村培养出了一大批文艺人才。

木头峪浓郁的黄河风情、古老的乡土气息与淳厚的风土民俗，点点滴滴记录着黄河岸边陕北人民一代代生存的记忆，折射出老百姓对美好生活的无限向往和祈盼，呈现出原生态、历史性的独特魅力。

陈年故景的典型性往往在于它能从不同意义上唤起人们不同的情感思维。面对日常生活中消失了的景观事物，老年人追忆往昔，青年人遐思好奇，景观的美感由此产生。时代在发展，社会在进步，记录着人类生存痕迹的景观被吞噬在这所向披靡的商品文化之中。在狂飙突进的城市化进程将传统的记忆急速地拖进历史的滚滚洪流之中时，木头峪撩拨着现代人内心深处一根脆弱而敏感的神经。循着先人们生存的痕迹，体验各自心中的审美，木头峪无疑具备了成为现代人眼中景观符号的全部潜质。

## （二）高家堡——边塞文化的烙印

高家堡镇位于秃尾河流域的神木县，是榆林市历史文化名镇，保存相对完好，随处可见中原农耕文化与北方游牧文化在这里交流碰撞留下的痕迹。

在距高家堡不远处的山上，巍巍而立着一座寺庙。寺庙依山而建，风格独异，高踞云端，蔚为壮观。它与山下的啦嘛河相映成趣，颇得神韵。这样的建筑风格又无意中拓展了人们对不远处高家堡的古民居形态的想象空间。

高家堡镇是一个边陲古镇，据史料记载，明代在长城沿线每40里设一堡，高家堡便是其中一堡。这里有三大看点——古民居、中兴楼、古商业街。

高家堡的古民居大多为石头房子四合院，窑洞门脸。庭院布局花样繁多，但明显缺乏一定体系，稍显凌乱，体现了中原文化与边塞文化在这里的交融与碰撞。走进十字巷，很多院落都能看到变体的垂花门和古朴的砖雕。东街有户人家高悬着"五世同堂"的烫金牌匾，让每一个来访者都啧啧称叹，禁不住进门探个究竟。这里，街巷肌理密密麻麻，丝毫没有受到新建筑破坏，青砖铺地的古街巷幽深而绵长，如同连接着时空的记忆，在百姓们眼中，这些老房子承载了他们对祖辈的回忆。

老百姓居住的建筑寿命一般在百年左右，民居作为人类一种居住空间，一旦失去其居住价值，仅为保护而保护，就会变得很困难。残缺损毁的民居建筑如果不赋予其使用价值，保护的代价将非常高。民居不是文物，它必须是人们的居所，尽管有的民居建筑可以列为文物保护单位，但它与出土文物或者寺庙建筑等有很大不同。寺庙建筑本身的建筑质量就比较高，专业设计及施工等都传承着一定规制，因此其修缮、保护也相对容易，加之寺庙仍然具有现代意义，既是建筑文物，又承载着宗教信仰，所以寺庙建筑的保护从不会缺乏资金，无论这种投资是来自民间还是官方。而民居建筑恰恰不同。对传统民居的保护往往纯粹是为了留下历史的印记，而不是为了使用空间等功能上需求，因此，既缺少投资方，又缺乏保护技术上的支持，这就是古民居保护的现状。

从古巷到古镇十字大街，视野开阔，东西两道城门遥遥相望。据当地百姓介绍，高家堡自古只有东、南、西三道城门，无北门。高家堡的中心点中兴楼，楼下有四门拱洞。中

图1-5　神木高家堡1
图1-6　神木高家堡2

图1-7　神木高家堡3

兴楼正南面书"镇中央"三字，笔体浑厚而粗犷，仿佛和城楼一同捍卫着这一方安宁。中间最高层为玉皇阁，左右两侧各有小阁楼，上书"佛法无边"等字样，可见儒、释、道传统文化对这座边城的影响。

中兴楼属明代建筑，在这里明显可见中原文化与蒙古族文化的交融，这是一个边陲古城在特殊文化背景下的历史遗留物。色彩艳丽的琉璃瓦、装饰一新的兽头、略显粗糙的龙凤浮雕……似乎每一处雕梁画栋都能暴露出这个城楼被后人改良修缮的痕迹，墙角甚至还留有施工完毕没有处理掉的碎琉璃瓦片。尽管如此，当地人特殊的审美规范以及历史沿袭的风格特色却在修葺中得到了忠实的保留与承传。在横梁上大家发现了书写着"道光十三年……"云云的条木，或许凭此可以追溯一下城楼的历史了。

站在城楼高处放眼望去，古商业街显得阔大而寂寥。古商业街保存较为完好，道路宽阔而平整，两侧已全部闲置的临街店铺古色古香，放羊的老汉挥着鞭子赶着羊群悠然地走过。站在大路边，依然可以想象在高家堡这样的边贸重镇里，这条街道当年是怎样一幅繁华气象！战乱时，有军队在这里驻扎，浩浩荡荡的队伍就从这条大街上走过，马蹄声碎，卷起漫漫硝烟；和平岁月里，这里可能是全镇最繁华的商业街，宽阔的道路上坐贾行商熙来攘往。

这就是边陲古镇所独有的特色。也正因如此，高家堡的异族风情尤为突出，内蒙古文化对这里有着深深的影响，相比之下，黄土高原的风貌特征反而弱化了。啦嘛河静静地从古堡流淌而过，岸边稀疏的耐旱植物无力地抵抗着西北的风沙，守护着足下一方绿地……

## 二　米脂古城及三个庄园

### （一）米脂古城——城垣窑洞与城墙的完美结合

我们参观了位于米脂县城气势宏伟的李自成行宫，并重点考察了米脂古城。古城始建于明嘉靖二十五年（1546年），主要以东大街、北大街为主骨架，其他巷道呈不规则网状分布于大街两侧，形制保存基本完好。其中，东大街是风貌保存最为完整的古街；北大街两侧建筑多以住宅为主。全城设有东、南、北3座城门，现仅存北门。林立的店铺，规整的四合院，雄浑的殿堂透出的古风古韵，向世人诉说着它的历史沉浮。

米脂具有近千年置县史，提起它总会想到名扬天下的闯王李自成。位于米脂古城北大街的51号高家大院主人高宏恩说，据祖辈相传，他家的四合院是由修建李自成行宫的工匠

1-12 1-13

图1-12 米脂古城5
图1-13 米脂古城6

亲手营造的,在历经岁月剥蚀和人为损毁之后,仍然保存了较好的格局。几百年过去了,东大街的枣园巷、儒学巷、安巷子、北城巷等巷道,格局未变,名称未改。散落其间的高家、杜家、常家、冯家、艾家等众多明清窑洞式大院,每个院落的影壁、廊檐、抱鼓石、月亮门、垂花门、窗棂花、门楼样样精彩,虽历经世事变迁,保存仍较完好。

米脂古城,枕山面水、负阴向阳,楼台亭榭古刹高墙,涧水绕合固若金汤,民众称其为宝城。南关是米脂古城的重要组成部分,其城垣窑洞与城墙紧密结合,虽然部分城墙被拆除或塌陷,但是整个城郭轮廓尚在。米脂古城以其古朴的石板、沧桑的青砖、明清的铺面、窑洞的建筑而闻名。古城街道上最具特色的就是窑洞,因其营造形态独特,从而成为了米脂文化的象征。这些窑洞以四合院为主格局,面积达2km²,皆依山就势而筑,庭院布局奇巧,工艺精湛。东大街的巷道风貌依旧,北大街的明延绥镇镇边将军宅以及杜家、艾家等众多的明清窑洞四合院,布局巧妙、装饰考究。街区内观澜门、柔远门、李自成当年作驿卒的马号圪台、草场等遗址,以及文庙大成殿和具有光荣革命传统的米脂女校,布衣作家李健侯、秦腔泰斗马建翎故居等,处处承载着深厚的黄土文化,散发着古老的历史信息,印证了米脂深厚的文化底蕴以及历史遗存的完整性。

米脂古城沧桑依旧,古朴雄浑,孕育凝结了精深的传统建筑景观,记忆着一个城市悠久历史和灿烂文化,散发着古老的历史信息,是陕北文化的熔炉,中华"民居文化"的经典。

## (二)姜氏庄园——城堡式的窑洞

米脂县,古称银州,位于黄土高原腹部,无定河中游,史书载:"地有流金河,沃壤宜粟,米汁淅之如脂"。美女貂蝉从这里走进历史,闯王李自成在这里揭竿而起,米脂是名副其实的历史文化名城。这里的三大民居建筑群落"马氏庄园"、"姜氏庄园"、"常

氏庄园"，也就是所谓的"米脂三大园"，赢得了许多专家热忱的赞誉[①]。

　　姜氏庄园始建于清同治年间，历时十余年（1871～1886年），至光绪年间落成，据说建设者姜耀祖是马氏庄园地主马师祖的外孙。乍一听像是强强联姻，其实不然。姜耀祖的爷爷姜安邦当年是马家的长工，与马家小姐两情相悦，终因门第悬殊，遭到马家强烈反对。无奈马小姐是个烈性女子，凭着对姜安邦一片痴心，不顾马老爷子百般阻挠，毅然以身相许，马家便也只好认了这门亲事。只是吝啬的马老头只拿出自家一笔坏账作陪嫁。聪明能干的姜安邦想方设法收回了欠债，这笔"坏账"就成了日后姜家发迹的原始资本。后因榆林瘟疫，姜家靠贩卖棺材和熬药的砂锅获利，家业渐盛。

　　孙子姜耀祖继承祖业后，姜家发展到鼎盛时期。姜氏庄园正是姜耀祖动工兴建的。只可惜偌大一份家业却没有让一代人安享终身。姜耀祖在庄园修竣后不久病逝，其子孙又先后经历社会的动荡，仿佛所有的祸患都来自于这座壁垒森严坚不可摧的城堡，奢华的祖业反而成了后辈的负累，成了他们生命中难以承受之重。

　　姜氏庄园现为全国重点文保单位，是现存全国唯一的城堡式窑洞庄园，依山就势，设计巧妙，充分体现出设计者借助当地地形地貌赋予空间以秩序的设计意图。沿着宽阔而深长的坡道往上走，仿佛每一步都能咀嚼出一个家族命运的沧桑，一如这深厚的黄土，绵延而深沉。这是一条兼具行走和泄洪双重功用的坡道，两侧为平整的台阶，供行走之用，中间以条石铺筑，缓和而平整，既可畅通车马，又能起到排洪泄洪的作用。行至坡道尽头，便是庄园入口。

　　入口大门上方刻"大岳屏藩"，并有"光绪丙午孟冬之吉"、"姜耀祖建并书"的题款。据介绍，"岳"为姜海岳（姜耀祖字硕甫，又名海岳），"藩"为耀祖的长子姜树藩（又名姜辅文，字介屏），"大"作为形容词，喻指"福泽子孙，荫庇后人"。此外，这

① 霍耀中.黄土高原原生建筑群系历史演替研究[J].城镇化研究,2009,4:9-16.

图1-14　姜氏庄园1

里还挂有"姜氏庄园文馆所"的牌子。现在的姜氏庄园只有上院为私人所有，其他院落已由政府收管。

姜氏庄园坐北朝南，依山势分为上院、中院和下院。三院虽同处一园，却也都独具个性。

上院为主人起居之所，是靠崖式窑洞建筑，遵循着当地"明五、暗四、六厢窑"的格局规范。面南的五孔正窑是长辈的住所；东面两孔暗窑作为厨房，并供厨师居住，与主人生命息息相关的厨师，地位颇高；西面两孔暗窑为小型储藏室，用于储藏加工好的粮食和调味品；东西各三孔厢窑理论上是晚辈的住所，但实际上左侧一孔厢窑被用作了浴室，浴室内有整石雕凿的浴盆，浴室侧面还延伸出一间烟房，专供主人吸食鸦片。庄园修建之时的清末正值鸦片之风盛行，吸食鸦片成为主人财富的象征，这个小小的烟房也就是挥霍金钱的场所。此外，院内一角还有小圆窑，是专供主人使用的卫生间。

作为庄园主人活动的主要区域，上院可以说是整个庄园的精华所在，内涵非常丰富，几乎每一处都有故事。

这个院子共有三道院门与外部相通。首先是高悬"武魁"门匾的正门，高扬的兽角威风八面，垂花木雕精巧而细腻，门头彩绘虽已斑驳，但昔日的华美仍依稀可见。正门左右有砖雕神龛各一，两侧墙壁上各有象征福寿安康的鹿鹤砖雕。打开正门，可见与之以卷棚顶相连的沧桑照壁。与别处不同，姜园照壁中间有照壁门，照壁门平时不开启，只有在婚丧嫁娶或贵宾来访时才打开，以此表示对重要宾客的尊重，有"打开中门迎贵宾"之说。其次，正门两侧对称分布小圆门各一，可连通上中下院，非常便捷。在等级森严的封建社会，佣人是不能走正门的，这两个小圆门便是专为佣人设计的通道。此外，在正门与两侧小圆门之间还分别布置绿色小方窗各一，这是为了便于主人呼唤居住于下院的佣人。窗的设计对通话起到扩声传声的效果。看来，庄园的设计相当周到细致，而住在上院的老少主人们想必也生活得极其安逸了。

院内设有两方石床，虽已破败，但却很有说头。石床为主人消夏纳凉所用，四周基座凿有石槽，炎炎夏日，虫蝎横行，石槽内注满水便犹如一道小小护城河，将虫蝎拒之于外，保护卧榻安宁、主人好梦。

目前，上院仍有住户居住。庄园的第四代后人（从姜耀祖算起）就居住在靠近厨院的一间正窑里，而属于他们的家业也就只剩下这一孔窑洞和紧邻的一个厨院。一橱一柜算是仅存的祖产。男主人已经60岁，兄妹四人中只有他一人留守在此，有两个哥哥已经先后辞世。而他的四个孩子中，有三个女儿已经出嫁，最小的儿子刚刚18岁，正在读高三。他的妻子55岁，很健谈。老两口生活得与世无争，平平淡淡，安然地守护着祖辈留下的家业。

在这个深宅大院里，无处没有故事，无处不令人称奇。只是，这个家族的命运太过波

| 1-15 | 1-16 |
| --- | --- |
| 1-17 | 1-18 |

图1-15　姜氏庄园2
图1-16　姜氏庄园3
图1-17　姜氏庄园4
图1-18　姜氏庄园5

折。从上院到中院则又是另一番气象。

中院是庄园的会客院，与上院的窑洞建筑不同，中院为砖瓦房屋四合院。东西两厢房为客厅，修建得较为宽大，即为方便待客，东厢略高于西厢，用于招待地位尊贵的宾客。厢房附有耳房，专供来宾留宿。而南面的两间房则是管家和部分佣人的住所，以便及时为主人和宾客服务。正南面左右两侧分别设有马厩，马槽为整石雕凿，做工非常细致，据说当年的老石匠前后返工三次方令主人满意。可见老庄主追求至善至美，不放过每一个细枝末节。中院月亮门式照壁精雕细琢，典雅而秀丽。院门外高悬"大夫第"门匾，据说姜家曾有人捐过一个五品官衔，然而却始终没有后人真正踏入仕途。

如今，中院已经人修缮，上下院建筑色彩与周围环境和谐相生，浑然一体。而作为文管所的中院，粉饰一新，灰白的房的顶在黄土坡上显得分外刺眼。

下院为管家院，专供管家和佣人们居住。管家住在正房三孔窑中，佣人分别住在侧面六孔窑中，这种"三三三"格局也是陕北地区典型的窑洞四合院。下院东西两侧各有一间仓窑用于储存粮食。仓窑非常宽敞，储量最大可达24万余公斤。旁边还附有因种植葡萄而得名的葡萄院，院内有两孔窑洞专门存放杂物和农具。

值得一提的是，姜氏庄园对于当年富足的姜家而言，其实只不过是其家业的一小部分。姜家虽然靠经商起家，但仍然保留着传统思想，在经商成功达到财富积累后逐渐退出商界，大量购置土地。姜家拥有土地量最多时达18万余亩，其田产甚至延伸到了现在的清涧、延安一带。传说当年有个拜访者离开庄园走了三天之后，打听一下这是谁家的土地，得到的回答竟然还是"姜老爷家的土地"。因此，每年收获时节前来交租的佃户非常多，庄园外密密麻麻随处可见的拴马桩很大程度上是为他们准备的。据记载，光绪年间，遇到灾荒年，民不聊生，姜家乐善好施，曾经大开粮仓，赈济灾民，为人所传颂。

下院东侧还有一座井窑很有看头。井窑高5m，宽4m，井深百尺，水质清冽，人们至今仍在饮用。井窑顶部有一通道安有手摇的辘轳，中上院的佣人可直接在窑顶摇辘轳取水，不必下来就可用到下面的泉水，省时省力，极为巧妙。井窑内还设有排洪泄污系统，中上院的水通过这一系统可直接排到山下的河流当中。

井窑内有整石雕刻的连体大小水槽，石材质地精良，雕工非常细致。大槽储水，小槽洗衣，旁边有排污地漏。井窑顶部有两根粗壮的橡木，用于悬挂轿子，起到隔潮、保护、通风的作用。井窑的瓦窗装饰为"孔方"铜钱状，对外展示着主人雄厚的财力。窑壁侧面还有两个小圆窑，新中国成立前居住于此的区政府无意中发现这是储存金银的小密室，从中发掘出大量钱币，上缴充公了。村里流传着很多关于这座庄园的故事，甚至人们都认为姜老爷在宅院的每个角落都藏有金银。

此外，井窑还是重要的防御处所，窑壁面向庄园外有瞭望口和射击口。通过瞭望口可以观测到庄园外的一切动向，若遇紧急情况，能起到预警作用，全院进入戒备状态。而在平时，瞭望口则用来察看来宾身份，以提前准备接待规格，确认安置于西厢还是东厢。

姜氏庄园目前已开发为旅游景区，旅游专线如玉带般从庄园前盘旋而过，交通较为便利。

### （三）马氏庄园——典型的封建地主庄园

相比于姜氏庄园的门可罗雀，马氏庄园旅游开发显然深入得多。以马家新院为承载的全国重点文保单位杨家沟革命历史纪念馆不时吸引着远远近近的游客前来瞻仰革命胜迹。与此同时，马家传统老院落却与世无争般安静地隐蔽在沟底山窝窝里，年复一年经历着岁月剥蚀，常常为人们所忽视。

据称，杨家沟马氏庄园是一个规模较大的地主庄园，其范围覆盖了整座大山，在这里，曾经居住着72个地主。县城里的一户马氏古宅，可以算得上马氏族人的"行宫"了。马氏在当时的财力雄厚也可见一斑。

而追溯其源头，这里的马氏原籍竟在黄河对岸的山西省临县冀村。庄园寨门所镌"骥村"，即是将"马"姓与"冀村"合而为一，以示马氏族人对故土的怀思之心。传说，马氏先人当初跨过黄河历尽艰辛来到陕西省米脂县，最早是靠经商致富，并在明朝马嘉乐一代达到鼎盛。彼时，商品经济已经萌芽并迅速发展，但千百年来深深烙进国人内心的小农思想仍然大行其道。所以，马家虽以商贸起家却也很难免俗，自然依循着传统理念，将经商所得财产大量置换为土地，从而逐渐成为名闻陕北的地主财团。

与明清更迭几乎同步，在这个贫瘠的黄土山坳里上演了一场弱肉强食的游戏。马氏家族日渐强盛，完全改变了当地原住民世代相承的生活。异姓村民或是不堪排挤而迁徙别处谋

图1-19 杨家沟马氏庄园1

生，或是直接沦为马家的仆人、长工。于是，密林深处的杨家沟就差没有更名马家沟了。

马氏庄园在清代康熙年间由马嘉乐之子马师祖开始修建，所以后人眼中的庄园主自然便是马师祖。而他恰恰便是后来姜氏庄园的兴建者姜耀祖的老外公。在随后对常氏庄园的寻访中，我们发现，常家也曾娶过马氏女儿，在当时可算门当户对、强强联姻。如此说来，姜园、常园竟都是山西人的外戚了。当年赫赫有名的米脂三大园，竟都与山西深藏着这许多千丝万缕的联系。想来，在这母亲河深情哺育着的秦晋大峡谷中，不知还能钩扯出多少血脉相连的悠悠旧事。

1-20
1-21

图1-20　杨家沟马氏庄园2
图1-21　杨家沟马氏庄园3

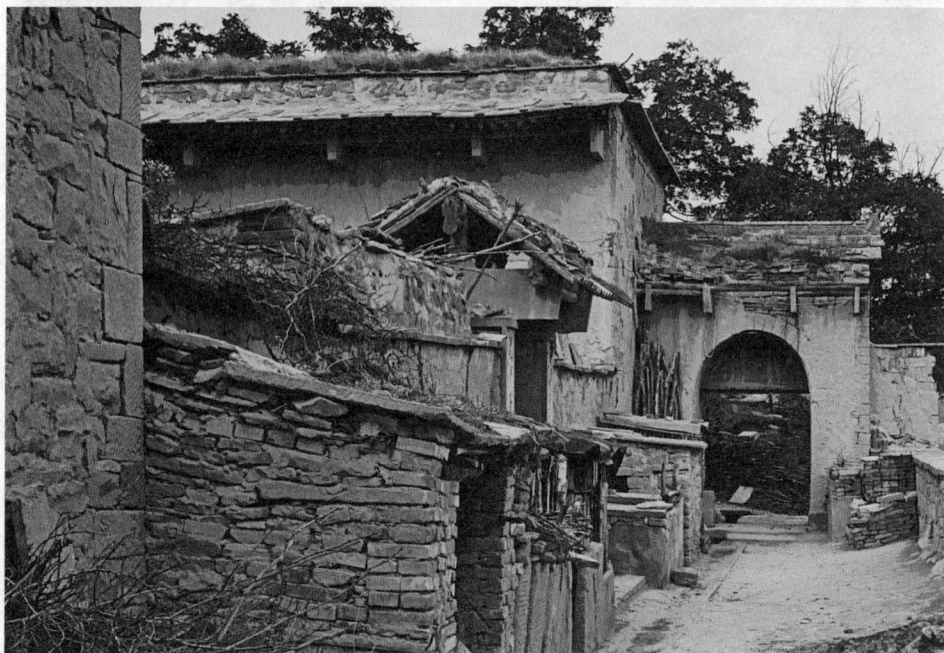

图1-22　杨家沟马氏庄园4

　　沿着300年条石竖插的幽曲村径，平整的排水槽从山上一路蜿蜒而下。昔日保卫着庄园的围墙依然仁立，那高耸的炮台据说曾经驻守过马家雇用的国民党部队的两个连，誓要不惜代价地守护这地主庄园。从群峦环抱的山凹处走近老宅，映衬着黄土地上的朴素情怀，那极尽工巧的垂花门仿佛在历经岁月沧桑之后自然生长出撼人心魄的力量。不由让人慨叹：一部中国建筑史何尝不是一部手工艺发展史！

　　这个宅院有前后两道门，穿庭过户，从东南朝向的大门，迈过面对正南的二道门，方能进入围院，也就是通常所说的前院。围院正面四孔窑洞，两孔住管家，设账房，两孔住裁缝和饲养员，中间有一道正门通向后面主人居住的正院。围院两侧另开两道偏门，专供长工出入。可见在当时的建筑中，等级观念渗入其中。西偏门进去有一偏院，分设碾坊、磨坊、粮仓，是一座宽度达4.3m的大窑，磨坊换人、换牲口、磨不停。西南角有厕所，东偏门进去则是马厩、车棚。门户不是摆设，皆有所用。日常，长工只允许走偏门，一切行踪尽收管家眼底，因此，根本不存在私自带走粮食马匹的可能性。长工和佣人与家人相隔离，碾磨坊与车马棚相分离，这样的布局方正对称，甚是讲究。封闭的农耕文化背景下，典型以土地为生的封建地主庄园管理得井井有条。令人百思不得其解的是，在这样严密的格局下，姜安邦究竟是怎样和马小姐私订终身的呢？

　　从中间的正门进入正院，这是典型的陕北窑洞四合院，"明五暗四六厢窑倒座四围窑"，整个庭院以方砖菱形铺砌，十分讲究。久经岁月磨砺，虽已风化严重，但至今仍能看出当时的铺装极其细腻。据说这个宅院的主人在当时的地主集团中首屈一指，育有5儿8女。后山上的五处宅院便是为5个儿子所建。我们遇到的王登智老人和其他两三户人家共同居住在这座老宅中。而多年前，他们的祖辈曾是这里长工或仆人。真是世事沧桑，风云变幻，昔日财大气粗的马家在这个宅院养尊处优，尽享人间奢华，定然不曾想到，祖上一手营建的家业转瞬间易手的竟是自家仆人。

庭院中散发着浓浓的田园气息，一碾一磨安静地闲置着，如同一个时代被定格于此的记忆。左右的两棵枣树照旧在每个夏天繁盛起来，依然故我地重复着自己一岁一枯荣的故事。院子的一角栽种着时令果蔬，那鲜亮的油绿嫣红仿佛要为这座老宅催发出新的生机。窑洞旁高悬着一串串陈年的玉米，图案考究的木门、木窗默默承载着经年的沧桑，门旁曾供奉土地爷的神龛却全然成了小小的储物格。怅惘间转身，被大门框住的远山着一身淡淡的绿意，连绵成一幅空灵隽美的风景画卷……

较之包围在山窝窝里的老宅院，悬于半山腰的马家新院显然年代要近得多，因而也更多一些新式思维，少了些传统理念在风水上的考量。

马家新院，也就是现在我们所知道的杨家沟革命历史博物馆，其修建者是留日归国的马新民。新院建成年代较晚，大约为民国二十几年。外观看来，虽仍然遵循陕北窑洞四合院的传统范式，但也明显融入了大量西式建筑元素。马新民修建新宅时曾有"九龙"之愿，但最终九龙缺一龙，憾然辞世。后毛主席转战陕北时在该院居住4个月零8天，运筹帷幄，决胜全国。于是，当地人认为马新民"九龙"之愿于此可以圆满了。

在现代气息浓烈发展的今天，这古朴老院里依旧有小娃儿们嬉闹着爬上矮墙时的咯咯笑声，清亮亮的童音喧闹着冲出庭院，打破了大山的宁寂，让人回味无穷……

### （四）常氏庄园——标准的窑洞四合院，精美的庄园古宅

在20里外的高渠乡高庙山村，米脂"三大园"之一的常氏庄园就坐落在这里。

位于高家庙小学旁边的一所宅院，当年住的是常氏三财主和四财主，后山上还有各自另立门户的大财主和二财主，常家最兴旺时经营有2万多亩土地。这座建筑建于清朝光绪年间，常家五代单传，终于在老财主一辈上喜得4子。常氏三子娶的媳妇正是马家的女儿，所以说起来"三大园"都有亲戚关系，常家和姜家都做了马家的女婿。

穿过拱洞过街门，脚下步步抬升，便是庄园正大门了。这是一座两进式院落，坐北朝南，方正而对称地遵循着标准的陕北窑洞四合院建筑规制，像马园、姜园一样，为典型的"明五暗四六厢窑倒座四围窑"，上院为正窑，下院左右两侧各有骡马棚和碾磨坊。院内全部方砖铺地，深长的廊檐下有铺砌规整的石质凹槽，专门用于排水，凹浅的石槽将雨水导入暗道直泄沟底，十分巧妙合理。大门外左右各7个拴马桩，院内6个牲口棚，可以想象鼎盛时期的常氏庄园里佃户云集前来交租该是怎样一番热闹景象。

作为地主庄园，米脂三园在建筑规制上，对于体现农耕时代封建地主经济，有着共同的特点。然而，值得关注的是，从建筑细部考察，常氏庄园明显要比马氏庄园和姜氏庄园略胜一筹，这是一座精美的古宅，每一个实用功能的构件都被列入了装饰的范围，每一个细微之处都能发现匠心独运的惊喜。

大门上斑斑驳驳的彩绘依稀可见当年的风采，更流淌出铅华落尽见纯真的十足韵味。

1-23 | 1-24

图1-23　常氏庄园1
图1-24　常氏庄园2

门旁的福禄寿砖雕十分精到，纹饰细腻工巧，人物栩栩如生。门前抱鼓石及雕花柱础石质考究、工艺精细。上下两院之间的垂花门更是巧夺天工，美得让人感动。彩绘透雕的莲荷、牡丹，宛若天开，一旁卷曲的木雕纹饰雕工流畅而温婉。两侧各有神龛威仪端方，左右照壁"鹤鹿松竹"，寄托着主人对生活的美好愿景。门口两座石狮煞是威风。垂花门以卷棚顶与沧桑的照壁门相连。借着地势高差，门前16级台阶将垂花门高高托起，显示着上院作为正庭的尊贵地位。

现在有四五户人家共同居住在庄园内，日出而作，日落而息，鸡犬相闻，安静而祥和。偶尔，也会有艺术院校的学生前来写生。而村里已没有庄园的后人了……

## 三　绥德贺家石党氏庄园

### 党氏庄园——精彩绝伦的民居建筑群落

距米脂县城27km的绥德县，那里的白家硷乡贺家石村有一座名为"党氏庄园"的清代民居古村落。

党氏庄园离绥德县城30余里，虽然不远，但位置极其隐蔽。当地有句俗语"走过三山四码头，没走过南山燕叉沟。"说的就是这里人烟稀少，人迹罕至。然而山间的空气却清新宜人，被雨水冲刷过的草木翠生生、清亮亮地别样精神，装点得黄土山梁分外朗润。沟底有泉水淙淙流过，泉边浣衣的山妹子们水灵灵地笑语嫣嫣，为这深山添了一帧跃动的风景。穿过山沟，在最深处的最后一个村子，便到达此行要探访的东贺家石村党氏庄园。

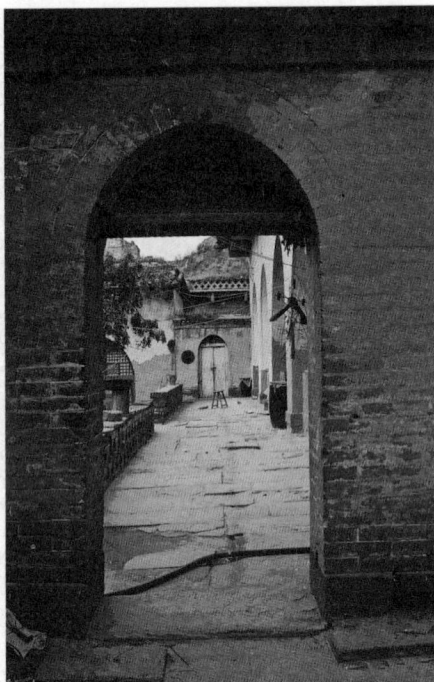

1-25 | 1-26

图1-25　常氏庄园3
图1-26　常氏庄园4

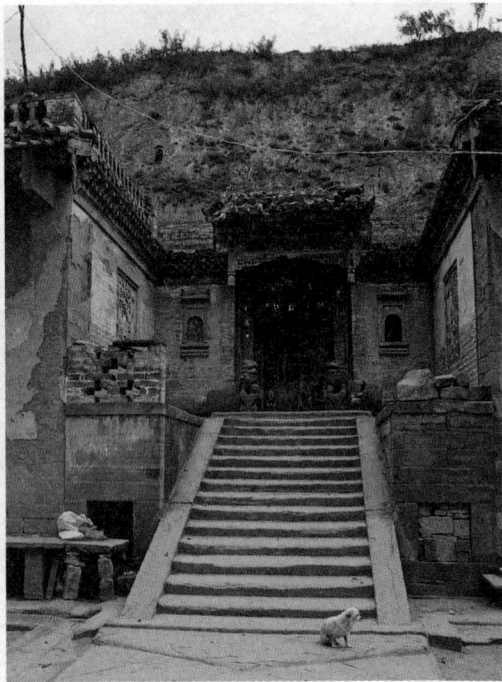

　　这是一座精彩绝伦的民居建筑群落。遥望党氏庄园，群峦环抱，绿树簇拥，建筑与山势相融相生，层叠错落、巧妙布局、鳞次栉比、宛自天成。庄园始建于清代康熙年间，距今大约已有300年历史。这里最早的主人名叫党青山，康熙年间从山西辗转来到绥德贺家石村。党青山最初以务农为生，在这异地他乡的黄土山间修建起属于自己的第一孔窑洞，从此安家落户。随着家族子嗣不断繁衍，后辈们以此为核心向周遭依形就势自然辐射，逐渐扩展为现在我们所见到的党氏庄园14院落100多孔窑洞。而这一扩建的过程几乎代代相承，一直持续到20世纪30年代后期。这座老宅曾伴随着这个家族共同成长。

　　在村口，有一处断壁颓垣，这里曾是一座规模宏大的贞节牌坊，是党氏第四代后人为纪念自己年轻守寡、含辛茹苦育子成才的母亲而建。据说这还是座御赐牌坊，两面分别有"圣旨"和"皇恩"石刻为证。"文革"时期破四旧，牌坊被损毁，石刻的"皇恩"连同牌楼上的许多部件，和众多碎石瓦砾一起垒进了墙里。后人们戏说，营造牌坊用的元宝一个接一个，可以从贺家石一直排到绥德县衙，耗资非常之巨，牌楼极为壮观，当年党氏之富庶殷实可见一斑。

　　说起党氏发家史，当地还流传着这样一个传说。米脂、绥德一代盛产小米，这里的小米面加工而成的一种馒头，色泽澄黄，香甜松软，营养丰富，深受当地人喜爱，因为蒸出来蓬蓬松松，食用时又高高斜斜地切成方菱状，故老百姓形象地称之为"糕斜"。党氏先人农闲时便开始做起小本生意，到定边一带卖糕斜。第三代有一个叫党天罡的，在外地经营买卖时，接到捎信说媳妇生产，让他速速回家。在回家路上，党天罡遇到一位老者，手持一袋银两，托他捎回绥德县清水沟村。小伙子爽然应承。但是当他风尘仆仆来到清水沟村四处打听之后，却发现村里并没有这么个人。于是，他把银两带回了家中，认为这是财神恩赐，并以此做本钱，开始经营当铺生意，逐渐发家致富。可能正是出于这个原因，党氏虽为地主之家，院内所供奉的神龛并非土地爷，而恰恰便是财神爷。直到今天，党家后人们还会定期举行祭祀财神的活动，唱戏打鼓好生热闹。

沿着条石甬道往上走，整个庄园内部，各个院落相互独立，但又彼此相通，它们作为一个整体而被系统化。每个院落都有磨坊、马厩。磨坊内有水磨和旱磨，水磨磨豆腐，旱磨磨面。有的院内还有石头雕成的花圃，上面为石槽，培土栽花，下面则是鸡窝，鸡粪常常成了培育鲜花的肥料。花圃不大，约2m见方，造型精美，合理利用，巧妙科学。院内大多都有石床，既可夏日纳凉，也能用于晾晒。这些传统农耕文化的风貌特色至今仍在庄园内完整地保留着。而14个院落各有特点，院落之间以各种明道、暗道相连。充分利用自然环境而形成独特的居住造型，这也是黄土高原古民居的一大特色。

走近一户一户的大门，那些精细的设计、工巧的雕琢、变换的图案、斑斓的彩绘、威仪的石狮、古朴的匾额以及那匠心独运的照壁，无一处不讲究，无一处没说头，家族的训诫深蕴其中，美好的期盼寄托其里。其中尤以第五代党应杨住过的武举院最具代表性。党应杨于清嘉庆十九年（1814年）武举及第，大门上曾高悬"武魁"门匾，但现在我们看到

图1-27 贺家石1

的只有空落落一片，题写着毛主席语录，牌匾却早已在"文革"中不知所踪。透雕的垂花显示着旧年的彩绘，昂扬的兽角仰望云霄，两侧石狮威风八面，昔日风采依稀可辨。而大门内的照壁则更是熠熠闪耀着民间艺术之光。照壁正面雕凤凰展翅，寓示平安吉祥、飞黄腾达，背面雕福、禄、寿三星，辅之以莲花图案，喻示福禄连连，寄托着主人对美好生活的无限向往。

循着错落的地势一路走上来，最高处的院落一排十孔窑洞，甚为壮观。这是一个废弃的院落，石床、石槽随意弃置，木质门窗上的糊纸早已残损无迹，许多旧家具凌乱地散落在窑内。院里瓦砾成堆，荒草已高过膝盖，处处荒凉破败的景象。

目前，庄园内有3个院落还有党姓后人居住，其他多已闲置或废弃。党家后人有很多迁往外地谋生，留下来的人口不多，并且大都在后山修了新的窑洞，旧院或闲置，或有老人留守。14个院落中有2个在2008年9月被列入省级文保单位，但整个庄园依然属于党氏后人私有财产。

在村里，我们遇到了现在依然居住在庄园内的党家后人党维新，他自豪地告诉我们，1995年央视8套热播的电视剧《驼道》就曾在这里取景拍摄。那时村口临街的半坡上还曾有一座城门，边墙、城垛都还完好，城门一锁，外人根本进不去，更无法通行，而内部的家人们则可以通过各种明道、暗道相互沟通。庄园就像一个坚强的堡垒，守护着党家人安宁的生活。

党氏家族人丁比较兴旺，从党青山开始算起，到现在已经有14代了，与我们交谈的党维新是党家11代传人。党氏家谱一度佚失，目前正在重新修编。关于这座庄园的许多故事都还在流传，但更多的已经佚失。这个家族依然在代代承传，然而曾伴随它共同成长和繁荣的老宅却已饱经岁月洗礼。它和它的故事与世无争地深藏在黄土高原的大山深处……

## 四　榆林古城

### 榆林古城——移植了北京四合院形态

完整的烽火台、著名的镇北台、碑林，铭刻着榆林古城悠远的历史。进入新城区，宽阔而整洁的道路，悠然而安宁的人群，城市发展井然有序。不时闯入视线的马车，以及在其他城市已经很少能见到的马车道路标识，为这个现代化的都市平添了一帧别样的风景，也让前来寻古的人们与某种心灵深处的记忆在这里不期而遇。

榆林古民居，集中在榆林市老城区。老城区位于榆林市南端。老城墙、驼雕、土雕、瓮城、古色古香的商铺街……历史的神韵、独特的风情，淋漓尽致地展示着这个积淀深厚的城市魅力。

后水圪坨中巷1号的尚家院是一座融入了欧式风格的典型近代四合院民居建筑。一例油漆成朱红色的木质门窗为素朴的青砖灰瓦增添了些典雅气氛。院内方砖铺地，院中央盆栽的花花草草与石桌石凳装点着朴素而宁静的生活。而精美细致的木雕垂花、梅兰竹菊的砖雕影壁、精雕细琢的兽头屋脊又无一不彰显着房屋主人的追求与品位。

吕二师下巷4号院为吕氏宗族祖先府邸，建于明清时期。巷口有牌楼高踞，正面为毛主席亲笔所题"榆林吕二师下巷"，背面书"耘育铭鸣"。据说，吕氏族贤吕云祥慈母，贞节贤德，教子有成，蒙朝廷敕封，在吕二师下巷临大街口建牌坊一座，题"耘育铭鸣"，以赞旌奖。

吕氏家宅三开门，门庭阔大、形制恢宏，抱鼓石、垂花门、影壁、神龛……精致到了每一处细节，明显为典型的官宦人家。据其家史记载，吕氏原籍山西洪洞县，明朝末年奉旨迁往榆林驻守边陲，榆林吕氏迄今已有300余年历史。清雍正二年吕氏先祖吕杰中武榜眼，封直隶参将宣化总兵；乾隆岁次己酉，吕氏后继吕调阳中武举人，因此吕宅大门方为三间开口，左右各立三斗、双斗旗杆一对（三斗说明主人中过武进士，双斗则为武举人）。大门高悬"榜眼及第"和"武魁"的匾额，彰显着家族的荣耀。朱红门柱上更挂有康熙御赐楹联：明至清十三代家无白丁，文共武子孙曾世受皇恩。

世事风云变幻，吕宅历经沧桑，也曾"椽损瓦碎，风光殆失。"我们如今可见的大门其实是在1995年农历8~11月间由吕氏后人出资修缮过的。

相比于吕宅的奢华气派，牌楼上巷4号的郭家大院则显示出寻常百姓家的几分亲和与自在。这是一座一进三院的清代四合院建筑，进院门楼已破损不堪，门前的石磨安静地回味着农耕时代的故事。前院、中院、后院以月亮门相连通，月亮门如同一个取景窗，收纳着院里院外流动的风景，上方精美的花栏墙又添得几分逸情闲趣。

郭家大院现在依然居住着郭氏后人，祖孙三代四口人守着这份祖业。据院里的老人讲，郭家大院最早并不姓郭，郭家祖上最初靠经营面坊、油坊致富，在清朝时，从一位苗姓寡妇手中购得此院。郭氏先人育有3子10孙25曾孙，代代相传，人丁兴旺，这座宅院也因此由最初的东西两厢房慢慢得以扩建。

尽管仍然保留了很多古民居建筑的精华，而且仍然有人居住利用，但是今天的郭家大院在今人眼中却已远不如当日。雕花的屋脊因年久失修而颓败不堪，木制的门柱、房梁和门窗斑斑驳驳难以为继，修复迫在眉睫。

李学士上巷12号的袁家大院也是清代四合院建筑，一进两院。正院非常开阔，松柏常青，郁郁葱葱的葡萄架下悠闲的人们正谈笑风生。穿过书有"紫竹"的月亮门还能进入后院，稍有些"庭院深深深几许"的意味。

袁家大院彩绘、木雕装饰丰富，兽头、砖雕保存完整。正房悬挂有"功同良相"、"着手成春"的匾额，分别题于宣统庚戌年、光绪丙申年，昭示着袁氏先祖的功业。另有"光复祖业"的牌匾，暗示着袁氏后人对祖上业绩的尊崇之心。据史料记载，清代时，袁家大院先辈袁硕甫为塞上名医。宣统二年，榆林瘟疫横行，袁硕甫研制的汤药为有效控制疫情起到了关键作用。故此，时任知府孙玉堂送匾"功同良相"，以彰其功。如今，袁硕甫之后已到第四代，袁氏后人们很多依然从事医疗行业，怀抱着"光复祖业"的心愿，奋斗在治病救人的第一线。

有名的榆林古城商业一条街，在晴朗无风、空气清新的早晨，可见蔚蓝的天空澄净，婀娜的流云变幻无穷，古城门外标志性的驼雕昂首巍峨地矗立着迎接古城墙上喷薄而起的太阳。早晨的古街已经熙来攘往，人流如织，一派繁忙景象。不到8点钟，几乎所有的店面都已经开张，迎接八方来客。

比起城市深处的老宅古巷，榆林的古商业街显然已经开发得相当成熟了。清一色的仿古建筑、清一色的仿古牌匾、清一色的老字号店面，以及那一座座轩昂的古牌楼、一副副饱含厚重文化底蕴的楹联，将整条古商业街充实得素朴而又雅致，为榆林古城勾勒出厚重而活力的一笔。

榆林虽地处黄土高原，然而在这一座又一座的古宅院里，却很少发现黄土高原窑洞建筑的影子，榆林古民居更像是移植了北京四合院的建筑形态。考察榆林古城发展与利用的现状，结合历史古街区保护的经验，榆林老城商业街的恢复虽然已经具备基本形态，但缺

乏内向的纵深。古商业街只有向两侧巷道辐射与民居院落古巷连成一片，才能成为一个完整的街区。街巷深处的古民居很有社会历史文化价值和建筑艺术价值，却大多年久失修，落破损毁严重。显然，相关部门在开发商业街时没有给予充分重视。因此，严格来说，榆林古城商业街要真正形成一个完整的古街区，亟需一个系统的保护规划，尤其是榆林古民居亟待保护。

| 1-32 | 1-33 |
|------|------|
| 1-34 | 1-35 |

图1-32 榆林古城1
图1-33 榆林古城2
图1-34 榆林古城3
图1-35 榆林古城4

# 第二节　晋西北高原聚落

## 一　碛口古镇及周边古村落

### （一）碛口古镇——北方的商贸集镇

来到碛口，远远地便看到了古镇的地标性建筑——黑龙庙高踞在山腰间。想来，200多年前，一代晋商大概便是用脚下的步子丈量着惟余莽莽的黄土高坡开辟出了这盛极一时的黄金商道①。

吕梁山西麓，湫水河与黄河交汇处，便是碛口古镇的所在。"物阜民丰小都会，河声岳色大文章。"清代文人曾如是品评古镇当年的富庶气象。不能不说当年碛口的繁荣与它的"碛"有着莫大的关联。当地的百姓把黄河上的激流险滩称为"碛"，陡然变窄的河道形成布满暗礁而难以逾越的天险。明清时期，河套一带与中原地区通过黄河水路互通商贸，碛口西接陕、甘、宁、蒙，东连太原、京、津，北通包头、五原，南达邯郸、郑州，凭借得天独厚的地理条件，紧扼东西贸易的咽喉，使得往来的大量商船在这里靠岸转运货物。至乾隆年

① 霍耀中,张其俊,师振亚.碛口古镇保护[M].太原:山西人民出版社,2006.

图1-36　碛口1

|1-37| 1-38 / 1-39

图1-37　碛口2
图1-38　碛口3
图1-39　碛口4

间，已是"人烟辐辏，货物山积。"经年累月，碛口逐渐因商品的集散而形成了重要的晋商码头，也成就了其"九曲黄河第一镇"之美誉，被称为"驮不完的碛口"。当地有俗谚说："碛口街上尽是油，油篓累成七层楼，骡驮车拉运不尽，一天不运满街流。"可见当年碛口往来货物的吞吐量之大。

随意游走在古镇素朴的街巷与院落间，随处可见写生的美术院校学生，端着长枪短炮的摄影爱好者，热衷于跋涉的背包客，以及只为休闲消遣而来的游人。大家专注于各自不同的视角，而任谁也无法忽略的是碛口的古建筑。碛口古镇的韵味来自于它聆听着黄河涛声矗立了200余年的古建筑，在这一座座因富庶和开放而诞生，又因贫穷和闭塞而残存的古建筑里，蕴藉着一个黄河古镇绵延的内涵，怀想着它历史的记忆、岁月的磨砺。

碛口是一处规模很大的古建筑群，各种商行店铺构成了碛口建筑的主体，全镇现存大小院落尚有400余座。在这里，可以看到鲜明的北方商贸集镇的特点。主街沿河随地势而建，一些店铺出门便是码头，货物运输十分方便。货栈一般是四合院或三合院形制，有的是前后几进院子，为方便装卸，院子一般较大，骆驼店、骡马店的院子则更大，前院还安排有牲口棚。商铺的店面一般采用排板口面，营业时全面敞开。钱庄、当铺大多是严实的小院落，高墙厚门，有些还罩上"天罗地网"作保护。古镇上各种行当齐全，并且还有商会、税局等管理部门，形成了完整的集镇商业体系。古镇的商业建筑虽然宽敞高大，但大多强调实用，不加装饰，只有少数几家精工细作，与家居建筑大不相同。

碛口的街巷呈"丰"字相连，以石板铺筑。大街较为宽敞，一条长街贯穿全镇，分为西市街、中市街、东市街3段。西市街紧邻黄河码头，密集分布着大批货栈；中市街是古镇重要的商业区；东市街是碛口东去的旱路起点，多骡马骆驼店和零售业。古镇的小巷则稍显逼仄，与长街形成网络，连通各家货栈、商号，街巷相连，四通八达，承载着古镇昔日繁荣的商业文明。同时，十几条小巷还兼有排泄洪水的功能，与山形相呼应，把雨水直接排入黄河。

古镇依山而建，整体感很强。傍晚时分，站在对面山上遥看落霞辉映下的碛口，层层叠叠在山脊上延伸，体会到人与自然交融的完美和谐。

史料记载，直到民国初年，碛口仍然是晋西北重要的货物集散中心。新中国成立后，随着铁路交通的发展，水路交通衰落下来，由此，碛口的优势逐渐被埋没。加之一代晋商的逐渐隐没，20世纪50年代以后，碛口迅速衰落。而古镇的古建筑也因此遭到浩劫，有的被作为建材卖掉，有的失修坍圮，有的则被盲目改造而变得不洋不土。台阶坏了随意以水泥修补，木窗换成了铝合金的……这一切对老百姓而言是无可厚非的。

碛口的古建筑内涵是极其丰富的，经济、社会、民俗、建筑等众多学科都可以在这里找到研究素材。2005年，碛口被确定为我国的第二批历史文化名镇之一。同年，又被世界文化遗产基金会公布为世界百大濒危文化遗址。碛口曾多次汇聚了众多国内外学者在此展开讨论，并发表过《碛口宣言》，阐述了保护与开发碛口的迫切性。

那么，现在再次唤醒碛口的是什么？旅游业的发展使大家陆续发现了碛口的价值。除了极其深厚的历史文化价值外，碛口本身还有着丰富的景观价值。黄河原本就是一大著名的自然景观，而碛口位于黄河岸边的这一地理优势，无疑更为自身的景观加了一码。沿河

而建、随山就势，这种特殊的建筑格局极具旅游开发价值。所以，如果说当年清政府把碛口作为粮油集散地繁荣了这个古镇，那么今天，山西旅游业的发展也必将为碛口带来全新的机遇。

碛口到处是写生的学生们，有来自山西各地的，更有远自湖北、山东等他乡的。不同的人操着略带各地方言的普通话，清越的声音为寂静的大山平添了几分热闹的趣味。他们说，这里挺好的，这样就挺好的。的确，碛口人的生活是斑斓多姿的，枣树、石榴树、苹果树、香樟树、葫芦藤、地瓜花把每一个小院都装点得热热闹闹。这里的每一处都是游客眼中的风景，每一笔都是艺术家眼中的素材。碛口古镇也理所当然地吸引了许多现代影视剧作为其外景拍摄地。

如今的碛口游人如织，熙来攘往，固然不可能重现旧日人声鼎沸的商业繁华，却独有一种温情脉脉的安宁守候一方水土，迎接八方来客……

### （二）李家山古村——"立体交融式"乡土建筑的典型代表

李家山是一个令人震撼的山村。

1989年的秋天，著名画家吴冠中以70岁高龄徒步从碛口镇出发，翻越碛口西面的南山，到达李家山，惊叹不已，并给予高度评价："这里从外面看像是一座荒凉的汉墓，一进去，是很古老很讲究的窑洞，古村相对封闭，像与世隔绝的桃花源。这样的村庄，这样的房子，走遍全世界都难再找到！"老先生甚至认为这是自己平生的三大发现之一。

2004年的秋天，在碛口古镇举办的"中国·碛口保护与发展国际学术研讨会"上，专

图1-40　李家山1

1-41 | 1-42

图1-41 李家山2
图1-42 李家山3

家们再次被李家山建筑群以及建筑与环境的完美结合深深震撼，对李家山在巨大变迁中依然保留完整聚落风貌惊叹不已。

李家山与碛口古镇相隔一座山。一大早从碛口镇出发，跨过湫水河上的麒麟桥，绕过对岸的南山，眼前一下子豁然开朗，一个山体里生长出来的窑洞小村庄层叠错落着映入眼帘，真恍如误入世外桃源。

李家山很安静，它深藏在大山深处，静享天赐。村内阡陌交通错综复杂，片石铺筑的道路通常受山势影响非常陡峭，对于走惯了平坦大道的外来游客而言，这样的乡间小路，艰难而充满乐趣。仿佛已经习惯了外来人们的搅扰，对于推门而入四处观望无所顾忌的游客，老乡们显得包容而大度，甚至颇有些视若无睹、置若罔闻且天下无贼的意味。黄河岸畔，吕梁山上，是盛产红枣的地方。清秋时节，正值红枣收获，家家户户院里都晾晒着大红枣。山里人热络地招呼陌生的游客们品尝院里晾晒的大红枣，淳朴的民风令人流连忘返。

当年的李家山是碛口商铺的后院，在这里居住着碛口商贾的家眷。据史料记载，李家山原名陈家湾，主要由李、陈、崔三姓人家组成，其中大部分人家姓李。村内原来只有陈、崔两姓，明代成化年间李氏家族从临县下西坡村迁来。后来李家人丁兴旺，又出了不少财主，村名就改成了李家山。

李家山是碛口经济辐射圈内重要的村落，是参与碛口黑龙庙管理的"九社一镇"中的九社之一，清代中晚期在碛口经济活动中有重要的地位。李氏家族利用邻近碛口这个水旱码头的便利条件，很多人都在碛口做生意，以养骆驼跑旱路运输为主，他们在李家山建成了质量上乘的窑洞院落。人们说，李家山的形状像一只"凤凰"，背面的山顶是凤凰的头，从山顶向南偏东和南偏西分别延伸出一道山沟，两道山沟的东、西两坡上密布着依山势而建的窑洞，这是凤凰的两个翅膀。两道山沟中间的山坡是凤凰的身体，山坡的最下端是天官庙。

　　李家山是"立体交融式"乡土建筑的典型代表，整体空间布局依山就势，立体感很强。随地势而建的窑洞院落，其朝向、大小、形状都非常灵活，层叠错落，立体交叉，不似陕北地主庄园有着完整的规制。房屋建筑也比较多，不似原生的黄土高原窑洞建筑。建筑装饰非常精致，显示出当年殷实富足的生活。远望李家山，犹如自然雕琢的巨幅画卷悬挂在苍莽的黄土高坡。

　　随着碛口运输业的衰落，李家山的经济也走向了衰落，转变成以农业为主的村落。由于耕地稀少，山高坡陡，当地农民收入很少，李家山成为贫困县中的贫困村。而封闭贫困的状态也使得这一处珍贵的古建筑群几十年来未有主体性变动，这对于古村而言或可聊以自慰。然而，年代久远且疏于修缮的古民居仍然经受不起光阴的荡涤。由于缺少维护费用和有效的管理机制，不断有危房出现，许多房屋开裂甚至局部坍塌，亟待解决。

　　李家山古村承载了丰富的晋商文化和晋西北民俗文化，有着极高的价值和保存意义。现在看来，虽然难免几分落魄之意，但仍不失古风古韵。当时吴冠中所看到的李家山，我们可以把它比喻为一个60岁的人，花甲之年矍铄不失矫健，流露着岁月的沧桑之美。当地政府因此采取了保护措施，期待着大家的注意和进一步重视。

　　相比吴冠中老先生当年看到的李家村，现在的李家山更像一位风烛残年的老人——这里的很多房屋因为年久失修而变得破败不堪，美丽的砖雕、可观的飞檐都只有无奈地被岁月风蚀，真正地留给了历史……

　　古村落的建筑形态、地理位置等诸多因素早已与现代对生存空间的要求产生了很大差距，老百姓搬进新房，他们不会愿意再去无意义地维护古旧的危房。老百姓考虑更多的是自己的生存所需，而不是文物保护。废弃的古建筑，一座座斑驳的旧房、一座座倾圮的窑

图1-43　李家山4

洞，一日一日在风吹雨打中接受着时间的洗礼。

无数次震撼过各界专家的李家山，曾经年复一年、日复一日地深藏在大山深处。如今竟以老迈之躯招徕八方游客。来自他乡的学生们常常在这儿一住就是一个月，甚至几个月。他们静静地描绘着山中的窑洞风光，也为这古村带来了外面世界的气息，为这里注入了青春和活力，点燃了发展的激情。李家山和它的古建筑正在焕发青春！

### （三）白家山、寨子山——厚重而隽永，宁谧而安详

在碛口经济辐射圈内，像李家山一样的"后院"式古村落其实还有不少，只是李家山比较幸运，在沉默中较早地声名鹊起，较早地走进专家学者们的视线里。而在碛口周边，更多的是在今天依然静默，却同样无比珍贵的古村。比如，白家山、寨子山。

从远处看，枣林掩映中的白家山古民居，层叠有致地分布在东西走向的两侧山坡上，古宅老院宁谧而安详。这是一个700多人的小山村，白姓村民占了绝大多数。村里流传着很多前辈们经商致富的陈年旧事，最为耳熟能详的便是白叔明七弟兄的创业发家史。

白叔明是白家七弟兄中的老大。清朝同治年间，他带领众兄弟在碛口白手起家，经营起德和商行，像大多数晋商一样，他们做买卖讲究的是诚信为本，以德树人，和气生财。

图1-44　白家山1

图1-45　白家山2

也像大多数晋商一样，白家兄弟的生意越做越红火，返乡回白家山修起了大宅院。也就是如今我们在村里看到的最为气派的五处院落。这五处院落虽非同时营建，但规制结构上甚为相似，其中，尤以老大的最具典型意义，值得重点关注。

坐北朝南、高踞山梁最顶端的是白家老大的宅院，从进村的路上就能远远看见，甚是醒目。这是一个紧凑的二层四合院，大门开在西南角，体现着当地门不对户的风水学理念。门额高悬"爽气来朝"牌匾，门楼镂雕得极为工巧精细。正窑为五孔没根厦檐砖窑，东西厢房各三间，另有三间南房用作马厩，厕所设在东南角。古宅的二层正面为带廊大厅五开间，硬山顶砖木结构，是家族活动和供奉祖先牌位的场所。东、西厢各三间砖房，东厢单坡顶，西厢双坡顶。东厢北房旁专开一小门通往街巷，非常方便，门额有"光裕第"匾。整个院落构思巧妙，设计合理，目前保存较好，当属村中最有价值之古建筑。比之陕北规制严谨的地主庄园窑洞四合院，这里的晋商大院显然随意了许多，活泼了许多，也灵巧了许多。而相比于陕北憨实淳朴的地主庄园，晋商大院的文化意蕴在其古建筑的每一个细节里展露无遗。技艺精湛的砖雕、石雕、木雕巧夺天工而随处可见，内涵丰富的楹联匾额让这个僻远的小山村显得那样厚重而隽永……

特别值得一提的还有村里的雨水贮蓄工程。在村子的南坡下方，修筑有一个石砌圆形水池连通村里各条街巷。每当雨季来临，雨水就会顺着石板街巷汇聚到池中。这样，巧借地势，既解决了排洪、泄洪问题，同时也为旱季蓄积了水源，非常科学、智慧。这样的雨水蓄积工程，在碛口附近独此一处，至今保存完好，颇具研究和欣赏价值。

上上下下穿行于枣林掩映的旧宅老院之间，一种安宁和谐的气氛沿着树影斑驳的石板街巷，不断弥散蔓延到视野里的整座山坡。一幅物阜民丰、安居乐业的生存图景在眼前铺

图1-46　寨子山1
图1-47　寨子山2

展开来。白家山，如同遥远的歌谣，在耳畔哼唱起——枣林深处是我家，青山映晚霞……

如果说是晋商造就了碛口，那么反过来，碛口则成就了晋商。碛口周边的古村落在当初都可谓藏龙卧虎名噪一时，巨商富贾信手可拈，比白家兄弟更富足的大有人在。名不见经传的寨子山村里崛起的陈氏家族就曾在民国初年荣膺晋西首富。

陈懋勇、陈懋嘉、陈晋之三兄弟是碛口商贸史上永远不可能抹去的一笔。陈懋勇、陈晋之曾先后担任碛口商会会长30余年，叱咤商海，推波助澜，正是他们缔造了这个小小水旱码头的巅峰时代。时至今日，近百年后的碛口古商道上，年迈的老人们仍然还在给后辈们讲述着陈氏家族的传奇故事……

陈氏的豪宅坐落在寨子山古村的最高处，宛如一座城堡高踞山巅。这是一座窑洞式四合院，依山而建，明柱厦檐，设计奇巧。豪华气派的门庭屋宇、造诣精深的三雕艺术、无可挑剔的建筑质量、构思巧妙的建筑布局，甚至一方小小的观景窗，无一不昭示着昔日的繁华气象。

而寨子山的出名与其说是沾了富豪的光，更大程度上，不如说是沾了领袖的光。1948年3月23日，毛泽东、周恩来在走向胜利的旅途中从碛口对岸的吴堡县东渡黄河，当晚在寨子山居住过的那个院落，如今已挂牌成为爱国主义教育基地。陈氏家族能使这个小山村带入碛口的商业史，而毛主席路居一夜却可以将它写进波澜壮阔的中国革命史。每一个到达这里的访客都会注意陈家祖宅上的对联。几十年如一日，自书自写"山西临县碛口镇寨子山村陈祖儒见过毛主席"的门楣从未变过，"毛主席转战华北途宿是寨子山村，公元是一九四八年三月二十三日……"的楹联从未变过，字里行间流露着自豪之情和对一代伟人的热爱。

### （四）西湾古村——碛口陈姓富商的"后院"

相比于碛口周边的其他古村，西湾是幸运的一个。2003年西湾村被建设部、国家文物局列入首批"全国历史文化名村"。从此，西湾村的古民居沐浴着国家投资修缮的春风，在濒临垂暮之年，蓬勃地焕发出新的生机。

西湾村距离碛口古镇非常近，仅有2km左右的路程。依据传统的风水学说背山面水、负阴抱阳的原则，坐落在卧虎山东侧眼眼山下，湫水河东岸。村口，著名古建筑专家罗哲文题写的"西湾村"三个大字赫然入目。小村依山傍水，风光无限。给人置身田园、男耕女织的悠远怀想。

西湾古村始建于明朝末年，至今已有三四百年的历史了。村子不大，目前仅有300多口人居住。过去的西湾还有个别名叫做"陈家大院"。原因很简单，那时的西湾是碛口陈姓富商的"后院"。据家谱记载，陈氏先辈陈先谟明朝末年从方山县岱坡村迁到西湾，开始在碛口经商。打拼了几十年，家业日渐昌隆，到第四辈陈三锡时，陈氏家族达到全盛，陈家的买卖占了碛口半条街。而西湾村当初的寒窑陋舍则在二三百年的时间里，陆续被一座座堆金砌银的广厦豪宅所取代，西湾村变身成了赫赫有名的陈家大院。

我们今天在西湾所看到的古民居主要以清代建筑为主，是一座占地30000m²的城堡式民居建筑群。正是：村是一座堡，堡是一山村。堡内现存30多座宅院，以三合院居多，四合院占三分之一。西湾民居整体设计布局严谨合理，各院设施齐备，除了正房、廊记、厅

| 1-48 | 1-49 |

图1-48　西湾古村1
图1-49　西湾古村2

图1-50　西湾古村3

台、厕所，大多也都有马棚、柴房、碾磨房等。西湾村的民居建筑与周边村落比较木构房屋比例较大，尤其东西厢和倒座有不少是木结构。正房有明柱厦檐窑，也有没根厦檐窑，青砖拱券顶，纯白灰灌浆勾缝，用料考究、质量上乘，至今十分坚固。有双坡厅房，也有单坡厢房，还有卷棚顶，依山顺势，设计奇巧。厕所、马棚、柴房、碾磨房或寄于墙下，或修于背角，寸土必用，处处遵循着既朴实又不拘一格，既实用又不失雅观的设计思想，高低错落，变化有致，设计者的聪明才智在最细微之处得到了最淋漓的体现。古民居的大门、垂花门、照壁，是主人身份的象征，在设计上更是争奇斗艳，各显风流，建筑形制，各不相同。至于木雕、石雕、砖雕，则雕工精绝，内容丰富，飞禽走兽，栩栩如生，观者无不拍手叫绝。在众多院落中，以位于东一巷与东二巷之间的东财主两院最为考究，也极为醒目，其建筑、历史和旅游观赏价值最为突出。

信步游走在古堡中，很明显地可以体会到，陈家大院的创始人在建村之初定然便已有了基本完善的规划思想。依据了风水学的原则：天地人和、五行相生相克。古村聚落在以山体为轴心环绕的坡地上分上、中、下3条通道，喻天、地、人和；村中有5条南北走向的巷子，分别代表金、木、水、火、土五行。5条巷平行并列，既是出入的主通道，又兼作排洪设施。各院落分布于巷子两侧，每个巷子上筑有一两个拱道，以连接两侧的院子，每个院子都留有正门和侧门，只要进入一户人家，就可串遍全村各院，从而形成"堡是一大院，堡内院院通"的互联格局。与碛口周边其他受地形地势局限，民居灵活散布的古村落相比较，西湾村这种鲜明的设计理念并不多见。村子周围原有堡墙，现堡墙全毁，只有南墙基础和3个堡门。可见，对于外部世界而言，西湾是封闭的，而对于村子内部而言，西湾是开放的。在过去动荡的年月里，这种对外防御，内部聚合向心的建筑格局，常见于一些

图1-51　西湾古村4

富庶的村子，山西西湾村和陕西贺家石村都是极为典型的例证。

　　山西人虽然讲究"学而优则商"，但更素有"商而优则仕"的传统，儒商的理念敦促着晋商们对文化教育和圣贤之道的景仰与热忱。西湾村古民居落款为清代道光、咸丰年间的石刻匾额并不鲜见。诸如"居仁由义"、"忠信笃敬"、"福履常新"、"福修三多"之类，诸如"耕读传家"、"岁进士"、"恩进士"、"明经第"之类，都体现着这个家族对道德和文化的追求向往。这些牌匾的书法艺术亦颇见功力，各具神韵，传达出浓烈的文化气氛。据说，旧时村里很多人家都办有私塾，出过6位明经进士和20多位庠生（秀才），还有以陈三锡为代表的11位大小官员。

　　近年来，西湾古村以其独特的内涵与魅力吸引了大批专家学者、旅游和摄影爱好者。一大清早，小村还笼罩在晨起的岚霭之中，便陆陆续续有自驾车驶入。外来的人们用欣赏的眼神打量着这个深沉的古村，用手中的相机记录下各自眼中的美丽西湾……

### （五）高家坪——碛口富商的深宅大院

　　高家坪村坐落在湫水河东岸的沟坡上，距离碛口古镇约8km。相比西湾等其他古村，高家坪人口较多，目前大约有300多户。这是一个杂姓村，因最早的村民为高姓，故名高家坪。而现在，村里的第一大姓为成姓，占了全村人口的40%左右。

　　高家坪的发展史与碛口有着千丝万缕割不断的联系。当年，村里的成氏、高氏在碛口都有大商号，而在高家坪则留下了他们的深宅大院。现在保存完好最有价值的当数成家的3座大院。成氏祖先在明万历年间迁居高家坪，到七代成璋丕一辈时，成氏家族发达起来。成璋丕在碛口奋斗多年，成为"三和厚"商号的大掌柜，积攒下钱财后在村里置地修院，

建起窑房60多间。到其儿孙辈上，成家在碛口经营起了好几家店铺，"义生成"、"两和炉"、"鸿泰银号"等都是他们家的买卖。成家由此成为高家坪响当当的显赫家族。

据一位老人讲，民国18年（1929年），因为陕西老家遭遇自然灾害，他从老家一路讨吃要饭来到这里，靠给成家做雇工谋生。那年他13岁，到如今，整整80年已经过去了。因为贫穷，这里的年轻人都外出务工，留守在村里的老人们仍保留着困苦年月里一天只吃两顿饭的传统习惯。他们一天中的第一顿饭，通常在早起劳作之后才吃。到了晚上，忙完一天的农活，睡觉之前，才吃第二顿饭。如今，虽然衣食饱暖已基本解决，但深处偏山辟野的高家坪仍然穷苦，这样一日两餐的习惯被保留了下来。村里的老人们可能很多年都没有离开过这个村子了，但是他们还是听说了旅游开发给碛口古镇带来的巨大实惠。他们热切而希冀着富足的生活。

目前，高家坪保存最好的古院落位于沟坡较高处，是一处三进大窑院。坐北朝南，层层高升。底层正面七孔没根厦檐窑，倒座南房为三间砖瓦房，右厢一间瓦房，左厢作为大门楼。二层正面为七间明柱厦檐砖箍窑，左右两厢各有瓦房两间，倒座为木结构厅堂。第三层正面为七间单坡顶大瓦房，左右两厢各一间瓦房，其中右侧作为大门使用。三层院落均有楼梯连通，各自又有独立院门，设计非常科学合理。此外还有2座成氏家宅保存也较为完好。目前这些宅院都有人居住，但已不是成氏后人。当年的成氏后辈们已散落在全国各地，这些豪宅大院在土改期间分给了穷苦百姓。

村中有3座庙宇，分别是山神庙、观音庙、三官庙。还有一眼甘泉，泉上有3口古老的石井，是村里的饮用水源。沟里的枣林也为古村增色不少。像很多曾经富庶的古村一样，高家坪村的道路和古排水系统也非常完备。由于村子依山坡而建，高低有六七层之多，连通上下的"之"字形道路均用石板铺砌。在北坡修有4条砖石结构的排洪沟，最长一条达40多米，曲曲折折，至今仍在发挥作用。

## 二　孙家沟与张家塔

### （一）孙家沟——黄土高原的"小江南"

翻山越岭到达孙家沟，便立刻被眼前的秀丽景致所吸引。的确，这里的景致必须得用一个"秀"字来形容。人们说临县三交镇孙家沟是"世外桃源"，是"黄土高原小江南"，所言不虚！这个古村落分布在一条"S"形沟壑的两侧，安宁的小溪从村中流淌而过，迂回曲折，四季不枯。还有一处四五米高的小瀑布，仿佛为这里增添了灵动的乐符。孩子们在溪边戏水，妇女在溪边浣衣，农人禾锄从溪边走过，枣林和飞鸟的影子倒映在水中，和着潺潺的流水声，小溪对岸的学堂里不时传来朗朗的读书声，小村的人们就这样一天又一天与世无争地生活，这是一幅多么动人的和谐画卷。

踩着卵石，涉过清凌凌欢快的溪水，踏上千年古岩层天然形成的石阶，便来到了南侧背坡的窑院。背坡老院子较为集中，十几个院落连成一片，上下四五层，蔚为壮观。其中以十连窑院规模最大，也最有特点。十连窑属由上而下的第二层窑院，坐西面东，十孔带

图1-56　孙家沟1

1-57
1-58
1-59

图1-57　孙家沟2
图1-58　孙家沟3
图1-59　孙家沟4

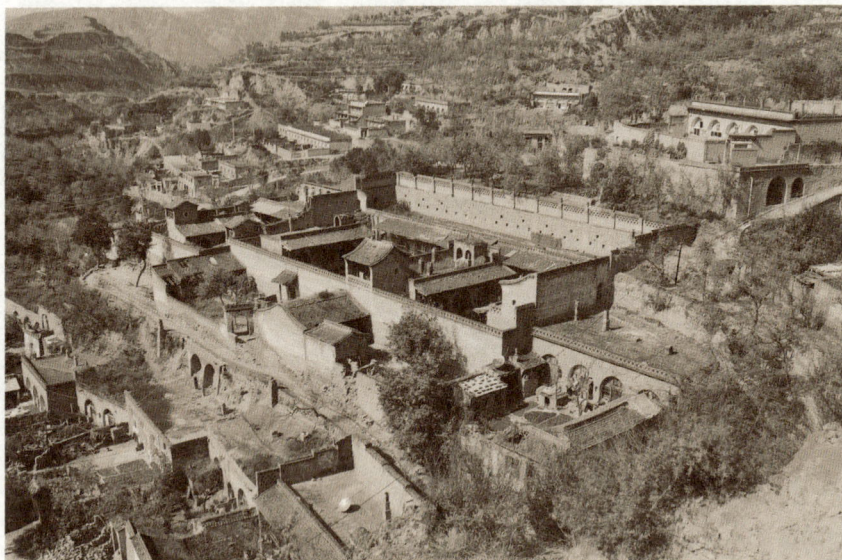

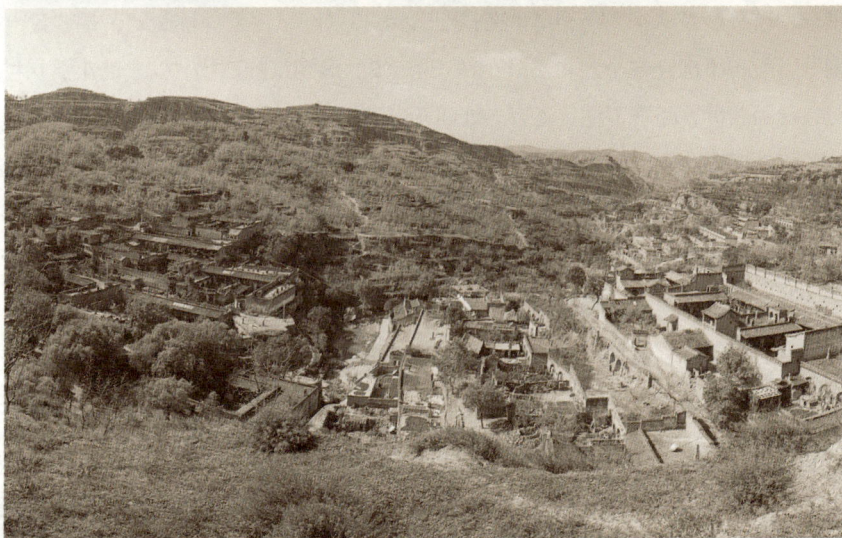

柱厦檐砖箍窑一字排开，在中间设一道隔门，一分为二。门额上还题刻有"福涵寿山"、"福履成之"。最令人称奇的是，在最北端一眼窑的后面，连着大小不等的三孔石窑，三孔窑均坐北面南，其中紧靠正窑的大窑深达十几米。由于建在山体内，阴冷异常，是天然的大冷库，盛夏肉食放在里面可几十天不坏，同时这里还是绝妙的藏身之地。西边两孔小窑，窑中有窑，是存放金银财宝之处。

孙家沟规模最大也最为考究的院落是北侧阳坡上王恩润的宅院。不错，这里名为孙家沟，住的却绝大多数是王姓村民。村里现有250多户人家，共1000多口人，而孙姓仅占10%左右。据说王家祖上当年也是贫困潦倒，贫寒度日，后来迫不得已出门卖烧饼谋生，从此走上经商之路，并逐步发家致富，在孙家沟建起大片豪宅，显赫一方，人丁日盛，最终成为孙家沟第一姓。

并列三院，左右还各有一跨院，供长工们居住。主院正房均带前廊，主院前还有前院，其厢房为牲口棚和草料房，前院墙上有6个保存较好的拴马桩昭示着主家昔日的富有。比之其他古村的明清建筑，这个宅院要年轻得多，有资料表明，此宅建成于民国5年（1916年）。中间院子正窑七孔，东西两院正窑均五孔，3个院子东、西两厢均为三孔窑。院里还有小楼三座，其中两座位于西侧院厢房南端，另一座位于中院与东院的倒座房上，村人说是绣楼，其实更有可能是"瞭敌楼"。中院和东院正房、中院西厢以及东院东厢都建有楼房。整个院落分区合理，设计周到，功能齐备。据称，王恩润宅院是碛口一带最大的四合院。

孙家沟古村距离碛口大概有25km的路程，比西湾、李家山一带要远一些。虽然这里的主人也是靠经商起家，民居建筑同样受到外来文化的很大影响，但是相比之下，这个村子本土原生建筑的氛围要明显浓郁的多，建筑规划方面受传统礼制的影响要深一些。这里的窑洞种类非常丰富，石窑、砖窑、土窑、靠山窑、接口窑、箍窑，应有尽有。

值得一提的是，孙家沟是一个有着浓郁文化气息的古村。几乎每一座古民居都有匾额高悬，"严中蹈和"、"慈惠流光"、"山川凝秀"、"承先启后"、"笃庆锡光"、"鸢飞鱼跃"、"淳厚家风"等等，内容丰富，不一而足，人文环境与自然景观可谓相得益彰。在村子里，有一座小学，这一带的农村，也许是因为闭塞、贫困、人口稀少，学校并不多见。孙家沟小学虽然只有一栋2层的教学楼，仅仅4个老师，十几个学生，而且只有一、三、四、六年级，但是村里人很重视教育。我们来时，来孙家沟的道路已经硬化，交通比较方便，水泥路也铺到了村里。教学楼旁边正在施工，据说要再建一座新的教学楼……

### （二）张家塔——错落有致、布局美观的形态

张家塔古民居位于方山县城西南20km的峪口镇张家塔村。这是一座始建于明末清初的砖瓦木石结构古建筑群。古村面朝大山，掩映在茂密的枣林之间。村中寂静，民风淳朴。然而，很多院落已无人居住，荒草丛生，损毁严重，没有任何保护措施，张家塔古民居的

保护现状令人担忧。

张家塔古民居大部分都是四合院建筑，依山而建，从上到下错落着六层窑洞。从对面山上远眺可见，张家塔古民居的分布形似宝塔，布局非常美观。据村民介绍，村中原有东、西、南、北四道城门，现在都已毁坏，只剩下遗址了。而原有的公共建筑，如祠堂、庙宇都已破败不堪，曾百里蜚声的宝峰寺也已荡然无存。

走过村里的每一户人家，破败的建筑仍然昭示着昔日的奢华。当年这里有一半以上的人家都是地主，是整个临县顶呱呱的富村（张家塔村原属临县）。据了解，张家塔从始建之日迄今已有340余年历史。最早的建设者名叫赵睿之。这里名为张家塔，实际上85%以上的村民都姓赵。赵睿之是地地道道的庄稼人，是张家塔建村后的第四代人。他的儿子靠经商赚了钱，便在父亲的指导下，破土动工修建宅院。今天我们看到的张家塔古民居的规模，经历了赵睿之子子孙孙200多年呕心沥血的营建。

张家塔古民居有着黄土高原原生建筑的地域特质，大部分院落是比较典型的窑洞四合院。院内马棚、柴房、石磨等的布局都成对称图形。建筑形态中规中矩是张家塔的一大鲜明特色。特别值得一提的是村中以一面硕大"德"字照壁为中心，呈"凹"字状布局的四院一体式的整套院落，体现出设计者匠心独运的设计思想和建设者对村落整体明确的规划理念。这里的古民居建筑非常豪华，用料精到、质量上乘。彩绘垂花赏心悦目，精雕细刻随处可见。即使在今天萧飒破败的景象中，也难掩旧日风华。张家塔村历来学风浓郁，家无白丁，清知县曾赠予张家塔村"文明之村"的牌匾。而家家户户的题匾都透露着古村深厚的文化底蕴与优良的文化传统。"行必履正"、"进德修业"、"耕读传家"、"屏山带水"、"酌史锄经"，既涵义丰富，又融汇了难得的书法艺术。

图1-60 张家塔1

1-61
1-62 | 1-63

图1-61 张家塔2
图1-62 张家塔3
图1-63 张家塔4

张家塔大概有1000多人，但常住的只有五六百，一半的年轻人不甘贫困，外出务工，常年在外。村里的老房子闲置的就多了，无人管理的更多了⋯⋯

## 三 离石彩家庄古村

### （一）彩家庄——靠崖式的窑洞四合院

彩家庄是一座人口不足500，却有着近300年历史的古村落。这里的村民大多为李姓，传说为陕西米脂李自成族人后裔。有村民介绍说，因为村子的开创者最初是以采伐为生，便给村子命名"采家庄"，后来"采"字慢慢演化成为现在的"彩"字。这样的说法听上去实在是有些牵强，显然不能满足寻访者的邈邈遐思，于是也就有了一些浪漫的解释——在2008年2月15日《人民日报——大地副刊》上一篇题为《彩家庄，与凤凰齐飞》的文章就曾不吝笔墨地渲染过这个隐没在山峦间的小村。作者李秋香挖掘过"彩家庄"一个斑斓的释义：

彩家庄为李姓血缘村落，其先祖原居住在陕西米脂。明代末年李自成起义失败后，

图1-64 彩家庄1

清廷为斩除后患，在陕西米脂大肆抓捕李姓族人，许多李姓人氏为此纷纷逃离家园。顺治年间，李家先祖李孟清、李兴两兄弟也离开家乡，从陕西逃到山西洪洞，准备以编户移民的方式找到安居之所，但洪洞难民聚集过多，又逢大旱，移民站无力安置，兄弟俩只好离开洪洞，一路乞讨来到了黄河边。一天兄弟俩走到了距碛口码头10km的地方，饥渴难耐无力再走，突然间看到不远的山坳间生长着大片彩树，绿色一片，生机勃勃。兄弟俩万分激动，想到这应该是个吉祥之地，便在这个山坳间住了下来，并以"彩树"为地名，唤作"彩家庄"。

彩家庄紧邻旅游专线，交通便捷。晴蓝的天空下，古雅的窑洞民居错落地镶嵌于黄土山腰，远远望去质朴而素美。

据称，明清年间村里曾出过文、武举人，衣锦荣归，回乡大修土木，便形成了今日仍可见的古民居建筑。同时，这里也曾是商贾辈出的村落，传说当年碛口半条街都是彩家庄李姓商铺，所以，彩家庄昔日的繁荣其实很大程度上也是得益于水旱码头碛口商贸中心的兴盛。也正因如此，彩家庄的古民居应该纳入到"碛口古建筑群系"。

彩家庄坐西面东，错落在黄土沟壑的半腰间，将地形的特殊性自然地融入了景观中，使得景观与地形很巧妙地结合在了一起。彩家庄的院落布局精巧，院门大都朝向东北角，据说是为了避讳"衙门口朝南开"。这里的建筑形态很有特色，它充分地利用了黄土的直立性，多以靠崖式窑洞四合院为主。通过院落风貌，可以推测，彩家庄古民居为原生黄土窑洞建筑，受北京式四合院影响相互融合而成。当然，这不是一蹴而就的，这一衍变融合的过程可能经历了上百年甚至几百年。

在村子里，有两处院落很有代表性和典型性。

沿着"之"字蜿蜒的山路进村，第一家就是典型的北京式四合院与黄土高原原生建筑结合而成的靠崖式窑洞四合院。这个院子原生环境非常完整，左碾、右磨两大大田农具端放在院子正中，与一口古老的旱窖一同见证着这屋宇春秋。院子采选当地风水格局和风俗习惯，两面厢房一为窑洞，一为砖瓦房，正房对面为杂物房、马厩、厕所等，窑洞与单坡顶的房屋和谐相组，房屋间的接合巧妙而精彩，构成了一户组合式四合院。同时，大门空间因势造型，匠心独运。院子里清扫得很干净，规整的台阶、青砖的路面、变幻的窗棂格、雕花的门楼，依稀可见当初这里的富足。

第二家是另一种类型的四合院，这个院子处于彩家庄的下街。建造房屋的主人很智慧地利用了黄土土质，几乎是原生四合院，三面窑洞，另一面为卷棚顶的房屋，彰显着主人的奢华。正窑和厢窑的组合，窑洞之间、窑洞和楼道间的组合，复杂而有序。正窑和厢窑的采光也都处理得相当好。马厩、豆腐坊、神龛各得其所，砖雕木雕随处可见，甚至花栏墙的图案，以及花栏墙的转角与接合都别具匠心。放眼望去，每一处建筑细节都不曾放过。

而最为重要的是这个院落有一套完备的收集雨水的系统。院里有楼梯与屋顶相通，屋顶与上街街道相连接，屋顶建有围墙，面向街道专开两道门，便于从街道进入屋顶，同时也将自家屋顶与街道的公共空间隔离开来。屋顶最初是硬化的，尽管现在已经荒草丛生，

| 1-65 | 1-66 |

图1-65　彩家庄2

图1-66　彩家庄3

图1-67 彩家庄4

但可想而知,当初一定打扫得很干净。在十年九旱的吕梁山区,这样的屋顶往往担负着收集雨水的重任。屋顶有集水口,院里有旱窖,雨水从屋顶流下来注入院内的旱窖中,形成了一个独特的收集雨水的系统,窖内撒白灰消毒,这便是日常生活所有用水的来源。每年农历六月到八月,是这里雨量最充沛的时节,全年的大部分用水都在这时以这样的方式被收集和储存。黄土高原干旱缺水的自然条件促成了这一集水系统的产生,这是劳动人民智慧的结晶,更是人类生存与环境相互适应的产物。这可以说是当地一大特色,在其他地方很少见到。直至今日,彩家庄仍然保留着这样的取水方式。不禁让人感叹,老百姓朴素而自然的生存观念就是古村落的思想!

从人居环境的角度来考量建筑形态的形成,很显然,彩家庄古民居的建设者们并非着意造景,而是因陋就简、因地制宜,在有限的空间中最大化地丰富使用空间、建筑空间、景观空间,使生存所需、兴趣爱好、知识、财富都在这样的空间中得以展示,并和谐共生。很多小品、小景也因此而来。因此,人居环境、人居空间就是古村落的思想。黄土高原窑洞文化也正是在这样的理念中不断深化与拓展。

其实,所有的传统建筑,从平面看来都很简单。窑洞:几孔;房屋:坡顶,或单坡顶,或双坡顶,或卷棚顶。但是其间的组合关系却是千变万化,正面、侧面、对面各有考虑。这里面往往蕴涵着人们对于生存的需要和审美的追求。彩家庄作为晋商古道上的一个重要节点,与碛口有着千丝万缕的联系,是研究"碛口古建筑群系"的重要组成部分①。

① 霍耀中.山西碛口古镇历史建筑文化相融现象探析[J].中国名城,2011,10:33-37.

# 第三节　汾渭谷地聚落

## 一　霍州许村朱家大院

**朱家大院——皇族后裔之华府，古民居建筑之瑰宝**

在距今500多年前的山西霍州曾经居住过一位皇室后裔——明太祖朱元璋之孙，霍州朱家之始祖，霍王朱逊炳。坐落于霍州城东约20里处的许村朱家大院，即为霍王第十三世孙朱连科在清代道光年间所建，于今已有100多年历史。远远望去朱家大院靠山而建，只在半山腰处，但真正到达却着实费了番周折，村中通往大院的小巷狭长、逼仄而崎岖。

朱家大院坐西面东，前临汾河秀水，后依吕梁余脉，上院、中院、下院依山就势，错落而有序地展开，内有台基楼道，层层相连。较之地主庄园、普通民居，朱家高墙大院、门庭宏阔，显然更多了几分豪门气派；较之陕北民居的粗犷豪放，位于山西的朱家大院在建筑细节上更加精到而工巧；而较之一路走来挥洒着浓浓黄土风情的窑洞，完全砖木结构的朱家大院则更能代表晋中南民居特色。

霍王十二子，分十二门，许村朱家为朱十门直系，因此大门镌有"朱十门"字样。据说，霍王十三代孙朱连科经商有道，富甲一方，人近暮年，动工修建朱氏府邸，只可惜功未成而身先逝。此后，其子又历时5年，方完成先人遗志，修竣朱家大院。

朱家大院不仅为皇族后裔之华府，更是古民居建筑之瑰宝。朱家大院内正厅、厦房、绣楼、孰院、长工院、车马院、匠人院，功能齐备，各司其职，管理有序；凝聚了前人智慧的暗道神秘莫测，超乎想象；无论大小院门皆有门额牌匾，"静好"、"尚志"、"敦

1-68 ｜ 1-69

图1-68　朱家大院1
图1-69　朱家大院2

1-70 | 1-71

图1-70　朱家大院3
图1-71　朱家大院4

伦"、"履亨衢"，不仅寄托着主人心志，体现着门第书香，更是一幅幅书法艺术珍品，为这个庭院赋予了深深的内涵；千变万化的窗棂图案，或为冰凌纹，或为灯笼锦，或为套方，或为盘长，不知蕴涵了工匠技师们的多少缜密心思；而巧夺天工的各类木雕、砖雕、石雕，设计奇巧，雕工细腻，图案丰富，尤为引人注目，"五福临门"、"富贵牡丹"、"梅兰竹菊"、"龙凤呈祥"、"吉庆有余"，信手所指，都是一处故事，一种美好愿景……整个院落被装点得磅礴而大气，恢宏而华美。

上院有一座木牌楼，雕工华丽，却永不可逆地留下了在一场火灾中侥幸得以残存的心痛记忆。而院内随处可见被砸坏损毁的砖雕石刻，铭记着当年"文化大革命"中红卫兵们的所谓"热血豪情"。而曾被外人盛传神秘莫测、无人敢探的暗道很大部分也因年久失修而塌陷……院里依然居住着朱姓后人，热切地向每一个外来的看客们表达着他们修缮与开发祖宅的心愿……

## 二　汾西师家沟古村

### 师家沟——独具一格的民居范式，窑洞建筑的经典范本

从朱家大院出来后一路北上，汾西县僧念镇师家沟村清代民居看起来近在咫尺。

师家沟在清代时就有"天下第一村"的美誉，这里的古民居建筑其实就是师家宅院，其创始人是晋商师法泽。和许多山西商人一样，师法泽有着衣锦还乡、荣归故里的乡土情结。尽管当年师家的生意已遍布九州，远及北京、河南、湖南、陕西等地，然而师家宅院还是选在了家乡这个偏远的山村。也正因如此，在历尽世事离乱、朝代更迭、政策变迁之后，这个山乡僻壤里的"天下第一村"仍得以幸存。晋商素有"商而优则仕"之传统，师家也不例外，后代考取功名的人不少，家族的发展走了典型的"官商结合"之路。师家宅院也慢慢由原先的祖宅拓展到了整个村子，形成了一个家族集群式的建筑综合体。据说，师家交游甚广，清末名臣曾国藩兄弟曾是这里的座上宾，许多文人雅士、达官显贵都与师

家渊源深厚，师家大院也自然成为晋中南地区尽人皆知的名门望族。

初到师家沟，一座巍峨的清代牌坊骄傲地挺立于村口，仿佛依然在诉说着当日车马尘嚣、金铭鼎食的繁华气象。山间雾气弥漫，仰首望去，建筑群依山就势次第铺展开来。沿着蜿蜒曲径一路走上坡顶俯瞰，一孔孔塌圮的废窑已破败不堪。而相对上坡不堪的景观，下坡处半山腰上的院落保存较为完整，依然有人居住。据介绍，政府刚刚在这里修缮维护过。从对面山头上放眼望过来，这面山坡上的建筑很美。轻雾缭绕的黄土丘陵间层层叠叠摇曳着古色古香的窑洞风情，鳞次栉比、错落有致，幽婉的小径穿梭其间，与环境浑然相融，宛自天成。放眼打量着对面的山坡，如果建一观景平台，那么师家沟建筑美景即可尽收眼底。

这里的民居建筑形态多以两层四合院为主，虽与朱家大院距离很近，却明显呈现出与朱宅之晋中南特色全然不同的风貌景观。尽管地处黄土高原边缘地带，然而师家沟仍然吸收着黄土高原窑洞建筑之精华，融汇晋中古建之内涵，营造出独具一格的民居范式，成为窑洞建筑的经典范本之一。

远观师家沟，赞叹于其建筑的整体美，而穿行在村子里，信步走进一户户民居院落，感受至深的更有建筑的细部之美以及师家沟厚重的文化底蕴。与之前考察过的绥德县贺家石村党氏庄园相似，师家沟同样也是家族内各院落分散布局，讲究户户独立而又相互交通。纷繁多样的院门、耳门、偏门、侧门、楼门、暗门、过街门以及各种暗洞、地道，上下左右，自然贯通，既方便了家族内部日常生活，更为村内安全提供了强有力的保障。规划统一的村内交通，科学完备的排水、排污体系，以及满足日常所需的油坊、磨坊、长工

图1-72　师家沟1
图1-73　师家沟2

图1-74　师家沟3
图1-75　师家沟4

住房，无一不是匠心独运，无一不是饱含智慧。

走进青石方砖铺砌美观的院子，精彩的雕刻艺术挥洒着传统古典文化的气韵，再一次让人叹服于深藏民间的无穷智慧。师家宅院仿佛是一座雕刻艺术荟萃的展览馆，各种技艺精湛、意蕴丰厚的门额、门匾、木刻牌匾、砖刻牌匾以及摇曳多姿的木雕、石雕、砖雕，寄托着主人的愿望，也昭示着这个家族的品位。

## 三　万荣李家大院

### 李家大院——融合徽式特色的晋商建筑

李家大院位于万荣县阎景村，始建于清道光年间，是晋南富商李子用的私人宅院。它建筑古朴典雅，精妙绝伦，是一座反映晋南民居风格的典型建筑。李家大院原有院落20组，房屋280间，现有院落7组，房屋146间，另有祠堂花园遗址等，共占地125亩，相当于10个乔家大院面积的院落。整个建筑为竖井式聚财型四合院，同时又吸纳了徽式建筑风格，融合了中国南、北两大建筑特色。传统四合院藏风聚气，精致大宅门接地通天，特别是砖雕、石雕、木雕及铁艺等饰品，处处显示着晋南民间多子多福、耕读传家、富贵平安等吉祥含义，在装饰艺术上也把民族文化渗透到建筑的各个角落，充分体现了晋南人耕读传家的文化传统，具有很高的观赏性和研究价值。

李家大院主题建筑显得有些特别，相比较那个时代的建筑似乎有点西洋化，经了解知道因西院院主李道行（字子用）留学英国，娶英国女子麦孺为妻，从而使整个建筑呈现出明显的西洋风格，局部反映了中西文化交流融合的艺术特点，这里呈现出欧洲"哥特式"建筑风格，门楼外形的整体轮廓高、直、尖，线条轻快，造型挺秀，是15世纪欧洲"哥特式"的建筑。而它表面的砖雕图案却是典型晋南民间艺术，呈现出中西文化交流融合的艺术特点。门匾上、下4个小图案是牡丹、荷花、菊花、梅花，代表的是春、夏、秋、冬，表示四季平安。两边分别是一个砖雕花瓶，放的是八仙拿的法器，寓意八仙祝寿。门匾下面是松鼠葡萄砖雕图。松鼠葡萄藤是中国传统吉祥图案之一。因为古人好谐音取义，鼠在当地方言中发"福"的音，象征富贵；葡萄，又内含多粒，所以整个图案象征"多子多福"。门楼最上面原来画的是块表，指向九点一刻，象征李氏家族就像早晨八九点钟的太阳一样，朝气蓬勃，奋发向上。

　　由于修建李家祠堂的年代正是李家经商生意的鼎盛时期，建设时间长，所以盖房时选料极为考究，建筑质量也堪称一绝。例如房上的椽，房上的椽是经过根根打旋、过秤的，所以，粗细、长短、重量都是一样的，椽摆的密度也比一般人家的高。整个建筑精雕细琢不失其雄，刀劈斧砍不失其精。其特点是：布列有序，层次分明；体量宏阔，用材肥硕；结构严谨，坚固耐用；通风透光，守备森严；装饰考究，古朴典雅。

| 1-76 | 1-77 |
|------|------|
| 1-78 | 1-79 |

图1-76　万荣李家大院1
图1-77　万荣李家大院2
图1-78　万荣李家大院3
图1-79　万荣李家大院4

　　藏书楼是李家大院的标志性建筑。民间谚语曰："遗子孙黄金满盈，不如一经。"这也是李家建造藏书楼的一个用意。体现了主人好结良友，注重朋友间的友谊，又十分重视子孙后代教育的性格特点。李家大院的主宅院大门两旁镌刻着《朱子家训》，上面写道"一粥一饭，当思来处不易；半丝半粒，恒念物力维艰"的节俭警句，让子孙后代进门出门都念念不忘。

　　艰苦的经商历程使李家积累了大量的资本和财富，也让李家拥有了开阔的视野和宽厚的胸襟。乐善好施给李家带来了流芳世世代代的社会美誉，也滋润了一代又一代后辈人的心灵。李家子孙积极进取、奋发向上的精神鼓舞着我们这些游人，也将使越来越多的人从中受到启发和教育！

　　如今，李家大院正在加紧修建，建成后的李家大院景区由古建区、民俗区、仿古区、新建区、服务区、农业生态园、笑话博览园等部分组成，是一个集吃、住、游、娱乐于一体的多功能文物旅游胜地。古建区将展示李氏家族艰苦创业、诚信经商、乐善好施的事迹和李子用生平史料等；民俗区将展示晋南商人农事习俗、人生礼仪、岁时节庆、商业习俗等；仿古区将围绕"晋商根脉在河东，华夏文明源运城"这一主线展示中国商业史和晋商发展史；农业生态园将有四季水果和无公害蔬菜供游人采摘品尝。

## 四　渭南韩城党家村

### 党家村——传统居住村寨的活化石

　　位于陕西省韩城市东北9km处的党家村是一处满盈着荣耀的古村，它以700多年的繁荣村史，承载了来自社会各界的赞誉。2001年，党家村被国务院公布为"全国重点文物保护单位"。2003年，党家村入选中国历史文化名村（第一批）名单，同年，进入世界文化遗产预备清单。它被日本专家称赞为"东方人类古代传统居住村寨的活化石"，李瑞环为之题词"民居瑰宝"，无数的光环笼罩着这个古村，吸引着无数前来观光的人们。

　　从陕北到渭南，奔赴党家村的考察之路漫长而超乎想象。后来得知，途中这莽莽苍苍的山梁有一个悍然且骇人的名字叫做"老虎梁"，闻之令人耸然！

　　韩城是太史公的故乡，号称"文史之乡"，早在1986年就被命名为"全国历史文化名城"。这里的旅游已比较成熟。清晨城区的空气显得异常清新，晓雾中，群峦环抱的党家村依塬傍水，安宁而祥和。不同于陕北地区粗犷豪放不拘小节的风格，地处渭南的党家村其民居特色在于它的细节。在这里，充分融合了设计者独特的思想，精美的雕琢，严苛

1-80 | 1-81

图1-80　党家村1
图1-81　党家村2

的家训，造诣颇深的书法艺术，各领风骚的楹联匾额、碑刻条石，以及那些细致入微的装饰小品，处处体现着村子浓郁的儒家文化、伦理道德与民俗信仰。党家村不仅是建筑的实体，同时也是地域文化的物质体现。

在古民居建筑的布局、结构和造型方面，党家村与之前所考察的黄土高原窑洞建筑呈现出完全不同的特点，在这里见不到窑洞的身影，它已经处于黄土高原边缘地带。党家村吸收黄土高原建筑风貌之营养，结合当地自然地理环境要素和人文社会因素，更多地受关中地区以及晋南式四合院民居影响，表现出具有自身特殊性的建筑景观形态。

盛夏时节，气温较高，正午时分，站在高处俯瞰，党家村仿佛云笼雾罩，那个关于令古村纤尘不染的避尘珠的传说，更为其增加了几分神秘气息。

## 本章小结

2009年7～10月，作者牵头组成的晋陕黄土高原聚落景观调研小组（专业涵盖景观学、地理学、建筑学、文学、艺术学等），先后对陕北、晋西明、清古民居建筑进行了专项考察，探访传统聚落达50余处。一路西行，一路思索，一路感动于人与自然和谐相生的朴素画面，一路折服于最平凡的生活中所创造的最伟大的艺术。在探访过程中，考虑到黄土高原聚落景观多样的形态、广泛的分布和历史文化相融变迁，我们引入传统聚落形态学理论、传统聚落类型学理论、传统聚落景观"基因"理论、传统聚落"原型"理论等原理，采用调研访谈、图形比较等方法，系统开展传统聚落景观形态、景观基因及其图谱研究，以挖掘传统聚落景观的核心（基因），注意力着重于识别传统聚落景观并解读其意义。这次实地调研，划定无定河以东、汾河以西、长城以南的黄土高原作为研究范围，具体探访视点放在以下几个方面。

### 1. 探访源头

黄土高原是人类发源地之一。大约200万～300万年前，人类逐渐从自然界中分离出来，而其最初的生活场所仍不得不有赖于自然[1]。《庄子·盗跖》中记载"古者禽兽多而人少，于是皆巢居以避之，昼拾橡栗，暮栖树上，故命之曰有巢氏之民。"《孟子·滕文公》又曰："下者为巢，上者为营窟"。在原生环境下，穴居和巢居构成了原始先人们重要的生存景观。

黄土高原在历史上是北方的农牧文化交错带。古老的长城将安土重迁、聚群而居的农耕文化与逐水草、宿毡帐的游牧文化分置南北。最初居住在黄土地上的人类，只是为了维持生存而劳作，日出而作、日落而息便是他们生活的全部内容。他们对生存空间的要求也十分简单，穴居便成为黄土高原聚落的最早形态。但是随着文明渐渐发达，人们对生活的要求逐渐增多，人与人之间的关系变得更为复杂，居住空间自然也会跟着复杂起来。这就使原本结构简单的原生建筑——窑洞，开始逐渐发展为具有一定规模的聚落。同时，人们开始把已形成的思想观念、社会规范等因素融入到具体建筑中，保留了原始民族的象征性

① 中国大百科全书出版社编辑部.中国大百科全书·农业Ⅱ[M].北京:中国大百科全书出版社.1990:1044-1046.

和民族的率直朴实性格，形成以窑洞建筑为主体的聚落，其建筑特质为原生建筑。

"我们自身以及我们身边的环境的总体是'自然'"[①]。人类总是尽可能地利用周边自然环境营造和拓展生存空间。由于气候条件、地理条件、建筑材料以及劳动工具等各方面因素的制约，黄土高原选择了窑洞作为最适宜的居住形式。农耕时代窑洞式原生建筑的景观格局是人类生存的有力佐证，凝聚着无穷的生存智慧与实践经验，人与环境的关系表现出逐步的适应性，而生存与景观便在适应中互为依存。人们从原生建筑的传承性中把握生存发展的脉络，窑洞村落建筑对自然要素与人工要素的合理运用，以及对非物质要素的有效渗透，无尽启迪着我们今天的建筑景观。

### 2. 寻找轨迹

以明、清民居古建筑为重点，且选择在质量、规模和体制上具备相对完整性和可比性的聚落景观群系进行考察研究，可以明显看出由西向东原生建筑受外部建筑影响变迁的迹象。

黄土高原窑洞建筑千百年来延续至今仍然保留了如此强烈的地域特征，恰恰表明其强盛的生命力，以及潜在其中的强烈文化底蕴和审美意识。但是，尽管形态有一个文化延续的概念，建筑终究是有寿命的。在历史演替过程中，人们也崇尚发展，追求新颖。尤其是东部建筑文化向西部原生建筑渗透过程中，本土建筑自然会有选择地吸取部分外来元素。而通过考察发现，在演替过程中，外来建筑影响黄土高原原生建筑的因素较多，但主要是北京的民居建筑。凝聚了中华建筑精髓文化和空间规范格局的北京式四合院，以特殊的主流文化特征，通过官道和商道，由东向西，逐步渗入。

通过对黄土高原原生建筑群系由西向东变迁过程中所形成的比较分析可以发现，原生建筑饱经自然洗礼和对人类需求的适应，以及与人居环境、地形地貌、审美取向的协调，它所包含的拱形窑洞造型、院落格局、风俗习惯、乡土理念、风水观念等等，仍然有着坚强的生命力。在由西向东建筑形态的演替过程中，本土建筑接受和吸取的东部部分建筑基因、风格样式，被有选择地镶嵌在原生建筑之中。这是一种互补的镶嵌，也体现了当地人们的审美取向。这一渐变过程中可以看到，外部文化的侵蚀是被逐步接纳，逐步适应的。在外部建筑发展变迁的强力影响下，原生建筑的变迁采取的是一种融入而非替代的应对方法。这种渐变式的融入使得两种建筑巧妙而有机地融为一体。

### 3. 辨析形态

"聚落成为共同体的前提条件是它必须有个性，只有通过表现出不同于其他聚落的形式才能被认识到它的存在，才能明确它的所属"[②]。每一个聚落都有其固有的形式，聚落探访的目的就是解读这些村落的空间格局和建筑形态。除对单个建筑物进行了测绘调查外，对聚落中院落、街区以及人居活动轨迹等也进行了分析。

聚落形态本身是符号，具有象征性。在黄土高原传统聚落建筑形态特征的变迁方面，人类活动、人类相关文化信息和社会环境对原生环境有着很深的影响。环境相对封闭的偏远地区，本土建筑保存比较完整，沉淀了千百年的居住意识和生存痕迹也比较明显；而临近文化发达地区的建筑群体，其原生建筑的基因显得少而且特征模糊。在建筑景观演替过

① [日]原广司.世界聚落的教示100[M].北京:中国建筑工业出版社, 2003:214.

② [日]藤井明.聚落探访[M].北京:中国建筑工业出版社, 2003:16.

程中，流变的强度明显体现为：窑洞在院落中的方位、数量等要素的变化。窑洞建筑在院落中的地位是"占主体"还是"走向配角"，这也是一个明显特征。考察中发现，越接近西部的地方，主建筑群、主体建筑仍然保持原生窑洞建筑，吸取外来的符号镶嵌或附属其中，也只作为其辅助，如厢房、倒座、装饰等。

在寻访古村落中发现，几乎每个村子里都能找到山神庙、龙王庙、土地庙等等。兴修神庙、祭祀、求雨，甚至巫术等各种民俗活动的举行，充满了鲜活野性的生命风采。这些民俗活动或为维护安定的生存条件，或是渴望更好的生存质量，无不展示着人们对理想生存状态的向往。可见，在物质资源尚不充裕的年代，人们的精神生活从来都没有离开过"生存"这个最基本的前提。完全物化的东西转化到了精神层面，而精神的寄托又继而外化为聚落景观。

人类生存是聚落景观的主体因素，为了谋求更好的生存环境，人类改造大自然，留下了许许多多的印记。黄土高原聚落中传统的生产工具种类纷繁多样，不同季节选择使用不同的农具，土质情况的不同，农具样式也各异，这便是自然因素对于人类生存景观的影响。黄土高原沟壑纵横，地形地貌复杂而独特。在这样的自然环境中，人们根据生存所需制造出不同的生产工具，如锄头、镢头、铁锹等。镢头的造型在不同地区还各有差异，吕梁山一带的镢头较窄，到了陕北则很宽，成了大板镢头。走进农村，各种农具数不胜数，耙地的耙子、牛拉的犁、打场的连襟、播种的耧，以及碾子、磨、簸箕、箩、筛子，等等，每一处农家小院都展示着生生不息的生存图景。

农耕生产工具随着时代的进步而慢慢淡出日常生活，进而演变为纯粹的景观物象，它的景观性就在于它是一个时代文明的象征物。比如石磨，今天已失去其原有的实用价值，在现代化的室内空间有意设置一处石磨，它就是一种生存的痕迹、景观的符号。

农耕文化生存景观有其非物质性，生活习俗就是表现之一，它为生存景观注入了生命的元素。黄土高原非物质性生存景观非常丰富，民间的大量生活习俗仍然保留着农耕文明的影子。

# chapter 2 第二章

## 黄土高原
### 传统聚落景观群系与景观基因
The loess plateau traditional settlement
landscape formation and landscape gene

# 第一节 黄土高原传统聚落景观群系研究的基本框架

## 一 传统聚落景观群系研究的基本框架

传统聚落景观群系研究涉及面广，本书从"景观基因"和"景观基因图谱"两个主要问题着手，突出"传统聚落景观基因图谱"的主题，建构一个基本的研究框架（图2-1）。

## 二 框架分析

本框架的基本思路是：

第一步，引入聚落形态学理论、聚落类型学理论、景观"基因"理论、聚落"原型"理论等理论原理，采用调研访谈、图形比较等方法，系统开展传统聚落景观基因及其图谱研究，该研究重在基因挖掘的原则、基因类型划分、基因提取来源、基因图谱形式等方面的研究，以挖掘传统聚落景观的核心（基因）。

第二步，采用相关的理论（如地理区划理论、文化类型理论、特征文化区理论等），借鉴相应的方法（如田野调查法、主导因子法、综合因子法等），认真开展传统聚落景观群系及特征的研究，群系和特征研究的重点是景观群系区划的原则、景观群系区划的基本因子和景观群系区划方案的研究，以把握传统聚落景观的区域性和差异性，彰显不同群系传统聚落景观的特色。

第三步，研究的理论和方法都是在上述两步研究的基础上，产生出来的新理论和新方法，即基于传统聚落景观保护与旅游规划的"景观信息链"理论和基于传统聚落景观形态分析的"胞—链—形"聚落结构分析方法，新的理论和方法对于传统聚落景观基因遗产保护与利用很有成效。

本研究框架是刘沛林教授研究小组多年来的工作思路的概括[1~5]，也是对传统聚落景观基因保护与利用研究的较为成熟的研究框架，本项研究就是该套研究思路和方法在黄土高原地区的具体运用和实证，以便对上述研究思路、理论及方法进行实践检验和校正，从而完善相应的研究思路。

① 刘沛林,刘春腊等.中国传统聚落景观区划及景观基因识别要素研究[J].地理学报,2010,65(12):1497-1507.

② 刘沛林,刘春腊等.我国古城镇景观基因"胞—链—形"的图示表达与区域差异研究[J].人文地理,2011,(1):19-23.

③ 刘沛林.基于景观基因完整性理念的传统聚落保护与开发[J].经济地理,2009,29(10):1731-1736.

④ 刘沛林."景观信息链理论"及其在文化旅游地规划中的运用[J].经济地理,2008,28(6):1035-1039.

⑤ 申秀英,刘沛林等.景观"基因图谱"视角的聚落文化景观区系研究[J].人文地理,2006,(4):109-112.

传统聚落景观区系及其景观基因图谱的建立

| 理论输入 | 聚落形态学　聚落类型学　景观"基因"　聚落"原型" | 传统聚落景观基因及其图谱研究 | 调研访谈　史料分析　历史地图　图形比较 | 方法输入 |

基因挖掘｜基因类型｜基因提取｜基因图谱

内在唯一性原则｜外在唯一性原则｜局部唯一性原则｜总体优势性原则｜主体基因｜附着基因｜混合基因｜变异基因｜平面形态｜屋顶造型｜山墙造型｜屋脸形式｜局部装饰｜区域图谱｜平面图谱｜立面图谱

| 理论输入 | 地理区划理论　文化类型理论　特征文化区理论 | 传统聚落景观区系及其特征 | 主导因子法　综合因子法　田野调查方法 | 方法输入 |

传统聚落景观区划原则｜传统聚落景观区划的基本因子｜传统聚落景观区划方案

主导因子原则｜综合性原同｜发生学原则｜地域完整性原则｜地形地貌｜气温降水｜环境质量｜建筑材料｜生产方式｜生活方式｜审美习惯｜民族民俗｜聚落景观大区｜聚落景观区｜聚落景观亚区

| 理论产出 | "景观信息链"理论 | 传统聚落景观基因遗产保护与利用 | "胞—链—形"结构分析法 | 方法产出 |

GIS与景观基因管理｜聚落景观基因的保护｜聚落景观基因的利用

景观基因的GIS保护｜景观基因的GIS管理｜景观基因的GIS提取｜景观基因的GIS表达｜整体性保护｜原真性保护｜修缮性保护｜就地保护｜异地保护｜旅游开发｜城乡规划｜景观设计｜区域形象设计｜地方文化建设｜文化产业开发

个案研究：验证及反馈

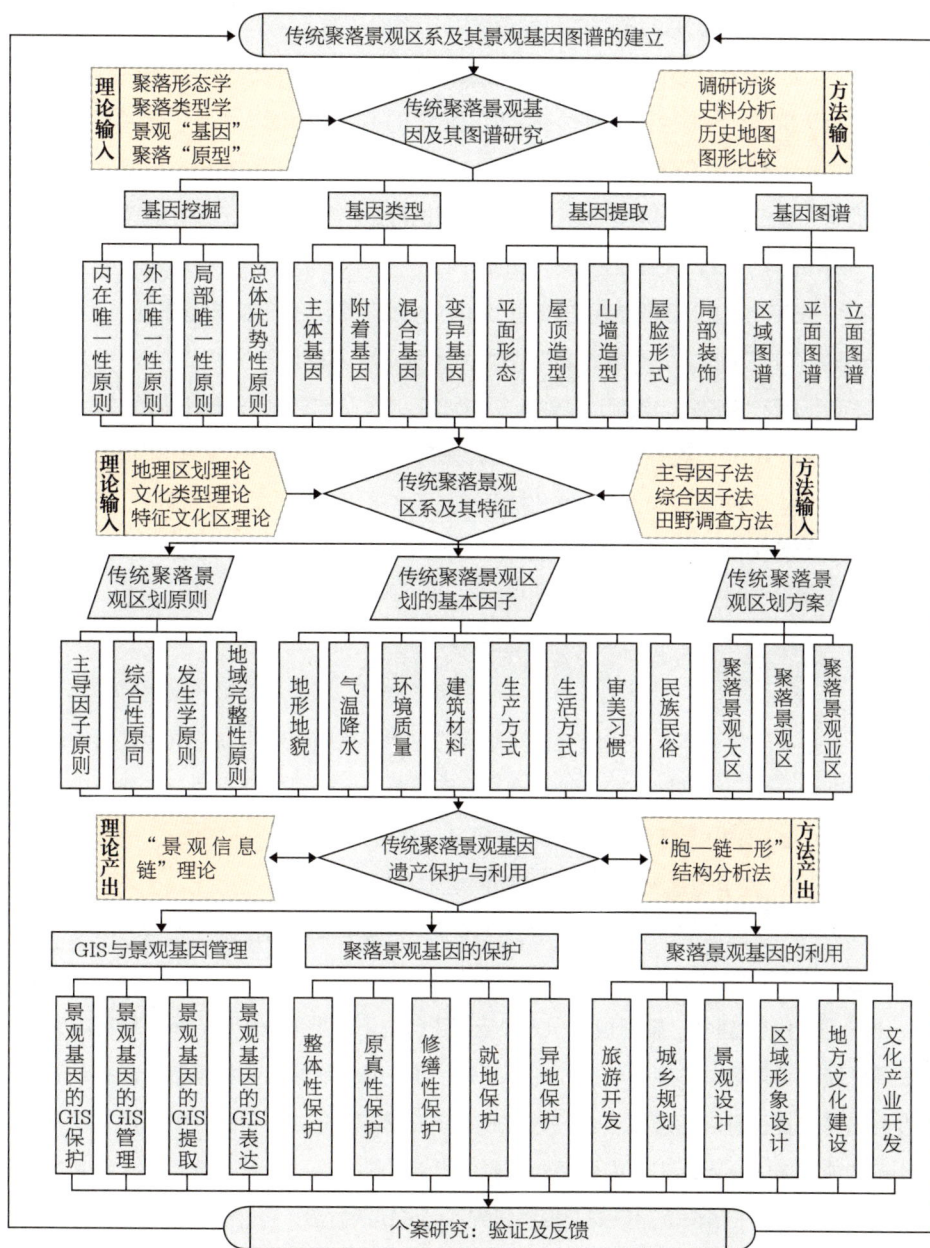

图2-1　传统聚落景观群系研究基本框架图（刘沛林，2011年）

## 三　黄土高原传统聚落景观群系研究的重要意义

黄土高原传统聚落景观群系研究是一项关于传统聚落景观的综合性系统研究，至少具有以下3个方面的研究意义。

（1）有助于国家"地学信息图谱"研究工程的进一步深化。针对黄土高原传统聚落景观区域的特点，引入生物学的"基因"概念、聚落形态学和聚落类型学的基本方法，对不同聚落景观群系（或区系）进行景观基因的研究，进而探索不同区系聚落的"景观基因图谱"的建立，与国家"973"计划所倡导的加强"地学信息图谱"探索的要求是一致的，属于原创性的探索性研究，具有较强的科学意义。

（2）有助于黄土高原传统聚落的基因挖掘和遗产保护。长期以来，许多传统聚落的遗产价值、个性特点、地方感的辨别，都因历史记忆的不清晰而模棱两可、含混不清，其根本原因就是缺少对传统聚落景观基因层面的挖掘和整理，缺少对聚落形态原型的研究和分析。本项研究着重于传统聚落景观基因及其原型的挖掘和整理研究，并针对黄土高原传统聚落遗产的保护与开发，开展理论与实践的研究。

（3）有助于丰富和拓展聚落历史地理和聚落文化地理的理论研究。聚落景观一直是反映区域文化景观差异的显著标志。聚落文化景观的区域差异则是文化区研究的重要内容。不同区域传统聚落景观由于受到复杂的自然地理条件和多样性的民族文化的影响，表现出异常的丰富性和多样性。对传统聚落景观群系进行类型整理和区系划分，是以往文化地理学和聚落地理学研究很少涉及的内容，本项研究不仅能为历史文化地理学关于文化区的划分提供理论借鉴，而且能为聚落形态和聚落类型研究提供新的思路，还可为景观研究与规划提供理论和实践的参考与指导。

## 四　黄土高原传统聚落景观群系研究的主要创新

本研究是关于黄土高原传统聚落景观基因的挖掘、整理和利用以及景观区系的研究，具有很强的综合性、交叉性和探索性特点，特别是整合多学科研究方法，开展历史文化聚落景观基因挖掘，以往少有研究，因此，本研究具有几个明显的创新之处。

（1）引入生物学的基因概念，借鉴聚落类型学的相关方法，对黄土高原不同群系传统聚落景观进行"基因识别"和"基因图谱"建构，为聚落文化景观内在要素的深度挖掘和科学表达探讨了更为合理有效的方式。

（2）将历史地理学、景观规划学方法运用于传统聚落类型分析的过程，实际上是对当前聚落（城市和村镇）类型分析过程的一部分，要开展当前城市和村镇景观形态、演变及其发展趋势的真正研究，必须从它的历史形态分析或类型分析入手，才能更加有助于正确判断和结论的形成。因此，历史地理学、景观规划学等方法成为聚落地理学（尤其是传统聚落景观研究）关于传统聚落景观及形态研究不可或缺的方法。

（3）采用多学科方法，首次尝试性地对全国范围内的传统聚落景观进行景观群系划分，为聚落地理学关于"聚落地理分区"研究和文化地理学关于"聚落文化区划"研究开了先河。并将黄土高原传统聚落景观特征与全国其他传统聚落景观群系进行了对比。

（4）根据历史地理学、景观规划学的"文化叠加"与"横断面"复原的概念，结合历史文化聚落景观基因的"信息记忆"特点，提出了基于文化遗产保护与旅游规划的"景观信息链"理论，为传统聚落景观保护、旅游规划和景区线路设计，提供了科学的理论依据。

（5）在传统聚落景观形态分析中总结出来的"胞—链—形"结构分析模式，使任何一个复杂的聚落综合体都能在该模式的指导下迅速分解和组合，从而创新了聚落景观结构分析的基本方法。

# 第二节　黄土高原传统聚落景观群系研究的景观基因理论

## 一　景观基因理论概述

基因本是一个生物学的概念，它是指遗传信息的载体，可以通过复制把遗传信息传递给下一代，从而使后代表现出与亲代相同的形状。基因作用的表现离不开内在环境和外在环境的影响：一方面，每个基因都有自己特定的"座位"，它能忠实地复制自己，以保持生物的基本特征；另一方面，基因虽然十分稳定，能在细胞分裂时精确地复制自己，但这种稳定性是相对的，在一定的条件下，基因也可以从原来的存在形式突然改变成另一种新的存在形式，突然出现了一个新基因，代替了原有基因，即所说的"基因突变"，从而使生物可以在自然选择中被选择出最适合自然的个体。

实际上，在文化的传承与传播过程中，往往也会发生类似的情况：一方面，某种文化凭借其自身的秉性和位势，不断地进行传承或传播，保持其特有的个性；另一方面，文化在传承或传播的过程中，为了适应环境的变化，又往往会产生一定的变异，从而获得更好的传承或传播形式。聚落文化景观就是其中的典型代表。一定区域内的聚落景观之所以如此相同，就是因为聚落作为文化的载体之一，在景观传承或传播的过程中总是保持其文化"基因"的遗传特征所致；同时，由于时间和空间的一定变化，又会导致聚落景观基因在遗传的过程中出现一定的细微变化，即为了适应环境而产生的必要的变异。这既是生物体遗传繁衍的基本规律，也是聚落文化景观演变发展的内在逻辑。二者虽有着不同的属性，但却有着较为类似的传承原理。我们所进行的景观研究，就是以人文地理学为出发点，以基因为视角来进行深层次审视和挖掘的。按照作用的大小，聚落景观基因可以分为主体基因、附着基因、混合基因等类型。区域景观基因成为判断传统聚落景观区的核心要素。

由于聚落景观基因根据不同的表达方式会有不同的表现规律，我们称为景观基因图谱。它是聚落景观基因内在规律的表达，正确反映出聚落景观基因的逻辑性和有序性。聚落景观基因图谱可以分为平面图谱和立面图谱，时间图谱和空间图谱，形态图谱和感应图谱，正面图谱和侧面图谱，整体图谱和局部图谱等多种表达形式[①]。

聚落景观基因及其图谱的研究，可以从景观形态学、建筑类型学、聚落类型学、历史学等学科的研究中得到有益的启迪。

① 刘沛林.中国传统聚落景观基因图谱的构建与应用研究[D].北京:北京大学学报,2011.

## 二 传统聚落景观基因的表达和提取

传统聚落景观基因因其概念的创新性和复杂性，在涉及基因的表达和提取时，务必要从多个方面进行考虑和权衡，以保证其完整性和准确性。具体可以从如下几个方面入手。

（1）探索传统聚落景观基因的表现形式。如：平面形态景观的基因表现形式、立面景观的基因表现形式，视觉表现形式、结构表现形式等等，也可以有多种表达路径（图2-2）。

（2）确定传统聚落景观基因的原则。挖掘某一聚落或某一区域聚落景观的基因，大致可遵循如下原则：①在内在成因上为其他聚落所没有(即内在唯一性原则)。②在外在景观上为其他聚落所没有(即外在唯一性原则)。③某种局部的但是关键的要素为其他聚落所没有(即局部唯一性原则)。④虽然其他聚落有类似景观要素,但本聚落的该景观要素尤显突出(即总体优势性原则)。

（3）寻找传统聚落景观基因的方法。相关的识别方法很多，有平面形态景观的基因识别方法、立面景观的基因识别方法，也可以通过图形或结构来识别。比如，中国许多建筑屋脊或装饰方面常有龙的造型，实际上这些龙造型又是有区域差异的，它们是中华母龙氏族与各地氏族联姻后的结果，分别产生了牛龙、羊龙、鱼龙、鸟龙、马龙、犬龙、虎龙、猪龙、龟龙、鹿龙、鳄龙、蛙龙等类型的龙图腾，通过辨别不同聚落建筑上的龙图腾基因（没龙图腾的除外），可以达到景观基因识别的目的。

① 刘沛林.古村落文化景观的基因表达与景观识别[J].衡阳师范学院学报,2003,24(4):1-8.

图2-2 传统聚落景观基因表达及提取路径图（刘沛林，2003年）①

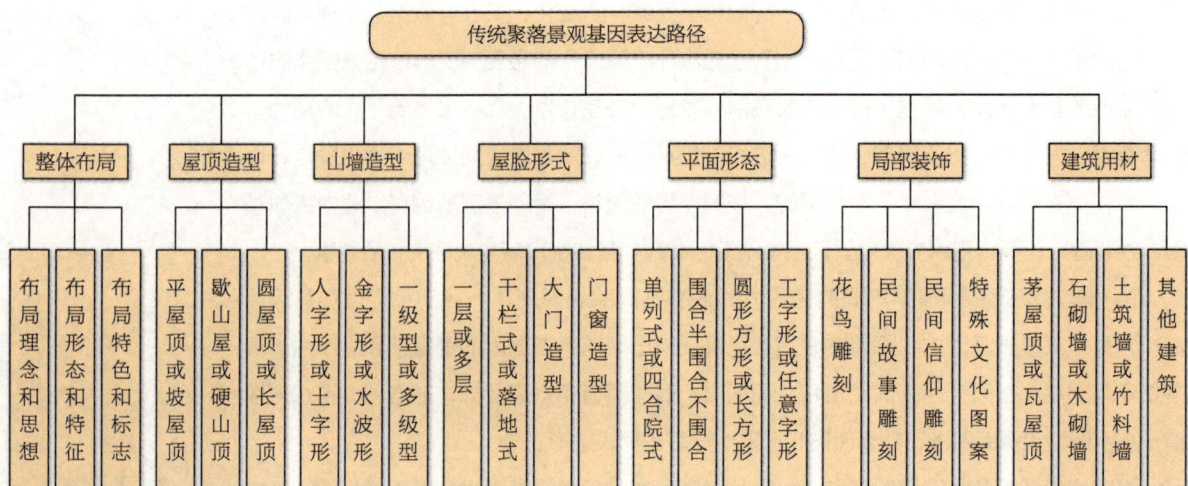

7000年前的太阳鸟（长沙大塘遗址）　　　侗族挑花中的太阳鸟　　　土家族织锦中的太阳鸟

汉代的太阳鸟（铜饰）　　　苗族刺绣中的太阳鸟

瑶族织锦中的太阳鸟

图2-3　湖南一带聚落文化景观基因中常见的太阳鸟基因及其变异图（据林河资料整理）[1]

（4）探索传统聚落景观基因的提取方式。可考虑元素提取、图形提取、结构提取、含义提取，也可考虑主体基因提取，因为聚落景观基因又可以分为主体基因、附着基因、混合基因以及变异基因等类型。比如，鸟的造型在湖南的大部分居住区尤其是湖南的少数民族地区聚落文化中较为常见（图2-3），到底是主体基因，还是附属基因，或是其他基因形式，要视具体情况而定。

（5）典型聚落景观基因的重点提取。也就是说，重点选择一部分聚落景观区为个案，进行景观基因提取研究。

在基因提取时要善于捕捉基因系统中的主体基因。比如，江南水乡聚落景观最具识别性的主体基因是石拱桥，而不是通常所说的"小桥、流水、人家"，因为水乡必然有水巷，水巷两岸的交通联结必然是石拱桥(便于水上行船)而非平直的石板桥，这一点符合"总体优势性原则"。又如，皖南古村落景观的主体基因是石牌坊，而不是通常看到的马头墙(为附着基因)，因为皖南的石牌坊群从内在成因上讲是中原礼制文化的反映，在外观上讲这里比其他任何地方都典型，符合上述"总体优势性原则"。再如，广东开平等地侨乡村落景观的基因是各种西式碉楼，这是华侨受到世界各地建筑文化影响的结果，其主体景观基因是"西式碉楼"，符合"外在唯一性原则"。

## 三　传统聚落景观基因图谱的建立

在对聚落景观基因进行准确的表达和提取之后，就要整合信息建立基因图谱。传统聚

① 林河.中国巫傩史[M].广州:花城出版社,2001:393-394.

落景观基因图谱的建立，主要考虑如下几方面内容：（1）传统聚落景观基因图谱研究的意义，主要是科学意义、实践意义，如，区域文化特质的寻找、区域景观要素的确定、区域文化形象的打造、区域景观设计等等。（2）传统聚落景观基因图谱研究的方法，分为平面形态图谱的研究方法、立面空间图谱的研究方法，还要借助生态学、考古学、社会学、历史学、地理学、古文字学、美术学等相关研究方法。（3）传统聚落景观基因图谱的逻辑组成，借助生物学的基因图谱序列逻辑和人类学的谱系排列逻辑建构景观基因图谱。（4）传统聚落景观基因图谱的研究个案，在探索性研究阶段，可以选择几个不同的聚落景观区系为研究个案，尝试建立几组不同的聚落景观基因图谱，供进一步的研究工作参考。（5）传统聚落景观基因图谱的GIS管理，即引入GIS管理系统，建立传统聚落景观基因图谱库，进行科学的数据管理。

比如，云南西盟和沧源等地的佤族村寨，其典型的村寨标志是牛角桩或"丫"形寨桩，据沧源佤族创世纪神话史诗《司岗里》所记述，牛是佤族人在远古洪荒中的救命恩人，被作为民族神来敬仰，佤族人生活的方方面面均深深地打上了"牛"文化的烙印。著名的沧源崖画表现的是群牛和戴牛头饰的人的场面；佤族村寨家家户户都把祭祀后的牛头骨陈列在房屋前，用以象征对牛的崇拜以及财富和地位。地处中缅边界沧源县和澜沧县交界处的沧源县单甲乡央改村佤族，不仅把牛角桩两丫削尖，还在相应部位刻上牛眼睛和牛鼻孔。总之，佤族聚落景观基因的主体因子就是"牛"[1]。

又比如，湘西、黔东、桂北毗邻地区是我国侗族的主要聚居区，侗族聚落中最引人注目的标志性景观建筑：一是鼓楼，二是风雨桥。侗族鼓楼隐含着侗族文化的主体基因元素——杉树和太阳鸟。侗族聚居区为山区，到处是参天古树，鸟和树又是密不可分的。因此，侗族的标志性建筑——鼓楼都以杉树的形状为造型，屋檐上点缀着若干鸟图形。在通道县的芙蓉、金殿、黄土等地，每个寨子都有一个寨门，而每个寨门坊上刻的都是鸟儿展翅欲飞的图案，一只衔一只的尾巴，紧紧相连，场面特别壮观。可见，侗族聚落景观基因中，"鸟"是主体基因[2]。

全国各个聚落景观区的景观基因也可以参照类似的方法分析获得。同时，还可以就各个聚落景观区的景观基因的演化过程及其亲缘关系，以图谱的形式进行表达，从而建立全国性的聚落景观基因图谱。但是，由于景观基因图谱工程涉及面非常之广，我们的研究只是为传统聚落景观基因图谱的构建，提供一定的思路、方法和探索的技巧。

## 四 传统聚落景观的区系与特征

区系划分是地理学、景观学研究的主要内容，也是体现地理学区域性和差异性的重要内容。传统聚落景观的区系划分应考虑以下几方面内容：（1）传统聚落景观区划的内容和意义。每一个传统聚落景观区都是一个景观综合体，通过研究景观综合体的相似性和差异性，将地域加以划分，并按照划分出的单位，来探讨景观综合体的特征及发生、发展和

① 杨兆麟.原始物象——村寨的守护和祈愿[M].昆明:云南教育出版社,2000:74,75.

② 刘沛林.古村落文化景观的基因表达与景观识别[J].衡阳师范学院学报,2003,24(4):1-8.

分布的规律，这就是景观综合体区划的内容。对传统聚落景观进行区划，有助于认清聚落景观的区域性与差异性，对聚落文化景观研究有重要意义。（2）要考虑传统聚落景观区划的基本因子。它是影响聚落景观综合体形成的基本要素，如地形、地貌、气候、降水、地带、民族、习俗、生产方式、生活方式、建筑材料、审美习惯、宗教、礼仪等。（3）确定传统聚落景观区划的基本原则。可以参照主导因子原则、综合性原则、发生学原则、地域完整性原则等等，在研究工作中视具体情况而定。（4）拟订传统聚落景观区划的基本方案。按照相应原则划分出若干个聚落景观区、聚落景观亚区。（5）寻找传统聚落景观基本区系的特征，即对每个聚落景观区和景观亚区的特征进行剖析。

传统聚落景观构成及特点研究分为2个基本方面：一是传统聚落景观的构成。它包括平面形态景观的构成、立面空间景观的构成，景观中的物质要素、社会文化要素以及景观结构等等。二是传统聚落景观的特点。包括民居特点、街区特点、单一聚落景观特点、地方聚落景观特点、区域聚落景观特点，聚落景观平面形态特点、聚落景观立面空间特点等等。

## 五　传统聚落景观的保护和利用

研究传统聚落景观及其基因图谱的目的，就是要在挖掘和提炼各地聚落景观基因的基础上，一方面为保护这些具有地方文化个性的聚落景观服务；另一方面要将这些地方聚落景观元素运用到当前的聚落景观设计（城市设计、建筑设计、环境设计等）、旅游形象设计、区域形象设计以及相关的应用行动中来，让传统文化要素在现代文化创意中得到很好的发挥[①]。

为此，本研究小组多年来一直致力于传统聚落景观基因的保护与利用研究。先后在山西的碛口古镇保护与利用规划、山东的临清市运河古城保护与旅游规划、湖南湘西的王村旅游发展规划、湖南岳阳张谷英村的保护与发展规划等工作中，系统探讨了"景观信息链"理论及其在文化旅游地保护和发展中的运用[②]、"胞—链—形"理论及其在古城镇形态结构分析中的作用等理论和方法[③]，取得了很好的实践效果。

① 霍耀中.刘沛林.黄土高原村镇形态与大地景观[J].建筑学报,2005,(12):42-44.

② 刘沛林."景观信息链理论"及其在文化旅游地规划中的运用[J].经济地理,2008,28(6):1035-1039.

③ 刘沛林,刘春腊等.我国古城镇景观基因"胞—链—形"的图示表达与区域差异研究[J].人文地理,2011,(1):19-23.

# 第三节 黄土高原传统聚落景观群系特征及其划分

传统聚落景观群系特征及其划分研究是一项理论性和实践性都很强的系统工程，是文化区划研究的重要课题之一。中国地域辽阔，传统聚落景观资源地域差异明显，聚落发展的社会经济条件、历史基础和现有状况也各有不同。因此，中国传统聚落景观区划的研究更具现实意义。它不仅在理论上是对中国地理区划的补充和丰富，是对文化地理学科体系的完善和加强，而且对传统聚落景观区范围、界线的合理确定，对各聚落环境性质、特征、地位及其发展方向的明确等方面，都是具有实质性的基础工作。从而为客观地了解不同聚落景观区的性质和特征，揭示聚落景观区的内在规律，在全国形成特色鲜明的人居环境体系，为开发、利用和保护传统聚落景观资源，制定人居环境建设和区域发展战略，提供科学依据。

## 一 传统聚落景观群系的特征

传统聚落景观是区域文化与区域环境的综合体，其景观具有如下特点：（1）地域性。传统聚落景观以一定的地域空间为载体，聚落本身具有特定的自然和人文环境，具有特定的活动特征和特有的建筑用材、聚落造型，反映一定区域的文化基因，是一个结构有序且个性鲜明的地域综合开放体。（2）系统性。传统聚落景观在职能上、地域上、美学艺术价值上和历史文化价值上都是完整的，它具有一套相互配合的社会历史自然组合功能。同时，聚落的内部景观和外部景观联系错综复杂，其本身就是一个包含不同大小功能层次的系统工程。（3）发展性。传统聚落是历史的继承；是传统文化的载体；是劳动和智慧的结晶；是社会发展的产物，本身具有其固有的形成发展变化规律。按其发展阶段，可分为原始型传统聚落、古代型传统聚落、近代型传统聚落等类型。（4）稳定性。传统聚落景观具有较长的历史，对外部环境具有较大的稳定性。在人类历史时期中可以看到，对传统聚落景观的改造需要很长的时间，人类对传统聚落景观的影响无论达到何种程度，仍不能改变其基本的属性。改变后的景观尽管可能具有某些新的属性，但其基本属性仍可在不同程度以不同的方式得到表现（即景观基因）。（5）一致性。传统聚落景观具有较好的区域一致性，内部差异很不明显，但存在一定的地方性分异（即地方差异性）。（6）协调性。传统聚落景观是受地理环境、历史文化等多种因素的综合作用而形成的。因此，其分布区与自然地理分区（气候区、地貌区、植被区等）和文化分区等界限吻合度较高，是与自然、文化属性相协调的。（7）典型性。景观是集自然属性和文化属性于一体的地域单元，保存有区划单元的各种典型特征，它能够提供对区域的典型自然特征和文化特征的全面认识，是聚落景观特征的概括，又可作为划分各级区划单位的标志之一。

## 二 传统聚落景观群系划分的理论

### （一）传统聚落景观群系划分的基本原则

综合考虑中国传统聚落景观的特点和区划的基本要求，在对中国传统聚落景观进行区划研究时，重点考虑以下基本原则：（1）环境制约性原则。任何聚落文化景观区首先会打上地理环境的深深烙印，因为聚落的形成首先适应的往往是地理环境，以至南方与北方、东部与西部的聚落景观会明显不同。（2）文化主导性原则。不同区域的地方文化往往存在较大的差异性，中原文化的厚重规整，南方文化的灵活多样，西部文化的粗犷独特，都对区域聚落经管产生明显影响。（3）地域完整性原则。首先，传统聚落景观的形成、发展和开发利用，因受自然条件和人文因素的影响，空间分布上具有明显的地域性；其二，各个传统聚落景观区都是相对独立的地域综合体单元，都是独具一格的客观存在的景观区，在区划时应保持地域完整性；其三，传统聚落景观的保护和开发是一项系统工程，涉及不同的文化部门、经济部门和管理单位，在我国现行的行政管理体制条件下，应当尽量考虑保持原行政区划的区域完整性。（4）相对一致性原则。传统聚落景观在地域空间上虽千差万别，但在某一范围内总可分出若干相似程度较大而差异较小的区域合并为一个景观区，以示与其他景观区的差别。相对一致性原则包括文化相对一致性、聚落形态相对一致性和自然地理环境相对一致性。（5）面的覆盖性原则。传统聚落景观区划应同自然地理区划和经济区划一样，在地域上应该是连续的、完整的。各级景观区应覆盖全国，避免出现遗漏和重叠现象。（6）层次性原则。为使传统聚落景观分区既具有严密的科学性，又具有实用性价值，每个层次采用不同的划分标准。这样根据行政区划完整性、文化分异性、地域临近性、资源近似性和管理规划的方便性，可以大致地将全国的传统聚落景观按层次划分为若干个景观大区、景观区和景观亚区，从而使有些省、市、区聚落的地域归属问题迎刃而解。（7）综合性原则。传统聚落景观资源，实质上是自然地理各要素在人类经济活动中经过长期相互作用形成的，其区划就应综合分析自然和人文各要素间相互关系和组合结构，以进行合理分类，划分区域。同时，传统聚落保护与景观塑造是一项涉及面很广的复杂的系统工程，而整体效益又是系统优化的主要目标。因此，也要求景观区划既综合考虑历史基础、发展现状和长远目标，又要综合考虑景观类型、组合及其自然、社会、经济等多方面的条件。

### （二）传统聚落景观群系划分的方法

关于聚落景观区域的划分，我们借助了地理学有关区划的一些基本方法。从地理学的区划类型来讲，最常见的有自然地理区划、综合自然区划、土地区划、农业区划、行政区划、经济区划等等。从区划的原则来讲，有文化主导原则、地域完整性原则、相对一致性原则、面的覆盖性和区的不连续性原则、灵活性原则、综合性原则和景观同一性原则等等。从区划的方法来讲，有类型制图法、顺序划分和合并法、部门区划叠置法、地理相关分析法、主导因子法、多因子综合法等等。总体而言，传统聚落景观的形成，主要受到地理环境、地方文化、建筑材质等因素的综合影响。但是，在划分聚落景观区时，地理环境并不是最直接的景观"识别"因子，它必须通过建筑景观或聚落景观来表达并建立相应的景观"意象"（image），所以，在本区划中，景观识别的直接因子是景观特征而不是地理环境。地理环境只是聚落景观背后影响景观形成的主导因子，是不可忽视的内在要素，就像地方文化对聚落景观的影响也是一种内在的要素。其间的因果关系应区别清楚。与此同时，聚落景观区划的最重要原则是相对一致性原则。因为在一个聚落景观区域中，不可能有两个一模一样的聚落，只能在多数聚落中，寻找共同拥有的特性。这种一个区域所拥有的主体特性，必须是其他相邻区域所缺少的。所以，聚落景观的相对一致性，是划分聚落景观区域的重要原则，它渗透于环境制约性、文化主导性、地域完整性等原则之中。主导因子法、多因子综合法、地理相关分析法是本区划的基本方法。

### （三）传统聚落景观群系划分的技术问题

关于区划中边界问题的技术处理。关于区域边界的确定，这是所有区划工作中都会遇到的技术问题：一是因为两个相邻景观区之间并没有明显的边界，找不到可以度量的梯度；二是因为文化景观区的边界本身就很模糊，加之越是边界区受到文化交互作用的影响越强，导致边界就越是模糊；三是因为传统聚落景观不是均质地分布在各地，有的地方集中一些，有的地方分散一些，有的地方典型一些，有的地方特色弱一些。总之，很难像自然地理区划那样形成较为完整的连续的有时甚至是均质的区域。但作为区划，又必须进行全面划分，不能留下空白区域。所以，本区划像农业区划、旅游区划一样，虽然区域内某些地方景观特征并不明显，但参照其他相关因素，仍然可以确定其基本的景观区范围。在这里，常规的地理环境单元、文化区和行政区等相关因素，成为景观区划分时的重要参照因子。

关于景观区划的基本层次问题。大景观区的划分主要以宏观地理环境单元为依据；景观区的划分主要以地理区位、文化区位和相对完整的行政区为主导；景观亚区的划分主要以地理环境（地貌类型、气候、水系、主要景观植被等）、文化背景（所属的典型历史文化区域）和建筑景观（屋顶形式、山墙造型、建筑总体样式及相关信息）等要素为基本区划因子，参照一定的行政区范围来划分。其实，行政区的划分本身也建立在自然地理要素（如山脉、河流、地貌）、文化区背景等基础上。这里采用"景观区"的概念，意在强调分区结果的相对性，较多地注重区域环境的一致性和文化生境的相似性。比如，水乡聚落的亲水性，山地聚落的坡地性，海边聚落的避风性等等。作为影响聚落景观形成的仅次于地理环境的文化因子，这些因素在区域景观形成中也有着深刻的影响。比如传统聚落的山墙（又叫马头墙）造型的变化，由于受到不同地域不同文化的较大影响，从北往南逐渐表现出由规整厚重向生动活泼的造型变化[1]。所以，中国传统文化区[2][3]的划分也是本区划所要参照的依据。

## 三　影响传统聚落景观区景观群系划分及基因识别的基本要素

### （一）心理要素

传统聚落景观区的形成，深深地印记着人们的心理基因。人们在一定的地域生活，对该地域往往会形成一定的认同感，这种得到多数人认同的心理感觉就是一种"心理图像"[4]，也可以称作"大众意象"。比如，江南水乡聚落的"小桥、流水、人家"的灵动意象，皖南一带山村聚落的"全村同在画中居"的国画意象，客家土楼聚落奇特的堡垒式防卫意象，闽台聚落天际线起伏有致的生动意象，湘、鄂、赣西聚落的山、水、湖沼的交织意象，南岭聚落景观的亚热带风情意象，云贵高原山地少数民族聚落的多姿多彩意象，四川重庆一带聚落的"山城"意象等等，都是各自聚落景观区所形成的一种得到多数人认可的"心理图像"，它对一个区域聚落景观的形成和划分有着深刻的影响。

### （二）生态要素

从生态学角度讲究科学的规划布局是中国传统聚落的基本特点之一。从高地聚落选址的驱寒特点，到水乡聚落选址的避湿技巧，从湘西龙山古城完备的功能布局，到湘北张谷英古村排水系统的深奥学问，都深刻地反映出中国传统聚落景观中明显的生态设计理念。这种理念年长日久，就转化为一种生态基因，融入传统聚落规划布局中。其中，最重要的一点就是因借自然山水，营造良好的生态景观和人居环境。丽江古城把来自玉龙雪山的清澈之水引入整座城镇的每一条街巷，流经每一家门前，既提供了洗涤的方便，又调节了小气候，让整座小镇一年四季都保持着清爽的感觉，从而成为居民们修身养性、外来客流连忘返的地方。皖南宏村也是一个以水系设计闻名的古村，宏村中心的月塘和南面的南湖都是人工开挖的，而且"家家门前水流过"。因为古人把水看作是村落的血脉，没水就意味着没生气，而且还要是活水。俗话说"流水不腐"，流动的水、循环的水才是对环境有利的水，充分表达了古人朴素的生态学思想。江南水乡城镇以水为脉络和肌理设计而成的聚落景观，普遍地表达出一种生态学和环境学的设计构想。

### （三）美学要素

从总体文化背景来讲，中国聚落景观之美主要表现为一种"和谐之美"。因为中国人历来讲究"天人合一"哲学，追求人与自然的和谐。其美学价值主要表现在：对整体山水因素的因借、局部区域的合理组合、建筑风格和建筑群体的相互搭配、园林环境的营造

① 霍耀中.刘沛林.黄土高原村镇形态与大地景观[J].建筑学报,2005,(12):42-44.

② 刘沛林."景观信息链理论"及其在文化旅游地规划中的运用[J].经济地理,2008,28(6):1035-1039.

③ 刘沛林,刘春腊等.我国古城镇景观基因"胞—链—形"的图示表达与区域差异研究[J].人文地理,2011,(1):19-23.

④ 刘沛林.古村落：和谐的人居空间[M].上海:上海三联书店,1997.

特色、聚落景观天际线的处理技巧、与周边山水景观的有机融合、田园风光的特殊氛围、特定环境下的文化生态、朴实亲切的民居建筑、因地制宜的乡村园林、宛如画卷的山水组合等等。欣赏中国传统聚落景观，更多的是欣赏她诗画般的意境。唐代诗人王建的《田园乐》就表达了这种审美境界："采菱渡头风急，仗策林西日斜；杏树潭边渔父，桃花源里人家。"清代诗人曹文楠的《西递》，对皖南西递村的美学意境同样有独到的感知："青山云外深，白屋烟中出；双涧左右环，群木高下密。曲径弯如弓，连墙若比栉；自人桃源来，墟落此第一。"置身于这种传统田园乡村，仿佛是进入了一种理想中的世外桃源。大凡看过云南丽江古城、哈尼梯田、广西龙脊梯田、湘西"百里侗文化长廊"以及凤凰古城的人，无不被其诗画般的意境所陶醉。

### （四）环境要素

任何文化景观无不打上环境的烙印。自然环境是文化发展的基础，它决定着聚落的形态和类型。对于中国传统聚落景观而言，均与所在的自然环境密切相关。从南往北，随着降水量的不断递减，民居屋顶的坡度变得越来越小，以致南方聚落多尖耸的屋顶景观，北方聚落多平屋顶景观。从平面形态来讲，南方湿润地区降水量大，水网发达，因此水网密布的水乡聚落景观常见，聚落形态呈树枝状或辐射状的多；相反，北方大部分地区因常年气候偏旱少雨，河流发育较弱，聚落形态相对规则，道路较直。这些聚落景观的形成，深深地受到了环境基因的影响。可见，自然地理环境是聚落景观中最为基本的一个方面，是景观的一种"基质"，是一种"底色"，是聚落整体景观风貌的骨架。比如，黑吉辽东北聚落景观区，地貌形态多样，冰雪景观壮丽奇特，林海莽莽，水文发达；晋陕豫黄土聚落景观区，黄土分布广泛集中、极具原始美感；西北丝路聚落景观区，地处我国第二级阶梯面上，自然景观以大奇野为特征；江浙水乡聚落景观区，水网发达，山水清丽，平原为主。

### （五）文化要素

如果说自然环境是聚落景观的"底色"，那么，文化传统和社会风情是影响聚落景观形成的主要内容，也是构成传统聚落非物质景观的标志。中原地区的人们由于受中原文化的深刻影响，文化以规范正统的典章文化为主，聚落景观表现出典型的规整有序意象；相反，越往南方，由于受中原文化的约束越来越小，同时受南方自由活泼、形式多样的地方文化的影响越来越大，南方聚落景观表现出更多的自由灵活度和地方个性与特色。也就是说，任何聚落都必定打上地域文化的烙印。比如，苗族是一个崇尚牛的民族，他们认为牛来自天上，降至人间助民耕田耙地是造福人类。因此，苗族每年都要给牛过生日，还要举行敬拜牛神的祭祀大礼。常常会把牛头和牛角作为装饰，体现在聚落和建筑上。云南佤族也是一个崇尚牛的民族，认为在远古洪水时期是牛救了他们的先祖，故在寨子的中心建有象征牛头的丫字形寨桩，房屋上装饰的牛头越多越吉祥[1]。

① 刘沛林.中国古村落之旅[M].长沙:湖南大学出版社,2007.

### （六）时序要素

事物都是逐渐发展的，在发展中总会有新的成分产生，新旧成分的相互对立推动了事物本身的发展。有学者指出，景观的"生日"应该是"各组成成分间相互关系继续在或大、或小程度上类似于它们现代的相互关系的那一段时间。"（B.B.索恰瓦，1958年）。或者"在演化过程中代替属于另一类型的旧景观的那一景观出现的时刻。"（伊萨钦科，1958年）。在中国，历史悠久、地大物博的特点决定了其传统聚落景观的所有特征和成分不可能同时发生。每个传统聚落景观的"年龄"是不同的，每个景观都有自己的"生日"[①]。比如，西北丝路聚落景观区的大致"生日"为丝绸之路的形成之时，即上古时期；豫北黄河文明聚落景观亚区的年龄与早期在黄土地区活动的先民的出现年代一致。不过，我们开展的中国传统聚落景观区的划分，希望以清代晚期和民国早期的聚落景观为主要断面，综合考虑其前后因素，尽可能客观的反映中国传统聚落景观的基本面貌。当然，在具体划分中国传统聚落景观区时，要完全按照上述要求开展工作并非易事，因为目前掌握的传统聚落景观的资料无论在年份上还是在地区分布上，都存在着较大的差距，有待进一步搜集、整理和完善[②]。

---

[①] 霍耀中.刘沛林.黄土高原村镇形态与大地景观[J].建筑学报,2005,(12):42-44.

[②] 刘沛林."景观信息链理论"及其在文化旅游地规划中的运用[J].经济地理,2008,28(6):1035-1039.

# 第四节　黄土高原传统聚落景观
# 群系及其基因分析

## 一　黄土高原传统聚落景观群系与全国传统聚落景观群系的对比

### （一）传统聚落景观群系划分的国内外研究现状

地理学视角是开展区域群系划分的有效切入点。地理学是一门研究地球表面人类与自然环境关系的具有区域性特征的科学，其基本的思想是根据其空间的差异性，将空间划分为大陆、地区、地方和地点等层面来理解地表，其重要方法是区域比较法（赫特纳，1986年）[1]。区域是地理学研究的目标，研究区域性是区域地理学的最终任务，区域差异性是地理学的重要特性之一。也有一批专家学者从不同视角来研究中国区域差异。比如，"3个自然大区7个自然地区和33个自然区的划分"（竺可桢、黄秉维、赵松乔，1985年）[2]，"18气候区22气候亚区的划分"（濮静娟、朱晔，1987年）[3]，"9旅游区划分"（周进步，1985年），"9旅游带29旅游省149基本旅游区的划分"（郭来喜，1988年），"8旅游大区32旅游省若干地方性旅游区划分"（杨载田，2004年），"7旅游文化区划分"（陈传康，1991年），"10大中国旅游景观——经济区区划"（孙大文、吴必虎，1990年）[4]等等。而文化无疑是区域差异性的一个重要表征。实际上，关于文化区划的研究与讨论也一直在进行，并取得了很多成绩（蓝勇，2002年）[5]。但由于文化区组成因子的多样性和因子层面的多重性等原因，一直没有也不可能形成一个统一的文化区划分标准。

文化区的划分往往是文化地理研究的归宿，但划分文化区又是相当困难的工作（周振鹤，1997年）[6]。那么，地理学研究到底如何把握区域特征，李旭旦先生的提示很有启发。他认为，"区域化必须以景象作为基础，每一个社区都有它的特具景象，一种和它的邻区稍稍不同的标记……"（李旭旦，1984年）[7]。这些"不同的标记"，正是我们划分聚落景观区的主要依据。在文化地理界，通常把文化区划分为"形式文化区、功能文化区和乡土文化区"3种形式[8]。而形式文化区实际上是一种通过积淀形成的特征文化区。司徒尚纪关于广东文化区的研究（司徒尚纪，1993年）[9]，李孝聪关于中国区域历史地理分区的研究（李孝聪，2004年）[10]，赵世瑜、周尚意的对中国乡村和城市聚落的9种基本形式的划分和对汉文化圈的5种文化亚区的划分（赵世瑜、周尚意，1991年）[11]等等，都为我们提供了借鉴方法。关于传统聚落景观的区划研究就是一种特征文化区的个案研究。比如，申秀英、刘沛林等认为，聚落文化景观是文化景观研究的最有效的切入点，并以中国南方传统聚落景观为研究对象，以景观"意象"的内部相似性为前提，以相对一致性原则作为景观区域划分的主导性原则，将南方传统聚落初步划分为8个基本景观区域和40个景观亚区。8个聚

① 赫特纳A.地理学:它的历史、性质和方法[M].北京:商务印书馆,1986.

② 竺可桢,黄秉维等.中国自然地理:总论[M].北京:科学出版社,1985.

③ 濮静娟,朱晔.我国大陆地区旅游季节气候分区初探[J].旅游论丛,1987,(4):65-67.

④ 杨载田.中国旅游地理[M].第2版.北京:科学出版社,2004.

⑤ 蓝勇.对中国历史文化地理研究的思考[J].学术研究,2002,(1):87-90.

⑥ 周振鹤.中国历史文化区域研究.序论[M].上海:复旦大学出版社,1997.

⑦ 李旭旦.人文地理学[M].上海:中国大百科全书出版社,1984.

⑧ 王恩涌等.文化地理学[M].北京:高等教育出版社,2001.

⑨ 司徒尚纪.广东文化地理[M].广州:广东人民出版社,1993.

⑩ 李孝聪.中国区域历史地理[M].北京:北京大学出版社,2004.

⑪ 赵世瑜,周尚意.中国文化地理概说[M].太原:山西教育出版社,1991.

落景观区为：Ⅰ江浙水乡聚落景观区；Ⅱ皖赣徽商聚落景观区；Ⅲ闽粤赣边客家聚落景观区；Ⅳ浙南闽台沿海丘陵聚落景观区；Ⅴ岭南广府聚落景观区；Ⅵ湘鄂赣平原山地聚落景观区；Ⅶ云贵高原及桂西北多民族聚落景观区；Ⅷ四川盆地及周边巴蜀聚落景观区（申秀英、刘沛林等，2006年）[①]。

可以用于传统聚落景观区划参考的建筑界成果主要有：王文卿的中国传统民居的构筑形态区划和人文背景区划研究（王文卿，1994年）[②]，朱光亚的中国古代建筑区划与谱系研究（朱光亚，2002年）[③]，余英关于中国东南系建筑区系类型研究（余英，2001年）[④]，翟礼生等人的村镇建筑综合自然区划和建筑体系研究（翟礼生，2008年）[⑤]，等等。但关于全国范围的传统聚落景观区划研究尚属阙如。

### （二）中国传统聚落景观群系的划分

参考已有的关于区划的方法，本区划研究采用"大区——区——亚区"的三级划分法。首先，将全国聚落景观分为南方、北方和西部3个大尺度的景观大区，往下再划分为14个景观区和76个景观亚区，在命名上采用"三级多指标分类法"。

一方面，传统聚落景观的形成，主要受到地理环境（气候、地貌、生态等）、地方文化（信仰、民俗、审美等）以及建筑材质等因素的影响。研究发现，在所有这些影响聚落景观形成的因子中，地理环境的作用是最主要的。因为降水量的多少决定了建筑屋顶的形式（如单坡屋顶、双坡屋顶、平屋顶等），纬度的高低决定了不同地带聚落代表性景观植被的种类（如大榕树、大樟树、凤尾竹等），地貌差异导致了高原、山地、平原、水乡聚落景观的差异（如吊脚楼、水街屋、梯形屋等），地势高低影响着聚落空间布局的形态（如沿等高线布局、沿河流布局等）。可见，聚落所处地理环境成为影响聚落景观"意象"形成的关键因素，地方文化和重要历史事件以及建筑材质等则是影响聚落景观形成的辅助因子。当然，地理环境的重要影响往往是潜藏在聚落景观意象之后的，一定要善于发现。

另一方面，传统聚落景观是一种典型的文化景观，它是在自然地理环境上叠加人类各种活动的一种人文环境的综合体。在不同的文化影响下，其传统聚落景观的特征明显不同。比如，同为南方传统聚落景观，其地区特征差异也很明显。在皖赣一带，湿润多雨，山水相间，地形以丘陵为主，且受徽商文化影响，建筑保留了较为传统的中原样式，多白墙灰瓦，马头墙厚重规范，防火功能明显。砖雕、石雕、木雕常见，石牌坊闻名。其聚落景观显现出"山深人不觉，仿佛'中国画里的乡村'"的意象。在闽粤赣交界地带，为南岭山区，崎岖多山，森林茂密且丹霞地貌，加之受客家文化影响，建筑多为土楼，有方形、圆形、半圆形、马蹄形、八卦形和不规则形等多种造型，其聚落景观给人以"大山里的堡垒，神秘而奇特的家园"的感觉。在云贵高原及黔西北地区，山地高原，降水较多，景观多样，垂直变化明显，加之受多民族聚居文化影响，其聚落多为干栏式双层结构民居，吊脚楼常见，总体景观给人以"多彩的人类家园，优美的山地文化生态景象"的感受。

① 申秀英,刘沛林等.中国南方传统聚落的景观区划及其保护与利用价值[J].地理研究,2006,25(3):485-494.

② 王文卿.中国传统民居的人文背景区划探讨[J].建筑学报,1994,(1):44.

③ 朱光亚.中国古代建筑区划与谱系研究//陆元鼎,潘安.中国传统民居营造与技术[M].广州:华南理工大学出版社,2002:5.

④ 余英.中国东南系建筑区系类型研究[M].北京:中国建筑工业出版社,2001.

⑤ 翟礼生.村镇建筑综合自然区划和建筑体系研究——江苏、贵州和河北三省的理论与实践[M].北京:地质出版社,2008.

本书以传统聚落景观"意象"的内部相似性为前提，以相对一致性原则作为景观区域划分的主导性原则，综合考虑其他原则，以主导因子法、多因子综合法和地理相关分析法作为本区划的基本方法，将中国传统聚落景观初步划分为3个大尺度的景观大区、14个景观区、76个景观亚区。各级景观区的命名法则为：区域名+特征+通名。各级景观区的划分是在遵循景观区划基本原则的基础上，主要考虑以下几个因素形成的：即地域上的相邻性，环境上的一致性，文化上的传承性，民族文化的独特性，建筑样式的可识别性以及行政区上的相近性。这些聚落景观大区、景观区和景观亚区具有各自不同的环境特点和文化背景，其整体建筑景观表现出较强的"可识别性"和"可印象性"特点。

本书所划分的南方湿润性聚落景观大区包含：江浙水乡聚落景观区、皖赣徽商聚落景观区、闽粤赣边客家聚落景观区、浙南闽台沿海丘陵聚落景观区、岭南广府聚落景观区、湘鄂赣平原山地聚落景观区、云贵高原及桂西北多民族聚落景观区、四川盆地及周边巴蜀聚落景观区等8个景观地区。北方半湿润半干旱性聚落景观大区包含：黑吉辽林海雪原聚落景观区、京津冀华北平原聚落景观区、山东苏北徽北丘陵海滨聚落景观区、晋陕豫黄土聚落景观区等4个景观区。西部高原独特型聚落景观大区包含：西北丝路聚落景观区和青藏高原典型佛教文化聚落景观区等2个景观区，其中的西北丝路聚落景观区因涵盖了内蒙古整个区域（内蒙古草原聚落景观亚区），在地域上有一定的跨越，这是由行政区和文化区的一致性原则决定的。本方案所初步划分的14个景观区（A，B…M，N）和76个景观亚区（A1，A2…N1，N2）如（图2-4）所示[①]。

① 刘沛林,刘春腊等.中国传统聚落景观区划及景观基因识别要素研究[J].地理学报,2010,65(12):1497-1507.

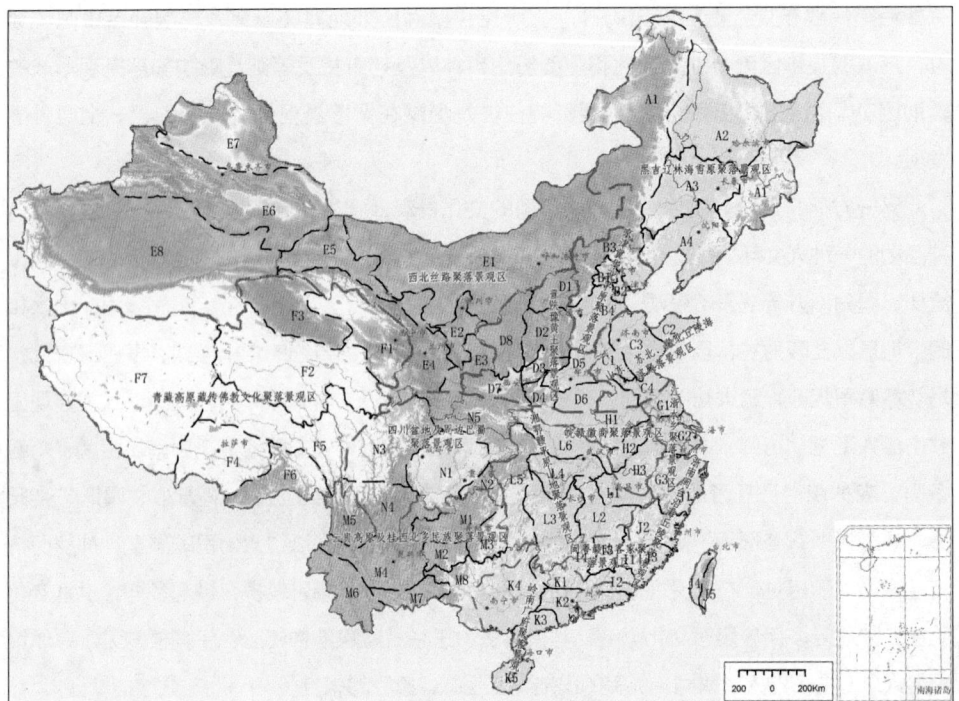

图2-4　中国传统聚落景观群系示意图（刘沛林等，2010年）

## （三）黄土高原传统聚落景观群系与中国其他传统聚落景观群系的比较

从景观亚区、环境特点、文化背景、建筑特点、建筑结构、景观意象等方面将其与全国其他传统聚落景观群系景观特征进行对比，见表2-1所示。

表2-1　黄土高原传统聚落景观群系与中国其他传统聚落景观群系的特征比较表

| 景观地区 | 景观亚区 | 环境特点 | 文化背景 | 建筑特点 | 建筑结构 | 景观意象 |
|---|---|---|---|---|---|---|
| D晋陕豫黄土聚落景观区 | D1晋北山地聚落景观亚区<br>D2晋中晋商聚落景观亚区<br>D3晋南河谷平原聚落景观亚区<br>D4豫西窑洞聚落景观亚区<br>D5豫北黄河文明聚落景观亚区<br>D6豫南山地丘陵聚落景观亚区<br>D7关中渭河平原聚落景观亚区<br>D8陕北黄土高原聚落景观亚区 | 黄土分布广泛集中、极具原始美感，土壤松散肥沃、气候温暖湿润、河湖众多，河流泥沙多 | 黄土文化、中原文明 | 多窑洞建筑，或崖壁式、或下沉式、或半下沉式，地面建筑多四合院落，装饰精美 | 土木石结构兼备 | 建筑因借自然，冬暖夏凉，人与自然高度和谐 |
| A黑吉辽林海雪原聚落景观区 | A1兴安岭白林海山地聚落景观亚区<br>A2北大仓农垦平原聚落景观亚区<br>A3吉中平原丘陵聚落景观亚区<br>A4辽南江河湖海聚落景观亚区 | 地貌形态多样，冰雪景观壮丽奇特，林海莽莽，水文发达 | 关东文化 | 古建筑多体现清代合院建筑或地方建筑风格，民居保暖防寒性能好 | 土木石结构兼备 | 林海雪原中的乡村、北大仓中的家园 |
| B京津冀华北平原聚落景观区 | B1北京都市聚落景观亚区<br>B2天津工商埠聚落景观亚区<br>B3冀北山地滨海聚落景观亚区<br>B4冀南平原聚落景观亚区 | 平原为主，属太行山脉、燕山余脉，自然风光奇特壮观 | 燕赵文化 | 布局规整，体现古都风格，高大雄伟气派庄严，民居多四合院式的低矮平房 | 土木石结构兼备 | 皇家气派、王者之尊、典型的合院建筑体系 |
| C山东、苏北、徽北丘陵海滨聚落景观区 | C1鲁西丘陵运河聚落景观亚区<br>C2胶东海滨聚落景观亚区<br>C3鲁中齐鲁文化聚落景观亚区<br>C4苏北滨海聚落景观亚区<br>C5徽北聚落景观亚区 | 属暖温带半湿润气候，山地丘陵平原兼备 | 齐鲁文化、苏北文化 | 依山傍水，民居类型多样，山地平原海滨各异，多为因地制宜的单层平房 | 土木石结构兼备 | 山河湖海齐备、建筑因借自然，海天一色的滨海城市景观 |
| E西北丝路聚落景观区 | E1内蒙古草原聚落景观亚区<br>E2宁夏回族聚落景观亚区<br>E3陇东窑洞聚落景观亚区<br>E4陇中高原草原聚落景观亚区<br>E5陇西大漠聚落景观亚区<br>E6天山农业聚落景观亚区<br>E7北疆塞外江南聚落景观亚区<br>E8南疆草原聚落景观亚区 | 地处我国第二级阶梯面上，自然景观以大奇野为特征，气候以干旱半干旱为主，土地荒漠化程度高 | 丝路文化 | 多土房、毡房，也有花园式的庭院和陈设华丽的帐篷 | 土结构、毡结构 | "天苍苍、野茫茫"，天高云淡，地广人稀，充满着浪漫神秘 |
| F青藏高原典型佛教文化聚落景观区 | F1海东河湟宗教聚落景观亚区<br>F2海中岛湖聚落景观亚区<br>F3海西盆地聚落景观亚区<br>F4藏中宗教文化聚落景观亚区<br>F5后藏河川谷地聚落景观亚区<br>F6藏东高山聚落景观亚区<br>F7藏西北雪域聚落景观亚区 | 高原风光、地理环境复杂，南部山川河谷发育，西北部多冰川积雪 | 高原文化、宗教文化 | 民居多为石砌碉房，多寺庙和宗教建筑，平顶为主，多石材构筑 | 石结构 | 藏乡民族风韵独特，宗教景观典型，高原气息浓郁 |
| G江浙水乡聚落景观区 | G1苏中洪泛区聚落景观亚区<br>G2苏南环太湖地区聚落景观亚区<br>G3浙北水乡聚落景观亚区<br>G4上海近代都市聚落景观亚区 | 湿润多雨，水网发达，山水清丽，平原为主 | 吴越文化 | 多为双坡屋顶，临水而建，临水面为街面和水巷，水巷两边是优美的石拱桥相连。乌篷船常见。多私家园林 | 砖木结构房屋及石结构路桥 | 小桥、流水、人家，恬静、秀美的家园 |

（续表）

| 景观地区 | 景观亚区 | 环境特点 | 文化背景 | 建筑特点 | 建筑结构 | 景观意象 |
|---|---|---|---|---|---|---|
| H皖赣徽商聚落景观区 | H1豫东南、徽北淮河沿岸聚落景观亚区<br>H2淮南、江北聚落景观亚区<br>H3皖南赣北古徽州聚落景观亚区 | 湿润多雨，丘陵为主，山水相间，古樟常见 | 徽州文化 | 建筑保留了较为传统的中原样式，多白墙灰瓦，马头墙厚重规范，防火功能明显。砖雕、石雕、木雕常见。石牌坊闻名 | 砖木结构 | 山深人不觉，仿佛"中国画里的乡村" |
| I闽粤赣边客家聚落景观区 | I1闽西北客家圆楼聚落景观亚区<br>I2粤东北客家围龙屋聚落景观亚区<br>I3赣南客家方楼聚落景观亚区<br>I4湘粤赣客家土楼聚落景观亚 | 南岭山区，崎岖多山，森林茂密，丹霞地貌 | 客家文化 | 客家特有建筑，形式独特，有方形、圆形、半圆形、马蹄形、八卦形和不规则形等多种造型 | 夯土结构 | 大山里的堡垒，神秘而奇特的家园 |
| J浙南闽台沿海丘陵聚落景观区 | J1浙南山地聚落景观亚区<br>J2闽北丘陵聚落景观亚区<br>J3闽南聚落景观亚区<br>J4台湾西部聚落景观亚区<br>J5台湾山地原住民聚落景观亚 | 丘陵起伏，山水相映，海陆相连，古榕参天 | 闽台文化 | 以宗祠和家祠为特色的聚落建筑风格明显，讲究山水朝向；马头墙呈波浪形，装饰性超过防火功能 | 砖木结构 | 田园山水与耕读文化完美结合，人文中国的一面镜子 |
| K岭南广府聚落景观区 | K1粤北山地聚落景观亚区<br>K2珠江三角洲广府聚落景观亚区<br>K3粤西南山地聚落景观亚区<br>K4广西盆地聚落景观亚区<br>K5海南聚落景观亚区 | 山地平原，高温多雨，四季不显，芭蕉常绿，古榕常见 | 岭南文化 | 宗族建筑、村口大树及庙宇建筑极具特色，双面陡坡屋顶、镬耳屋较典型，马头墙呈圆弧形或水波形，装饰性超过防火功能 | 砖木结构 | 亚热带风光与岭南风情的融合，充满情趣与自然的家园 |
| L湘鄂赣平原山地聚落景观区 | L1赣北环鄱阳湖平原聚落景观亚区<br>L2赣中丘陵聚落景观亚区<br>L3湘中南丘陵平原聚落景观亚区<br>L4江汉洞庭平原聚落景观亚区<br>L5湘鄂西土家族苗族为主体的聚落景观亚区<br>L6鄂北山地聚落景观亚区 | 湿润多雨，地貌多样，江湖广阔，古樟常见 | 荆楚文化和赣文化 | 多为单层双坡屋顶民居，山区有少量双层干栏式民居；马头墙有一定的流线和动感 | 砖木结构但以木为主 | 集湖光山色于一域，典型的南方山水风光 |
| M云贵高原及桂西北多民族聚落景观区 | M1黔北苗族土家族为主体的聚落景观亚区<br>M2黔西南布依族为主体的聚落景观亚区<br>M3黔东南侗族为主体的聚落景观亚区<br>M4滇中东部彝族为主体的聚落景观亚区<br>M5滇西北部纳西族白族为主体的聚落景观亚区<br>M6滇西南傣族为主体的聚落景观亚区<br>M7滇东南哈尼族为主体的聚落景观亚区<br>M8桂西桂北聚落景观亚区 | 山地高原，降水较多，垂直变化，景观多样 | 滇、黔、桂少数民族文化 | 多为干栏式双层结构民居，吊脚楼常见。贵州多鼓楼和风雨桥；云南还有蘑菇房、土掌房、一颗印等多种形式 | 木结构、竹结构、石结构兼有 | 多彩的人类家园，优美的山地文化生态景象 |
| N四川盆地及周边巴蜀聚落景观区 | N1四川盆地聚落景观亚区<br>N2渝东南山地土家族为主体的聚落景观亚区<br>N3川西北高原藏族羌族为主体的聚落景观亚区<br>N4川西南彝族为主体的聚落景观亚区<br>N5川北陕南山地聚落景观亚区 | 盆地为主，水系发达，四周多山，植被多样 | 巴蜀文化 | 盆地内多为单层双坡屋顶瓦房，马头墙规整且有一定的起伏；周边山地有双层干栏式民居，西部有少量石制碉房 | 砖木结构和少量石结构 | 因地制宜，与自然为伍的"天府"情怀 |

本书研究的晋陕豫黄土聚落景观区，属于北方半湿润半干旱性聚落景观大区，包括8个亚区：晋北山地聚落景观亚区、晋中晋商聚落景观亚区、晋南河谷平原聚落景观亚区、豫西窑洞聚落景观亚区、豫北黄河文明聚落景观亚区、豫南山地丘陵聚落景观亚区、关中渭河平原聚落景观亚区和陕北黄土高原聚落景观亚区。该区域深受黄土文化和中原文明的影响；黄土分布广泛集中、极具原始美感，土壤松散肥沃、气候温暖湿润、河湖众多，河流泥沙多；建筑上土、木、石结构兼备，多窑洞建筑，或崖壁式、或下沉式、或半下沉式，地面建筑多四合院落，装饰精美；且建筑景观意象因借自然，冬暖夏凉，人与自然高度和谐。

## 二　黄土高原传统聚落景观群系概述

在实地调研晋陕古村落的基础上，本书以无定河以东、汾河以西、长城以南的黄土高原作为原生建筑的研究范围。从黄土高原村镇形态中，借用景观基因的原理，找寻并剖析以原生建筑为主体的极具代表性的三大窑居村落建筑景观群系。通过全景式梳理和形态分析、文化比较、社会调查，发现了黄土高原原生建筑的演替变迁的清晰线索。在此基础上，创造性地提出了乡土建筑与外来建筑文化互为作用、双向融合对接的关系。对于摸清建筑的出身和血缘，保护乡土文化具有重要意义[①]。

黄土高原原始聚落最早是穴居形态。穴居建筑又以生土建筑窑洞最为原生和古老。现在窑居村落不再是过去人们打土洞的穴居形态，而发展为固窑、独立式窑洞、砖石结构与土窑洞结合的窑洞，并随着农耕社会和封建文明的发展，建筑形式和审美样式也从崇尚朴素自然观逐渐融入人文、社会的因素，其主体仍然体现着原始的建筑特色和基本元素。

长期以来，国内对于黄土高原村镇形态研究、黄土高原古村落的保护性研究，或者是对地方性建筑特征的研究，虽然成果很多，也不乏深入分析，但往往集中于对窑洞建筑本体以及窑洞古村落历史文化遗产等问题的分析。而系统性分析黄土高原建筑群落的产生、变迁及比较等问题的成果鲜见。特别是针对黄土高原原生建筑产生、发展、变迁，更少有系统性研究。

在对数以百计的晋陕古村落的长期走访和调研基础上，我们通过反复比较，对黄土高原村落建筑的特征和背景进行了翔实考证，发现了其发展演替的一些现象，在比较研究中看到了一条较为清晰的线索和路径。从探源的角度对黄土高原本土性的建筑形式和村落形态逐一进行比较，寻找原生建筑及其景观基因，并剖析具有代表性的窑洞院落和村落建筑景观群体。由西向东观察其形态变迁的痕迹，通过全景式梳理和文化比较、社会调查，分析黄土高原原生建筑的变迁原因。初步得出黄土高原原生建筑由西向东，北京式四合院建筑由东向西双向融合演替的结论。

在无定河以东、汾河以西的黄土高原是典型的窑居村落景观聚集地区。这一区域从原始人类穴居形式到现代城镇建筑形态，保留有丰富的景观信息资源。这一区除了代表着

---

① 霍耀中.黄土高原原生建筑群系历史演替研究[J].城镇化研究,2009,4:9-16.

中华建筑文化精粹的土木建筑外，还是研究华夏砖石建筑文化的重要领域。

（1）陕北黄土高原米脂县一带现存的几处古村落，具备了原生环境中窑洞形式原生建筑的全部特质，是本土性原生建筑发展的最高阶段，也应该是终极性的杰作。

（2）黄河东岸山西临县碛口古镇建筑景观群中，大部分保留着黄土高原特质的窑居式建筑风格。但在商业发达的街区和村落，突破了原生建筑院落格局，吸纳了由东部地区传入的少量建筑元素，主体风格仍为本土特征的建筑群系。

（3）汾河流域的晋中盆地，地处黄土高原边缘地带，其建筑体系中混杂着黄土高原特质的窑洞式风格，同时又以大院形式接受了北京式四合院的元素，成为晋商建筑的典范。

（4）探源黄土高原原生建筑景观的演替，不可避免地要谈到北京式四合院。合院式的居住形式在我国历史悠久，尤以四合院为北方典型民居，北京式四合院是合院建筑的典型代表。北京四合院形制规整、装饰华丽、讲究风水，以砖木结构为支撑体系。深刻的传统礼制观念是主导其空间构成的灵魂，院落布景及单体建筑与各部分构件是其精华所在，历经几千年文化积淀，延续着历史的文脉，承传着古老文化的内涵，是中华民居建筑中最具影响的建筑文化。

在对建筑景观群的考察过程中，通过分析原生的乡土建筑和外部建筑文化的关系，发现原生建筑对于外部建筑元素的吸纳不是简单地、被动地接受，而往往是双向融合对接，互相作用的关系。

## 三　黄土高原原生建筑景观及其基因分析

中国幅员广大，在数百万平方公里的范围内，地理上有各种不同的区域，每一区域又因地区的不同出现不同的次文化。要了解其中的建筑文化，也必须把空间与时间的因素考虑进去，当作一些变数，放大视野采用宏观的研究方法，把建筑放在文化的背景上观察，找到共同的特质和区域差异。

黄土高原这一区域历史上是北方农牧交错带。古老的长城分界了落地生根、聚群而居与逐水草、宿毡帐的两种截然不同的文化。黄土地上，人类起初生活简单，空间的需求有限，日出而作，日入而息，居住空间只是一个巢穴而已。但是当文明渐渐发达，生活的要求增多，人际的关系复杂，建筑的空间自然会跟着复杂起来。居住建筑也自单纯的窑洞开始，发展为庞大的聚落。以家族为本的观念发展了伦理观念，完整了秩序。人们把社会的秩序表达在具体空间中，保留了原始民族的象征性和民族的率直而朴实性格，形成以窑洞建筑为主体的聚落，其建筑特质为原生建筑。

原生建筑空间观念是简单的，是以人为中心的，以人为本，视人为性灵的整体，以五行、八卦这样非常简单、抽象的观念来看人和宅院，把人视为一个概念上的人的形象。原生建筑中，人们很重视风水。最初"风水"的"风"应该是自然风，"水"则是河水、水源。接纳生气，排除"煞气"，顺应自然，观察山水环境的形状，根据它来判断吉凶。

原生建筑讲究主从分明。主房位于院落的中央部分，次要的建筑分列于两旁，以伦理名分决定的秩序，使建筑成为维护礼法的工具，在2000年间未能发生显著的改变。由于家族之本质，是以族内的独立与完整为最高原则，其空间的图式是向心的，不希望受到外界的干扰，也不希望干扰他人。这种精神反映在家庭单位上，不论其家庭之规模大小，均形成独特的院落型居住建筑形态。

原生建筑空间格局持有一种特殊的中轴对称观。轴线决定之后，其他建筑就自然就绪了。一般的住宅合院是这样，城镇也是这样，这条轴线可以无限地延伸下去。当然决定这条线的位置是很慎重的。在中国人的基本观念里，"对称"这个观念，反映了对人体形态的看法。因为我们把世界上的一切，返回到人体去解释，这是中国文化里的重要观念，也是宇宙全息论的一种反映。由于人体是对称的，以人为本的建筑总是对称的。这也就是原生建筑空间的基本特质。这一点在极具地域特征的深宅大院的布局中得到普遍强化，表现出端庄、稳重的视觉特点。在陕北，"明五暗四六厢窑（倒座）四围窑"是陕北窑洞四合院的典型规制，最具代表性的是陕西省米脂县的姜氏、常氏和马氏三大地主庄园。

黄土高原窑洞建筑千百年来延续至今仍然保留了如此强烈的地域特征，恰恰表明其强盛的生命力，以及潜在其中的强烈文化底蕴和审美意识。但是，尽管形态有一个文化延续的概念，建筑终究是有寿命的。在历史演替过程中，人们也崇尚发展，追求新颖。尤其是东部建筑文化向西部原生建筑渗透过程中，本土建筑自然会有选择地吸取部分外来元素。而通过考察发现，在演替过程中，外来建筑影响黄土高原原生建筑的因素较多，但主要是北京的民居建筑。凝聚了中华建筑精髓文化和空间规范格局的北京式四合院，以特殊的主流文化特征，通过官道和商道，由东向西，逐步渗入。

在建筑景观演替过程中，流变的强度明显体现为窑洞在院落中的方位、数量等要素的变化。窑洞建筑在院落中的地位是以窑洞为主体的还是走向配角，这也是一个明显特征。考察中发现，即使接近西部的地方，主建筑群、主体建筑也仍然保持原生窑洞建筑，吸取外来的符号镶嵌或附属其中，也只作为其辅助，如厢房、倒座、装饰等。

多年来的考察以明清民居古建筑为重点，且选择在质量、规模和体制上具备相对完整性和可比性的聚落景观群系进行研究。考察中可以明显看出由西向东原生建筑受外部建筑影响变迁的迹象。在空间分布上，以米脂建筑景观群系为核心，划分出以下3个层次。

### （一）米脂建筑景观群系

以家族为本的伦理和秩序表达在具体空间上，保留着原始的象征性；以窑洞建筑为主体的建筑特质，表现为简约、质朴，与大地自然相融合的特征，富有陕北高原的粗犷气质，这就是米脂建筑景观群系。它包括米脂县"三大庄园"和绥德县贺家石古村落等。其建筑风貌表现为封建社会和农耕文明中典型的社会特征。

陕北地处黄土高原地带，长期以来，交通不便、信息闭塞。在以农耕为主的原生环境中，贸易形式只局限于农产品和基本生活日用品交易，没有真正介入商业文明社会，跨区

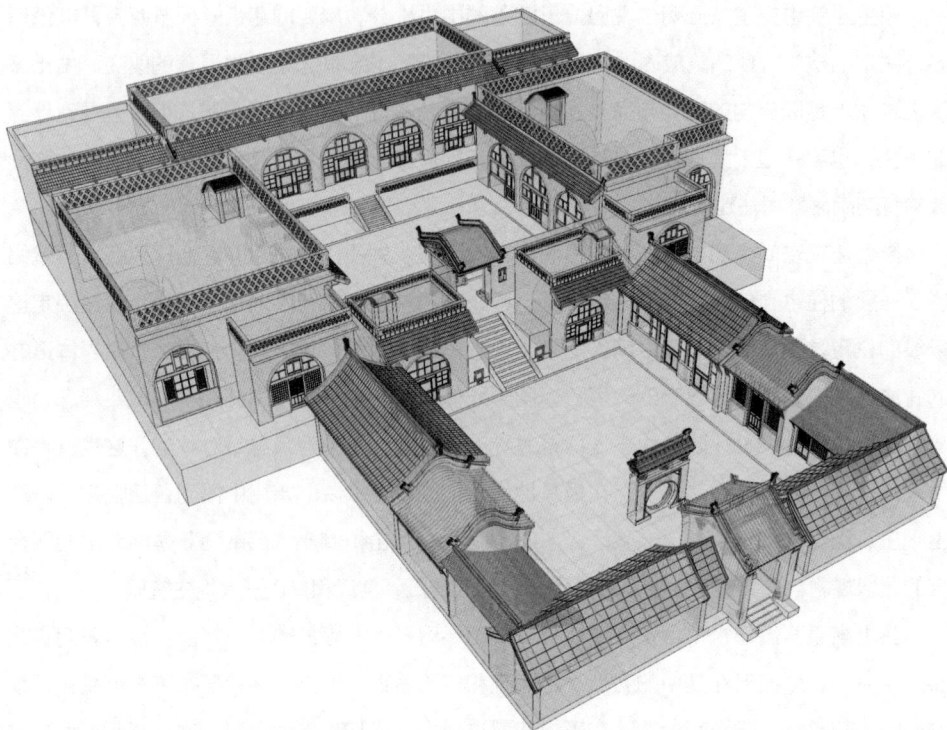

图2-5 米脂建筑群系姜氏庄园
院落模型

域的商业活动不多，外部信息输入较少。基本保持农业生产、农副交易，延续着农耕文化
的浓厚传统意识。在地域的特殊性上，陕北一带把农耕文明发展到一个很高阶段。体现在
建筑方面，就是进行高标准的建造，达到规模大、院落大、管理完善，形成大地主庄园。
以米脂三大地主庄园为代表的陕北黄土高原上的特有的原生建筑形式由此产生。

陕北米脂建筑景观群系是完美而鼎盛的原生建筑。以米脂三大园中姜氏庄园为例，农
耕时代等级森严的封建礼制在陕北地主庄园中达到极致，建筑形态上表现为典型的窑洞四
合院，讲究"明五暗四六厢窑（倒座）四围窑"的空间格局，蕴涵着强烈的传统礼制观念
和森严的等级意识。

### （二）碛口建筑景观群系

如果说原生建筑的核在米脂的话，碛口一带就是这个核心外围的一个建筑景观群系。
这个群系除了囊括碛口古镇及其周边的李家山、西湾、白家山、寨子山等古村落之外，也
涵盖外围的临县孙家沟、方山张家塔、离石彩家庄、柳林孟门镇、三交镇等。此外陕西佳
县木头峪古村也应划入这一群系。碛口建筑景观群系是原生建筑与外部建筑有机完美结合
形成的一种典型的黄土高原特有的建筑形态。这种建筑既饱含着浓郁的原生建筑气质，又
科学合理地结合了外部建筑优点，从而形成了这一原生与外来建筑复杂交汇而又完美结合
的特殊建筑景观群系。

黄河岸边临县碛口建筑景观群中，在保留着黄土高原建筑基本特质的同时，商业街区

和临近村落部分吸纳了东部建筑元素，从而突破了中轴对称的建筑格局，形成富有变化的建筑空间。在这一建筑景观群系中，原生建筑有机吸纳东部传入的建筑因素，打破了原生建筑中规中矩的规制，具有空间自由、院落格局灵活多变的特点。坡顶房屋的土木建筑逐渐被融入砖石窑洞院落之中，出现一定数量的坡顶房屋建筑或作为商铺、或配房，但窑洞仍然是院落中的主体建筑。由于建筑群在演替过程是一种相互对应的关系，因而这一地区作为农商结合地带，呈现出其所独有的多元性和复杂性特征。

碛口建筑景观群系的演替过程，其产生的首要诱因便是外部信息的影响和渗透。具体到这里，商业文化和农耕文化所产生的不同影响是其形成的主要原因。在碛口建筑群中，商业文化的影响深刻作用于建筑空间的改造。碛口作为一个重要的商贸古镇，是东、西部建筑交汇的关键地带。商贸往来促进了信息的流通，商道也成为东西文化互通的桥梁。一河之隔，隔不断黄土高原的连接，太行山的分挡，也挡不住东部建筑文化的西渐。东、西部建筑元素最终汇总在碛口，形成了独具地域特征的碛口特殊建筑景观群系。

### （三）黄土丘陵边缘地带建筑景观群系

在无定河以东、汾河以西、长城以南的黄土高原上，划定对原生建筑的研究范围，其边缘带，北起神木高家堡，沿内长城至汾河流域，直到韩城党家村。在边缘地带，原生建筑与外来建筑融合过程中，外来建筑元素以更大的信息量强势侵蚀于原生建筑而占据了更大的比例，呈现出环黄土高原边缘地带的特殊建筑式样，这与它们在地缘上的毗邻性是密切相关的。边缘带可分为以下3种类型。

#### 1.北部边缘带建筑景观群系

在黄土高原这一区域，以长城为界，历史上是典型上的农牧交错地带。农与牧不仅生

| 2-6 | 2-7 |

图2-6　碛口建筑群系院落模型
图2-7　晋中建筑群系王家大院院落模型

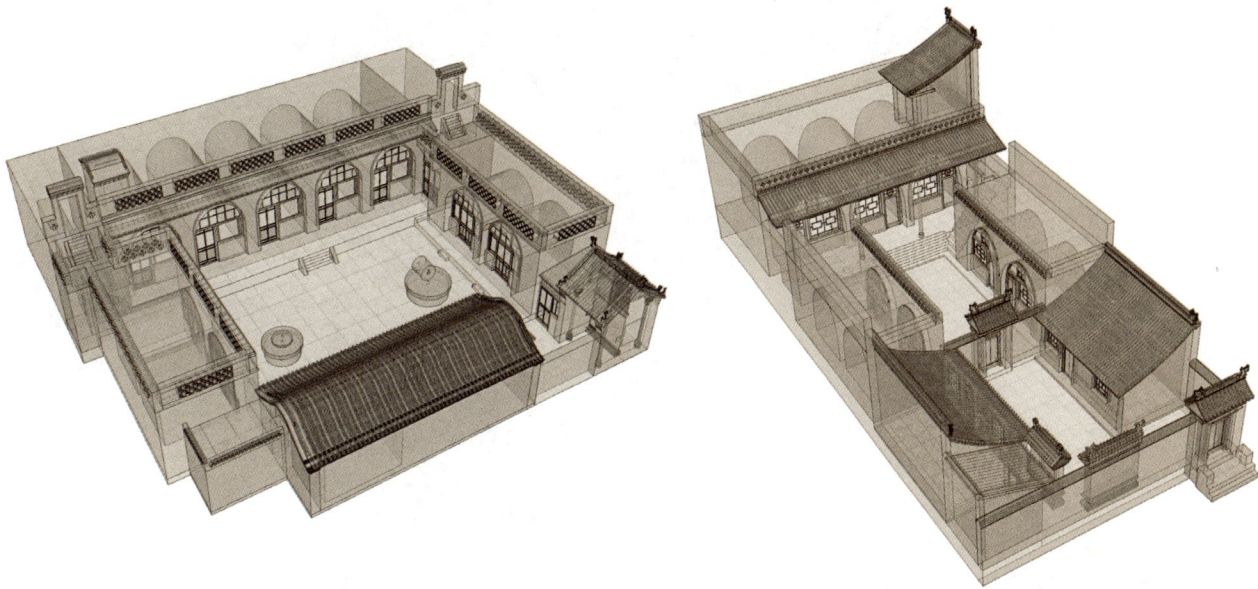

产方式有差别，它还代表两种截然不同的文化。考察发现，神木高家堡可以非常有力地说明这一点。作为边区军事重镇的古城，在高家堡古老的建筑中可见来自其他不同区域的建筑信息。除黄土高原样式的拱洞式建筑外，更有北京四合院式的建筑空间，以及各种极具特色的垂花门样式。建筑装饰上，色彩、图案等元素又体现着游牧民族的审美特征。而从高家堡古商业街区的现状，也可见当时商业活动的繁荣气象。种种迹象都表明在这样的边远地区，其建筑形式同样受到强烈的外部环境的影响。这种对外来元素的选择来源于其审美，更取决于其能力。经济的发展不仅影响到建筑文化的发展，而且影响到建筑空间的发展。

2. 东部边缘带建筑景观群系

因为与黄土高原的渊源关系比较贴近，尽管已被外来文化侵蚀，但仍然留有一定的原生信息，其主体格局仍然保留有少量窑洞样式的建筑。以乔家大院为代表的晋中大院在建筑样式上表达山西性格和晋商文化的同时，与北京四合院或河北一带的大院存在相通之处。在山西霍州朱家大院和汾西师家沟，存在一个特殊的现象。仅仅几十里路之隔，两地却呈现出完全不同的建筑风格。朱家大院一带属于偏向于晋中又贴近晋南的风貌特色；而师家沟根植于黄土高原，因其地处山区，依山而建，极具代表性地彰显着黄土高原的气质，与朱家大院存在明显差异。总体而言，这一区域建筑依托于黄土高原，但是更偏向于外部建筑形式。

3. 南部边缘带建筑景观群系

因为地形平缓，与外部交流信息量大，其建筑群系已逐步偏离黄土高原原生建筑的本

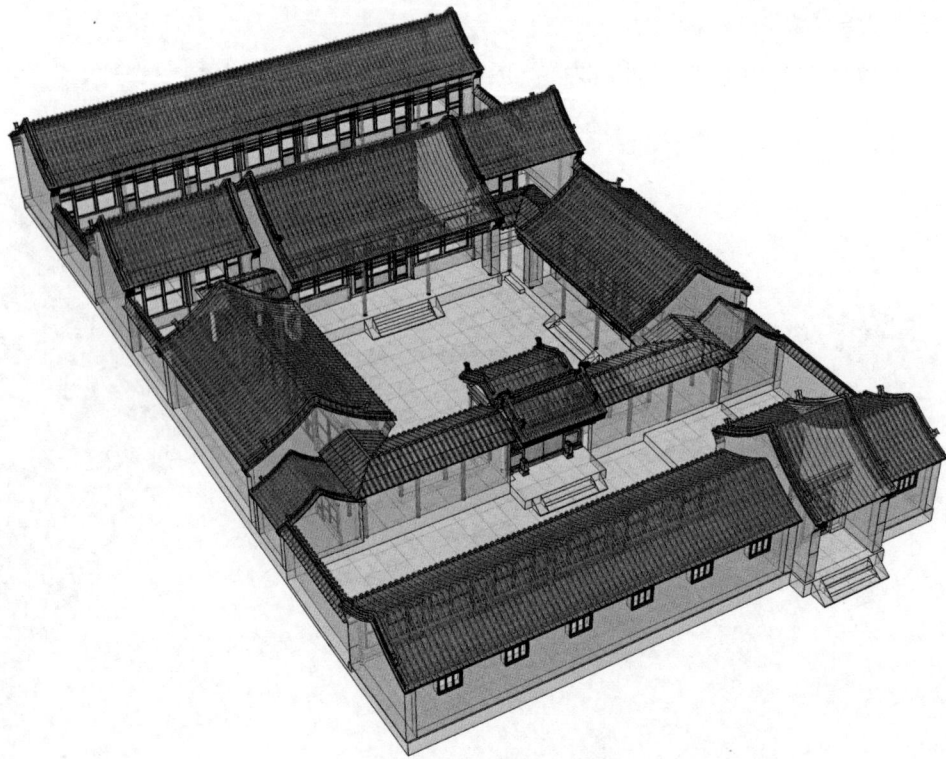

图2-8 北京四合院院落模型

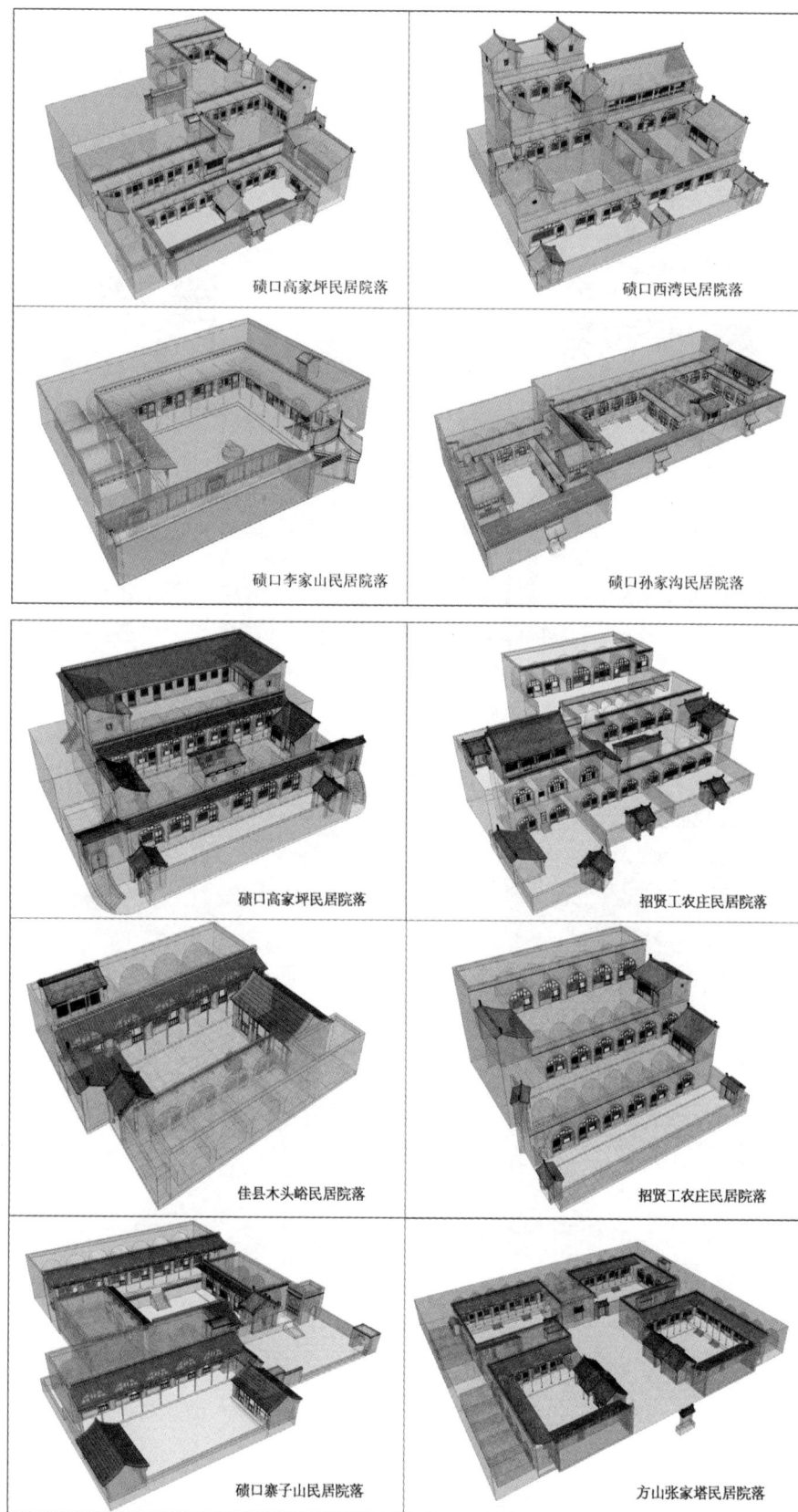

碛口高家坪民居院落

碛口西湾民居院落

碛口李家山民居院落

碛口孙家沟民居院落

碛口高家坪民居院落

招贤工农庄民居院落

佳县木头峪民居院落

招贤工农庄民居院落

碛口寨子山民居院落

方山张家塔民居院落

2-9
2-10

图2-9 碛口群系建筑形状比较
图2-10 碛口群系建筑形状比较

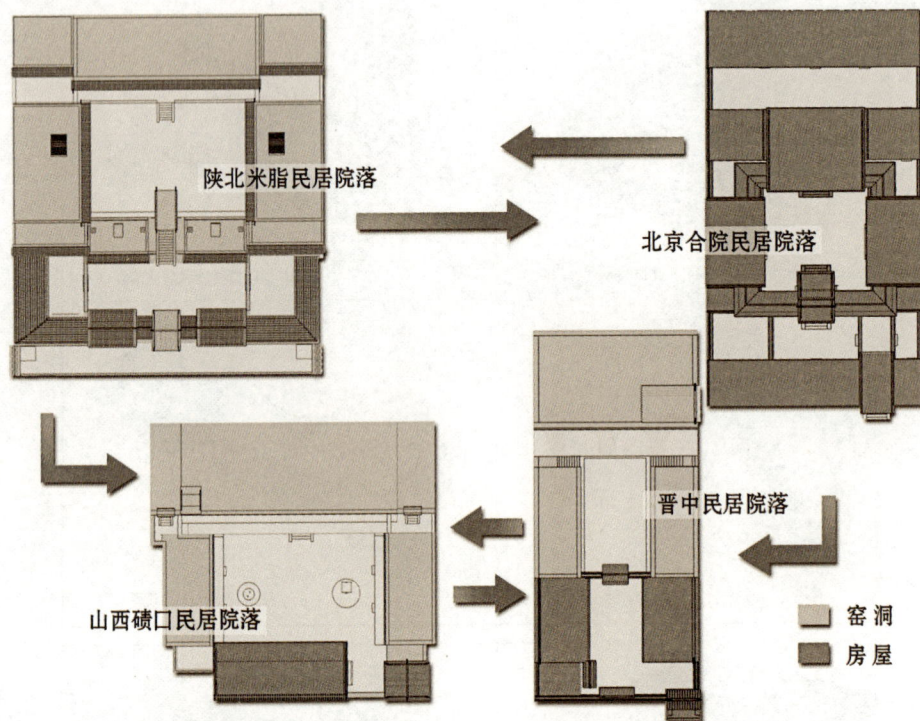

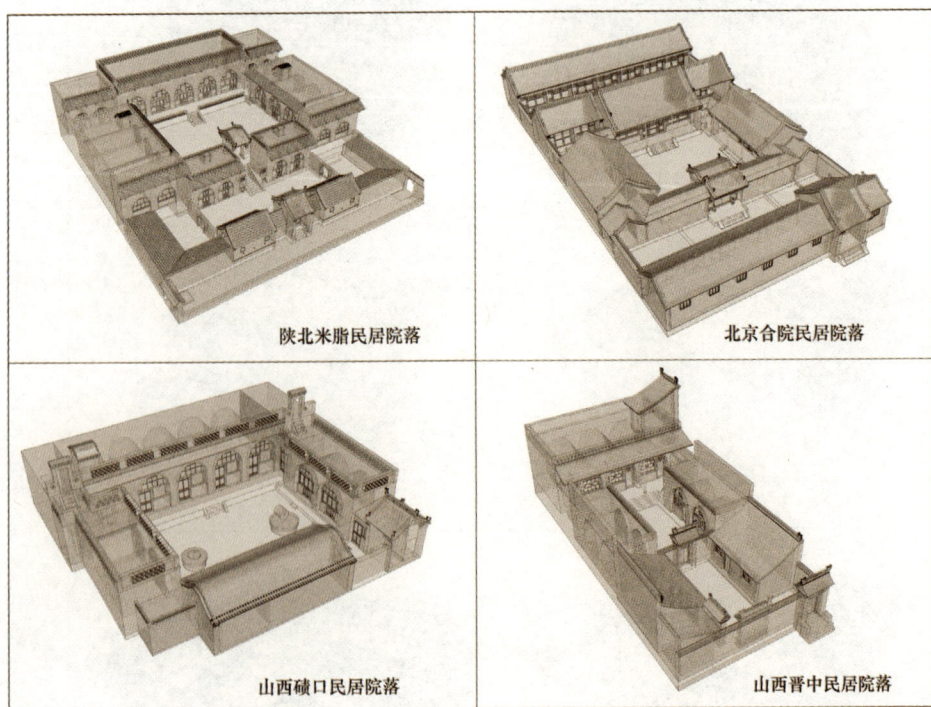

陕北米脂民居院落

北京合院民居院落

山西碛口民居院落

晋中民居院落

窑洞
房屋

陕北米脂民居院落

北京合院民居院落

山西碛口民居院落

山西晋中民居院落

2-11
2-12

图2-11 建筑景观群系历史演
替图示
图2-12 建筑景观群系历史演
替院落模型

质。以党家村、丁村等为代表，它们同属国家历史文化名村，背靠黄土高原，在人群交往中虽然遗留着黄土高原的某些特点，但其建筑已经遗失了黄土高原固有的特质。单纯从建筑形式来看，由于地形平坦、交通发达、信息量发达，深受中原文化影响，这一区域建筑更多倾向于太行山和河南一带建筑特色。在这些地区，下层居住，上层放置杂物的2层小楼较为普遍。建筑已经完全以双坡顶和单坡顶的瓦房为主。窑洞式的村落在这些地区基本消匿。

东部边缘带的汾河流域晋中建筑景观群系在演替过程中特征明显。这一群系深受以北京式四合院为代表的强大外来建筑文化的影响，融入乡土建筑的内涵，比较具有典型性的是晋中大院，并由此引申出其独有的大院文化。如，乔家大院、朱家大院、王家大院、常家庄园等等。在这些大院中，虽然仍可见黄土高原原生建筑元素，但原生环境中的原生性基因已经明显变异。窑洞数量大大减少，被房屋搭成的二层高角楼所代替；粗犷朴拙的黄土农耕文化基因隐没在奢华高调的精雕细琢之中，让位于晋商大院文化；原生建筑按传统的规制建造，少以规划设计，而晋中大院则往往都是经过专人周密布局设计，并加进了特定理念，具有极强的目的性。这一区域的建筑同样也已远离了原生建筑的本质，形成了高品位的宫殿般的建筑形式，向着明清建筑的高端水平发展。

## 本章小结

当前，传统聚落保护不只是对单一村落的分析、调查和制定保护规划，更重要的是要找到它的文化基因、建筑脉络，摸清建筑的出身和血缘。我们要看到乡土文化保护的复杂性，要看到原生建筑的珍贵性、稀缺性和脆弱性。制定合理的保护政策和保护方案，以达到有效保护和科学保护的目的。同时，因为传统聚落景观群系研究的涉及面较广，本章从"景观基因"和"景观基因图谱"2个主要问题着手，突出"传统聚落景观基因图谱"的主题，建构了一个基本的研究框架，在阐述传统聚落景观群系研究框架的基础上，引入"景观基因"理论，对黄土高原传统聚落景观群系及其基因进行了分析，这是本书的核心理论和思想。

（1）传统聚落景观群系研究有助于国家"地学信息图谱"研究工程的进一步深化；有助于黄土高原传统聚落的基因挖掘和遗产保护；有助于丰富和拓展聚落历史地理和聚落文化地理的理论研究，具有重要意义。同时关于黄土高原传统聚落景观基因的挖掘、整理和利用以及景观区系的研究，具有很强的综合性、交叉性和探索性特点。特别是整合多学科研究方法，开展历史文化聚落景观基因挖掘，是以往很少有人问津的领域。在研究领域、研究视角、研究方法、研究结论方面具有明显的创新性。

（2）景观基因理论是研究黄土高原传统聚落景观群系的有效工具，可从平面形态景观的基因表现形式、立面景观的基因表现形式，视觉表现形式、结构表现形式等方面提取黄土高原传统聚落景观基因，进而建立传统聚落景观基因图谱，这对于传统聚落景观的保护和利用具有重要意义。

（3）传统聚落景观的形成，主要受到地理环境、地方文化、建筑材质等因素的综合影响，具有地域性、系统性、稳定性、发展性、一致性、协调性、典型性等特征。影响传统聚落景观区景观群系划分及基因识别的基本要素表现在心理要素、生态要素、美学要素、环境要素、文化要素、时序要素等方面。可按照环境制约性原则、文化主导性原则、地域完整性原则、相对一致性原则、面的覆盖性原则、层次性原则、综合性原则对传统聚落景观群系进行划分。

（4）当前，各家发表的中国各类区划方案都各有特色，给进一步正确认识中国地表综合体地域分异规律奠定了基础。但是，由于传统聚落景观区只能发现，不能"发明"。因此，对以往的区划都要研究、比较和判对，工作量是很大的，加之中国地域分异的巨大差异性和一些地区本身至今尚缺系统资料，一些界线的划法各有遵循和认识。有时，同一界线反映着不同的等级单位，还需进行调整。所有这些，都给更深入研究中国传统聚落景观区划带来了困难。本章在粗略划分中国传统聚落三级景观区的基础上，从景观基因的视角，对影响中国传统聚落景观判断的要素所作的大致分析，比较了黄土高原传统聚落景观与全国其他传统聚落景观群系的特征，肯定存在很多考虑欠周的地方，希望引起广大专家、学者更多的关注，以促进聚落地理学和文化地理学的发展，同时推进历史文化村镇保护。同时，需要指出的是，由于聚落景观划分因子的多样性和因子层面的差异性，也由于文化景观区域划分的复杂性，上述关于中国传统聚落景观大区、景观区和亚区的划分只是初步的和大致的，是关于形式文化区或特征文化区个案研究的一种尝试。万事开头难，不能因为传统聚落景观区划的难度太大而不敢碰及，我们在这里的提法权当抛砖引玉。

（5）在本章所初步划分的14个景观区和76个景观亚区中，晋陕豫黄土聚落景观区，属于北方半湿润半干旱性聚落景观大区，包括8个亚区。

（6）在黄土高原古村落建筑形态特征的变迁方面，人类活动、人类相关文化信息和社会环境对原生环境有着很深的影响。环境相对封闭的偏远地区，本土建筑保存比较完整，沉淀了千百年的居住意识和生存痕迹也比较明显；而临近文化发达地区的建筑群体，其原生建筑的基因显得少而且特征模糊。通过对黄土高原原生建筑群系由西向东变迁过程中所形成的三个层次的比较分析可以发现，原生建筑饱经自然洗礼和对人类需求的适应，以及与人居环境、地形地貌、审美取向的协调，它所包含的拱形窑洞造型、院落格局、风俗习惯、乡土理念、风水观念等等，仍然有着坚强的生命力。在由西向东建筑形态的演替过程中，本土建筑接受和吸取的东部的部分建筑基因、风格样式，被有选择地镶嵌在原生建筑之中。这是一种互补的镶嵌，也体现了当地人们的审美取向。这一渐变过程中可以看到，外部文化的侵蚀是被逐步接纳，逐步适应的。在外部建筑发展变迁的强力影响下，原生建筑的变迁采取的是一种融入而非替代的应对方法。这种渐变式的融入使得两种建筑巧妙而有机地融为一体。这一点，对于今天的新农村建设和城镇化建设，有着重要的启迪意义。

chapter **3** 第三章
黄土高原
传统聚落景观形态特征及图示表达
Loess plateau traditional settlement landscape
morphological characteristics and graphic
expression

传统聚落承载着人类的一段历史，是历史遗存的一种形式，我们每个人都有保护其历史痕迹、使其景观延续性得以保存的责任。本章我们将以景观形态学原理为理论依据，运用传统聚落景观基因的"胞—链—形"理论[1]，把黄土高原传统聚落作为研究对象，采用现场调研法、文献收集法、个案研究法、分类总结法和图式表达法等方法，剖析黄土高原传统聚落景观形态特征，运用景观形态学途径、景观基因方法，深入探讨黄土高原聚落的历史保护价值和保护方法[2]。

由于黄土高原传统聚落是一个复杂的系统，其景观是自然地理条件、村落布局和历史条件等多方面因素综合作用的结果。因此，对其研究不应单从聚落的外在形态进行，还要涉及对其情感内涵的研究。所以，根据景观形态学的体系，我们把传统聚落景观分解为实体要素、虚体要素和情感要素3个部分。实体形态研究的对象是传统聚落所呈现的外在形态及其视觉美学特性，侧重于研究"物质层面"；虚体要素的研究对象是传统聚落的空间形式，是对村落布局方法规律和手法的研究；情感要素的研究对象是传统聚落景观蕴涵的人文意义，及其与人的精神活动产生互动的条件，侧重于研究"精神层面"。

鉴于黄土高原地域范围广，各地传统聚落形式表现不同，不便全部展开。本章选择了山西省内几个具有区域代表性的传统聚落进行案例研究，分别为：汾河流域传统聚落襄汾丁村、沁水流域传统聚落阳城郭峪村和黄河流域传统聚落临县西湾村。通过3个传统聚落景观形态要素的分析，提炼出村落实体要素，即：村落路径、村落边界、村落肌理、村落空间区域以及村落的节点和中心点。并在此基础上借鉴景观基因"胞—链—形"理论，挖掘各古村的虚体要素和情感要素，用图示的方法对其景观形态进行表达。

① 刘沛林,刘春腊等.我国古城镇景观基因"胞—链—形"的图示表达与区域差异研究[J].人文地理,2011,(1):19-23.

② 霍耀中,谷凯.市镇规划分析：概念、方法与实践[J].城市发展研究,2005,2:27-32.

# 第一节　景观形态学的基本概述

景观形态学作为一个系统的理论其内涵可简要概括为"一原理、三方面、六特性"。"一原理"是提出"景观形态学"理论的研究范畴，"三方面"是"景观形态学"理论的核心，"六特性"是"景观形态学"理论的具体实现（表达）方式。其理论框架可用图3-1进行示意。

## 一　景观形态学原理

景观形态学是把景观看成一个生命有机体，这个生命有机体及其各组成部分遵循一定的逻辑原则和发展规律，是一个美学体系。

景观形态学是对景观美学价值进行研究，主要研究范畴包括多个方面，是一门将建筑、景观、美术研究领域联系起来的学科，同时涉及哲学、艺术、环境研究的学术体系，解决文化背景、空间环境与人类意志的问题，以适应环境发展变迁。

## 二　景观形态学的基本构成

景观形态学包含的内容十分广泛，涉及的因素很多，把这些因素概括为3个大的方面（图3-2）。

第一，景观的实体要素。这一要素是三个要素中最主要的，体现在它是景观形态的外

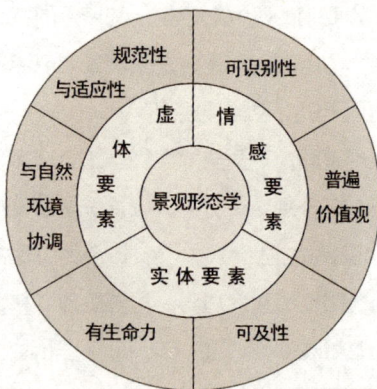

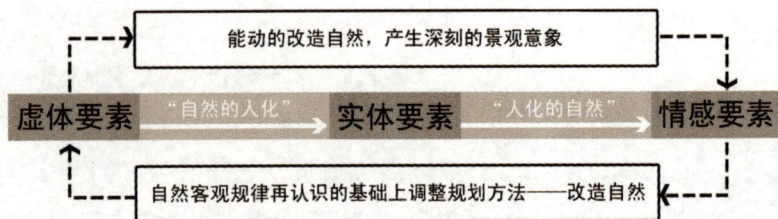

3-1 | 3-2

图3-1　景观形态学三要素关系图
　　　（李青绘）
图3-2　景观形态学理论框架图
　　　（李青绘）

在表现，是景观形态学的主体部分，被看做一个整体的形式。它集合了城市建筑景观、乡村建筑景观、森林地带、道路走向、地形起伏、池沼、湖泊、海岸、运河等因素。

第二，景观的虚体要素。体现在景观形态上是外在因素对于景观的影响，是"自然的人化"过程，从整体特征上说文化是自然的人化，"自然的人化"也称人化自然，是人类活动改变了自然，人类创造的自然界，随着人类社会的发展，人类的本质力量越来越影响自然界的变化，自然界在越来越广泛意义上成为人化的自然，或成为人工生态系统。这一过程是人类能动地改造自然的过程。

第三，景观的情感要素。这一要素是景观形态的内在表现，从人们对景观赋予的感情来说，是"人化的自然"的过程。所谓"人化的自然"是经由生产劳动实践，自然界从与人无关的、自在的状态，变为与人相关的、统一的对象。其结果是使人逐渐认识到客观对象的美，掌握了美的规律，从而发展起人的审美能力。通过改造自然，对景观的形式本质、规律变化有了情感认知，人在能动地改造自然的同时也赋予自然景观一定的情感因素。

## （一）实体要素（形式）

景观形态的实体要素，表现为物体的形式。"形式"在辞海中的解释为"某人或某物的外部形象；外形；某物的具体配置或结构；某物存在或出现的状态；种类或多样化；乐曲或文学作品相对其内容而言的总体编排或结构等等"[1]。在景观形态学中，"形式"的定义为被设计物体和空间的状态，包括物体的外观。它不仅指一个静态的形象，而且是一个动态平衡的结果[2]。同时它也是景观形态学的一个基本要素，是承接另外两要素的基本物质条件。

景观实体要素具体表现为以下6个要素。

### 1.景观路径（道路）

路径是景观形式的基本结构要素，路径的形式有曲有直，是一种线性的景观空间，在景观中线性是联系各个节点的连接形式。影响它的因素有3个方面：产生形式的动因、轴线和曲线路径；不同功能和特征；场地区域的围合。

### 2.景观边界

边界是一种过渡空间，是景观中两个空间或两个以上区域的线性界面。这两个空间或两个以上区域具有不同的功能和物质特征。同一空间或同一区域内部应表现为连续性和系统性的一致特征。

### 3.景观空间（区域）

景观空间是形态区域，是一定区域具有统一的基本形态特征，与周边其他区域有间隔或区别，由道路、建筑、地块等综合累加而成，有时也根据区域内不同的使用性质划分。

### 4.景观（建筑）肌理

景观肌理是指景观区域各种不同要素在平面空间上的组合形态。这些要素可能是各种自然形态、建筑形式、人类活动或其他特征。肌理也可理解为景观区域内部建筑群的尺度、建筑与建筑之间的空间关系、建筑的形式等等。

① A·P·科维(A·P·Cowie).牛津高级英语词典(Oxford Advanced Learner's Dictionary) [M].伦敦:牛津大学出版社,1990.

② 吴家骅.景观形态学[M].北京:中国建筑工业出版社,1999.

5. 景观中心

是景观中最具可意象性的一个或一组形式，中心可以定义为：形式或形式中的中心组群与周边景观形成对比，也可以表示为精神层面的形式与标志性空间，在文化与社会意义上吸引人，并且成为目标点和汇集点。

6. 景观节点

节点是一个过渡空间，是景观空间组成部分，通过景观节点能够提供整合的、精致的小空间和复杂的过渡空间。节点是位于大空间或在建筑与景观之间的小空间。类似边界节点构成景观的纹理，但又与边界不同，边界是线性空间，而节点是"核心"空间①。

（二）虚体要素（逻辑）

形式逻辑是一种景观的设计思想，是一种用于组织设计的语言和思想。在景观形态学中可以把逻辑分为以下两个方面。

1. 规划理念

规划理念和设计方法是对景观的文化创造。景观理念在东西方有很大的区别。如，英国式园林与中国的传统园林比较，是秩序性与自然性的对比，中国更注重较为自然的规划方式，道法自然，讲求"天人合一"的状态。在深层次上就是"文化基因"有所不同，也是特定群落的价值观、生活目标以及等级秩序的体现，这也是不同地域相应的文化造就的不同结果。

2. 其他要素对规划布局的影响

虚体要素是由综合要素组合而成的。如，自然环境对景观聚落的布局影响，自然空间是传统聚落所处的环境因素，自然条件是决定一个聚落选址的主要因素，选择适宜其居住的环境是其生产和生活的前提条件。这里的自然条件主要包括：村落的地形条件、植被分布、水文资源、土壤结构等。另外，传统思维方式和当地社会、政治、经济等因素对于聚落发展也会产生相应的影响。

（三）情感要素（感性思维）

情感要素是人们在一定的生产和生活过程中形成的对所居环境适应性的情感体现。同时情感作为人类行为模式的一种，是潜移默化影响形式产生的要素之一。形式一旦产生就会反过来影响行为和生活方式②。在情感要素中人文要素的体现和相关情感要素的表达，以及人们在生产、生活过程中赋予景观的情感体现，其主要的方面具体表现为村民的语言、风俗习惯、人工景观的建造等。人工景观要素是指人创造的除自然景观外地诸如建筑样式、村内基础设施等人工要素。从这点上就不难理解，人类的创造不乏其数地凝结着智慧的结晶。如，图腾文化中的图腾柱是人们对其祖先的一种神化思想的物质表现。再比如，黄土高原民居中常有赋予其文化内涵的照壁、影壁等。

在情感的传达过程中我们能感受和认识这个地方，这种感觉中的元素能够和其相关的

① （英）迪伊（Dee，C.）.景观建筑形式与纹理[M].浙江:浙江科学技术出版社,2004.

② （美）拉普卜特.宅形与文化[M].北京:中国建筑工业出版社,2007:14.

时间和空间的精神感受相联结，进而理解其非空间的观念和价值。这是一个环境的空间形式和人类认知过程相互作用的交汇。

## 三　聚落景观形态的特性体现

一个聚落，只有具有深刻的"景观意象性"才可能被人们所关注，才能成为"古"的有价值的景观形态存在。我们将聚落景观形态的特性归纳为以下6点。

第一，要有生命力。列宁说过："地理环境的特征决定着生产力的发展，而生产力的发展又决定着经济关系的以及随在经济关系后面的所有其他社会关系的发展。"[1]一个聚落环境只有保证其个体和生物群体的生存才能成为一个有发展潜力的、健康的生存环境。延续性、安全性、和谐性是体现生存活力的重要标志。

第二，要具有可识别性。简单地说可识别性就是具有"地方特色"。地方特色就是"一个地方的场所感"。地方特色能使人区别地方与地方的差异，能唤起对一个地方的记忆，这个地方可以是生动的、独特的，至少是有特别之处、有自己特点的[2]。也就是我们说的具有可识别性。

第三，要具有可及性。一个聚落与外界联系的程度从某种意义上可以说明其内部经济的发展情况。可及性在这个层面上起十分重要的作用，同时移动或行动方式的便捷是一种对环境适应性的体现。

第四，在一定地理区域的规范性与适宜性。聚落及聚落空间内的行为具有一定的规范性，人与人之间共同居住生活，其行为应遵从各种准则和规范。一个好的聚落，不仅对其使用者（包括现在的、未来的），而且对空间的控制能够达到"可靠"、"负责任"和"和谐"。任何一个人类社会的延续都依赖于对生存空间良好的控制[3]。

第五，聚落内的价值观取向的一致性。这一点与聚落内人的价值观有关，聚落要表现出其象征意义、文化内涵、历史渊源和独特的风俗习惯。如，图腾文化中的膜拜价值取向。每个聚落都有其自身特有的风俗习惯，也就是这些价值观的不同才使不同聚落呈现不同的面貌。

第六，与自然环境的协调性。只有与周边自然环境协调共处，才能保证聚落良性长远的发展。这里的自然环境指所处地域的气候条件、植被分布情况、海拔和水文情况等。人在改造自然的同时也要学会去适应自然环境，了解其独特性，顺应最佳的生存方式，达到双赢的目的，可持续地利用和依靠自然。

① 列宁.列宁全集（第38卷）[M].北京:人民出版社,1959:459.

② 凯文·林奇.城市形态[M].北京:华夏出版社,2002: 93.

③ 凯文·林奇.城市形态[M].北京:华夏出版社,2002:156.

# 第二节　山西传统聚落的景观形态特征

## 一　山西传统聚落概况

　　山西省位于黄河以东，华北平原以西。地理坐标为北纬34°34′～40°43′、东经110°14′～114°33′。与北面的内蒙古、南面的河南省、西面的陕西省和东面的河北省为邻。全省面积15万多平方千米，人口3410万。因地处太行山以西，故取名山西。山西省

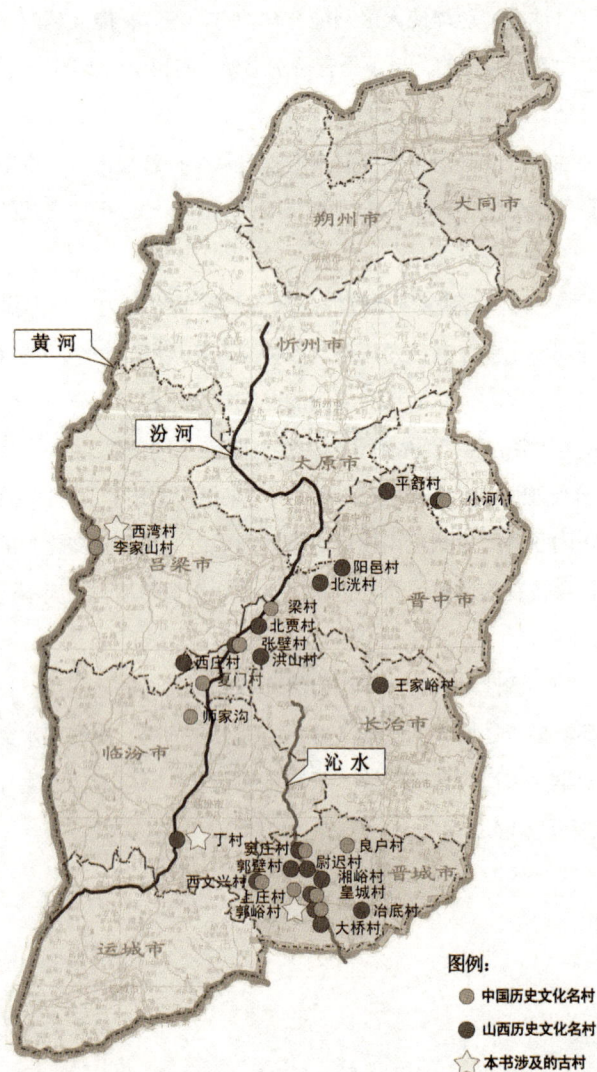

图3-3　山西历史文化名村分布图
　　　　（李青绘）

周边有天然的防御体系，黄河、太行山等自然的屏障使山西自古就是一处独特的地域。元代以后山西就很少遭遇大规模的战争，加之这里的气候干燥，这些条件都有利于木构建筑的保存。已知宋、辽、明、清及其之前的木构建筑全国有146座，山西境内就有106处，占全国现存同期同类建筑的72%。山西省也是中国现存古建筑最多的省份，总量达到18000余处，素有"中国古代建筑艺术宝库"的美誉，以"时代早，价值高，数量多，品类全"而享誉于世。山西还以其大院文化闻名全国，这些大院其实是传统聚落的有机组成部分。传统聚落包含了民居与建筑等物质文化遗产以及民间文化和非物质文化遗产，有着极其独特的价值。

山西省传统聚落主要分布在晋西吕梁、晋中盆地和晋东南地区。这是因为元代以来战争较少，气候干燥，使许多历史久远的村落得以保存完好。加之明清时期，晋商财力雄厚，又为大规模的村落营造活动奠定了坚实的经济基础。从图3-3中可以看出现存完好的传统聚落主要是沿沁河、汾河和黄河流域分布，这主要与古代以河运为主要交通方式有关。这三个流域的传统聚落各具特色，"欢欢喜喜汾河湾，哭哭啼啼吕梁山，凑凑付付晋东南，死也不出雁门关。"从这句在山西非常流行的民谣中，就可以看出汾河流域是明清时期山西省最为富裕的地区，这个区域的传统聚落由以晋商大院为主体的传统聚落居多。以深宅大院为特色，保存较为完整、讲究，像著名的乔家大院、王家大院就是这一地区的代表。沁河流域是历史上山西经济繁盛地区，丝绸业比较发达，村落主要是古堡式建筑，而且有城墙和敌楼等建筑，主要是为了防御抢劫和袭击。黄河流域的传统聚落主要体现黄土高原的特色，窑洞是主要建筑形式。

由于山西省古建筑资源丰富，不同地域的村落特点也不尽相同，按照不同流域地理条件、建筑特点、布局方式的不同，把山西传统聚落按其现存状况分为3种类型来研究。

### （一）第一种类型：汾河流域传统聚落

汾河是黄河的支流，是山西境内第一大河，源于管涔山麓，南至万荣县西注入黄河。这里的不少古村在明清时期十分富裕，经济的发展，敦厚的经济基础赋予这些古村珍贵的建筑历史遗存。这一地区的古村主要有：灵石县静升镇、介休市张壁村、榆次区车辋村和后沟村、祁县乔家堡村、襄汾县丁村、汾西县师家沟村等。

### （二）第二种类型：沁水流域传统聚落

沁水是黄河下游的支流，位于山西、河南两省境内。发源于山西沁源县的霍山，郭道镇以上为上游，郭道镇以下经沁源、阳城等县进入河南境，在河南沁阳接纳丹河后转向正东，在武陟附近汇入黄河。全长450km，流域面积1.29万km²。沁水在古时是南下黄河到达中原的重要水道。这一带在历史上煤、铁资源非常丰富。明、清两代，除了炼铁业和铁制品外，还有煤炭、硫磺、琉璃等。与之相对应，这里的商业也非常发达，经商者甚多。经济的发达也促进了其文化和建筑的发展。这一带现存的古村镇非常丰富，价值很高。如，沁水县西文兴村、窦庄村、郭壁村、湘峪村、尉迟村、阳城县中庄村、上庄村、润城镇、皇城村、郭峪村、大桥村、砥洎村等。这些传统聚落主要集中在沁水及其支流的两岸，连绵几十里，价值非常高。

### （三）第三种类型：黄河流域传统聚落

这一流域的传统聚落主要是晋西北黄河沿线，以古代商贸流通、商品集散为支撑的传统聚落，体现了晋西北黄土高原文化。这个区域的传统聚落一般建造在沿河岸或支流的坡地上，顺应自然地形建村，村落布局较为自由，建筑多为窑洞形式，道路随等高线跟形走线。作为古代主要水运的黄河，是连接西北和中原地区的重要货运通道。这样的河运通道为黄河周边一些古村的形成创造了物质条件。这一区域的传统聚落有碛口镇、李家山村、西湾村等。

## 二 山西传统聚落景观形态特征研究

一个地方景观形态的固有特征作为一个生命体渐进的过程，反映了这个地方作为"自然过程"和"历史过程"在空间和时间上外在形式和内在文化特征的共同表现。这里的外在形式可以理解为景观的实体要素，内在文化特征也就是作为虚体要素和情感要素的综合体。作为一个大的景观环境的山西传统聚落，其内部的景观形态特征呈现差异性和相似性共存的特点，各个区域有差异性的存在，但在不同中也有相似形态的存在，我们将从差异性和相似性两个方面出发对传统聚落特征进行描述，在分析差异性的基础上找寻共有的特征。

### （一）山西传统聚落景观形态特征的差异性研究

依据流域对山西省传统聚落分布划分，把不同流域的山西传统聚落所具有的景观形态特征分别用景观形态学的3要素，即实体要素、虚体要素和情感要素，进行阐述。以此来了解在不同的空间环境下山西传统聚落所具有的不同景观形态特征。

1. 山西传统聚落实体要素特征

（1）第一种类型：汾河流域传统聚落

这一带的传统聚落主要分布在汾河流域周边的临汾市、晋中市和太原市。这几个地市所处地带是山西省的腹地，因其在明清时期经济发达，保留下来建筑的形式也相应的丰富而珍贵。村落的景观形态特征可以概括为：

1）路径：区域内村落布局因地势平坦而较为方正，道路也随建筑的方正布局规整、通达。有时路径的组织在村落发展中具有划分村落区域的作用，村落的主要街道以平直的线形为主。

2）建筑肌理：大院文化在这个区域内体现得尤为深刻。一座座大院就如一个个小的自我保护的城堡，一个大院就是一个富有变化的建筑空间。院落多为东西窄、南北长的纵长方形，外墙高厚，院落的防御性很强。这里建筑的房顶不论正房或厢房都是单坡顶，雨水顺屋顶流入院内，有"肥水不流外人田"的说法。由这一个个布局严密的院落及建筑构成的村落，空间的利用合理而紧凑。

3）空间布局：多按照道路的组织方式和势力范围的不同来划分区域。村落的整体形状努力向棋盘式的布局靠拢。这与古代"营国之制"思想相统一，讲求一种规整、层次分明的秩序。

4）边界：自然边界与人为边界相结合的边界围合，这个区域多自身防御性强的院落，村落的边界较弱。村落的建造往往是一个组团的建造衍生成一个村落的形成，村落的形状和边界都较为自然，或有城墙，或是自然物的围合。

5）节点和中心点：因其经济的发展，商业性的店铺较多。分布在街道两侧，中心点在传统聚落中按功能的发展自然形成，一般都是不规则的平面，面积也很小。

（2）第二种类型：沁水流域传统聚落

传统聚落主要分布在晋城市沁水及其支流的两岸。防御性强是这一带村落建造的主要特点。村落多建造在较为平缓的地带，村落中建筑有堡墙，高层堡楼（望月楼），看家楼（风水楼）等，讲究风水要素的布局形式。村落的景观形态特征可以概括为：

1）路径：这个区域村落常采用"丁"字形或"之"字形，在街道交叉处建造较为高大的建筑，达到了不能一眼望穿的目的。同时这种街道形式被视为"人丁兴旺"的喻义，表达了村民希望村子发展兴旺，家族繁荣发展的美好愿望。

2）建筑肌理：建筑讲究礼教的规范布局，院落整体显示较为严整。村落中建筑被交通道路所分割，而院落外墙也起到组织巷道的作用，形成了村子巷道与建筑自由构成的村落肌理。另外，晋南地区的建筑都比较高大，2层以上楼阁式建筑比较普遍，这样的建筑形式很好地适应了当地雨水多、潮湿的气候特征。

3）空间布局：村落的各个区域划分比较严明，有些村子常根据各个势力范围的强弱程度划分村子空间。

4）边界：这个区域历史上有战乱的发生，人们的防御性较强，村子的外围往往都建有堡墙围合。

5）节点和中心点：村子内的公共活动空间和庙宇较多，晋南地区四季气候差异较大，容易发生自然灾害。在没有科学技术作为指导的年代，人们只能借助神明祈求帮助。于是，村子内或周围就有许多庙宇的存在。这种现象客观地反映了古代村落百姓的实际需要和精神寄托。

（3）第三种类型：黄河流域传统聚落

传统聚落主要分布在吕梁市，这个区域的传统聚落主要建造在黄河及其支流沿河岸的山地或坡地上。村落的建造因地制宜，讲究风水朝向，择吉而居。村落的整体平面较为自由，背山面水的格局较为普遍，整个村落与山地的地势相得益彰，达到与自然完美结合的效果。具有浓郁的黄土高原地方特色。村落的景观形态特征可以概括为：

1）路径：道路随山地起伏和建筑分布，自然的曲线走向贯穿于村落中，道路系统也同时是村内的排水系统，合理而有效。

2）建筑肌理：建筑的基址选择较为自由，与自然地形很好的结合。窑洞式建筑是这个区域内主要建筑形式，多"明柱厦檐"和"高圪台"的建筑构造。建筑装饰较为质朴、简单。

3）空间布局：根据其地貌，村落成组团状聚合，平面布局自然，竖向空间上。村落一般依山而建，形成层层交叠的村落脉络，错落有致，和山体和谐地融为一体。这样的布局最准确地表现出与自然结合的特征。

4）边界：本区域内的村落一般没有刻意的实体形态作为边界，多为自然物的围合，如河流、山体、农田等。

5）节点和中心点：村落中的集聚点并不具体，多以家为单位的院落活动空间，与邻里的交往空间随意性较强，常为街头巷尾的大树下、巷子的转弯处。

**2. 山西传统聚落虚体要素特征**

影响村落虚体要素特征的因素有很多，主要包括村落的选址、自然环境的影响和资源分布原因等方面。下面就从3个方面来说明山西省传统聚落虚体要素特征在不同区域的不同体现。

（1）村子的选址方面

汾河流域地势相对与其他的两个区域要平坦，自然状况好，这一地带的晋商大院很丰富，村落的布局也较为规整。

沁水流域的古村形成及分布主要是因为沁水这一带在历史上煤、铁资源非常丰富，资源的趋向性促进了村落的发展。这一带的村落价值都很高。

黄河流域传统聚落主要是依托商业的发展和需要产生的，选址的原因也多是因商业的发展要求促使居民点的产生。

（2）气候对村落建造的影响

由于山西各地自然气候条件的不同，使得山西民居从建筑形式、材料、结构等方面都存在着很大的差异，形成了独特的风格特点。

汾河流域传统聚落大部分处于晋中南地区。这一地区属暖温带温和重干旱气候区，气温较高，年平均气温在12.0～13.7℃，无霜期较长。所以，当地建筑多为一至两进或由多个四合院组成的群体院落。屋顶多为硬山坡顶，起隔热及排水作用。

沁水流域传统聚落地处晋东南地区。这一带为暖带冷暖半湿润地区，雨量充沛，湿度大，当地居民主要采用独院式几进四合院，一般为2～3层阁楼式建筑，屋顶为厚坡顶板瓦屋面，以利排水。有的在一层、二层设有通廊柱，有的在二层设木挑廊，以防雨水。此地楼阁式建筑很好地适应了当地雨多、潮湿的气候特征。

黄河流域传统聚落多地处晋西地区。这一地区属温带寒冷半干旱气候区，年平均气温在7℃以下，冬季长，无霜期短，降水量少，全年以西北风居多。因此，当地居住建筑主要是四合院和一字形的联排式。一般主要房间坐北朝南，山墙、后墙一般不开窗，用厚重的砖墙砌筑，以防风寒。由于当地雨水少，屋顶一般为缓坡或平顶。

（3）山西地质、地貌与植被分布对村落建筑的影响

山西省大部分土地由黄土覆盖。黄土的特性为土质松软，土壤密度高，不易塌落，容易挖掘，而且黄土的覆盖厚度一般在几米到几十米之间。外加黄河流域所处的晋西北地区多为黄土丘陵，自然植被少，当地的居民就因地制宜挖土为窑，这一带的土体窑洞为建筑形式的主体。

沁水流域和汾河流域的砖石窑洞居多是因为这些区域有大量的石质岩层、植被和树种的丰富条件，为建造砖石窑洞和木构架房屋构建提供了基本原料资源。山西是高地震区，晋南的木构架建筑的抗震性是多年来凝结了劳动人民智慧的结晶。

**3. 山西传统聚落情感要素特征**

（1）第一种类型：汾河流域传统聚落

这一区域的传统聚落多以晋商经济为支撑，体现晋商文化。晋商是明清时期在山西省发展起来的一个特殊的群体。在受"耕读文化"影响的封建社会，"士农工商"地位排序社会背景的压抑下，商人们无处去体现其自身的社会价值，就通过建造华美的建筑为后人留下一座座休养生息的场所。在这样的时代和空间背景下，这个区域的建筑及其村落布局都较为大气。而正是因为商业的发展，促使了这样一些村落的产生。

（2）第二种类型：沁水流域传统聚落

这一区域的传统聚落多在沁河中游地区，村落的发展以工业生产及商贸流通为支撑，体现晋东南文化特色。这一带的自然条件和煤铁资源都十分的优越。加之经商之风盛行，都决定了这一带传统聚落的繁荣和独特。在经济发展的同时，这些传统聚落还十分重视当地教育的发展。当地民谚称："郭峪三庄上下伏，秀才举人两千五。"郭峪村、皇城两村共产生了15位进士和18位举人，其中陈廷敬家族"积德一门九进士，恩荣三世六翰林。"湘峪一城七进士；砥洎城一城三进士；屯城村张氏家族一门三进士……这片方圆50里的神奇土地上走出了一个个名震一时的才子，诞生了一段段值得探究的传奇历史[①]文风的昌盛与文化积淀的深厚淋漓尽致地体现在了古堡内的民居建筑上，这里的建筑多是高大而防御性较强的，而正是这样的建筑经过了一次次战争的洗礼和沧桑的变化，用古老的面貌应对现代社会的发展。

（3）第三种类型：黄河流域传统聚落

这一区域的传统聚落的发展也是表现了与山西古代的商业发展相协调的特点。黄土高原周期性的水害，致使这里水土流失现象严重，也造就了这里千沟万壑的地貌。加之为趋利避害、争夺生存空间而进行的战争频繁，使这个区域表现出来的情感较为平实而沧桑。在这样的现实条件下，这里的居民必须正视自然条件和生活环境的恶劣。他们习惯了大起大落、剧烈浓重的生活强度，而缺乏悠闲的心境去体验细节上的轻柔和微妙；不容迟疑、非此即彼的战争使他们追求的典雅更接近简洁，无华的黄土把他们崇尚的格调引向自然和

① http://www.oklx.com/c/2007-4/C8E5B50PF1BC47C8A30E27496ED74D4F.htm

平实；黄河流域黄土高原的厚重及其一望无际的视野给他们以苍茫和博大，饱经磨难的阅历又使他们偏爱坚韧和凝重。

### （二）山西传统聚落景观形态特征的相似性研究

作为拥有5000年历史的山西省，在历史文化的传承上表现出统一的状态。传统聚落作为这个脉络的一部分，受文化及礼教的制约，村民的集体心理、村落的环境等情感和虚体要素的作用影响其物质形态（实体要素）。这些影响是多方面的，诸如晋商的崛起。从明代开始，山西的许多人便出外经商，致富返乡，便在自己的故里大建祖宅，他们不仅要求房屋的舒适性，而且还要求建筑便于防卫及装饰的精细。这样，在山西范围内就建成了这样一批村落，里面的许多大户院落几乎都是几进式的四合院，用灰砖高砌围合式的深宅大院。这里把山西传统聚落景观形态的相似性概括如下。

#### 1. 山西传统聚落实体要素特征

在黄土高原这样一种独特的自然背景下，整个山西传统聚落的景观形态特征的表现即不像江南水乡村落细致婉约，也不若福建客家土楼俨然一体的大气。但其建筑装饰既有北方的华丽气派，也具备南方建筑细节的纤巧秀丽。窑洞类建筑为主要的建筑形式。村落形态注重建筑及道路轮廓线的勾画。

#### 2. 山西传统聚落虚体要素特征

山西省村落的布局与选址，一般都遵从中国传统哲学"天人合一"的思想，强调人与自然、人与人的和谐统一，力求顺应自然，利用自然，点缀自然，重视"田园山水"和"耕读文化"。

#### 3. 山西传统聚落情感要素特征

##### （1）"落叶归根，衣锦还乡"的思想

明清时期山西省商人靠勤劳致富，在这个过程中积累了一些财产，这些商人往往要在自己的家乡建造自家庭院，这是出于两方面原因的影响：一方面是出于"落叶归根"的传统意识的影响。晋商认为"宅者，人之本，人者，以宅为家，居若安，即家代昌盛"，历代重视宅院的修建。另一方面原因是，晋商有一条族规，就是在外经商，不得携带眷属，也不得在外纳妾和在外落籍。因此，晋商把挣来的财产带回山西，在家乡买地建房。所以在明代以后山西的各地区就有不少的大院建筑的建成。在建造院落的过程，自然会对建筑的布局和装饰赋予一些感情色彩，这一过程对村落的布局等都有一定的影响。因此在明清时期，晋商发展壮大的时候一大批设计建造精美的晋商大院应运而生。这样的过程同时也影响到村落的建设，因为宅院从来都是村落的建造组成部分。

##### （2）杂姓村落的形成

与我国的南方大量存在的血缘聚落相比，山西的纯粹血缘聚落较少。这与华北一带，包括山西在内，长期的战乱和居住环境的恶化有关。在明、清之前的宋、元两代的几百年间，这里的居民一直都不稳定。明以后，山西才获得较为稳定的生存环境。山西人在外经

商者众多，经历很多的艰难困苦，因此特别重视"乡亲"关系，地缘意识大大强于血缘意识。而且非血缘的村落往往具有很大的包容性，利于吸纳外地来的有才华的人，村落也易于达到饱和状态，这样用地的需求也会促进周边小村落的发展，达到共赢的目的。

（3）山西村落的民居文化体现

山西省传统聚落星罗棋布在三晋大地上，村落的产生与发展无不与文化和习俗等构成的情感要素相联系。山西省的传统民居文化内涵丰富，这些民居是古老文化在物质与精神两方面综合的产物，这里的民居类型主要有：窑洞、木构架平房、阁楼、瓦房、楼房、石板房等。平面布局有一字形联排式、四合院和三合院。民居建筑的主要材料有：木材、石料、砖瓦、木胚、灰、沙土等。受世代流传的传统影响，院落建筑一般都坐北朝南。长辈住在院落居中位置，左右为厢房及耳房，分别归长子和次子居住。下方和倒座，为佣人居住或作储物用途[①]。

（4）受规制影响的山西建筑

山西建筑的形式多为窑洞形式，发展出多种窑洞式建筑的样式，尤其以大院形式为主的院落最为著名。这是由于窑洞冬暖夏凉，既可防火，又很经济。古代的分封制度及王府建筑的规制对后来的民居特别是晋中、晋南地区的民居有较大的影响。这个时期的官制建筑除布局上显示地位和权利外，在尺度上与民宅有较大的区别。清代的民居群布局大部分是以单座建筑组成各种形式的庭院，再以庭院为基本单元构成各种类型的建筑组群。不论是四合院式或者廊院式，大多采用对称均衡的手法进行规划，这就形成了明显的轴线，呈"日"字或"目"字形的基本形式，并向纵深方向发展[②]。一般住宅包括正房、厢房、倒座、大门、垂花门、照壁等，由此构成一系列院落空间。正房一般位于宅基的最后[③]。

（5）村落中庙宇等建筑的盛行

对山西省各个村落的调研中，能够看出庙宇类建筑在北方村落中起的重要作用。对神明的崇拜一方面说明了封建社会人民对于"天灾人祸"的不能自行驱除，只得求助于"无所不能"的神的趋吉意识；另一方面也表明了村民对于居住生活地的肯定和热切希望。如村落中建造关帝庙，在古代关羽是伏魔大帝，有了关帝庙就"百无禁忌"，可以安心居住。

（6）许多村落有城池的感觉

在山西省以"堡"和"城"命名的村落比较多。如，汾河流域传统聚落张壁村，黄河流域传统聚落新、旧广武城，沁水流域传统聚落郭峪村等。这是由于山西省是北方游牧民族与中原农耕文化交融和争战的主要通道。在多年的战争中许多村落有了自我保护的意识，纷纷修建城墙。所以许多村子用"村"来命名却有城池的感觉。如，沁水流域的郭峪村，据有关专家认定，郭峪村城墙高度比北京故宫城墙高出1米多，这在等级森严的封建社会实在是犯大腿之罪。在这样的历史条件下，除了晋商大院，山西许多村落就给人以气势恢弘而细腻不足的特点，这是一个地域文化风貌和历史的综合体现。

① 颜纪臣等.山西传统民居[M].北京:中国建筑工业出版社,2006:40.

② 颜纪臣等.山西传统民居[M].北京:中国建筑工业出版社,2006:19.

③ 颜纪臣等.山西传统民居[M].北京:中国建筑工业出版社,2006:89.

### 三　与中国其他省份传统聚落景观形态基本特征差异的比较

从景观形态学角度，按照不同的区域文化和景观形态特征可以把中国的传统聚落景观形态分为8类（表3-1）：山西传统聚落、徽派传统聚落、西北传统聚落、江南水乡传统聚落、闽粤赣客家传统聚落、西南传统聚落、湘黔传统聚落、少数民族传统聚落。

表3-1　中国不同的区域景观形态特征差异比较表

| 分类 | 代表区域 | 景观形态特点 | 代表村落 |
|---|---|---|---|
| 山西传统聚落 | 山西省 | 村落建筑雄伟，不同区域有着不同的村落及建筑的风格。院落的平面多为长方形，尤以晋商大院为代表，以礼为本的建筑形式处处体现 | 王家大院等 |
| 徽派传统聚落 | 安徽省 江西省 | 兴起与徽商的兴起有密切的关系。风格自然，村落中可见的牌坊、宗祠等体现了徽派建筑形式的推崇儒家思想的特点 | 西递村等 |
| 西北传统聚落 | 陕西省 甘肃省 | 这一区域地处黄土高原地区，常年干旱少雨，土质优良，窑洞建筑比较普遍。窑洞建筑顺应地形，适宜人居住，是人们长期与自然适应的结果 | 木头峪村等 |
| 江南水乡传统聚落 | 浙江省 江苏省 | 规模小。这里的水资源丰富，聚落空间多在水的两边排列，有着"小桥、流水、人家"的景观画面 | 诸葛村、芙蓉村等 |
| 闽粤赣客家传统聚落 | 福建省 广东省 江西省 | 鲜明的建筑特色。这里田地稀少，为了避免战争及防止争斗，客家人建筑起严密的土围墙，这种建筑不仅注重实用的功能，还注重与周围环境等的协调关系 | 土楼等 |
| 西南传统聚落 | 四川省 | 依山傍水的建筑是传统聚落的基本形式，与少数民族风俗紧密结合在一起 | 黄龙溪龚滩 |
| 湘黔传统聚落 | 湖南省 贵州省 | 有良好的地域特点，传统民居中最突出的形象是呈跌落状的台阶形马头墙，宗祠和戏台是村内的主要景观构筑，体现了浓重的宗教色彩 | 凤凰村 |
| 少数民族传统聚落 | 云南省 西藏自治区 | 村落建筑各具特色，有傣族的干栏式建筑，苗族的吊脚楼等，建筑形式不受约束，与自然紧密联系在一起 | 和顺 |

# 第三节　黄土高原传统聚落景观形态的图示表达

## 一　图示表达的理念

　　图示，是一种符号行为[1][2]，主要由位置、形状、色彩（色相、纯度和亮度）、尺寸（大小、粗细、长短和分割比例）、网纹（排列和疏密）、方向和注记（文字数字、字体字级）等组成。一方面，它是客体在人脑中留下的简化形式，是认知系统中的重要文化表征，是帮助人类认知的工具。另一方面，它也是一种"视觉变量"（Dimensions），是构成一切符号的基本因素，是能引起视觉差别的最基本图形和色彩因素的变化。法国学者贝廷（J.Bertin）和美国地图学家罗宾逊（A.H.Robinson）也有类似看法[3][4][5]。根据刘沛林教授课题组近年来提出的"聚落景观基因"的概念及其识别的一般理念和方法[6][7][8]，参照地图学的一些基本概念[9][10]，基于我国古城传统聚落点状、线状和面状景观的不同，可以将我国古城传统聚落景观基因的图示表达类型分为写实符号、写意符号、平面几何符号、立体几何符号、影像符号、透视符号和象形符号等七种主要类型（表3-2）。

表3-2　我国传统聚落景观基因图示表达的类型与方法表

| 符号的类型 | 点状 | 线状 | 面状 |
|---|---|---|---|
| 写实符号 | | | |
| 写意符号 | | | |
| 平面几何符号 | | | |
| 立体几何符号 | | | |
| 影像符号 | | | |
| 透视符号 | | | |
| 象形符号 | | | |

资料来源：参考文献[11]作者自绘。

① 曹正伟,邓宏,贾祺.观照欲望与图示概念——传统建筑图示中的视角分析[J].重庆建筑大学学报,2007,29(4):17-21.

② （日）海野一隆.地图的文化史[M].北京:新星出版社,2005:5-21.

③ 马耀峰.专题地图符号构成元素的研究[J].地理研究,1997,16(3):23-30.

④ 高俊.地图,地图制图学,理论特点与科学结构[J].地图,1986,(1):7-8.

⑤ Robinson A H.地图学原理[M].第五版.李道义.北京:测绘出版社,1989:10-33.

⑥ 申秀英,刘沛林等.景观"基因图谱"视角的聚落文化景观区系研究[J].人文地理,2006,21(4):109-112.

⑦ 刘沛林.古村落文化景观的基因表达与景观识别[J].衡阳师范学院学报（社会科学）,2003,24(4):1-8.

⑧ 申秀英,刘沛林等.景观基因图谱:聚落文化景观区系研究的一种新视角[J].辽宁大学学报（哲学社会科学版）,2006,34(3):143-148.

⑨ 田德森.现代地图学理论[M].北京:测绘制版社,1991:23-34.

⑩ 马永立.地图学教程[M].南京:南京大学出版社,1998:50-62.

⑪ 凌善金,黄淑玲.地图符号的视觉形态分类探讨[J].装饰,2008,(5):86-87.

## 二 传统聚落景观基因的"胞一链一形"及其图示表达

基因本是一个生物学的概念，它是指遗传信息的载体，可以通过复制把遗传信息传递给下一代，从而使后代表现出与亲代相同的形状。基因作用的表现也离不开内在环境和外在环境的影响：一方面，每个基因都有自己特定的"座位"，它能忠实地复制自己，以保持生物的基本特征；另一方面，基因虽然十分稳定，能在细胞分裂时精确地复制自己，但这种稳定定性是相对的，在一定的条件下基因也可以从原来的存在形式突然改变成另一种新的存在形式，突然出现了一个新基因，代替了原有基因，即所说的"基因突变"，从而使生物可以在自然选择中被选择出最适合自然的个体[1]。这里所指的景观是以人文地理学为范畴，以基因为视角来看待景观中的基本因素。受启发于生物学的植物形态学概念，可将一副传统聚落景观的结构分为3大部分：景观整体形态（景观基因形）、景观基本单元（景观基因胞）和景观联接通道（景观基因链）。这里以古城镇为例，分析传统聚落景观的景观基因形、景观基因胞和景观基因链。

### （一）传统聚落景观基因形及其图示表达

在古代，凡城必有墙，城墙是传统聚落居民为自身提供安全、适宜性居住场所的物质保障，也是实现对外防守、对内统治的凭借，正所谓"筑城以卫君，造郭以居民。（汉·赵晔·吴越春秋）"在近代，无论是对专家学者而言，还是对普通大众来说，亦是"提城必言墙"。城墙已成为传统聚落景观中的首要意象。我国古代城市外形无外乎两种：一种是按照一定的规划意图建设起来的，具有规整的几何形态；另一种是自然发展起来的。但就某一具体城市而言，也可能兼而有之[2]。对任何一座古城而言，必然会在空间呈现出一定的几何形态，或是墨守着《周礼·考工记·匠人营国》中的规制，或是与《管子》中的"因天才、就地利"相吻合，或是二者的集成之物，既有规制等级的思想，又有不中规矩的求是精神[3]。因此，形态是任何一座古城镇景观中不可或缺的因素，可称为古城镇景观基因形[4]（图3-4）。

### （二）传统聚落景观基因链及其图示表达

无论是古代还是近代，任何一座城市都必有各种通道相互联接，以供人们日常出行和运送物品之用，即现代所说的交通线路。中国古城镇交通线路的布局既有"道路不必中准

① 百度百科.基因[EB/OL].
[2010-12-17] http://baike.
baidu.com/view/8563.htm.

② 谭纵波.城市规划[M].北京:清华大学出版社,2005:25-32.

③ 贺业钜.考工记营国制度研究[M].北京:中国建筑工业出版社,1985:39-61.

④ 谭纵波.城市规划[M].北京:清华大学出版社,2005:25-32.

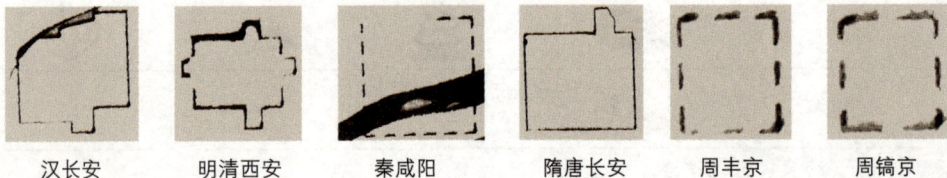

图3-4 典型景观基因形图　　汉长安　　明清西安　　秦咸阳　　隋唐长安　　周丰京　　周镐京

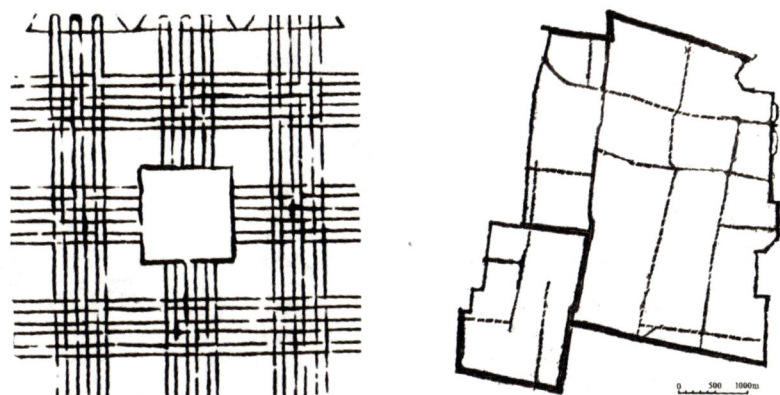

3-5 | 3-6

图3-5　《三礼图》中周王城路网图
图3-6　齐临淄古城遗址路网图

注：图3-5、图3-6典型景观基因
链，图3-5是《周礼·考工记》
中路网规划的典型；图3-6是
《管子》中路网规划的典型。

绳"的因地制宜式随意，也有"国中九经九纬、经涂九轨"的等级式规则。加之中国古城对水的崇尚，大多或引水入城、或围水造城、或围山建城。特别是在一些南方地区，其古城镇的崇水意象十分明显。城市内部水系发达，既可用于居民的日常用水，亦可用于城市交通、生产等其他用途，大大加强城市的通达性。因此，古城镇交通线路和水航运河是古城景观中比较突出也是必不可少的景观元素（图3-5、图3-6）。

### （三）传统聚落景观基因胞及其图示表达

细胞是生物体的基本构成单元。根据有机论的观点，运用可持续发展的理念，现存任何一座古城镇都是由其自身基本构成单元的相对稳定性而在不断发展变化过程中以保留自身的记忆，也只是由于这些基本单元的存在，古城才得以让其各种机能有效地发挥，才有了军事型古城、商业型古城、政治型古城等类别的划分。这些组成传统城镇的基本结构就是其景观结构中的基因胞。按其性质、功能与作用的不同，可分为宗教信仰类、教育类、纪念类、军用类、政治类、居住类、其他等类型（表3-3）。

表3-3　景观基因胞的分类及图示表

| 景观基因大类 | 景观基因亚类举例及图示 | | | | | | |
|---|---|---|---|---|---|---|---|
| 宗教信仰类 | 报恩寺<br>寻甸县 | 财神庙<br>中卫县 | 祠堂<br>安福县 | 八腊庙<br>宝鸡县 | 白衣庵<br>北京 | 关帝庙<br>新疆 | 观音阁<br>吴堡县 |
| 教育类 | 仰华书院<br>华阴县 | 萃屏书院<br>永寿县 | 月湖书院<br>宁波府 | 儒学馆<br>北京 | 儒学馆<br>河北 | 试院<br>安庆府 | |
| 纪念类 | 大牌坊<br>阳高县 | 大牌坊<br>海南 | 鼓楼<br>甘肃 | 鼓楼<br>即墨县 | 鼓楼<br>岢岚县 | 钟楼<br>开原 | |

（续表）

| 景观基因大类 | 景观基因亚类举例及图示 | | | | | |
|---|---|---|---|---|---|---|
| 军用类 |  大教场<br>安庆府 |  大教场<br>玉屏县 |  碉楼<br>桐城县 |  敌楼<br>广东 |  垛口<br>文水县 |  垛口<br>阳高县 |
| 政治类 |  按察司<br>武定州 |  典史署<br>休宁县 |  贡院<br>湖南 |  县府<br>镇海县 |  县堂<br>淄川县 |  县衙<br>永安县 |
| 居住类 |  史舍<br>湖南县 |  参将府<br>北京 |  史舍<br>婺源县 |  民居<br>即墨县 |  民居<br>齐河县 |  民居<br>海南  |
| 其他 | 城楼<br>新疆 | 城门<br>奉化县 | 城门<br>盛京 | 镇河塔<br>灵州县 | 钱局<br>祥符 | 城隍庙<br>慈溪县 |

注：居住类还有"提督府 广西"；其他类还有"魁星楼 广西"。

资料来源：根据各地方志整理得出。

# 第四节　山西传统聚落景观形态图示表达的实例分析

山西省传统聚落资源丰富，这些传统聚落有各自不同的特点，保护的方式亦有不同的侧重，山西省传统聚落按其保护的方式主要分为：博物馆式的保护、旅游开发式的保护、民居形式的保护等多种类型。从黄河流域、汾河流域和沁水流域分别选出具有不同特点的3个村落（丁村、郭峪村和西湾村）进行景观形态的具体实例分析，基于景观形态学和景观基因"胞—链—形"理论，运用"点、线、面"式方法对其进行图示表达，旨在探索一种新的、更全面的保护传统聚落方法。

## 一　丁村聚落景观形态及其图示表达

丁村位于汾河流域的山西省襄汾县，于1988年成为第一个国家保护的古村。现存明清民宅40余座，由于受自然及地理条件的影响，村落从明代到清代由东北向西南方向发展。

### （一）景观实体要素分析

丁村景观形态示意（图3-7）。

图3-7　丁村景观形态示意图
（李青绘）

### 1.丁村路径

村中的主要街道是3条丁字交叉的街道。自村口引入的东西向主街，宽约5m，两条南北向主街宽约2.5m。主要街道都用石块墁地，中间低两边高，形成浅沟，为了方便车马行走，主要街巷通常宽2.2～3.5m。村内的道路系统从主街到小胡同几乎全采用"丁"字形布局，而且村内现存4座家庙就有3座处于主要街道的尽端，据说这种典型的"丁"字形街道被视为"人丁兴旺"的象征，而街口修庙则表示"不泄风水"（图3–8）。

### 2.边界

边界：丁村现有民宅基本集中在明崇祯年间（1628～1644年）所筑的一道土寨墙内。村内有3处出入口：北门、南门、东门，其中东门为现在丁村的村入口（图3–9）。

### 3.空间区域

整个村落呈梯形，占地约75000m$^2$。丁村居民有三分之一为丁姓，他们按家族聚居地方式分布，每一片住宅区基本住一个家族，相互之间多以街巷来划分。因此，居民根据主街与南门巷、北门巷，将村落大致划分为4块居住区：北院、中院、南院和西北院（图3–10）。

### 4.建筑肌理

丁村院落建筑处于集中式分布，丁村的使用者不仅追求建筑的物质功能，更注重村落的精神形态的体现。因此，在传统对称的建筑格局基础上，丁村的建筑强调尺度、装饰的效果、建筑环境的意境（图3–11）。

### 5.节点、中心点（标志点）

村中各节点、中心点（图3–12）。

涝池：村里有两个涝池，涝池蓄集的是天上的雨水，故称"天池"。村里居民的日常洗涮和牲畜饮水主要依靠这两个天池。东边的天池位于北门巷丁字街的路南，观音阁西侧，南北长20m，东西宽15m，2～3m深。西边的在南门巷丁村路口的东侧，东靠菩萨庙，规模与东头天池相近。有了天池，村落就有了灵气，除了供日常生活用途外，天池还有防

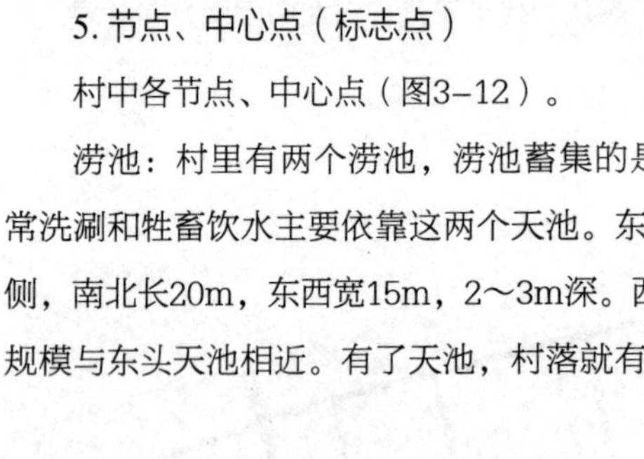

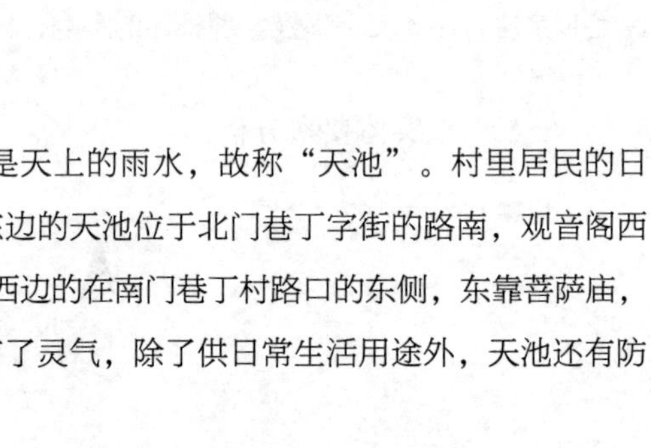

图3-8　丁村路径图（李青绘）
图3-9　丁村边界图（李青绘）

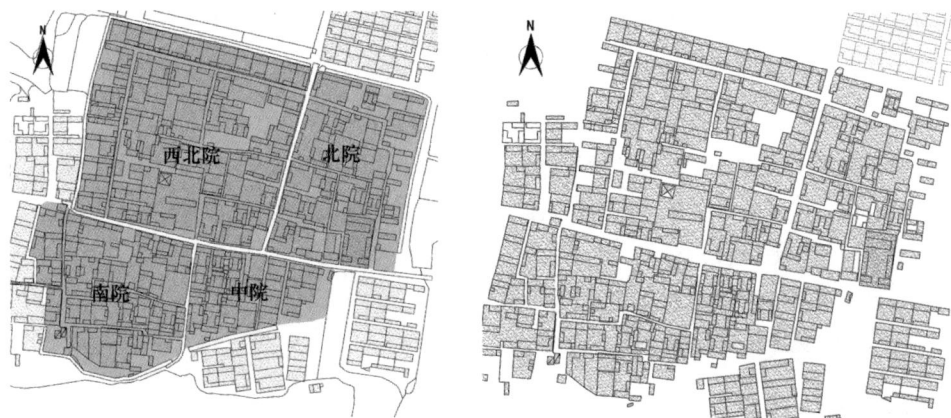

3-10 | 3-11
3-12

图3-10 丁村空间区域图（李青绘）

图3-11 丁村建筑肌理图（李青绘）

图3-12 丁村节点、中心点图（李青绘）

御火灾的作用，至建村到现在村内没有发生过火灾。

三义庙：位于丁村主街的最西端，坐西面东，背靠西寨墙，正对主街。它建在一个高约1.2m的台基上，面阔三开间，有前廊，单层硬山顶。三义庙有很强的象征意义，复姓的村庄里常有。建庙的寓意就是希望村中各姓之间亲如兄弟，团结和睦相处。

观音阁：位于丁村东涝池边，紧靠主街南侧，面对北门。观音阁规模不大，单开间硬山顶，坐南面北，前檐全部为外向敞开的木槅扇木窗，雕饰华丽。观音阁不仅仅是一座庙宇，而且是村中的一处景点、一处公共活动中心。

千手千眼庙：正对南门，是丁村村外剩下的唯一一座庙宇。规模较三义庙要小，形制与三义庙基本相同，三开间，有前廊，青砖建造，硬山屋顶。在当心间金柱位置开门，两边开窗，小庙内建佛台，曾供奉千手千眼菩萨泥塑像。

关帝庙：村子北门外曾建有一座坐北朝南的关帝庙，正对北门。这座庙十分壮观，前后两进院子，有山门，有钟鼓楼，还有大殿。现已不存在。

菩萨庙：村内主街北侧，东主街正对南门巷，建过一座坐北朝南的菩萨庙，现已倒塌。

中心点：天池与观音阁、石牌楼等建筑组合在一起的区域，是村内最重要、最开放、景观最丰富的公共开放空间。

### （二）景观虚体要素分析

#### 1. 村落的选址

丁村坐落于汾河东岸一块高起的台地上，村子距河岸仅有1km左右。汾河从村子北面而来，向西形成一个湾，再向南而去，对村子恰好形成了北、西、南三面环抱之势，这种格局在风水术上称为"腰带水"。村子东面是太岳山脉的支脉崇山；南面是一道高于丁村台地的山冈，对村子具有围护作用；北面是一片十分开阔平展的土地，延伸有五六公里，是丁村主要的农耕地带。山环水绕使丁村的自然防御环境很好，更好的是它离汾河最近，有大片肥沃的滩地，农业在很长时期是这里居民的主业（图3-13）。

#### 2. 气候条件的影响

晋南地区有着良好的气候条件，气候温和、植物类型丰富。据专家考证，远古的晋南是由汾河形成的一个非常大的湖泊群，湖泊周围的山岭覆盖着大片的原始森林。除了良好的生存条件，晋南还有便利的交通和天然的屏障，东侧的太行山，西侧的吕梁山，南侧的中条山，北面的太岳山把丁村围护在中间，秦晋大峡谷更是一道难以逾越的天险。

#### 3. 村落布局

丁村的空间格局简单地讲就是：四方村落丁字街。丁村建在台地上，这块台地大致呈方形。顺应地形地势是古人规划聚落时首先考虑的问题之一。山西平原地带的古代村落大多采用方形，这里有一个固守传统的问题，即效仿古代城镇的形式。村墙建成近方形，以显示庄重和气派的"营国"观念。丁村的台地恰好也给了它基本的条件，于是形成了东西长350m、南北长370m的方形村落。丁村地形东高西低，南高北低，村庄依照风水规划坐南向北的规范，后面的小山冈是"靠山"，前方广阔的农田为"明堂"，左面汾河作"青龙"，右面高岗为"白虎"，符合最佳的堪舆理想模式。村落根据主街与南门巷、北门巷，分为4个部分：北院、中院、南院和西北院。

### （三）景观情感要素

丁村是由几十户院落所组成的完整村落，整体建筑质量大体相似，房屋高大，院落多，布局紧密，形成讲究的套院，以及族群式住宅，可供一个家族数代人繁衍生息。丁村民居建筑合院的布局组合是以祖宅院为核心，其子孙后裔宅院围绕其有序分布，组成了以血缘相维系的组群建筑的支族生活区域，体现了宗法等级的严明。

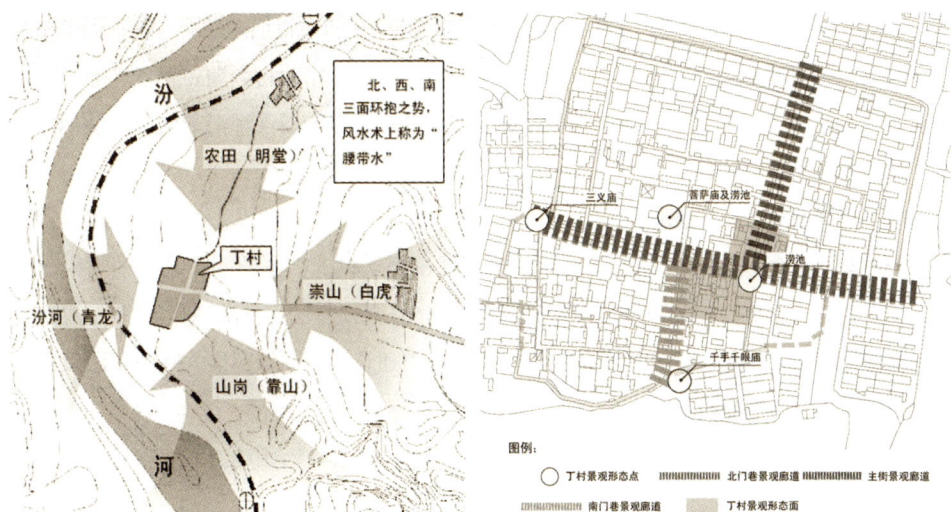

3-13 | 3-14

图3-13　丁村村落选址图
（李青绘）
图3-14　丁村景观形态分析图
（李青绘）

丁村内所有的街巷口处，均设置了不同类型带有标志性的、吉祥的、趋吉避凶信仰的崇拜建筑物。丁字形街口，原来有三座石牌坊鼎足而立，每个石牌坊上都有匾额。东面牌坊匾额题为"慈航普渡"，西面牌坊匾额题为"汾水带萦"，北面牌坊匾额题为"古今晋杰"。它们共同组成村落中心广场的标志建筑物。现存"观音堂"、"三义庙"、"菩萨庙"也呈三足鼎立分布格局，它们分别建在所对的街、巷冲对口。以这些宗教建筑来点缀，表达了村中居民对神灵的崇拜。

### （四）丁村景观形态分析

根据上文对丁村景观形态的具体分析，丁村"点、线、面"式的景观形态（图3-14）可以概括为以下几点。

#### 1.丁村景观形态点（景观基因胞）

根据景观形态学理论，结合丁村实际的资源环境特征，通过对丁村景观形态的实体要素、虚体要素、情感要素的剖析，其村落的景观形态点可归纳为观音堂及涝池，三义庙和千手千眼庙等。这些点都是丁村作为一个具有强烈文化烙印的景观要素体现。这些景观形态点，是丁村景观文化意象的展现。

#### 2.丁村景观形态线（景观基因链）

通过对丁村景观形态点的筛选与分析，分别复原由北门、东门、南门入村内的3条主要道路，其景观形态线的打造可以提出以下构想。

（1）北门巷景观形态廊道：这条廊道是以前丁村主要的进村道路，由正对北门的关帝庙延伸至北门巷丁字路口尽头的观音阁与涝池，这样可以展现出旧有的景观信息与传统风貌。

（2）南门巷景观形态廊道：廊道由正对南门的千手千眼庙到村内的主街。这条廊道穿过村子南面建筑形态保存较好的地段，可形成游览丁村明清建筑的主要游线。

（3）主街景观形态廊道：主街的规划以序列完整的东西向直线为基准，在平面的布局中更是最大限度地避免产生曲线，由现在村子入口为起点，由此村中重要的景观形态点集结在这条轴线上，如观音堂、涝池等景观形态点。并且所有的要素都沿着这条轴线相互联系，轴线的结尾是三义庙。

3.丁村景观形态面（景观基因形）

天池与观音阁所在的区域不论是从前还是现在都是村子中主要的公共活动与集散空间，所以把这一区域定位为主要的景观形态面。另外，在对丁村的分析中可以看出村南门巷与涝池之间所在的区域内建筑群落最为紧凑完整，建筑原貌的保留最为完整，所以把这一片也视为村内的主要景观形态面。

对丁村景观形态的剖析，可以看出丁村具有很高的历史、科学和艺术价值。

## 二 郭峪村聚落景观形态及其图示表达

郭峪村位于山西省沁水流域的阳城县北留镇，全村现有635户，1986口人，总面积4.5km²。沁水流域传统聚落遗存比较多，且保存较为完好，选择这个村子作为研究对象是因为郭峪村严整的布局形式和独特的景观形式。

### （一）景观实体要素分析

郭峪村景观形态示意（图3-15）。

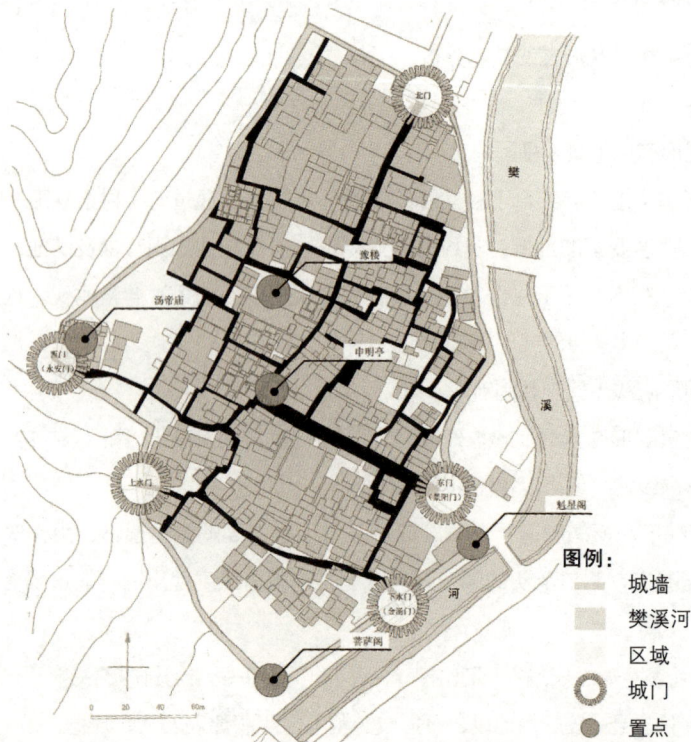

**图3-15 郭峪村景观形态示意图**
（李青绘）

图例：
　城墙
　樊溪河
　区域
○ 城门
● 置点

## 1.郭峪村路径

郭峪村处于一个西高东低的缓坡上,主要街巷沿等高线线排列,道路分为东西向和南北向两类,东西向的道路从东到西分别是:后街、前街和中街。偏南北向的道路有6条,其中最为主要的是连接东门与前街的上街和下街,上街靠西侧,下街靠东侧。上街、下街和前街形成丁字形的全村道路系统主干道,连接各门(图3-16)。

## 2.边界

郭峪村城墙建于明朝末年,城墙高12m、宽5.3m、周长1400m,用巨石筑成。郭峪村有"蜂窝城"之称,就是因为筑城墙时在其内墙上修建城窑,窑有3层627.5眼,城内看密密麻麻,貌似蜂窝。城墙平面形状呈不规则状,南北长东西窄,在城墙上分别开东门、北门和西门3个门。其中,东门为村子的正门,是3个门中位置最低的一个城门。北门建在山坡上,出门便是一条由西向东冲入樊溪河的洪沟——北沟,出此门可达润城镇和官道。3个城门位置最高的是建在村的西北角的西门,也叫永安门。另外村子还有西南面的上水门(高水门)和东南面的下水门(金汤门),上、下水门是为了防洪修建的,山洪可以经上水门入村,过南沟出下水门排到樊溪河(图3-17)。

## 3.空间区域

整个村落呈不规则形,占地约17.9万m²。郭峪村为杂姓村落,其中以陈、王、张3个家族的势力最强,形成了以这3个家族聚居方式为主的住宅格局,

和村内主要道路的分隔结合,将村落大致划分为3块居住区:以陈姓为主的住宅区、以王姓为主的住宅区和以张姓为主的住宅区(图3-18)。

## 4.建筑肌理

院落建筑处于集中式分布,街巷组织严密,建筑及院落分布集中、有序。村落内共有明、清代院落40个,院落中有房1100余间,院落以北方典型的"四大八小"格局的四合院

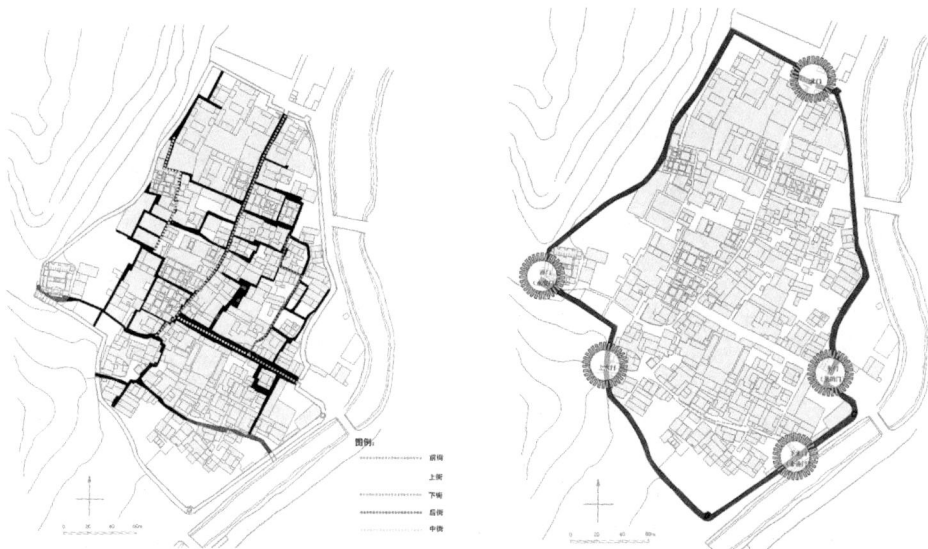

3-16 | 3-17

图3-16 郭峪村路径图
(李青绘)
图3-17 郭峪村边界图
(李青绘)

为主（图3-19）。

### 5.节点、中心点（标志点）

村中各节点、中心点（图3-20）。

申明亭：位于上街和前街相接的丁字路口。

豫楼：位于村子中心，前街的西侧。楼高30m，有7层。坐西面东，为南北方向15m的五开间，东西方向进深7.5m三开间的建筑。楼前后有院落围合，前院面积约为200多平方米。豫楼作为村子中的敌楼在古代的战乱时为保护村民安全作出了贡献。现在的豫楼可以看作村中的标志性建筑，在村中的各个角落都可以看到。

魁星阁、关帝阁（菩萨阁）：魁星阁处于全村的东南方，即巽位，合乎风水的要求。在城东南角楼上有菩萨阁。这2个阁均为六角形木结构亭。

汤帝庙：位于村西门的旁边，是整个村落的最高点。同时也是村子中最重要的庙宇。元代初年建造，坐北朝南，北高南低。全庙分为上下两院，院中青砖铺地，有碑记载庙旧有形制："正殿九间，东西殿各三间，东西角殿各三间。""旧无门，无戏楼，肇为三门而戏台在其上，其旁两楼以藏社物。门外厦五间。其旁两楼以置钟鼓。"里面供奉的是商代的汤王。用于村民祈雨。此外，汤帝庙里还供奉着关公、土地庙和高媒神等，香火很旺。

### （二）景观虚体要素分析

#### 1.村落的选址

郭峪村所处樊溪河谷中的郭谷，是河谷中较宽的一段，东西最宽约为350m，南北长约1000m，面积约4km$^2$。这一带风景十分优美。村四周环山，东北角有一个缺口，樊溪水从这里进入郭谷。除此之外，樊溪河谷里的矿产和土地资源也很丰富（图3-21）。

3-18 | 3-19

图3-18　郭峪村空间区域图
　　　　（李青绘）
图3-19　郭峪村建筑肌理图
　　　　（李青绘）

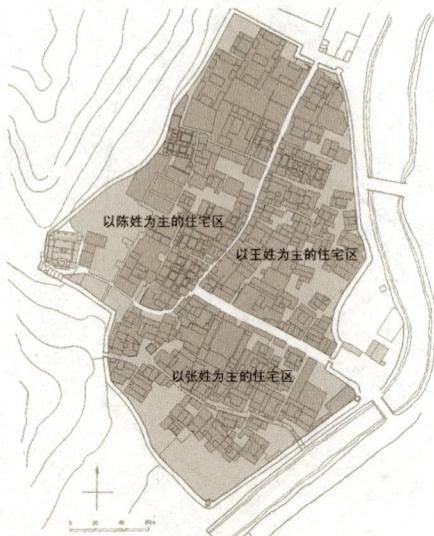

3-20 | 3-21

图3-20 郭峪村节点、中心点
（李青绘）
图3-21 郭峪村村落选址
（李青绘）

**2. 气候条件的影响**

郭峪村在晋东南的阳城，这一带山岭沟壑多，自然条件差，四季气候特征差异大。春冬季节容易气候干旱，造成自然灾害。

**3. 村落布局**

郭峪村形状呈不规则状，东西方向窄，最宽处约350m，最窄处约100m，南北方向长，最长处约1000m，最短处约300m。村子在庄岭东侧的缓坡上，西高东低，村子根据街巷和主要姓氏的划分范围分成3个主要的住宅区。

### （三）景观情感要素分析

郭峪村的布局，还扩展到四周的山川。周边的山上点缀了一些顺应风水布局和人们祈福思想的寺庙、亭台和塔，不仅使景观丰富，也赋予一些人文气息，使村落和自然融为一体。郭峪村内外共有20座庙宇，反映出了人们在贫瘠的生活条件下对物质的需求和精神的寄托。如，在村东南角高处，建筑"魁星阁"既为趋吉去灾填补心理上的平衡，又为祈祷魁星保佑丁氏子孙荣登科甲满足心理上的祈望。

### （四）郭峪村景观形态分析

根据上文对郭峪村景观形态的具体分析，郭峪村"点、线、面"式的景观形态（图3-22）可以概括为以下几点。

**1. 郭峪村景观形态点（景观基因胞）**

郭峪村是一处规模庞大的古建筑群的集合体，根据景观形态学理论，结合李秋香、楼

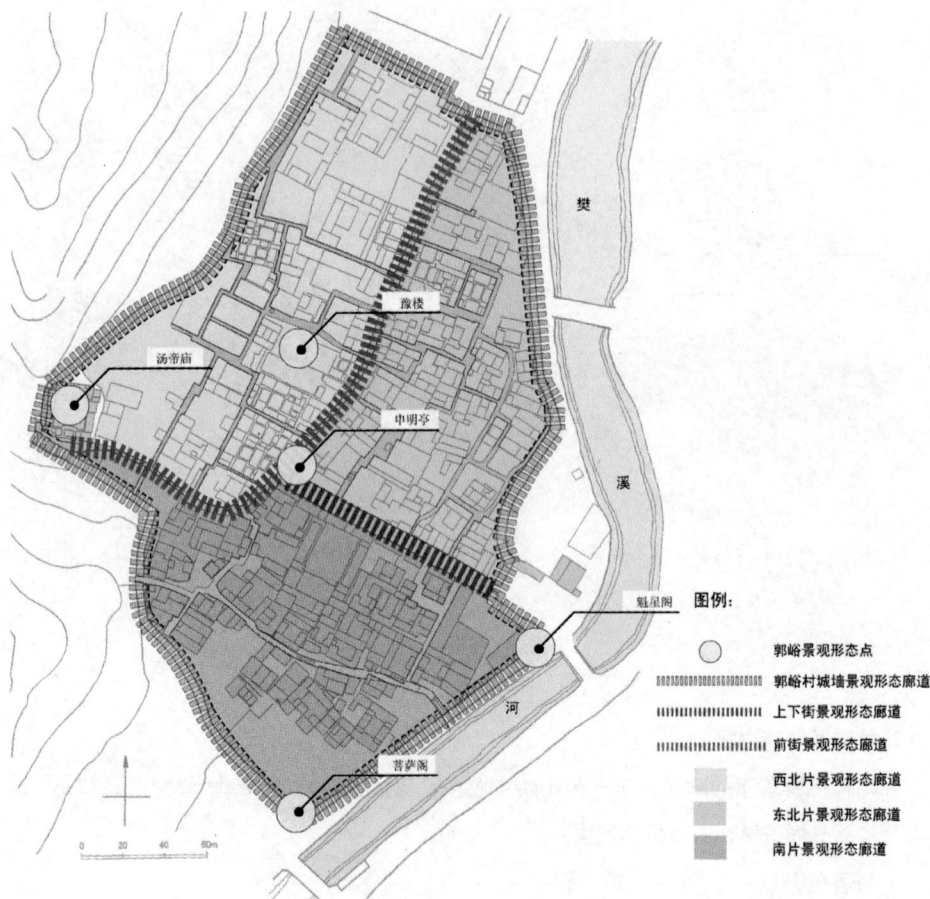

图3-22  郭峪村景观形态分析
　　　　（李青绘）

庆西、陈志华编撰的《郭峪村》研究成果，把汤帝庙、申明亭、菩萨阁、魁星阁和豫楼等
村内现存的历史遗迹定位为村内主要的景观形态点，这些点呈现着聚落历史风貌，体现了
特有的景观特质。

2. 郭峪村景观形态线（景观基因链）

通过对郭峪村景观形态点的筛选与分析，其景观形态线的分析可以提出如下构想。

（1）郭峪村城墙景观形态廊道：是一条带状环行游线，把郭峪村包围在其中，同时把
城墙上的魁星阁和菩萨阁串联在游线里。

（2）郭峪村上下街景观形态廊道：村落地形呈西高东低状，从村子的东门（景阳门）
进入村子便可到达村子里最为重要的上下街，这条主街到现在也是村内最为发达的地段，
每月的初九这里还会举行庙会，为一条游览民俗的主要路线。

（3）郭峪村前街景观形态廊道：这条景观形态廊道为村中另一条主要的交通线路，贯
穿村子的南北。从村子北门到村子最高点的汤帝庙，其中豫楼就在这个游线的支脉上。

3. 郭峪村景观形态面（景观基因形）

对郭峪村村落景观点与线的分析可知郭峪村面积较大，景点分布也较为分散，其中还

包括围合村子一周的城墙环形线。这样以景点延伸成片的划分方法在这里就不是很科学，景观形态面的划分还是根据街道和原有主要姓氏分为3个景观形态面：西北片景观形态面、东北片景观形态面和南片景观形态面。

郭峪村街巷的肌理和建筑的格局十分严整，拥有较多有价值的街巷和建筑。这一区域的建筑和村落群因为历史地理的原因大多具有一定的防御性，这是郭峪村的一大特点。现在仍保持着原有街巷和古城的格局，这些凝结传统的格局深刻反映出当地的传统文化特色。

历史悠久及村落景观的独特使郭峪村的文化内涵十分的深厚，对郭峪村的分析我们能够看出村子表现出的多种的文化价值，其中包括建筑文化、军事文化、宗教文化和耕读文化等，作为旅游资源具有极高的价值。

## 三　西湾村聚落景观形态及其图示表达

西湾村位于山西省临县碛口镇的东北面，湫水河的西岸，距临县县城38km，距碛口镇仅2km。村落坐北朝南，西北高，东南低，北靠眼眼山，面朝远处十几公里外的南山，左侧是湫水河，右侧是卧虎山，河与山都直奔碛口而去，为左青龙，右白虎的风水格局。在20世纪40年代以前是碛口水旱码头商贸辐射圈内的重要村落之一，是碛口晋商生活型村落。它始建于明代末年，是由经商置地建成的血缘村落，陈氏家族定居迄今已有300余年，已传至11代，现村中有82户，322人，总面积达3万m²，是一个农耕商贸结合发展的农村血缘聚落的典型（图3-23）。

### （一）景观实体要素分析

#### 1. 路径

西湾村背靠眼眼山，主要有5条竖向街巷，顺应山势南北走向，坡度很陡，北高南低。5条巷子构成村子的基本骨架，有人说代表金、木、水、火、土五行。在风水上，村子"五行具备"是大吉的表示。这5条巷子既是村民进出院落的通道，又兼有排泄雨水的功能，东部3个巷子较长且曲折，东一巷尤其曲折，西部两巷较短而直。为安全防御和连接巷子两侧的院落建筑，每个巷子都建有数量不等的拱门，有的拱门之上还建有楼阁。村子里没有贯通东西的横街，只在东二巷与中巷之间有两条几十米长的短街。巷子用石块铺砌，两侧是住宅的石砌墙基（图3-24）。

#### 2. 边界

现在西湾村没有明确的村子边界，四面有湫水河、眼眼山和农田等天然的屏障。西湾村建筑完整时期周围有城堡式的长约数十米的堡墙，有南面留有天、地、人3座大门，不过由于自然和人文的原因大多已坍塌，现仅留一小段。东至古村东侧，西以村西冲沟为界，北至5条巷子的尽头山腰，南至古村横街，东西约180m，南北约150m，构成原有村落的防御体系（图3-25）。

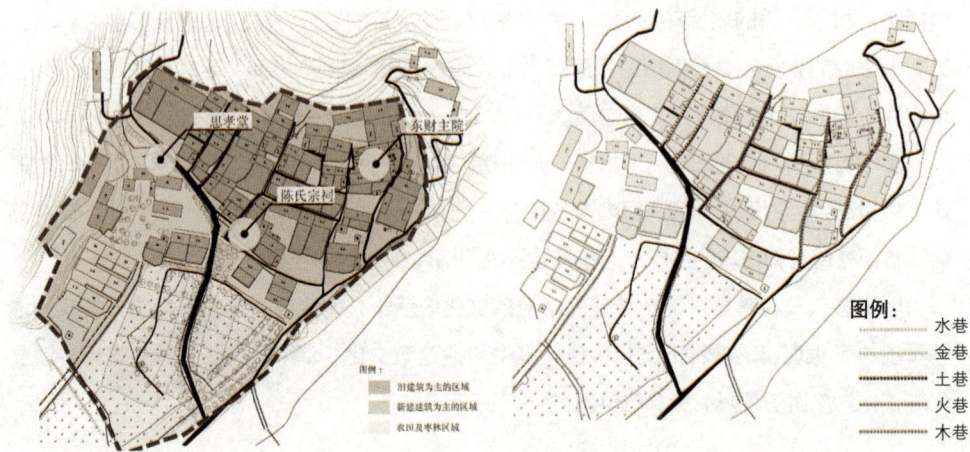

3-23 | 3-24

图3-23　西湾村景观形态示意图
　　　　（李青绘）

图3-24　西湾村路径图
　　　　（李青绘）

### 3. 空间区域

整个村落呈不规则形，现存的西湾古村南北长约150m，东西长约200m。村落为一个聚合的空间整体，布局紧凑，富有变化，这里把村落分为：旧建筑为主的区域、新建筑为主的区域和农田及枣林区域3大片。旧建筑为主的区域是老村部分，建筑基本保持旧有格局；新建筑为主的区域，为老村空间的延伸部分；农田及枣林区域是村子中的生态区域，种植供经济和生活需要的植物（图3-26）。

### 4. 建筑肌理

西湾村院落建筑为集中式与分散式相结合的布局方式。现村中有82户。整个村落坐落在约30°的石坡上，占据长约250m，宽约120m的狭长地带，村内的5条砖石材质的巷道把村内的院落封闭起来（图3-27）。

### 5. 节点、中心点（标志点）

村中各节点、中心点（图3-28）。

财主院：位于村子的东面，为两组坐北朝南的建筑群，建筑群东西总宽约30m，南北长约60m。每一组都有四进院落，每进随山势升高一层，下一层的房顶是上一层的庭院，院内有楼梯上下。在两组建筑群的东侧和西侧各有一条很陡的巷子，上、下各层院落可以直接自巷子出入，每层窑洞可以相对独立。东、西两院的同一地平位置的窑洞之间有小腰门相互连通。这组建筑群面积大，保存完好，形成西湾村落重要景观。

陈氏宗祠：建在村落南端中部，坐北朝南，享堂为三开间的砖箍窑，有前檐，为"明柱厦檐"式。正中堂窑内供历代先祖牌位，左右窑洞存放祭祖所用的各种器物、香炉等。正屋前围合一个院落。

思孝堂：位于村南，陈氏宗祠的西面，坐西朝东，只有一孔砖箍窑，窑内后墙上有3个小龛中供奉先祖牌位。大门为上圆下方形式，门上有"忠孝堂"三个大字。门左、右的两个小窗户也是上圆下方的形式。

图例 ▨ 旧建筑为主的区域
　　 ▨ 新建筑为主的区域
　　 ▨ 农田及枣林区域

| 3-25 | 3-26 |
|------|------|
| 3-27 | 3-28 |

图3-25　西湾村边界（李青绘）

图3-26　西湾村空间区域（李青绘）

图3-27　西湾村建筑肌理（李青绘）

图3-28　西湾村节点、中心点（李青绘）

## （二）景观虚体要素分析

### 1. 村落的选址

西湾村的选址是依据传统风水学"背山面水，左青龙，右白虎"和《老子》"万物负阴而抱阳，冲气以为和"的原则实施的。北面的卧龙岗和西面的卧虎山像两只手臂一样把西湾村紧紧地环抱在一起，占据了上乘风水，而且与周围的环境相互协调，体现了道法自然、天人合一的哲学思想（图3-29）。

### 2. 气候条件的影响

西湾村在晋西北的吕梁，这一带冬季时间长，寒冷而干燥，所以建筑形式多用冬暖夏凉的窑洞建筑。

### 3. 村落布局

西湾村形状约为一个倒的三角形，整个村子在有限的坡地上，以箍窑、接口窑、木结构瓦房，组合成不同的窑院。有的三合、有的四合，大都是下窑上房结构。一层正窑多建有带走廊的明柱厦檐，厢窑多挑出没根厦檐，二层正房多是双坡厅楼，厢房以单坡居多；主门多开在东南或西南方位，门楼修建精美；紧邻的院落之间都在隔墙上开有小门，一般院落都有两个院门，有的是三个，还有开四个院门的。从而形成院院相通、户户串连的格

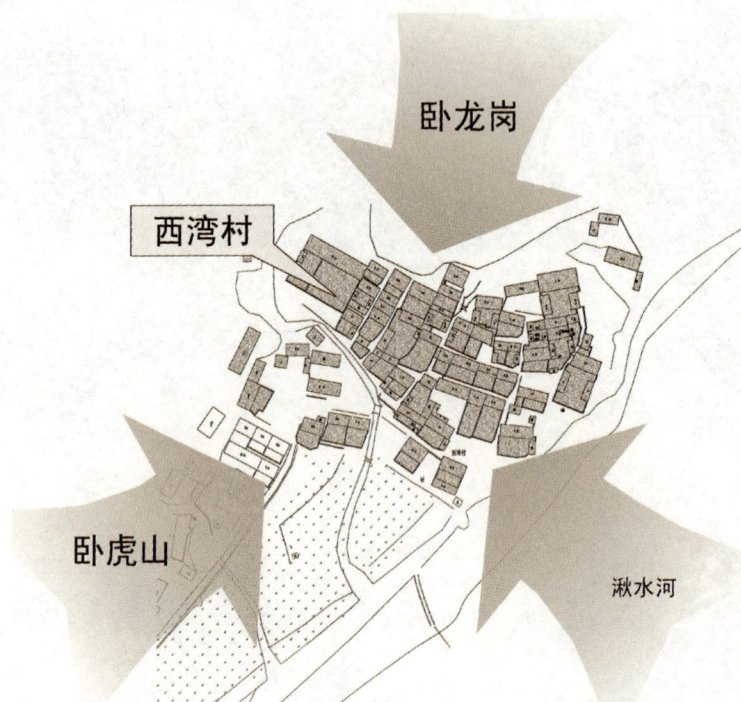

图 3-29  西湾村村落选址
（李青绘）

局，邻里之间往来照应非常方便，只要进入村中的任何一个院子，不用出大门就可以通往相邻院落，依次走院串户，可以走遍村中所有院落。这充分体现了同姓血缘村落各家各户同宗共祖、亲密联系的聚居特点。

### （三）情感要素分析

西湾古村十分重视家族的文化教育，清代陈氏家族曾出过六位明经进士和二十几名庠生，现村内的许多住宅的大门门额上都题有"岁进士"、"明经第"及"耕读传家"的门额。旧时有些人家还在自家住宅内设立私塾，专供孩子读书。陈氏祠堂保存完整，大门外侧门额上题有"承先启后"四个大字，左右门联为："俎豆一堂昭祖德，箕裘千载振家声"，充分说明了古时的西湾村民对教育的重视。除此之外西湾古村还特别重视对先祖的祭奠，另外正对西湾古村东侧1km的山腰上，还建有陈氏家族的大型墓地，墓碑上有碑文，有的墓碑背面还有铭文，记载先祖的生平事迹，成为宗谱之外的重要的家族碑刻文献。这在碛口一带的村子里也是十分罕见，反映了陈氏家族重视文化、重视教育的较高的文化氛围。这种文化氛围的体现使得西湾从碛口辐射范围内的许多商人所建的村落中脱颖而出。

### （四）西湾村的聚落景观形态分析

根据上文对西湾村景观形态的具体分析，西湾村"点、线、面"式的景观形态（图3-30）可以概括为以下几点。

1.西湾村景观形态点（景观基因胞）

西湾村作为晋商生活居住点，这里的景点与生活息息相关，作为村落的生活空间，旺门大户的精美院落建筑是重要的景观形态点，东财主院正是村落中这样的景观形态点。另外，村中两个祠堂也是这个有历史村落的重要景观形态点，分别为思孝堂和陈氏宗祠。

**2. 西湾村景观形态线（景观基因链）**

五行相生相克，据说一个村子中同时具备五行是大吉的象征，于是西湾村依山而建的5条巷道在旧时就有木巷、火巷、土巷、金巷和水巷的叫法，而这5个巷道又有各自独特的景观形态，如砖拱门、过街楼等。因此，把这5条巷道分别作为5个景观形态廊道。

**3. 西湾村景观形态面（景观基因形）**

西湾村民居整体如同一座城堡，只要进入一座院落就可以游遍全村，可谓"村是一座院，院是一山村。"所以这里把整个西湾老村作为一个整体的景观面来考虑。

西湾是晋商生活型的居住聚落，这里的村落建筑有浓厚的乡土气息，以碛口古镇为依托，形成特有的风俗环境以及民居建筑风格。从图3-23中可以看出西湾的院落建筑肌理保存得较为完好，通过保护村落的建筑肌理可以达到保护整个村子村落结构和形态的目的，作为依托旁边碛口镇旅游发展的村落，西湾是明清时期碛口镇繁荣景象的一个缩影，把村落中的建筑要素保护好能使人更好地感悟到村落的"前世今昔"。

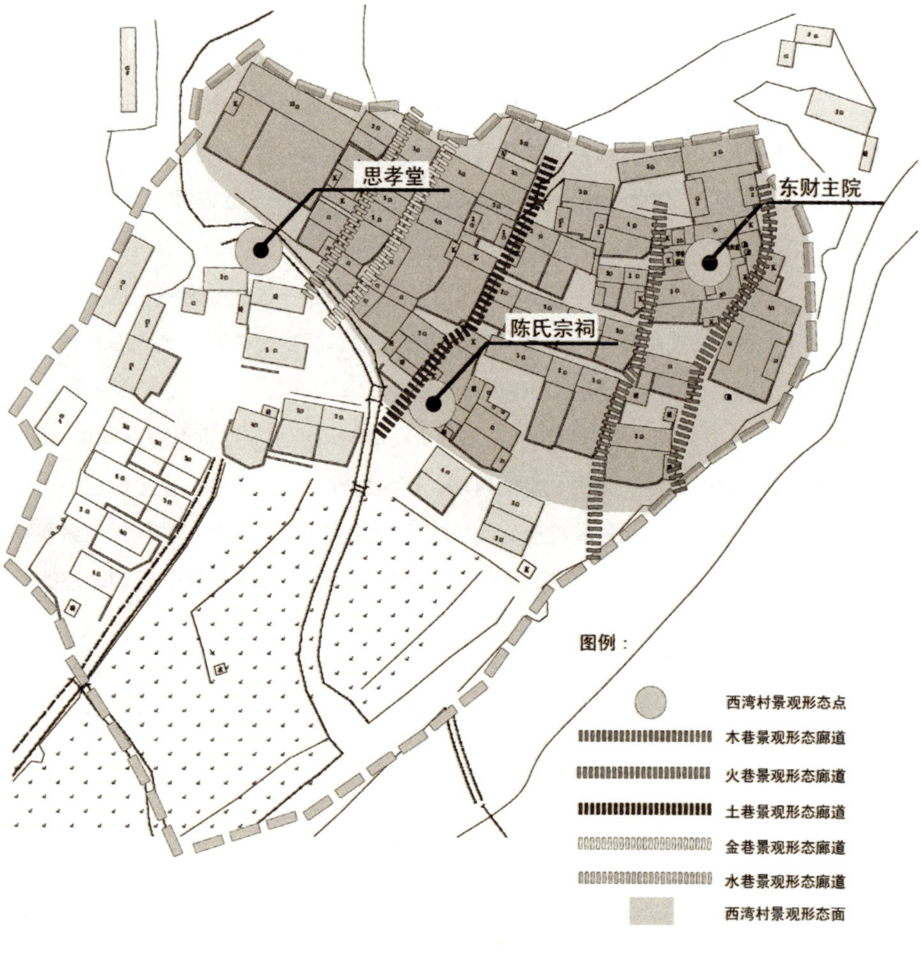

图3-30 西湾村景观形态分析
（李青绘）

图例：
- ● 西湾村景观形态点
- ▮▮▮▮ 木巷景观形态廊道
- ▮▮▮▮ 火巷景观形态廊道
- ▮▮▮▮ 土巷景观形态廊道
- ▯▯▯▯ 金巷景观形态廊道
- ▯▯▯▯ 水巷景观形态廊道
- ▨ 西湾村景观形态面

## 本章小结

传统聚落景观形态特征是研究传统聚落景观的重要内容。本章从黄河流域、汾河流域和沁水流域分别选出具有不同特点的3个村落（丁村、郭峪村和西湾村），首先运用景观形态学理论，从实体要素（景观形态形式）、虚体要素（景观形态逻辑）、情感要素（景观形态感性思维）3方面，分析了汾河流域传统聚落、沁水流域传统聚落和黄河流域传统聚落的景观形态特征的差异性和相似性。在此基础上，基于传统聚落景观基因的"胞—链—形"理论及景观基因"胞—链—形"的图示表达方法，具体分析了丁村、郭峪村和西湾村的景观形态。

（1）景观形态学是把景观看成一个生命有机体，这个生命有机体及其各组成部分遵循一定的逻辑原则和发展规律，是一个美学体系。由景观实体要素、景观虚体要素、景观情感要素。传统聚落景观形态的特性体现在生命力、可识别性、可及性、规范性与适宜性、价值观取向的一致性、与自然环境的协调性等方面。

（2）山西传统聚落按其现存状况可分为3个部分：汾河流域传统聚落、沁水流域传统聚落、黄河流域传统聚落。3类聚落景观实体要素特征的差异性表现在路径、建筑肌理、空间布局、边界、节点和中心点等方面；虚体要素特征的差异性表现在村落的选址、自然环境的影响和资源分布原因等方面；情感要素特征的差异性则表现在历史文化方面。同时它们之间在实体要素特征、虚体要素特征、情感要素特征上也存在一定的相似性。

（3）"图示表达"是描绘黄土高原传统聚落景观形态的有效方法，景观整体形态（景观基因形）、景观基本单元（景观基因胞）和景观联接通道（景观基因链）是解剖传统聚落景观形态特征的创新视角和有效方法。基于传统聚落景观基因"胞—链—形"理念及其图示表达方法，可以科学解读黄土高原传统聚落景观形态。

（4）丁村、郭峪村和西湾村是黄河流域、汾河流域和沁水流域上具有不同特点的3个代表性聚落，在聚落的路径、边界、空间区域、建筑肌理、节点、中心点（标志点），以及聚落选址、聚落布局等方面各具特色。从"图示"理念出发，聚落景观形态点(景观基因胞)、景观形态线(景观基因链)、景观形态面(景观基因形)是解读不同聚落景观形态的有效方法。

（5）基于景观形态学和景观基因"胞—链—形"理论，运用"点、线、面"式方法对黄土高原传统聚落景观基因进行景观形态的具体实例分析和图示表达，旨在探索一种新的、更全面的保护传统聚落的方法。

# chapter 4 第四章

## 黄土高原晋陕峡谷带窑洞民居
## 建筑景观形态表达与比较

Loess plateau shanxi-shaanxi-inner canyon
zone cave dwellings landscape architecture
form expression and comparison

　　传统聚落民居建筑历史文化信息丰富，被称为乡土文化的"活化石"、民间收藏的国宝，越来越引起人们的重视。然而，不同地域的传统聚落民居建筑因形成原因的不同特别是受地方文化的影响的不同，表现出各自独特的景观差异。特别是随着各地传统聚落的急剧消失，各种独具特色的聚落景观基因也随之丢失，保护文化的多样性与保护生物的多样性一样，必须受到人们的高度重视。然而，我们不可能让所有的传统聚落都原封不动地保存下来，大部分代表区域文化景观的传统聚落都将陆续消逝。因此，我们有必要弄清不同传统聚落的景观基因及其特点、载体和表达，进而指导各区域的历史文化遗产保护和景观建设，促进聚落文化的多样性保护。

　　受陕北黄土高原的地形、地貌和气候等因素的影响和制约，黄土高原传统聚落民居主要以窑洞民居为主。由于窑洞民居具有冬暖夏凉、节能节地、便于施工操作等特点，为广大陕北居民所接受，并沿用至今。在人类历史的发展过程中，人类的居住方式经历了原始穴居、人工穴居与半穴居时期，依据中国历史发展时期，窑洞主要经历了"黄土洞穴——半穴居——穴居——石窑——黄土窑洞——窑洞"等时期的发展。由于历史上的长期战乱等因素的影响，十分完整的古建留存至今的比较少，现存的民居基本上都是清末和民国初年的建筑，其分布比较散。

　　晋陕峡谷位于内蒙古、山西以及陕西3省的交界处，是由黄河流域切割黄土高原而形成的，通常被称为"晋陕峡谷黄河段"。山西和陕西在地理上毗邻，具有地缘关系，由于自然地理因素，两地的窑洞民居在近代化的进程中，并未受到较大的波及，故而它们较多地保存了历史的原真性。从整体上看，晋陕黄河两岸具有相似的自然环境背景，黄土高原与黄河两大自然条件，在历史的进程中为两岸民居聚落的产生、发展和变迁，提供了共同的基础。两省依偎黄河，在文化交流和贸易往来上都有着密切关系，早在战国时期"秦晋之好"的说法就广为流传，两地浸润在共同的文化背景下，民风、民俗、方言相近。因此，两地传统民居的相似性和可比性，历来是窑洞民居研究的重点。

# 第一节　民居建筑景观形态研究的理论

## 一　传统建筑景观中隐含的文化基因

建筑被称为"凝固的音乐"，建筑景观所隐含的文化基因内涵丰富。只有从根本上把握这些聚落民居建筑的景观特征，才能进行有效的景观识别，进而指导当地的城镇景观设计和旅游文化保护。

比如，山墙（又叫马头墙）是传统建筑景观的重要组成部分，不同地区的山墙造型反映出不同文化的特质。中原地区传统建筑的山墙以厚重、规整见称，这与中原文化本身强调规整有序密切相关。湘西地区传统建筑的山墙风格在保留中原文化传统的同时，由于受地方文化的影响，墙角出现一定的上翘趋势，且以凤鸟为造型。广东、福建一带传统民居的山墙则以圆弦状或波浪起伏状为特征，给人以活泼、轻盈之感，显然是越来越摆脱了中原文化的约束，有了更多的自由舒展的空间，也就是说，这种原本用来防火的山墙，随着地域的变化，造型逐渐发生变异，呈现出丰富多彩的山墙景观[①]（图4-1）。

① 刘沛林.古村落:和谐的人聚空间[M].上海:三联书店,1997:174.

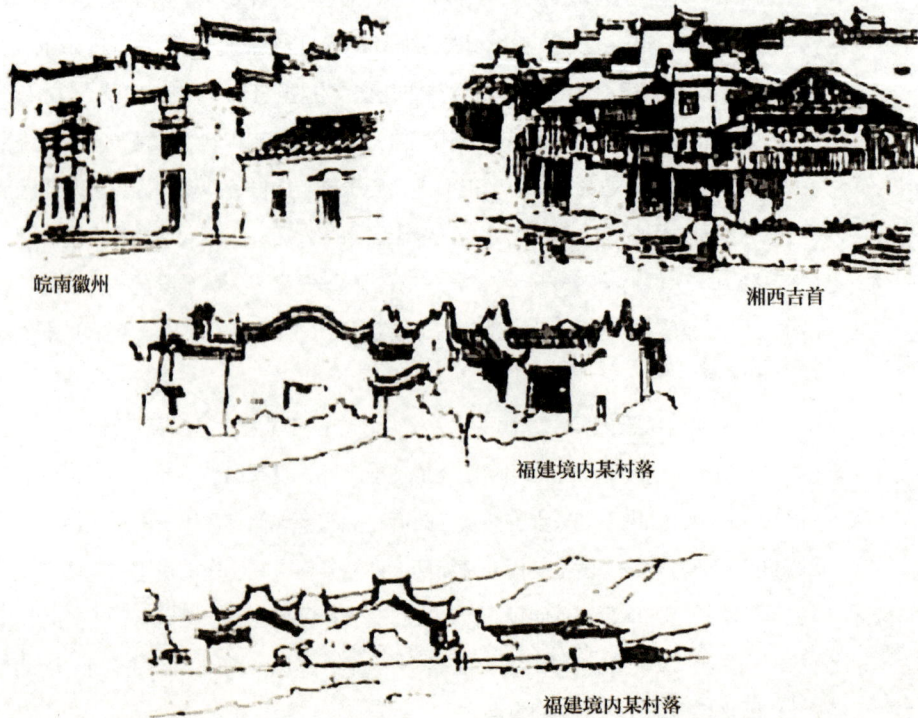

皖南徽州

湘西吉首

福建境内某村落

福建境内某村落

图4-1　发生变异的民居山墙系列图（刘沛林，1997）

## 二　传统聚落民居景观要素的确定

多姿多彩的古村落文化景观到底如何识别，其主要的识别点在哪里，首先，还得从掌握景观要素的基本构成入手。景观要素的确立有助于人们有效地开展景观识别。就一栋民居来说，其景观要素可大致分解为6个方面（图4-2）：一是屋顶造型（如平屋顶或坡屋顶，歇山顶或硬山顶等）。二是山墙造型（如规整的土字型或起伏有致的波浪形等）。三是屋脸（正立面）形式（如一层或二层，干阑式或过廊式等）。四是平面结构（如单列式或四合院式等）。五是局部装饰（如各种特定图案、雕刻或者绘画等）。六是建筑用材（如石材、木材、青砖、土墙等）[①]。

## 三　传统聚落民居景观要素的识别

聚落是指一定人群长期聚居的场所，除包含所有民居建筑之外，还包括公共配套的其他设施，如广场、桥梁、宗祠等公共设施，以及相关的土地附属内容。因此，聚落景观的识别主要是从宏观上和整体上的识别，主要识别那些特征性强、具有可识别性、特别是具有标志性意义的景观。聚落景观识别中最具标志性的要素就是民居建筑。而民居建筑及其环境的识别又不能离开其独特的景观基因（或因子）。聚落景观的识别大致可以从如下方面进行（图4-3）：（1）识别民居特征（如四合院系列、土楼系列、干栏系列等）。（2）寻找图腾标志（如虎图腾、狗图腾、各种鸟图腾等）。（3）识别主体性的公共建筑（如宗祠、鼓楼、石拱桥等）。（4）参照环境因子（如大榕树、芭蕉林、凤尾竹、水网地、山地、临湖地、临河地等）。（5）考虑布局形态（如正方形、长方形、拟方形等）。通常，民居建筑形态的识别需要综合各个方面进行识别[②]（图4-4）。

① 刘沛林.古村落文化景观的基因表达与景观识别[J].衡阳师范学院学报,2003,24(4):1-8.

② 刘沛林.古村落文化景观的基因表达与景观识别[J].衡阳师范学院学报,2003,24(4):1-8.

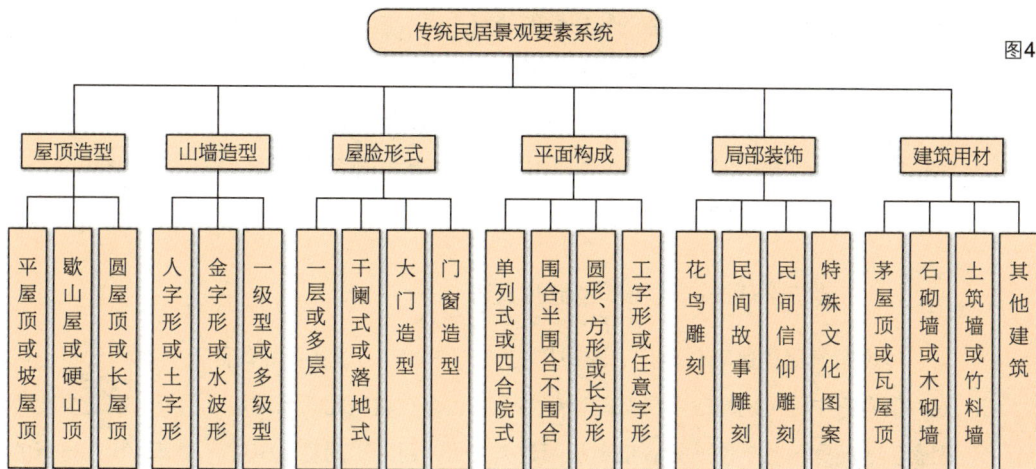

图4-2　传统民居建筑景观要素的构成（刘沛林，2003）

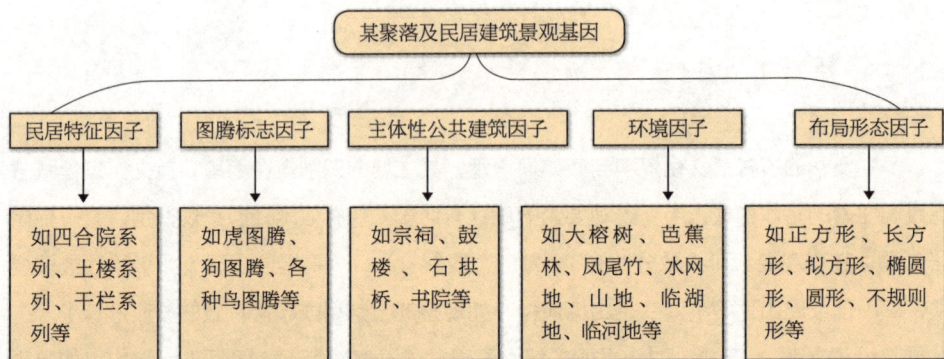

4-3
4-4
4-5

图4-3 某聚落及民居建筑景观
基因的特征（刘沛林，
2003）
图4-4 云南傣族聚落（左）与
佤族聚落（右）景观
（杨大禹图）
图4-5 传统聚落民居建筑可展
示性景观基因元素组图
（刘沛林，2011）

## 四 传统聚落民居景观要素的表达

可展示性景观基因的挖掘是传统聚落民居景观要素的表达的理想方法。可展示性景观基因是指能体现古聚落价值的物质性的建筑实体，它是古聚落与环境对话、与时代交流的有效载体。它不同于古聚落的非物质性景观基因，它可以通过建筑等手法进行鲜活的展示，必须在准确定位古聚落历史文化价值的基础上，本着修旧如故的原则，进行充分有效的挖掘，以彰显古聚落的魅力与个性。比如，城隍庙、书院、牌坊、火药局等（图4-5）。具体而言，就是要从景观基因"胞—链—形"的角度进行表达和挖掘[1]。

### （一）传统聚落民居景观基因胞的表达

传统聚落民居景观分布广、形成历史长、空间布局形式多样。因而，其景观特色明显，既有着中国传统村落所具有的普遍共性，也存在着彼此间因地域、民族、乡土文化等因素影响而导致的个性差异。景观基因是指文化"遗传"的基本单位，即某种代代传承的

① 刘沛林,刘春腊等.我国古城镇
景观基因"胞—链—形"的图示
表达与区域差异研究[J].人文地
理,2011,(1):19-23.

区别于其他文化景观的文化因子，它对某种文化景观的形成具有决定性的作用。反之，它也是识别这种文化景观的决定因子（图4-6）。景观基因胞是传统聚落景观基因的基本单元，包括建筑单体、门脸、寺庙、公共建筑等。

### （二）传统聚落民居景观基因链的表达

道路、水系等是传统聚落景观的重要元素，也是民居建筑景观的主要内容。景观基因链亦可称之为"景观走廊"，是传统聚落景观的联接通道，包括主干道、次干道、支路、水系等。由"景观"单体按一定规律在传统聚落内组合而成，是主干道、次干道、支路、水系等景观的空间组合与排列（图4-7）。在空间上，它是一个实实在在的"通道"，是人们感受传统聚落景观的"廊道"。

### （三）传统聚落民居景观基因形的表达

聚落文化景观的差异反映了区域文化与区域环境的差异。聚落文化景观的区域差异可

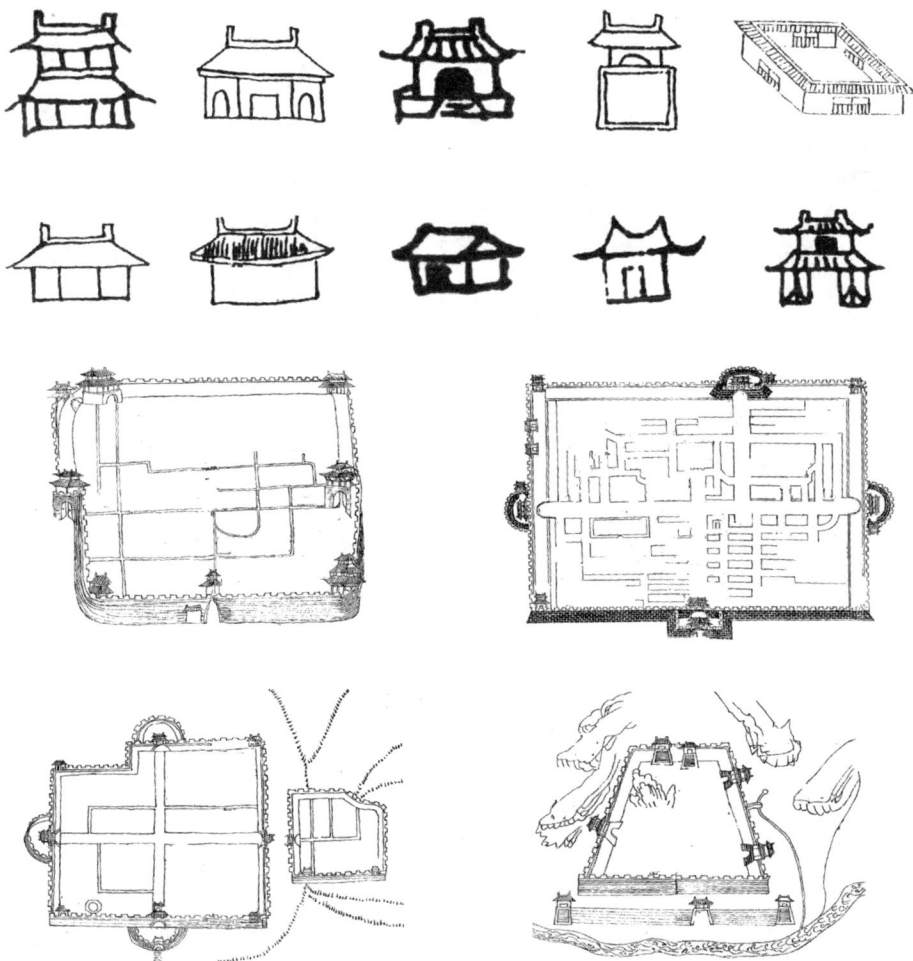

| 4-6 |
|---|
| 4-7 |

图4-6 传统聚落民居建筑景观基因胞（刘沛林，2011）

图4-7 传统聚落民居建筑景观基因链（刘沛林，2011）

以通过寻找聚落文化景观基因的方式进行区域比较。聚落文化景观基因可以通过立面和平面2种方式进行表达。聚落文化景观基因的变化，从平面上讲，主要是形态和类型上的变化；从立面上讲，主要是外形结构和层次的变化（图4-8）。景观基因形是传统聚落景观平面形态类型的整体形态，比如正方形、长方形、椭圆形等。

图4-8 传统聚落民居建筑景观基因形（刘沛林，2011）

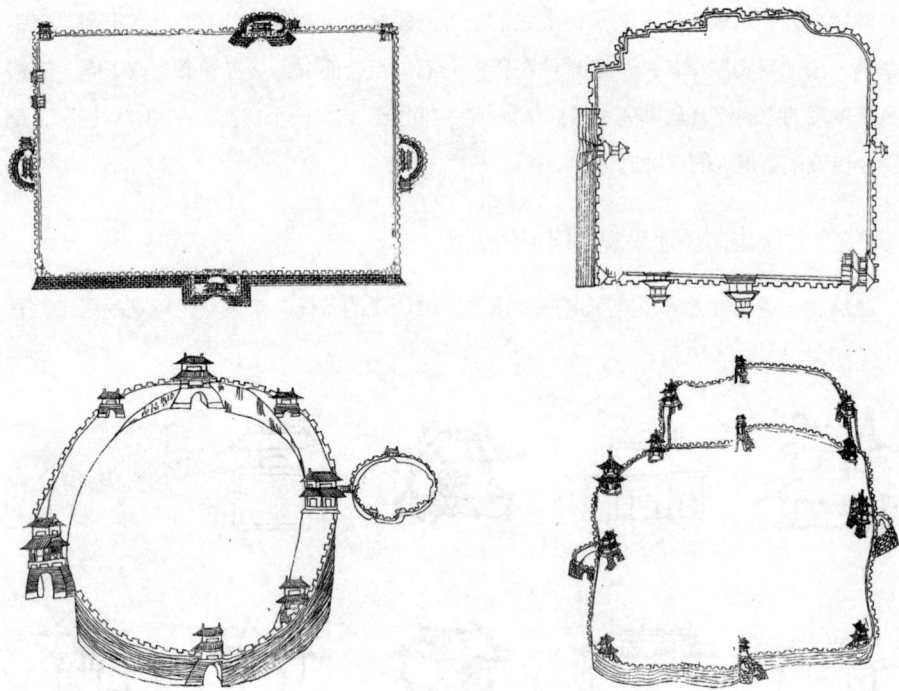

# 第二节 晋陕峡谷带窑洞民居

## 一 晋陕峡谷带概况

晋陕峡谷地带，位于黄河中下游，该地区是中华民族文化的重要发祥地之一，它孕育了历史上灿烂的黄河文化，被誉为中华多元文化的轴心。其丰富的古建筑、民居的遗存，都是其辉煌历史文化的见证，尤以窑洞为其独特形态，是研究窑洞民居建筑形态典型地段黄河。中游晋陕峡谷地带分布着很多极具研究价值的古村落，在这些古村落中，以明清时期窑洞建筑为主体，承载了内涵丰富的社会、历史、文化信息。具有十分重要的研究价值①。

窑洞民居文化是黄土文化的重要组成部分。本章在实地调研晋陕古村落的基础上，从窑洞民居的建筑形态入手，探讨了民居单体、窑洞四合院、聚落群形态等，通过对黄河流域两岸聚落景观、街巷景观、独立院落实体景观的剖析，以及对黄土高原独特的自然、经济、文化以及政治因素影响下形成的独具特色的空间特征的比较，着重探求农耕文化与商

① 李青,霍耀中.景观形态学视角下的山西古村落特征及其保护[J].城镇化研究,2009,4:17-23.

图例：
▪▪▪▪▪ 晋陕峡谷带
⌂ 论文研究辐射范围

图4-9 晋陕峡谷带示意图（王凡绘）

业文化在流变过程中对窑洞民居建筑体的作用与影响。

　　本次研究范围限定在晋陕峡谷带的窑洞民居。以黄河作为带状分界线，在空间范围上限定为山西和陕西。在研究民居时间范围上限定为明清时期，在类型范围上限定为窑洞民居（图4-9）。

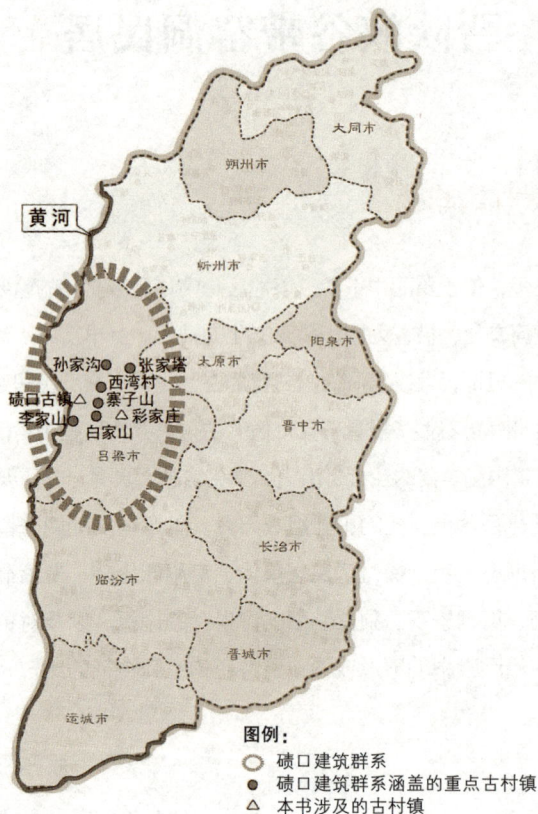

图4-10　碛口建筑群系示意图
　　　　（王凡绘）

## 二　晋陕峡谷带民居的基本概念

### （一）"晋陕峡谷带"的概念

　　黄河晋陕大峡谷，北起内蒙古托克托，南至河津禹门口，全长725km，沿线共有27个县市。从内蒙古河口镇至山西禹门口，构成了黄河干流上最长的连续峡谷——晋陕大峡谷。在河套地区呈东西走向的黄河，此段急转为南北走向，由鄂尔多斯高原挟势南下，左带吕梁，右襟陕北，深切于黄土高原之中，谷深皆在100m以上，谷底高程由1000m逐渐降至400m以下，河床最窄处如壶口，仅30～50m。在中国地图上可以看到黄河晋陕大峡谷在托克托县河口镇段形成了"几"字形弯的右半边，在这里黄河奔流而下，景色壮观。

　　研究"晋陕峡谷带窑洞民居"是以山西、陕西2省黄河流经两岸辐射的范围，即"晋西"与"陕北"部分区域为对象的。黄河作为陕西、山西2省的自然分界线，使得研究对象分处在不同的行政区域。为突出所选研究对象的整体性，强调研究对象的具体区段，在此将山西、陕西2省合称为"晋陕"。"晋陕"这一概念具有一定的地理性，多数论文、著作等研究成果中均采用了这一称谓。

### （二）晋陕峡谷研究提出的两个群系概念范畴

群系的概念是在民居建筑"群域"的概念基础上提出的，我们将以群系为载体进行研究。

"群"是中国古代建筑空间组织的重要特点，建筑多以群的形式表现。"群"具有表达"规模"的含义，规模越大，建筑的重要程度越高。"群"还表示出一种界域、范围。"域"表达一种领域，一种文化或精神空间环境。群域是指具有不同功能与文化内涵的建筑群的统称。群系则是一种功能，是指在同种文化因素的作用下具有共同特点的建筑物的联合。一般而言，空间格局和文化结构对群域的布局起着直接性的影响作用，宗教文化、典章制度以及风水思想等因素对群域的布局影响也很大，这就提示我们对"群"的研究要从多个方面入手进行阐释。

晋陕两地现状研究多集中在对建筑立面与窑洞的文化性研究上，对其进行对比分析和深层次探讨的研究还很少，尤其是对晋陕两地窑洞民居的比较研究，尚处于空白阶段。但笔者在对黄土高原村镇、古城聚落进行调研时发现，在黄河晋陕流域沿岸古村落资源丰富，它们大多保存了历史的原真性。因而，晋陕窑洞民居形态的比较研究对于更好的认识自窑洞产生，到其分化为几类建筑群系，进而在各自基础上结合外来文化因素所产生的具有地域特性的群落景观、空间形态布局，有很大的价值。本次研究以晋陕峡谷带明、清民居古建筑为主体，选择在质量、规模和体制上具备相对完整性和可比性的聚落群系。一方面强调突出研究的可操作性；另一方面，也考虑到选取研究对象的代表性和具有晋陕峡谷带的窑洞民居聚落的典型性。综合上述因素与认识，从原生建筑的代表性、建筑的完整性、研究的可行性、资料的完备性等方面，以山西、陕西两地分别提出了米脂建筑群系与碛口建筑群系的两大群系概念范畴，并以此为基础对文章展开论述。

#### 1. 碛口建筑群系

碛口建筑群系是原生建筑与外部建筑有机结合形成的一种典型的黄土高原特有的建筑形态（图4-10）。

建筑群系的主体支撑部分：该群系除了囊括有碛口古镇及其周边的白家山、李家山、寨子山、西湾村等古村落外，也涵盖外围的临县孙家沟、方山张家塔、离石彩家庄等。碛口古镇为该建筑群系的核心。

建筑风貌：该群系下的建筑既饱含着浓郁的原生建筑气质，又科学合理地结合了外部建筑优点，从而形成了这一原生与外来建筑复杂交汇而又完美结合的特殊建筑群系。

建筑方面的特性：黄河岸边临县碛口建筑群中，在保留了黄土高原建筑基本特质的同时，商业街区和临近村落部分吸纳了东部建筑元素，打破了原生建筑中轴对称布局的传统建筑格局，具有空间自由、院落格局灵活多变的特点，转而成为富有变化的建筑空间形态。坡顶房屋的土木建筑逐渐被融入砖石窑洞院落之中，出现一定数量的坡顶房屋建筑或作为商铺、或配房，但窑洞仍然是院落中的主体建筑。由于建筑群在演替过程是一种相互对应的关系，因而这一地区作为农商结合地带，呈现出其所独有的多元性和复杂性特征。

2. 米脂建筑群系

以家族为本的伦理和秩序表达在具体空间上，保留着原始的象征性，以窑洞建筑为主体的建筑特质，表现为简约、质朴，与大地自然相融合的特征，富有陕北高原的粗犷气质，这就是米脂建筑群系（图4-11）。

米脂建筑群系主体支撑部分包括米脂县"三大庄园"，分别是马园、姜园、常园，还有绥德县贺家石古村落以及米脂古城等。其中米脂建筑群系以三大庄园为核心。

建筑风貌：表现为封建社会和农耕文明典型社会特征下的中规中矩的原生建筑风貌。

建筑方面的特性：原生建筑讲究主从分明。主房位于院落的中央部分，次要的建筑分列于两旁，以伦理名分决定的秩序，使建筑成为维护礼法的工具，在两千年间未能发生显著的改变。同时，原生建筑空间格局持有一种特殊的中轴对称观。轴线决定之后，其他建筑就随之对称而建。当然决定这条线的位置是很慎重的。在国人的基本认知观念里，"对称"这个认知观念，在一定意义上诠释了对人体形态的看法。这也是原生建筑空间基本布局的特质。

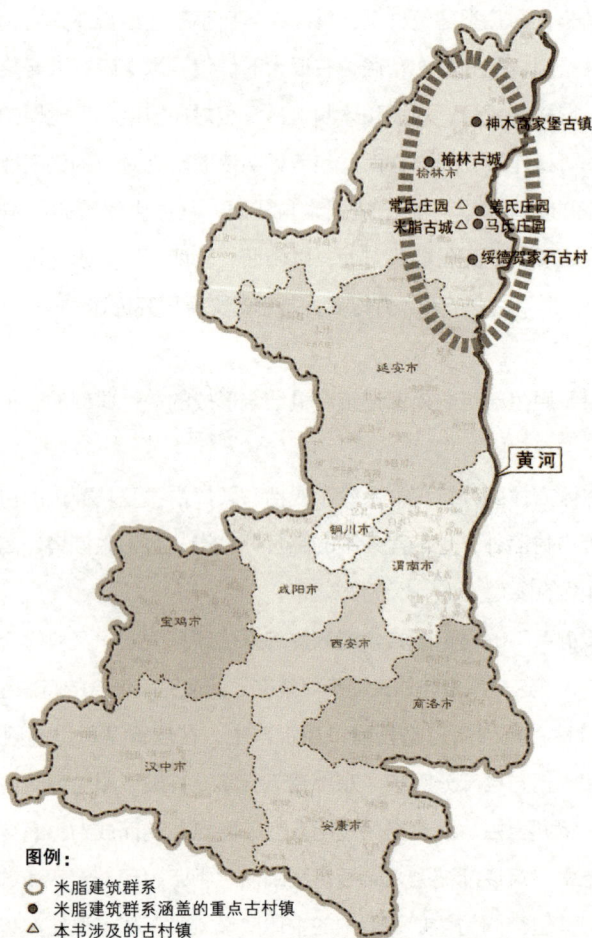

图4-11　米脂建筑群系示意图
　　　　（王凡绘）

图例：
○　米脂建筑群系
●　米脂建筑群系涵盖的重点古村镇
△　本书涉及的古村镇

## 三　碛口及米脂的历史沿革

在提出了碛口建筑群系和米脂建筑群系的概念后。我们需要对其历史沿革做一定的探讨，以便更好地对其进行研究。

### （一）碛口的历史沿革

新中国成立以来的考古研究发掘工作，从离石、临县一带出土了大量石斧、石刀、陶片、等多文物。说明远在新石器时期，碛口这片土地就已有人类生息、繁衍、居住。

碛口，其名称最早见于《隋书》，是山西对匈奴的主要防御要塞之一。道光七年《永宁州志》也载："州西少北一百二十里，日孟门镇，北周大象元年（公元579年）于此置定和县，隋置孟门关，其地势险固。"可知碛口古镇距孟门约15km，皆临靠黄河，亦是其是重要军事重镇的佐证。

碛口坐落于黄河与湫水河的三角冲积台地之上，对于这里水患冲毁或淤积复建的工作仅知在明末清初期间，碛口在此时亦很萧条。民间有"先有侯台镇，后有碛口镇"之说。清乾隆年间，史载湫河水冲毁了位于碛口2km处的侯台镇，碛口镇逐渐开始兴盛起来。20世纪中叶碛口镇又被黄河、湫河冲毁"半壁江山"，加之陆路的开辟和发达，碛口镇从此也开始萧条。

碛口自乾隆年间，发展成为繁荣的水旱贸易码头，随后，就存在有州地、县地之分，意即碛口，一半属于永宁州一半又属于临县。该现象亦具有其自身的历史渊源，据查阅史料记载可知，汉代一朝，本地就有了"跨河而治"、"隔境遥治"的插花式的行政区划管辖。譬如：宋元符二年（公元1099年）增置晋宁军，筑克胡寨，领临泉、定和二县。军治在今陕西省佳县城，此为"跨河而治"。另外，清代以前在交城、岚县交界之处，有13个村庄，远离临县，却为临县所辖，此为"隔境遥治"。碛口半镇属之于离石所辖而孤悬临县，同样也属"隔境遥治"。民国6年《临县志》载："成丰初，汾州通判移驻碛口，设三府衙门，又设厘税局。光绪三十三年，复设临县巡检。民国裁巡检，设县佐，并设榷运局，厘税局依旧。"碛口由临县、永宁州、汾州府在行政区划上共管的格局，自清代一直延续到民国。

### （二）米脂的历史沿革

古书记载称此地"控山险，扼冲要，屏蔽延州（延安），为兵家在所必争也。乃堑山为城，屯兵为堡，遥制虏骑，使不敢长驱充斥。今四面皆古战场也"，"延绥襟喉之地"，"北连榆林、南通川陕，为极冲要地"，都显示出米脂地区独特的地理区位。汉代有独乐县（今马湖峪），南北朝时期的北周置有银州地，宋代宝元二年（公元1039年），毕家寨改名米脂寨。金正大三年（公元1226年）置米脂县，米脂县始出现于历史记载。李自成在西安建大顺政权后，以天保县之名，替代米脂县的旧名。后期，先后隶属于陕甘宁边区绥德军区、榆林军区以及榆林地区等管辖。迄今已有近800年的历史。

米脂城在北宋初年仅是一个小村落，叫惠家砭，即今老城大圙圙以上的地域。宋太宗年间，于山阜半腰平坦处兴建了毕家寨，四周围大多构筑有土寨，并具有寨门和鹿砦等，完善的军事防卫设施，背靠小山，前为陡壁。其后，在宋金对峙中，宋、夏军队对此地进行了激烈的争夺，几易其主，一直到宋宝元二年政府将此地更名米脂寨，崇宁四年（公元1105年）米脂城代米脂寨之名。

元泰定三年（公元1326年），对米脂城实施了修葺工程，如用夯土加高或者加宽了寨墙，用坚硬的石块，重新垒门登。其后，洪武、正德、嘉靖、万历以及康熙、乾隆、同治、光绪等两朝多代又多次加固修整城垣，但并无西门。民国时期，又对新城进行了拓展和修建，其面积约为2km²，城南北长2.5km、东西最宽处可达1km，为不规则形制的三角形，修建前后共近900年历史。故民间传有"先有惠家砭，后有毕家寨"，"先有毕家寨，后有米脂城"之传说。

## 四　晋陕窑洞民居的景观类型概述

### （一）碛口建筑群系的景观类型概述

碛口及周边的古村落均依山而建，层层累进，错落有致，和自然地形有机协调地融合为一体，具有独特的黄土高原地方特色。民居主要采用窑洞建筑，形式多样，常见的有接口窑、箍窑、一柱香式窑。所谓"箍窑"，就是在平地上，先用木料绑箍成胎膜，胎膜形成拱形，在上面砌筑砖或石头，形成窑洞。接口窑就是从窑壁上平挖进去形成横穴，在洞口前面接一段箍窑。一柱香式窑，是最简单的窑洞，一般在崖壁上挖窑，门户仅留宽约1m、高约2~3m的入口，多为最贫困的人家居住。这一区域大户宅院的主要特点可归纳为"明柱厦檐高圪台"。所谓"明柱"是指窑洞前面没有包在墙中的独立柱子，"厦檐"就是窑洞前面的披檐，"高圪台"就是高高的台基。这些民居建筑构成的具有浓郁的黄土高原地方特色，同时也建有较完善的基础设施，如以洞巷解决了公共排水问题，形成了有序的空间组织。

### （二）米脂建筑群系的景观类型概述

黄土高原地域辽阔、地貌多样，聚落环境与居民建筑因地理位置与地貌的不同而呈现多种类型。米脂建筑群系，是黄土高原上典型的窑洞民居，大多是在黄土层内挖出的居住空间，于黄土层中隐藏着建筑，有些甚至没有明显的建筑外观竖立面。由于这种独特的建筑形式，米脂建筑群系的建筑就对自然黄土高原的形态布局存在着很强的依赖性，故而建筑群系的窑居村落，大体都是顺着沟坡山地等层层展开布局。这种布局方式的建筑形式最符合且秉承了中国古代所提倡的"天人合一"的哲学观念，是在处理人地关系中，人与自然和谐的代表，是一种绿色、生态、环保型建筑聚落，保持了原生态的自然环境风貌。

# 第三节 晋陕峡谷带窑洞民居生成环境比较

黄河中游晋陕峡谷地带分布着很多极具研究价值的窑洞民居。在这些古民居中，以明清时期窑洞建筑为主体的古民居承载了内涵丰富的社会、历史、文化信息。民居是人们生活的折射与反映，对民居空间形态的研究不能孤立的以纯建筑学范围来进行，应充分挖掘其背后各类影响因素。通过"相互作用力"对晋陕窑洞民居影响因素进行阐述，从而了解由于自然、经济、文化以及政治的作用力而造成的晋陕民居空间形态的不同。一方面，上述各类因素影响着民居空间形态的形成；另一方面在一地区历史堆积所形成的民居空间形态本身也作为一种文化模式沿袭下来，影响着这一地区民居自身的风格。

## 一 晋陕窑洞民居生成的自然地理环境比较

黄土高原地区天然的黄土层为原始人类居住提供了条件，"黄土"是陕北地区最为普遍的建筑材料。早在石器时代，原始人就用生土建造了各种建筑，如西安半坡氏族聚落遗址属新石器时代早期的仰韶文化类型、距今6000年，半坡遗址的半穴居、穴居和地面建筑都以天然黄土为主要建筑材料。古人在天然黄土断崖上营造洞穴这一具有原始特色居住形式，被我们的先民所利用与发展，时至今天黄土高原上仍然有生土窑洞居住者。

自然地理环境是村落形成、存在的基础，任何村落都离不开对自然环境的依赖，但不同功能类型的村落对自然的因借态度是完全不同的。当然，任何村落的形成，其作用力都不是单一的而是多元的，但多元之中必有最主要的、直接的作用力，黄土高原的自然地理环境便是这一因素。

### （一）晋西窑洞民居生成的自然地理环境

#### 1. 地理环境及自然条件

碛口位于山西西部的吕梁山西麓，临县的最南部。西靠黄河，隔河相望于陕西吴堡县；东与林家坪镇接壤；北与刘家会、丛罗峪镇毗连；南邻西王家沟乡与柳林县孟门镇。其地形东北高而西南低，湫水河从北而来纵贯全境，在碛口与黄河汇合，另有月镜河（小壶沟）从索达干村注入黄河。全境沟壑纵横，湫水河之东垣上村东山巅是其最高点。海拔高度达到1064m，海拔650m南部黄河出境滩头是其最低点。

碛口属于暖温带大陆性气候，故而碛口境内一年四季气候分明，气温相差很大，降水量季节性分明。是全县人口居住稠密的地区，且依山傍水，无现代化工业污染，空气清新，宜人居住。境内气候一年内多干燥，云量较少，多年平均太阳总辐射量为14.07kcal/cm²，太阳辐射程度较强，6月份最高值，辐射量高达16.9 kcal/cm²，只有每年的12月最低，辐射量只有6.8 kcal/cm²。

**2. 自然地理环境在民居上的反映**

自然因素是人类居住发生和发展的物质基础，直接影响和制约着民居建筑形式。因此，无论生产力如何发展，自然因素对民居空间形态的基础性影响作用也是无法代替的。

碛口地理上属具有墚峁连绵、山峦起伏、沟壑纵横、地表支离等特点的黄土丘陵沟壑区，该区是吕梁山向黄河峡谷延续而形成的。碛口民居建筑类型多以村落为单位，聚落形态完整、依山而建、层次分明、错落有致，与周边环境相当协调，有浓郁的黄土高原地方特色。碛口的建筑都是顺着卧虎山坡修建的，其间的院落都有通往相邻两巷的大门，院院相套而相通，由于特殊的地形与地貌，多存在屋顶与院落的叠合组织关系形态，层层叠建，多达3~6层。

### （二）陕北窑洞民居生成的自然地理环境

#### 1. 地理环境及自然条件

米脂，地处无定河的中游，位于陕西省的北部，南接绥德，北承榆林，西邻横山、子洲，东靠佳县，总面积1212km²，南北宽47km，东西长59km。该区是一个典型的黄土高原丘陵沟壑区，沟壑密集，地形受水流的影响呈现破碎景观，又因为黄土土质疏松易受水流侵袭，区域内各类小流域沟道满布，境内主要河流有小川沟河、马湖峪河、银河、金鸡河、榆林沟河、石沟河等33条，这些水系最终均汇入了无定河。

米脂属中温带半干旱性气候区，全年气候干燥，降水量较少，冬季寒冷漫长夏季炎热短暂，冬春之交多风，四季气温、降水分布分明，太阳辐射充足，白昼与夜间的温差较大，十分利于农作物生长，是黄土高原小杂粮主产区之一。据数据统计该地的年平均气温一般为8.5℃，历史极端最低气温－25.5℃，历史极端最高气温38.2℃，无霜期全年为162d左右。全年平均降雨量有451.6mm，为夏季居多，最小年降雨量186.1mm。

米脂县从总体上看地势呈东西高中间低，以自然河流中的无定河为分水岭，地貌上应当属于典型的黄土高原丘陵沟壑区，亦是以梁、沟、峁、川为主，境内山峁达20378个，沟道16120条。境内的海拔平均为1049m，其中海拔最高仅有1252m，最低的海拔高度是843.2m。

#### 2. 自然地理环境在民居上的反映

米脂一带现存的几处古村落，较好的保留了原生环境中窑洞形式原生建筑的全部特质，同时也是本土性原生建筑发展的最高阶段，也应该是终极性的杰作。由于黄土高原千沟万壑、梁峁起伏，村落大多选址在冲沟的阳坡上，沿等高线顺沟势纵深发展。米脂地区有自然村落396个，90%建在沟坡上，村落结构较松散由于依山坡而建并伴随沟壑走势变化，所以层层叠落，从整体看具有丰富的层次变化及村落轮廓线。这种在冲沟内发展的村落，特别是在坡度较陡的土坡上，高一层的窑洞院落往往是下一层窑洞的平顶。

## 二　晋陕窑洞民居生成的经济文化环境比较

民居空间形态的演化及其空间分布与生产力的发展水平关系密切。早期，因为生产力极为低下，人居环境受自然生态制约程度很大，随着生产力的发展，人们生产和生活的触及范围也逐渐地扩大。其后，是以农业为基础的经济分工的发展。经济基础的提升，促进了人的活动范围的扩大，也促进了人对居住环境的认知，从简单的民居形态转而出现了丰富的窑洞民居建筑。

文化在景观演化中毫无疑问的是要留下深刻的印记，民居建筑的装饰、布局等无不深受文化因素的引导。沿着绵长的晋陕峡谷带，晋陕各地区在历史发展中逐渐形成了富有独特个性的地域文化。它们对当地建筑的各个方面都产生了重要的影响。

### （一）晋西窑洞民居生成的经济文化环境

#### 1. 碛口经济文化状况

明清时期，碛口古镇已经跃居到了黄河中游重要的水旱码头的位置，有"九曲黄河第一镇"和"水旱码头小都会"等美誉。碛口商贸于清朝中期开始进入其全盛时期。清乾隆二十一年（1756年）《重修黑龙庙碑》载："临永间碛口镇，境接秦晋，地临河干，为商旅往来、舟楫上下之要津也。比年来人烟辐辏，货物山积。"民间亦有"驮不尽的碛口，填不满的吴城"、"碛口街上尽是油，三天不驮满街流"等民谣。可见其经济之繁荣，商业之发达。

碛口凭借其独特的地理位置与水运优势，自清朝中期一直到全面抗战爆发前夕的200年间，稳居中国北方著名的商埠重镇的地位，承载着经济、文化交流的重任。从地理区位上讲碛口处于黄河流域农耕文化的中心，周边农耕形态的文化必然对其有着很强的辐射与带动作用。同时，在明清时期，碛口又是黄河中游著名水岸码头，频繁的商贸活动形成了碛口的商业文化。农耕文化与商业文化的相互作用、相互交融是碛口在文化上的一大特点。

#### 2. 经济文化环境在民居上的反映

碛口一带大部分民居保留着黄土高原特有的窑居式建筑风格，但碛口曾作为一个重要的水旱码头，是晋商通往西北地区的交通枢纽，同时又是东西部建筑交汇的关键地带。由于经常与外界交流，人们也崇尚发展，追求新颖。突破了原生建筑院落格局，吸纳了由外部地区传入的少量建筑元素，这些外来建筑影响着黄土高原原生建筑。因此，碛口地区的本土建筑自然会有选择地吸取部分外来元素，但主体风格仍为本土特征的建筑群系。

碛口的繁华贸易成就了很多商贾巨富。一些人致富后就在镇上及周边村落大兴土木，修宅建院。这些院落依山势而建，层层累进，错落有致，最多垒叠达6层之多。碛口的院落以四合院为基本形式，但特殊的地理位置又使它带有明显的地域特色。出于商业的目的，各家货栈间形成了户户相通，院院相连的立体交通关系网。建筑的型制独特，多以窑洞式"明柱厦檐高圪台"的四合院为主。

### （二）陕北窑洞民居生成的经济文化环境

#### 1. 米脂经济文化状况

黄土高原是中华文明的发源地，是农耕文明最突出的代表，尤其是陕北地区。米脂是陕北历史文化沉淀的一个很重要的区域，它具有非常强的典型性、代表性。在以农耕为主的原生环境中，贸易形式只局限于农产品和基本生活日用品的交易，没有真正介入商业文化生活，跨区域的商业活动不太多，外部信息输入较少。农耕文化的传统意识在当地居民的心态中居于主导地位，当地人民重视农业，勤于农作，善于经营，终于把陕北一带的农耕文明发展到一个很高阶段。同时，该区域地处汉族与少数民族的交错地带，历来便是兵家必争之地。在该地历史上演的征战，不可胜数。明朝末年，李自成正是从这里"扯起闯旗，马踏幽燕，定鼎北京"。虽然频繁的战事在一定程度上影响了这里的经济发展，但同时也带来了民族的融合，对文化交流起到了一定的积极作用。在米脂，农耕文化与游牧文化呈现出相互交融、相互对抗的特点。

另外，由于米脂地区长时间的处于农耕社会环境中，并且较少与东部地区进行文化交流，所以这里的文化中表现出了很强的封建宗法观念。几千年中国传统文化，在人们心目中树立起了牢固的宗法礼制观念，早在西周时期即演化出了一套完整的社会礼仪，构成社会的伦理核心。生活在米脂的人们，一直坚守着这样一套宗法礼制，并把它们渗透在了日常生活的方方面面。

#### 2. 经济文化环境在民居上的反映

米脂是黄土高原农耕文明的杰出代表，传承了几千年的农耕文明对其建筑产生了深刻的影响。米脂的民居建筑往往要进行高标准的建造，形成规模大、院落大、管理完善的大地主庄园。以米脂三大地主庄园为代表的陕北黄土高原特有的原生建筑形式便由此而来。

由于遭受北方游牧民族的侵扰，使得这一地区的民居在院落形成时，就具有一定的防御功能。以米脂的姜氏庄园为例，北方游牧文化的影响最直接的反映到民居建筑上，其中井窑就是重要的进攻和防御处所，窑壁面向庄园外有瞭望口和射击口。通过瞭望口可以观测到庄园外的一切动向，若遇紧急情况，能起到预警作用，全院进入戒备状态。而在平时，瞭望口则用来察看来宾身份，以提前准备接待贵客，确认安置于西厢还是东厢。

封建宗法观念在米脂民居上也留下了很深的印记，在这里的建筑中无处不显示着封建传统文化对建筑形态的影响。《黄帝宅经》云："夫宅者，乃阴阳之枢纽，人伦之轨模，非夫博物贤明，未能悟道也。"一定意义上，指的就是民居空间布局上，体现出的尊卑以及伦理观念。米脂民居各个院落内外有别，用途专一，体现了"长幼尊卑有序，男女主外有别"的封建伦理。主人住房、厨房、管家房、佣人房、长工房、牲口房布置严谨讲究，等级森严，蕴涵着强烈的传统礼制观念和等级意识。同时，院落空间重礼仪规范。有些院落中体现起居生活的面积往往比体现礼仪活动的面积要小。而主院落的用途，其实就是为礼仪活动而营造的。因此，民居院落便成为主人身份地位以及等级的象征。

以米脂窑洞院落为例，在平面布局与营造中，就采用了空间上的伦理秩序，"礼"的精神审美意境，礼制精神上的宾主有别，也明显地反映在建筑的方位以及朝向等方面上。在院落营造与布局上，有明显地纵轴方向的轴线意味，从横向上看，院落则是左右大体均称、协调的。主建筑物依次建在中心轴线上，轴线上的房屋建筑布局，一般则是以"正高侧低"为原则的，即前院住屋为关系较为一般的亲属以及奴仆的住房，后房则为家长以及直系亲属的住房。在立面上体现为，前院必须低于后房的原则，其中侧房的檐口必须低于正房。房屋的空间布局，顺应了一定的人伦秩序以及宅院的中轴线，常以轴对称排列，明确区分的内外院，共同构成内在的网络格局。这是一种虚实相间、阴阳互补的布局形态，形成了主从、长幼层次鲜明的伦理秩序，富有浓浓的宗法礼制意味。

# 第四节　晋陕峡谷带窑洞民居景观形态的比较

## 一　晋陕窑洞建筑群的比较

### （一）聚落的选址与布局

聚落是一个宏观性的概念，一般而言民居聚落所处的自然环境的不同决定了聚落采用不同的布局形态，但也不可忽视在其发展形成进程中，农耕文化与商业文化的作用力以及社会、政治等因素的共同影响。对其具有宏观的认识，可以更好地帮助我们理解晋陕峡谷地带民居建筑，了解传统聚落的选址与布局[①]。

#### 1. 碛口古镇选址与布局

碛口古镇是河运发展中商业活动的产物，其在历史进程中，虽然有自发临近黄河而居的特点，但是当时的那种居住形式不能称之为一种聚落，只是一种零散性的居住户。明朝时期由于政府政策的作用，碛口一带的商业开始兴盛，碛口的建筑群选址与布局才开始兴起，但其并不是无目的的选址与布局，在商业文化强调组织性、纪律性、互助性、实用性的前提下，当地成立了一种商业性的行会组织，进行有意识的布局。

碛口的民居选址因地而宜，整体感很强。碛口最明显的地理影响因素便是黄河，受水系地理条件的制约与作用，这是碛口布局中最为显著的一个自然因素，其在商业文化因素的引导下，从乾隆年间开始大规模修建，逐渐形成了坐落在黄河与湫河汇合的三角地带，背靠卧虎山的碛口建筑群落。在该建筑群落中，商业文化是布局主导性的因素，对建筑布局起着人为的、或不自发的影响，以商业为基础，经过历年的修建，逐步形成了有3条主街道，长约5华里的民居、商号、店铺、等建筑群。碛口的主街道，其东来北拐，长达5华里，顺着卧虎山又有要冲巷、驴市巷、画市巷、当铺巷等十三道30°左右的小巷，连接着大大小小几百个店铺。而这些店铺则构成了碛口建筑的群落景观。由于水系、黄土高原特殊的自然条件限制及建筑风格、规模的不同，自然形成了形态各异、参差不齐、高低错落、鳞次栉比的布局。建筑在山脊上延伸，层层叠叠，互相垒加，街巷之间可以曲折地相通，或者穿过货栈、商号相连，形成方便而又复杂的交通网。

#### 2. 米脂古城选址与布局

米脂建筑群的选址与布局从上文已讲到的历史沿革中可以看出是农耕文化对自然等其他因素作用力下，从民间自发开垦良田，到政府有组织的屯垦，是一种随着农耕经济基础确定后，在时间的推动下累积形成的一种聚落形态。

---

① 霍耀中,刘沛林.流失中的黄土高原村镇形态[J].城市规划,2006,2:46-78.

　　米脂窑洞古城的院落随着山势变化而变化，它背依着盘龙山和文屏山以及东沟，无定河由西北方向向东南方向，流经米脂古城的西侧，银河以及饮马河是由东向西穿越米脂古城然后注入无定河。在无定河的东岸，盘龙山、文屏山以及东沟之间，形成了由平地逐渐到缓坡的地势，古城就顺应这独特的地形，建立在这块风水宝地之上①。古城的选址，恰到好处地符合了中国传统聚落选址的风水理念，进而形成了独具特色的良好环境。农耕文化是一种小农经济的文化，其发展不足以导致民间阶级等级的区划，故而在很长时间米脂的窑洞聚落保持着一种小农经济形态的聚落居住模式。窑洞民居院落不是建在坡地上，就是建在沟壑里面，或者是建在土崖之上，呈现出了形态各异的布局。在其后的历史发展中，由于商业文化的渗入，小农阶层开始日益分化，分成两个日益对立的阶层，而富裕后的阶层多受传统儒家观念的影响，大量的买房置地，故而在此商业文化只是对其经济成分的改变，并未对其主导的建筑因素——农耕文化产生过大的冲击力。地主阶层，也就是中国传统社会的地绅阶层，日益占据主导地位，开始形成以他们为主的空间聚落布局形态，其对建筑空间进行了完善的利用，古城也逐渐形成了。古城背靠盘龙山，从盘龙山脚下的缓坡到其山腰，聚落的街巷大多与山势的等高线平行，院落则是分布于街巷的两侧，整个聚落呈先出了蜿蜒曲折的阶梯状形态。这也带来了从上而下窑洞建筑类型的不同；在上面的，依山势多建成靠崖式的窑洞院落；在下面的，多建成独立式的窑洞院落，因此造就了独具特色的窑洞聚落景观。

### （二）聚落的交往空间

　　传统的场所空间与人们的交往活动是密不可分的。《交往与空间》是杨•盖尔的著作，书中曾将交往空间的活动划分为了3种类型：（1）社会性活动。（2）必要性活动。（3）自发性活动。其中社会性活动包括有民俗节庆、赶会等活动；必要性活动包括有生活劳动和生产劳动等；自发性活动包括了休憩以及交流等。

　　1. 碛口建筑群的交往空间

　　商业文化背景下的碛口建筑群聚落景观是由当地的商户、官府为主体构成的，其中商户居于主导地位。它所包含的必要性活动有商业贸易、货物中转运输、渡口、官府的收税、监管等；自发性的活动互动包括交流以及休憩等，如，碛口古镇的八方街。社会性的活动包括祭祀（祭祀黄河水神、财神等）、节庆、民俗等，如，黑龙庙、耶稣堂。而相对应这些活动，就必然会有相对应的一定的场所、实体空间即建筑空间对其进行支撑，这些建筑空间的组合便构成了碛口建筑的交往空间，如下所列：

　　必要性活动：黄河、湫水河、碛口码头以及居住住房等。

　　自发性活动：骆驼圙圙广场、门前院前等。

　　社会性活动：商铺、集会、黑龙庙以及耶稣堂等。

　　2. 米脂建筑群的交往空间

　　农耕背景下的米脂建筑群聚落景观是由当地的民众，也就是农民与地主构成的，但农民是居于主导地位的，其生产劳动、挑水、洗衣、做饭、普通的集市贸易等活动便组成

① 吴昊等.民居之本源——米脂窑洞古城[J].室内设计与装修，2009,(8):15-18.

了其日常生活的必要性活动；自发性的活动有交流、休憩等；社会性的活动包括赶集、节庆、民俗（社火、唱大戏）等。而相对应这些活动，米脂也形成了自己的一定的交换空间，如下所列：

必要性活动：井台、马棚、厨房以及居住住房等。

自发活动：街道，大树石凳，门前院前等。

社会性活动：当地宗祠，具有防御、出入的聚落入口，寺庙以及戏台等。

### （三）核心聚落群形态的比较（景观基因形）

建筑形态的布局，受各方面因素的影响，具有多种形态，一个群系里，更是有可能包括了3种以上的建筑形态布局，为了突出可比较性，突出主要矛盾，故笔者在此仅对群系的核心聚落形态进行比较。碛口建筑群系核心聚落为碛口古镇，米脂建筑群系核心聚落为米脂古城。

#### 1. 碛口古镇景观形态——条带式

碛口的布局主要依据在结构体系中的规模、建筑群之间的强度、经济辐射范围，并与村落道路网、排水系统相协调。它的布局形式主要是条带式。碛口古镇西濒黄河，坐落在三角冲积台地上，是黄河与湫水交汇处。整个布局因地就势，依山傍水，呈条带状分布。耕作范围垂直于村落延伸方向发展，便于农业生产，碛口古镇是黄河中游著名水旱码头。

#### 2. 米脂庄园景观形态——自由式

米脂建筑群布局主要是自由式。自由式在聚落的空间布局形态上呈现无规律分布的一种格局，分布也比较广泛，尤其在丘陵山区。这种布局的形式体现出了人与自然，协调发展的独特的聚居模式。

## 二 晋陕窑洞聚落——街巷的比较（景观基因链）

在形成了一定规模的聚落景观后，人们在为了更好地服务于农耕或商业文化的背景下，必然会自发或不自发的形成一定的街道建筑景观，这是一种中观性的建筑形态。一般而言，街道大体上分为街与巷两种形式。

街分为两种形式，即主街与次街，聚落的主干是由主街与次街构成的，主街以及次街的走向体现了与自然环境的融合，或者是与周围人文环境的融合。村落是由主街或者次街的走向、朝向与周围环境建立联系的。通过主干与自然格局相联系，沿着主街与次街向城市发展的，连接城市作为城市的生长轴，最终影响村落的发展。

巷是仅次于街道的一种，大多都垂直于街道或者延伸到主要的干道。巷的功能纯粹是生活性质的。

### （一）碛口商业街

碛口古镇是商贸古镇，各种商行店铺构成了碛口建筑的主体，可以看到鲜明的北方商贸集镇的特点。碛口古镇最为典型的代表便是它的商业街巷，分为一条主街道与其他小的街道，是其本身所代表的商业文化的精髓所在，也是商业文化影响下的建筑布局形态的主要体现者。

碛口古镇核心区的大街较为宽敞，小巷则较为狭窄，街巷呈"丰"字形相连。主要的街道有：东市街、中市街、西市街。这3条街我们俗称为五里长街。除了主街之外，还包括有13条小巷。碛口商铺大都是平板门，而且门前有高圪台。西市街又称后街，多为经营油盐、粮贸等的大型货栈，如荣光店、大顺店、四十眼窑院、天聚永等。西市街的建筑类型多为四合院。东市街又称前街，多经营百货、日杂、副食等的零售业和服务业，也是骡马、骆驼运输店集中的地方，规模较大的有三星店、义和店等。东市街上建筑大都比较简陋，多建高圪台，既可陈列货物，又可防洪。大街两侧一般为店铺的门面或货栈、骡马骆驼店的倒座大门，高度相对较小，空间较为开敞。中市街多为金融机构，如钱庄、银行、票号等，是连接东市街和西市街的街巷，曾是镇内最热闹的街道。小巷以石板铺砌，两侧都是高墙，有几条小巷还留有过街楼，由于路窄墙高，构成封闭感较强的外观。几条竖巷还兼有排泄洪水的功能，与山形相呼应，把雨水直接排入黄河。

### （二）米脂街巷

米脂的街巷则不像碛口的街巷具有那么清晰的性质与定位，其功能是多样性的，但在农耕文化经济基础的制约与影响下，其主要功能还是服务于农耕社会的各项生活活动的。

其布局采用了中国县城（城市体系）特有的规划形式，采用一条以鼓楼所在的主街道为主，另外有3条分别以方位命名的街道，皆与城门相连接。米脂古城的街道主要包括有街与巷，古城内4条大街与南门街，形成十字。西大街与北大街交汇，地面铺装则是采用了石板路面，其他的巷道，分布于4条主街道的周围，呈现不规则的网状形式。大多数街巷的走向是根据地形的方向作为排水的方向，同时也满足了街巷乃至整个古城布局的合理划分。

## 三　晋陕窑洞民居——单体院落的比较

本书为了使比较研究的结果更为详尽，更为透彻，以碛口建筑群系中的彩家庄为例进行阐述，彩家庄作为晋商古道上的一个重要节点，与碛口有着千丝万缕的联系，它是"碛口古建筑群"研究的重要组成部分的一类典型院落。米脂建筑群系中则以常氏庄园为例进行基本单元的比较。

## （一）窑洞民居构成的基本单元（景观基因胞）

### 1. 大门入口

大门入口在住宅中占有重要的地位，它既是建筑物的入口，又是通往外部世界的主要通道，同时，更是房屋主人的象征。因此，构成窑洞民居空间布局的重要元素之一便是大门入口。

碛口彩家庄：彩家庄坐西面东，错落在黄土沟壑的半腰间。院落布局精巧，院门大都朝向东北角，有避讳"衙门口朝南开"这一说法。彩家庄的大门空间利用因势造型，匠心独运。整个院子原生环境非常完整，左磨右碾两大农具端放在院子正中，与一口古老的旱窑一同见证着这座屋宇的春秋变迁（图4–12）。

米脂常氏庄园：米脂常氏庄园的入口，一般都设置在院落纵轴线的正中。有所不同的是常氏庄园有门屋的设置，门屋一般为单开间，倒座中开门，以房屋的形式独立于主体建筑之外。大门外左右各7个拴马桩。值得关注的是，从建筑细部考察，门旁的福禄寿砖雕十分精到，纹饰细腻工巧，人物栩栩如生。上、下两院之间的垂花门更是巧夺天工，两侧各有神龛威仪端方，左右照壁"鹤鹿松竹"，寄托着主人对生活的美好愿景。门口有两座雕刻精美的石狮。垂花门则是以卷棚顶与照壁门相连（图4–13）。

### 2. 正窑

在窑洞院落中，位置处于正中（坐北朝南）的房子，称为正窑。正窑即窑洞四合院的正房，为房屋主人起居之所，在建筑中居于主导地位，是单体建筑的主要功能，是单体建筑间进行比较的最为重要的部分。

碛口彩家庄：院中正房三间，但有些院落多则五间，甚至多达九间，其多是经商富

4-12 | 4-13

图4-12 碛口群系彩家庄大门
入口（王凡绘）
图4-13 米脂群系常氏庄园大
门入口（王凡绘）

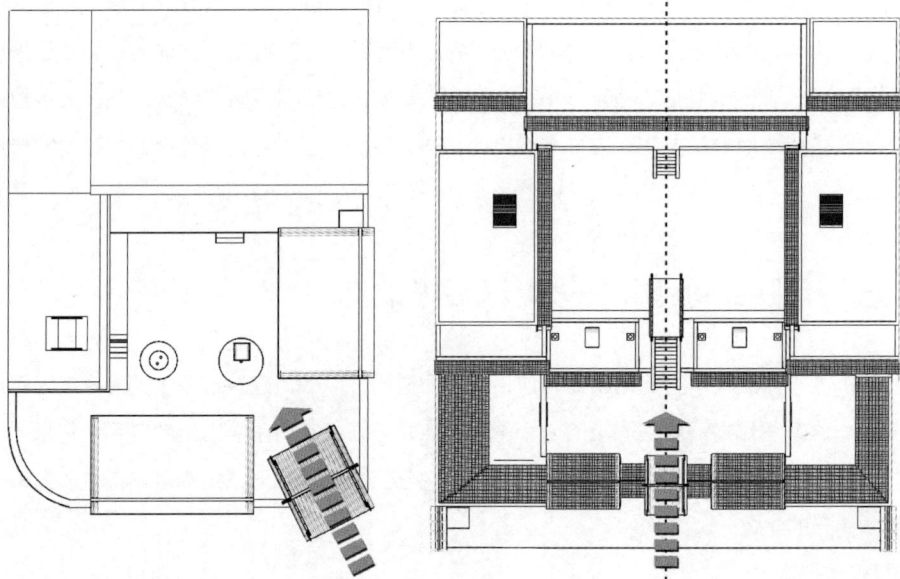

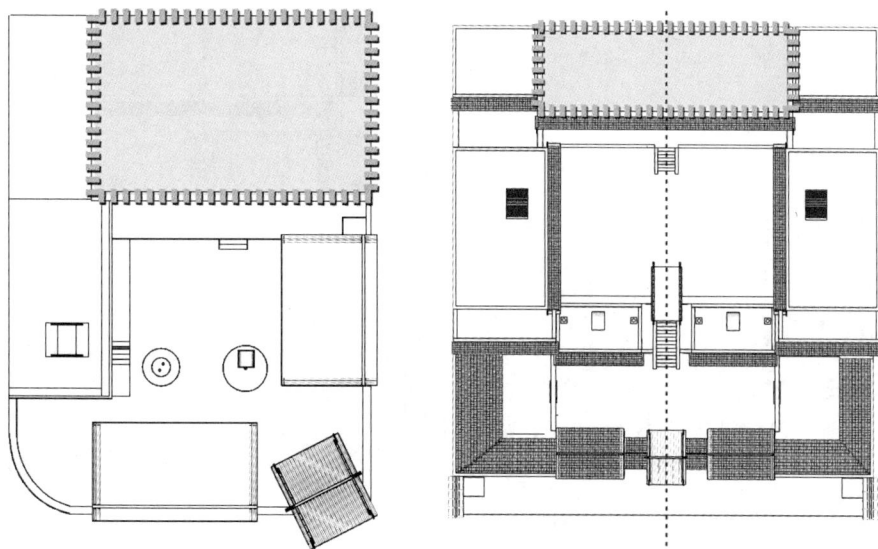

4-14 | 4-15

图4-14 碛口群系彩家庄院落
　　　正窑（王凡绘）
图4-15 米脂群系常氏庄园院
　　　落正窑（王凡绘）

裕后建筑，正房外立面装饰精湛而且寓意吉祥，表现了对家庭和睦、幸福美好生活的追求
（图4-14）。

　　米脂常氏庄园：开间为三开间或五开间，有的正窑为九开间，为了强调正房中主人的
地位，还在正房前设一大露台，围以低矮的砖砌花格栏杆，则是正房主人专用的室外空间
（图4-15）。

　　3.厢窑

　　厢窑，是指正窑两旁的房屋，在三合院、四合院规制的窑洞院落中，由于正窑通常坐
北朝南，因此厢窑通常在东西两旁相对而立，其中东厢房位于东侧，坐东朝西，西厢房位
于西侧，坐西朝东。

　　碛口彩家庄：院子采选当地风水格局和风俗习惯，两面厢房一为窑洞，一为砖瓦房，
正房对面为杂物房、马厩、厕所等。窑洞与单坡顶的房屋和谐相组，房屋间的接合巧妙而
精彩，构成了一户组合式四合院（图4-16）。

　　米脂常氏庄园：院子中轴对称，厢窑则以两侧分别为三开间，依据当地的风俗东厢窑
要比西厢窑略微高出一筹，大约在20cm，用于招待地位尊贵的宾客（图4-17）。

## （二）窑洞民居四合院的形态特征比较（景观基因形）

　　自从人类出现，就不断以意识形态指导行为而改变着外在的世界，进而满足人的各种
需求。而这种意识形态，便是一种文化因素，并在历史的进程中不断发展与交融。先进、
外部、多元的文化从东部发达地区不断输入，丰富了当地的文化。四合院落，这种民居院
落便是十分典型的代表之一。即院落以四合院为基本形式，在黄土高原窑洞民居，将四合
院很好地融合到了窑洞建筑完美结合，布局与造型丰富多样，达到了很高的艺术水平，至

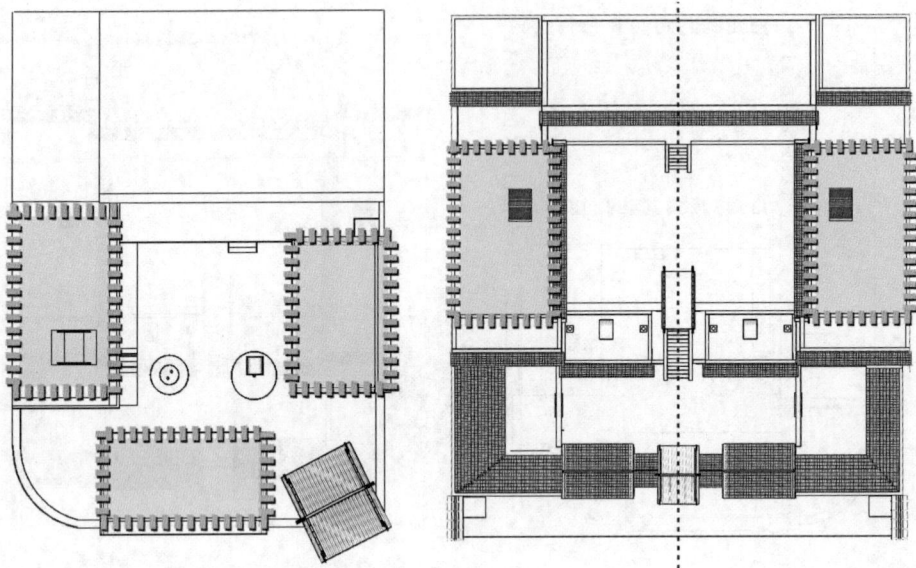

4-16 | 4-17

图4-16 碛口群系彩家庄院落
厢窑（王凡绘）
图4-17 米脂群系常氏庄园院
落厢窑（王凡绘）

今仍焕发着诱人的光彩。

在书中，重点对其商业文化与农耕文化进行论述，探讨碛口、米脂两地的四合院建筑形态。商业文化以其活跃的流通性，商业需要在"汇通"中产生利润，得到发展，商业求新、求变，只有这样，商业才能更好地立足，商人才能获得更大的收益，故而商业的活跃性，是商业文化的一种显著品质。而农业文化则具有较强的保守性，这是一种自闭性的经济体系，强调传统的男耕女织，自给自足，强调封建礼教对生活的约束与指导作用，注重家庭的伦理道德。综上，故而体现在四合院落形态上，碛口的四合院形态赋予变化，米脂的则较为中规中矩。

1. 碛口民居四合院的平面布局及形态特征

笔者在此以彩家庄的一处院落作为碛口院落的典型代表进行论述。彩家庄园是一处由经商而致富的人家院落，院落布局精巧，院门大都朝向东北角，该院落的平面布局即采用了传统的四合院形态，保留了碾子、磨等传统的农耕文化遗留，同时，又采取了紧凑的布局，突出院落的实用、便捷的居住功能，充分利用了建筑的每一处空间（图4-18）。

碛口建筑群系的演替过程，其产生的首要诱因便是外部信息的影响和渗透。其形态特征采用了正窑、厢窑、倒座等几种形态，融合了当时东西部窑洞建筑形态已采用的形式，体现了商业文化下的民居形态较强的互动交流性与实用性（图4-19）。

2. 米脂民居四合院的平面布局及形态特征

笔者以常氏庄园作为米脂院落的典型代表，进行论述。常氏庄园是现存的当地一处著名的地主庄园。该院落平面布局，纵向上，轴线意味明显，房屋建筑布局遵循"正高策低"的原则；横向上，左右格局，蕴含着强烈的传统礼制观念和森严的等级意识（图4-20）。

　　米脂建筑群系受封建农耕文化的深刻影响，故其建筑形态上讲究"明五暗四六厢窑（倒座）四围窑"，采用二进制院落，是陕北窑洞四合院的典型规制。形态特征较为保守、规整，对外来文化、建筑形态的融合很少，可见农耕时代等级森严的封建礼制在陕北地主庄园中达到极致（图4-21）。

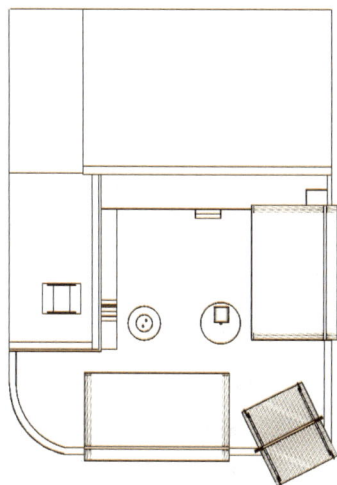

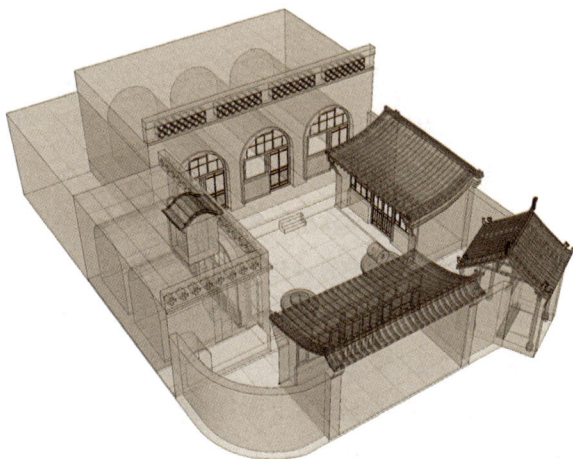

| 4-18 | 4-19 |
|------|------|
| 4-20 | 4-21 |

图4-18　碛口群系彩家庄院落平面图（王凡绘）

图4-19　碛口群系彩家庄院落模型

图4-20　米脂群系常氏庄园院落平面图（王凡绘）

图4-21　米脂群系常氏庄园院落模型

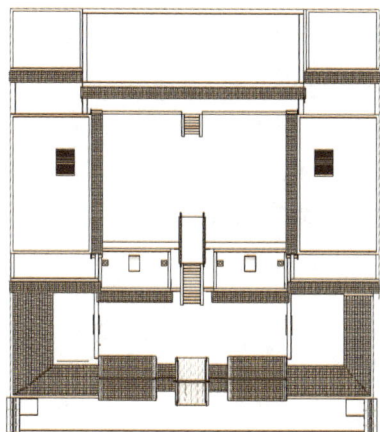

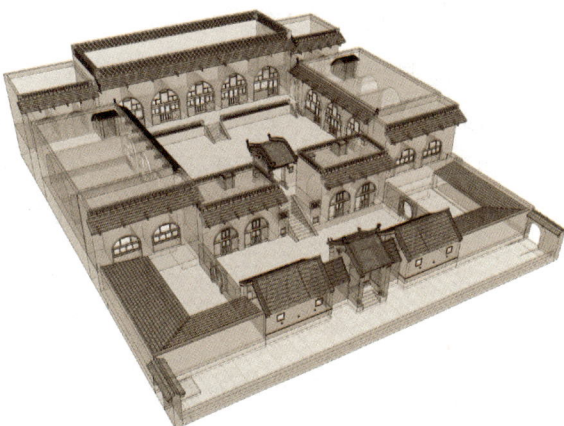

## 本章小结

本章在对窑洞建筑聚落研究的基础之上，着重从文化影响因素这一角度入手，引进景观基因概念，在农耕文化与商业文化两种文化的角度上，以及两种文化对立交融的基础之上，对"晋陕峡谷带"的窑洞建筑景观要素及其群落进行了较充分的分析，得出了以下几点思考与认识。

首先，建筑群系的形成，虽然受到自然因素的决定性作用，但在其后的发展过程中，文化因素则逐渐在影响因素中居于主导性、决定性的地位。对文化因素这一本质现象的认识，才能更好地促进我们对古建筑分析与比较的研究。在中国传统社会中，尤其是内陆地区，对建筑聚落的形成影响较大的文化因素主要就是农耕文化与商业文化两种。中国多数聚落、古镇都是由这两种文化一种起主导性作用，两种文化相互交融下形成的。如晋陕峡谷带中的碛口古镇、米脂古城，就是集商业文化与农耕文化于一体的典型代表。

其次，对这一文化因素的具体分析可以具体到建筑的宏观、中观、微观3个角度进行分析，即建筑群系的聚落景观、街巷的布局、单体建筑的分析角度。通过对其中富含的文化因素的阐释与比较，我们可以发现它们的不同之处，也即两种文化的立足点，两地聚落的相同之处，两种文化的融汇点。

再者，两种文化同受晋陕峡谷带以外的农耕与商业文化影响力的作用，尤其是东部建筑文化向西部原生建筑渗透过程中，本土建筑自然会有选择地吸取部分外来元素。以特殊的主流文化特征，通过官道和商道，由东向西，逐步渗入，在晋陕峡谷地带形成了以窑洞建筑为主体形态的，融入不同建筑形态、文化的聚落景观。简而言之，在这个发展与完善过程中，其建筑特质并未丧失原生性，这也是其建筑研究的价值与立足点所在。

chapter **5** 第五章
# 黄土高原传统聚落景观与文化旅游
## Loess Plateau Traditional Village Landscape and Cultural Tourism

任何一个聚落景观都是该区域乡土文化的综合表达，研究一个区域的聚落景观必须了解该区域的乡土文化。聚落景观的保护同时也是乡土文化的保护。

文化生态保护是对一定区域的物质与非物质文化遗产及其生态环境的整体保护。每一个聚落本身就是一个物质与非物质文化遗产的整体表达。聚落景观中的建筑和古迹是物质文化遗产的主要组成部分；聚落景观中的地方文化、思想内涵和传统价值观等等，是非物质文化遗产的重要组成部分。非物质文化遗产的保护和传承，往往比物质文化遗产的保护更为紧迫。近代以来传统文化受到很大冲击，相对而言，晋陕黄河峡谷带的传统文化相对地保留和传承得较好。本章列举晋陕黄河峡谷中山西沿岸民俗文化为实例，以碛口古镇为中心，上、下游各选取了一处，开展民俗文化景观的梳理和挖掘，从而为该区域聚落景观的整体保护探寻景观基因。

黄土高原传统聚落景观保护与文化旅游地规划是黄土高原传统聚落研究的重要内容，有利于传统聚落景观资源的保护和旅游开发。黄土高原文化旅游包含着具有地方文化基因的非物质文化遗产和相关的聚落景观及其整体的生态环境等文化形态。本章以作为世界百大濒危文化遗址之一的碛口古镇为例，借助文化旅游地保护与规划的"景观信息链"理论[①]，探讨了碛口古镇传统聚落景观旅游地规划的理论和方法，并在此基础上，结合碛口古镇建筑之形与文化之态，一并探讨其"形态有机复合"的问题。

① 刘沛林."景观信息链理论"及其在文化旅游地规划中的运用[J].经济地理,2008,28(6):1035-1039.

# 第一节　晋陕黄河峡谷中山西沿岸民俗文化

唐代大诗人李白在《将进酒》中写道："君不见黄河之水天上来，奔流到海不复回。"形象生动地描绘出波涛汹涌的黄河水在晋陕大峡谷中一泻千里的壮丽气势。黄河作为中华民族的母亲河、文明的发祥地，在中国历史发展进程中发挥着重要的作用，尤其是黄河中游的晋陕大峡谷段，长期处于黄河流域中心文化地带，作为一条深邃厚重、纵横千年的文化走廊，浓缩了黄河文明和厚重黄土文化，对中原地区有着广阔的辐射力、吸引力和凝聚力。

黄河晋陕大峡谷从山西境内的河曲到禹门口约1000km，北部紧邻内蒙古，西隔黄河与陕西相望，南部与陕西、河南相接，地理位置的特殊性决定了山西黄河沿岸北、中、南部各有特色的地域民俗文化。源远流长的黄河文化属于典型的农耕文化，在很长时间因交通和社会发展缓慢的缘故处于封闭状态，在水路、旱路运输的商贸活动出现之前，黄河流域的村镇基本上以发展农业为主。晋陕大峡谷不同区段的独特地域环境和社会风俗习惯，造就了其各具特色的文化类型。而最能够直接体现地域特色的便是民俗文化，它们以最本真、最直接的姿态宣示着民众的情怀。黄河沿岸流传着风格迥异的民间艺术形式，它们记录了民众最鲜活的历史，以不同的方式讴歌着生命，抒发着情怀。根据地形地貌以及河道的走向，研究中选取了河曲、碛口、河津三个区域，探讨山西黄河沿岸独特的民俗文化。

## 一　农耕文化、游牧文化影响下具有浪漫情调的河曲民俗艺术

河曲县位于晋西北黄土高原上，东界偏关、五寨，南界岢岚、保德，西、北隔黄河分别与陕西、内蒙古相邻，是一个"金鸡鸣三省"的特殊地区。黄土高原植被稀少，千百年来在自然和人为的双重作用下，地表支离破碎，水土流失严重。由于春季干旱多风，夏季涝灾连连，冬季寒冷干旱，农业生产落后。历史上当地粮食短缺，农产品不足以维持生计，多有人外出经商谋生。同时，山西北部及西北地区为中原汉民族与北方少数民族相融交汇之地，西北地区的游牧民族不断侵扰山西边境。游牧民族入侵的同时带来了游牧文化，经过社会历史文化渗透，在这里形成了一个集军事、商业、民俗于一体的边关聚落。

河曲非物质文化遗产非常丰富，不仅数量众多，而且涵盖内容广泛，种类齐全，从民间文学到民间音乐、舞蹈、戏曲、曲艺，从民间美术到民间手工艺，从生产商贸到民间阴阳、风俗等，勾勒出了古边关地区的风土人情和生活百态。

河曲素来是有名的歌乡，被誉为"民歌的海洋"。明代就有"户有弦歌新治谱"，"儿童父老尽讴歌"。在河曲，民歌是非常普及的，嘹亮、高亢的民歌是河曲人对生活的浪漫表达，这些曲子直接产生于民间，并长期流传在农人、船夫、赶脚人、牧羊汉以及广大的妇女中间，反映着生活的方方面面，是河曲人民生活的生动画卷。这些歌由大众口头创作，并在流传中不断地得到丰富和发展，歌词越加精炼，曲调渐臻完美，具有很高的艺术价值。经过600多年的孕育、成型、交融、发展，河曲民歌已成为以山曲儿为主，辅之以小调、号子、二人台等多种形式、风格独特的民俗艺术。

因受中原农耕文化和北方游牧文化的双重浸润，再加上走西口的独特历史，河曲民歌饱含了农耕与游牧的双重文化特点，是蒙、汉两个民族文化相互吸收、相互交流的产物。无论从内容上还是从形式上，它都体现着这种独特的民俗文化特征：与内蒙古的"长调"相类似，河曲民歌音调嘹亮悠扬，节奏自由，表现出河曲人质朴、爽朗、热情、豪放的情感与性格。在河曲民歌中，坦诚率直的民情几乎随处可见，其中以情歌尤为突出，如《双山梁》："哥哥你要走来妹妹我把你留，白圪生生小绵手抓住哥哥的粗胳膊推在炕里头"，"哥哥我要走来妹妹你把我拉，一产新的（那）白布衫衫扯成一个穿不成的（咳个呀呀）半截凉褂褂（唉）"。《打鱼划划》："满树树果果一颗颗红，哥哥我就爱你一个人"，"大水刮不断芦草根，小妹妹终究是哥哥的人"等，对内心的感情表达很直白、大胆。

河曲靠近内蒙古，带着一些游牧民族的生活习俗。当地也发展畜牧业，主要以牛、羊为主。在民歌中有很多反映放牧生活的内容，如《五哥放羊》中："六月里，二十三，五哥放羊在草滩，身披蓑衣他手里拿着伞，怀中又抱上放羊的铲"。《羊倌歌》中："一朵朵白云天上飘，一群群肥绵羊青草湾湾里跑"。《受苦人在外谁心疼》中："绵羊山羊五花花羊，这地方不如南沙梁"，这些唱句带有鲜明的游牧民族生活气息。

河曲民歌中也有很多描写农业生活的内容，耳熟能详的如《割莜麦》、《刨洋芋》、《掐谷子》等唱出了风趣热闹的劳动场景，在《锄田汉口诀》中对农业技术有详细的描述。同时，以物产作比兴的句子，在河曲民歌中比比皆是，糜子、谷物、韭菜、荞麦，"见甚唱甚，想甚唱甚"。人们经常把农产品作为托物起兴的物质对象，来比附内心的情感，例如"葫芦开花拉长更，挖心要命离不转"；"青菜芫荽半畦畦，父母主婚不愿意"等唱句，充分体现了河曲人生活中的农耕文化。

河曲紧邻黄河，民歌中表现黄河的曲子比比皆是，例如《天下黄河九十九道弯》：

天下哟黄河九十九道弯，

亲不过我这水来，爱不过我这山，

厚不过这黄土，高不过这垴，

美不过羊肚子毛巾三呀么三道道兰。

坡坡上那犁哟，河滩上那个纤，

拽出那个口头千千万。

苍劲质朴的唱词，勾勒出广阔的黄土高原、曲折蜿蜒的九曲黄河，彰显出了黄河边黄土高原的独特景色，是河曲独特地域风情的真实写照，展现了千百年来黄河边劳动的场景。登高才能望远，在黄土垣上眺望九曲十八弯的黄河向前蜿蜒而去，这是何等壮阔的景色。

世世代代耕种在黄土高原上，旱灾、黄河泛滥涝灾、黄河凌灾等自然灾害困扰着河曲人，但是河曲民众的心态始终是乐观向上的。他们用具有浪漫主义色彩、乐观奋进的歌声来激励自己，如《黄河水长流》：

> 黄河水长流，日夜不停留，
>
> 祖祖辈辈千年哟，河畔度春秋。
>
> 黄河水长流，流不尽的喜和愁，
>
> 多少情多少歌，儿女们记心头。
>
> 黄土里滚，浪里头游，日月担肩头。
>
> 风再大，雨再猛，稳稳向前走。
>
> ……

河曲民歌中还反映了一类特有的民俗：走西口。灾年，为了养家糊口，河曲农民纷纷奔走内蒙古河套，远赴察哈尔、绥远乃至更遥远的地区垦荒、挖煤、拉骆驼、做小生意。由于离别时间长，通信又困难，因此每当走西口时，都会出现不少撕心裂肺、难舍难分的场面。他们生活的苦、创业的难、真挚的情，化为早期河曲民歌不尽的创作题材和绵厚苍凉的醉人曲调。因此，出现了以《走西口》为代表的西口民歌，《走西口》中从有了走的想法、和家人商量，到准备走、离别、路上的境遇、在外的状况，再到想回家、准备回家、回来的路上、快到家的心情以及到家的喜悦等等，无所不包，翔实而全面。例如：

"哥哥走妹子拉，一拉一拉好难活。"（《一拉一拉好难活》）

"走三步，退两步，腿把把好比绳拴住。"（《背起铺盖哭上走》）

"哥哥走出二里半，小妹妹还在房上看。"（《真魂魂跟上你走了》）

"一主万意往回走，没估划半天阴伸下一只手。烧车（他）又杀牛，打伤了哥哥的腿，逼得那苦命的亲亲刮野鬼。"（《刮野鬼》）

男人走西口，在外受尽辛酸，很多走西口的人再也没有回到家乡。为了悼念远去的亲人，人们举行一系列的仪式，河曲河灯会就是这些仪式中比较独特的并延续下来的古老习俗，具有鲜明的黄河民俗文化色彩。它集祭禹、悼念亡灵、祈福于一身，用放河灯这种形式来寄托对故去人的哀思和对未来的美好企盼。河曲河灯会在每年的农历七月十五前后3日举办，人们将亲手制作的各种形状的"河灯"放于河中，为那些茫茫黑暗中的孤魂指点迷津，保佑风调雨顺，百姓安居乐业，平安吉祥。

在河曲，还流传着凤阳歌、跑旱船、舞龙灯、斗"活"龙、高跷舞、灯游会等民间游艺活动。河曲人用自己独有的方式在这片土地上书写着生活，他们用高亢嘹亮的歌声传递着悲喜，诗意地张扬着纯朴的生命，以昂扬的心灵记载着民间历史。

## 二　市井文化、水陆码头形成具有现实色彩的碛口民间文艺

　　碛口镇位于吕梁山西麓，临县之最南部。西濒黄河，与陕西吴堡县隔黄河相望。在大规模的商业活动没有出现之前，碛口以发展农业为主。清朝初年，边疆稳定，民生平和，生产发展促进了商贸的繁荣。黄河上游地区的农牧业产品进入内地市场，繁忙的贸易催生了廉价而高效的黄河水运。碛口处于晋陕大峡谷中间，千里黄河流经碛口处，并在此转弯，河道由400多米缩为80余米，与从北而来纵贯碛口镇的湫水河汇合。湫水河挟大量泥沙汇入黄河，在两河相汇处堆积成一个千米长碛，俗称"大同碛"，致使河运受阻。于是，在天时、地利、人和的条件下，碛口就成为我国千里黄河水运中承接西北、辐射华北及中原的水旱转运码头。繁盛时期，上千艘的木船、皮筏子和连绵不绝的叮咚驼队，驮走西北地区的粮食、麻油、盐、碱、药材和皮毛，运来华北、中原地区的布匹、绸缎、煤油、茶叶、生熟铁制品、瓷器。

　　由此，碛口一跃成为我国北方著名的商贸重镇，成为西接陕、甘、宁、蒙，东连太原、京、津，为东西经济、文化之枢纽，享有"九曲黄河第一镇"、"水旱码头小都会"之美誉。碛口至今还保留着质朴原始的黄河人家农耕时代的生活方式，又被专家誉为"活着的古镇"。古镇内有数量丰富且保存完好的明、清建筑，主要有货栈、票号、当铺等各类商业性建筑和庙宇、民居、码头等。几乎包括了封建制度下民间典型的漕运商贸集镇的所有类型。

　　繁华的商业文明影响着碛口镇的发展，黄河船运水上运输和驼队马车陆路运输的长时间繁荣，造就了船工行和车夫业。加之粗放的商业活动，使得文化带有了鲜明的市井属性。这里所有的民俗活动、民居建筑、宗教仪式等都带有强烈的实用性、功利性和质朴性。在伞头秧歌、九曲黄河阵、盘子会、道情剧等民俗活动中都体现了黄河流域集镇世俗文化特色。

### （一）伞头秧歌

　　秧歌是汉民族具有代表性的民间舞蹈形式，主要流行于我国北方地区，起源于农业劳动。民谚云"十里乡俗不一般"。碛口当时是"晋商西大门，黄河大码头"，经济的繁荣自然带来文化的兴盛。

　　碛口秧歌由伞头领队，大唢呐伴奏，阵容庞大，形式多样，细吹细打，扭步优雅，统称"伞头秧歌"。伞头是秧歌中的主要角色，由德高望重且能说会唱的人担当。特别是出村秧歌，伞头就更为重要，一支秧歌队只允许挑一把伞，主伞头想歇会儿，"贴伞的"再挑起来。秧歌队的表演不像戏剧固定在舞台上，而是走村串巷，到村头院落表演。进入场地由伞头引领秧歌队走舞成圆圈阵，秧歌曲调不像歌曲那样严格，任何一种曲调演唱者都可以自由发挥，形成自己的风格。听秧歌不是听其演唱是否优美动听，而是听其即兴编唱

的内容如何，如妙趣横生，观众则叫好不绝。

伞头秧歌唱词属口头文学，从内容上来讲，重于叙事，与日常生活息息相关，具有现实主义色彩；语言上不求典雅高深、咬文嚼字，只求通俗易懂、含蓄有趣，属于粗放式语言模式；构思方面要求奇巧、立意不凡，能够吸引听众，又具有市井气息。

秧歌《卖菜》片段：

> 甲：家住临县碛口镇，西头村里有家门。
>
> 我的名字叫高登荣，种蔬菜我是第一名。
>
> 乙：清早起来雾气腾，因为买菜我出了门。
>
> 忽然听到卖菜声，原来是登荣你卖些甚？
>
> 甲：云瓜葫芦卷心台，西红柿子茴子白。
>
> 茄子尖椒芹子菜，水葱芫荽也捎得来。
>
> 乙：水萝卜红根根，茴子白卷心心。
>
> 水葱芫荽绿铮铮，票票能买几墩墩。
>
> 甲：……

从以上秧歌段落分析，其语言通俗直白、生动有趣，叙事性较强，描写了买卖蔬菜的一个生活小细节。

又如秧歌剧《周公背周婆》中，周公背周婆，由一人扮演两个角色，二人对话，真人变着嗓门说唱，再加上小丑逗戏，气氛更加热烈。其中描写了繁华的碛口商业场景，可见碛口当年是何等热闹。如：

> 碛口街里真红火，各样的货色甚也有。
>
> 饼子铺里有甚哩？糖饼油旋三角子。
>
> 麻花扭成格人子，火烧盖上红印子。
>
> 还有支锅窑的卖饭的，饺子捏成圪旦子。
>
> 羊肉包子尽馅子，谁要吃上了倒蘸的。
>
> 有的吃来有的看，有的跟前闲站着。
>
> 还有涎水流下一串的，还有挤得把碗捣烂的。
>
> ……

## （二）三弦书

流行在碛口镇的三弦书俗称"说书"，说书者均为盲人。盲艺人"说书"的主要乐器三弦，腿绑着"书板"和小镲，边弹三弦边敲打。说唱时面前放一张桌子，桌上放着"惊堂木"，动情时"啪嚓"一声，显出几分威严。三弦书演唱的曲调虽大同小异，但也分流派，有各种板式，用来表现喜、怒、哀、乐。如叙事用的平板，悲痛时用哭板，打仗时用的武打腔，再加上道白，就能把书文表达得活灵活现。

碛口三弦书以叙事为主，例如碛口三弦书《名妓冯彩云》，介绍了良家女冯彩云在封建旧社会的逼迫下一步步沦落为妓女的悲惨命运。篇幅较长，唱白相间，具有很强的故事性，以市井小人物为描写对象，折射出当时的碛口物阜民丰的社会环境。通过冯彩云在碛口安身之后对形形色色朋友的描述，也可看出当时作为"小都会的碛口"是四方商旅的重要集聚地。

《名妓冯彩云》片段：

乾隆年间国太平，边关稳定民安生。

黄河上水路运输船筏不停，因此上碛口码头日渐繁荣。

……

斗又转星又移二百余春，民国初年碛口兴盛达到顶峰。

汾平介孝还有那太谷的商人，都来到碛口镇开张经营。

……

这段文字，是此书的开头部分，交代了碛口成为水陆码头的历史背景。主人公冯彩云是陕西米脂人，因家乡遭灾，卖身葬母，被碛口"景隆泰"掌柜买下续弦，二人回到碛口镇之后，彩云详细描述了碛口镇的繁华，如片段：

冯彩云又来在州地河滩，一排排载货船拴在河边。

有的卸货往下搬，有的装船往上担，

有的撑棚又撑帆，有的晒袄晒被单，

有的正是开了饭，船舱里炉火冒炊烟。

……

你看那——

南来的，北往的，扛包子的受苦的，

跑河路的扳船的，爬河滩的拉纤的，

撑棚搭帐赌博的，江湖骗子鬼说的，

担梨的，贩枣的，走马卖艺耍猴的，

还有伸手乞讨的，叫大娘的叫嫂的，

这些生意都难做，好不容易赚票子。

这真是——

贪大生意费本币，搞技术来得武艺，

小打小闹太厥气，看来赚钱不容易。

……

在旧时文艺生活贫乏的时代，盲艺人一年四季忙不停，常常会聚于附近集镇的街头巷口"打闲书"。盲艺人说唱的书很多，长篇故事有《彭公案》、《施公案》、《包公案》、《大八义》、《小八义》、《绿牡丹》等；中篇书目有《九子图》、《官光图》、《还乡记》等；小段书目有《三女婿吟诗》、《姐夫唤小姨》等。三弦书以故事情节曲折生动而迷人，以语言精练、主题突出、人物性格鲜明而取胜。盲艺人演唱，多数不用原书的语句，而是一代一代的盲艺人，根据原故事情节，结合土语方言、听众喜好等，进行再创作。

### （三）道情与顺口溜

清末至民国初年，道情在临县盛行。道情曲调丰富，优美动听，起源于道教说唱音乐，由古代道歌发展而成，初为坐地清唱，清朝初年，搬上舞台。碛口一带道情的唱腔与陕北道情接近，但又不同，具有独特风格。它的调式情感很浓，并且可以连串起来而变化自如，欢快能使人兴奋，悲苦亦可催人泪下。演出剧本中，帝王将相少，才子佳人多；宫廷官戏少，现实生活戏居多。道情的唱腔有十多种调：七字调、十字调、跌落金钱、一枝梅、高调、滚白等。表演形式保留着说唱时期的痕迹。乐器以胡呼为主，配以管子、三弦、渔鼓、简板、小镲等。

顺口溜与民谣相类似，原为道情剧的说白，也有人把通俗的歪诗叫顺口溜。顺口溜的表演全凭一张嘴，特点是最后两个字切音。碛口及周边顺口溜脱胎于临县民间的"四六句子"——即景生情编成的几个短句。临县道情剧《唤妹子》中"我本人生来命苦，走过九州八府……"，可算作碛口一带顺口溜的雏形。20世纪60年代，顺口溜形成押韵讲究，情节生动，内容表现集中激越的艺术形式。说来琅琅上口，恰似行云流水，又如妙语顺口倾泻。它以绘声绘色演说为全景，不需要配乐，一人一台戏，表演随时随地，只要编好说好就能博得观众的喝彩。

顺口溜《吃饺子》片段：

> 我们村的保子，婆姨名叫巧子，
>
> 今年七月初七，家家户户过节，
>
> 保子巧子，坐在炕上正包饺子。
>
> ……

碛口伞头秧歌、三弦书、道情、顺口溜等纯朴的民间艺术，用生动的故事展现了往日碛口繁华的市井，诉说着现实生活中形形色色的故事。用通俗直白的语言描绘出黄河边商贸重镇的河声岳色。黄河水运繁荣了碛口，成就了碛口。碛口人用丰富多彩的民俗艺术记录着生活的点点滴滴。旧时，在熙熙攘攘的商业街上、货物囤积的黄河码头以及各个村头院落演绎着生活中的故事。今天，在欣欣向荣的新碛口，碛口人依然怀着满腔热情艺术化地生动描绘着生活。

## 三　河东文化、农耕环境生长出风趣诙谐的河津曲艺

晋南黄河拐弯的三角地带，自然条件优越、人文历史丰厚，形成历史上所谓的"物华天宝、人杰地灵"的河东文化圈，被史学家誉为"中华民族的文化摇篮"。运城市西北隅的河津，汾河横穿而过，位于平坦而肥沃的河谷盆地。河津人才辈出。春秋时晋国上大夫郤缺、隋代大儒王通、初唐四杰之首的诗人王勃、名将薛仁贵、明代大理学家薛瑄等都出

生于此。河津有"鱼跃龙门"——禹门口（大禹庙原址所在地），有"三箭定天山，滩留射雁名"的唐朝大将薛仁贵的寒窑，有孔子七十二贤之一卜子夏的墓祠，亦有代表中华民族传统美德的成语"相敬如宾"的出处——清涧"如宾乡"。

在厚重的历史文化中，河津积淀了丰富的民俗文化。自古河津地肥物美，交通发达，商业船只来往频繁，民众生活较为安逸。因此，在河津的民俗艺术中，更多的是诙谐幽默、热情奔放的情愫。

### （一）河津干板腔

干板腔发源于河津市汾河以北沿山一带村庄，是劳动人民上山取炭砍樵时的口头创作，在明代元宵红火热闹中就开始表演。表演者无需伴奏，全凭一张巧嘴干说，所以叫"撂干嘴"。其仅凭"心板"把握节奏，使用纯粹而浓重的河津边山一带方言土语，格调格外粗犷豪放，大声大嗓，于粗豪中透现幽默诙谐。干板腔表演原为单口，后出现群口。它短小精悍、生动活泼、风趣幽默。因不需要乐器伴奏，演员在表演时要用无形的节拍，有板有眼地表演，所以，节奏要求较严。一般为七字句的四三句式和六字句的三三句式。如今河津干板腔已成为一种风趣的表演形式，可与相声、数来宝相媲美。代表作有《转柬》、《走满月》、《女婿尿裤》、《皇协偷油》、《老鼠运动会》、《地道战》、《麻将迷》等。

### （二）河津民谣

也称小曲，源于边山一带村庄，习称"山底小曲"，属山歌体民歌，系群众口头创。其格调粗犷豪放，舒展悠扬。代表曲目有《看瓜》、《货郎担》、《织布谣》、《骂媒婆》、《取炭人》、《打酸枣》等。曲子的表现力灵活丰富，风趣诙谐，可抒情亦可叙说故事，表演形式多为男女对唱，内容多截取日常生活中某个片段，富有浓厚的日常生活气息。

《打枣谣》：

> 哥哥哥哥上南窑，你去南窑砍荆条。
>
> 砍下荆条编笼笼，编下笼笼打枣枣。
>
> 打下枣枣不叫姐姐吃，姐姐气得打公鸡。
>
> 公鸡飞到羊圈里，棒槌砸到当院里。
>
> 花囚子，快起过，别把你那小脚砸着了。

此曲短小精干，诙谐幽默，生动描绘了姑嫂二人风趣的一幕。《打枣谣》只字未提打枣，反而写了吃枣时的打鸡，写嫂子因妹子不给枣吃而气得满院的追打公鸡，写得活泼有趣，生动飞扬，场面极其热烈。但这个场面完全是由打下的枣引起的，所以题目叫《打枣谣》。

《说亲》片段：

> 一朵花还没开好，四路媒人都来啦。

　　媒人媒人你坐下，叫我说说咱女子吧。

　　和下面，青石蛋；擀下面，纸一片。

　　切下面，一把线，下了锅里莲花转，

　　挑到筷子上打秋千，吃了嘴里抽丝线。

　　一下抽下一车车，给她女婿纳袜袜。

　　还剩下，一根线，给她老娘纳鞋面。

　　短短几句话，充满了幽默意味，本应媒人说的夸赞词反而出自了母亲之口。母亲对这门亲事有求之不得之意，而且夸得颇为大胆。夸自家闺女心灵手巧，会做家务，尤其擅长锅灶活——做饭。作者对于"和面"、"擀面"、"切面"三方面的比喻恰当不过，精彩万分。最精彩的一点，是对所切面条的修饰，作者以"线"喻"面条"，说这面条"挑到筷子上打秋千"、"吃到嘴里抽丝线"，是多么美妙动感的形容。下边的想象则更为大胆，且极富诙谐趣味：丝线竟然"抽下一车车"，还要用这丝线给女婿做袜，还要把剩下的"一根"给其婆母做鞋面，夸张得极其到位。说明这首民谣的作者极其了解生活且熟悉生活，丰富的生活给作者提供了无穷的想象和联想。

　　河津还流传着红火锣鼓、转灯、冰山、家戏、花鼓秧歌、唢呐鼓乐班等多种各有特色的民俗艺术形式。例如河津红火锣鼓大气紧凑，具有强烈的震撼力，热闹非常。与追忆苦难和祈福未来的河曲放河灯习俗相比较，河津的转灯更体现出一种欢快炫目、庆祝丰收的喜悦。所以，河津的民俗曲艺始终贯穿着欢快向上的元素。

# 第二节　黄河古镇文化复兴与形态有机复合

20世纪70年代末期，吴良镛教授对历史城区保护与更新研究中提出"有机更新"理论，其核心思想是主张按照历史区内在的发展规律，顺应城市肌理，按照"循序渐进"的原则，通过"有机更新"达到"有机秩序"，这是历史城区整体保护与人居环境建设的科学途径[①]。"有机更新"从概念上来说，至少包括以下三层含义：（1）城市整体的有机性：作为供千百万人生活的载体，城市从总体到细部都应该是一个有机整体，城市的各个部分之间应像生物体的各个组织一样，彼此相互关联，同时和平共处，形成整体的秩序和活力。（2）细胞和组织更新的有机性：同生物体到新陈代谢一样，构成城市本身组织的城市细胞（如供居民居住的四合院）和城市组织（街区）也要不断地更新，这是必要的，也是不可避免的。但新的城市细胞仍应当顺应原有城市肌理。（3）更新过程的有机性："生物体的新陈代谢（是以细胞为单位进行的一种逐渐的、连续的、自然的变化），遵从其内在的秩序和规律，城市的更新亦当如此"[②]。

传统聚落景观是乡土景观的最突出代表，在他们身上不仅可以让我们感受到浓郁的地域文化气息，而且还可以让我们看到各地历史的发展变迁。在今天，随着人们对于历史文化名村镇意义的发现，许多古村镇都引起了人们的高度关注，如何保护这笔宝贵的财富也成为人们热衷于讨论的问题。作为人类的历史文化遗产——历史文化名村镇有其不可再生性，因此对古镇外在形式的修复，能否使其自身文化得以延续是修复工作的关键所作。通过对山西临县碛口镇五里长街的修复，我们尝试性提出了古镇修复的"形态有机复合"概念和方法。

"形态有机复合"是在"有机更新"理论指导下在碛口古镇风貌修复设计中的具体修复实践。

形态一词在《辞海》中的注释是"形状和神态"。"形"指形式，指实物在客观世界的表现方式。"态"在《说文》中的解释为"態，意态也。"段注："意态者，有是意，因有是状，故曰意态。从心能，会意。心必能必见于外也。"形态一词即是"形"与"意（神）"的结合。古镇的形态，也即包括两个方面，一方面是古镇的外在实际存在的形式，也就是诸如村落的布局、建筑形式、道路走向等可视化物质的形态；另一方面是古镇在历史发展过程中所沉淀的文化要素，这是一种"气场"的体现。文化具有超越时间以至永恒的魅力，古镇的魅力就是在这种文化的"气场"中得以体现。有机复合，把几个或多个细胞（民居院落）组合成一个组织（历史街区），使这些细胞组织在文化内涵、建筑风

① 单霁翔.文化遗产保护与城市文化建设[M].北京:中国建筑工业出版社,2009.

② 方可.当代北京旧城更新:调查·研究·探索[M].北京:中国建筑工业出版社,2000.

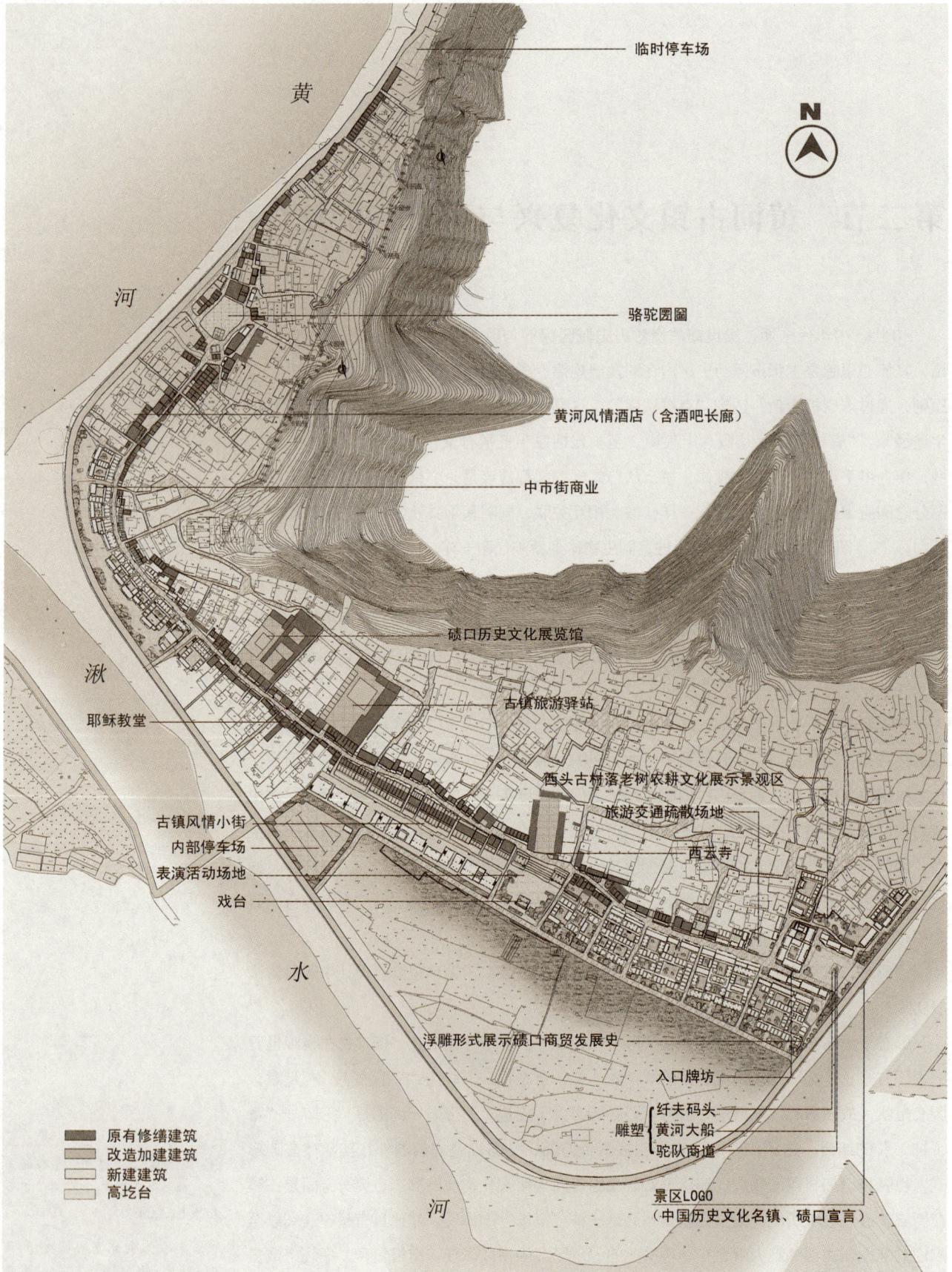

临时停车场

黄

骆驼圐圙

河

黄河风情酒店（含酒吧长廊）

中市街商业

湫

碛口历史文化展览馆

古镇旅游驿站

耶稣教堂

西头古树落老树农耕文化展示景观区

古镇风情小街

旅游交通疏散场地

内部停车场

西云寺

表演活动场地

戏台

水

浮雕形式展示碛口商贸发展史

入口牌坊

纤夫码头

雕塑 黄河大船

驼队商道

■ 原有修缮建筑

■ 改造加建建筑

□ 新建建筑

□ 高圪台

景区LOGO
（中国历史文化名镇、碛口宣言）

河

图5-1 碛口古镇规划总平面图

**左图标注：**

黄　河

码头文化区

9、黄河古码头

情酒店

7、骆驼圆圈广场

6、中市街商业

二、商贸文化区

4、碛口历史文化展览馆

3、古镇风情小街

5、耶稣教堂

2、西云寺及其广场

三、商道文化区

五里长街主轴

1、入口广场

经过对古镇现有建筑布局的分析结合
保护与发展的需要，确定本方案的布局
一轴、三区、九点。

**右图标注：**

码头文化区

西市街

重现码头文化、河运文化、货栈文化

以票号、当铺、镖局等恢复古镇往年晋商贸易景象

中市街

商贸文化区

利用原有的实物展示和展馆模拟设置实物展示场景，
再现碛口当年繁荣的商业贸易文化

以西云寺为中心，设置佛教
文化、戏曲文艺演出，大型
集会活动等

东市街

西头古村落老树农耕文化展示
以自然风光为主，通过西头
村古老的农耕工具等展示古
村落的农耕文化

古镇内旅游各种交通工具的停留场所

古镇风情小街

交通疏散空间
主要功能为旅游入口的交通集散场地

商道文化区

碛口历史文化展示图
运用浮雕等形式展示碛口的商贸发展史

以古商道、粮油古道文化体现古镇驼文化
同时也是碛口旅游重要的入口文化广场

5-2 ┃ 5-3

图5-2　碛口古镇规划结构图
图5-3　碛口古镇文化分析图

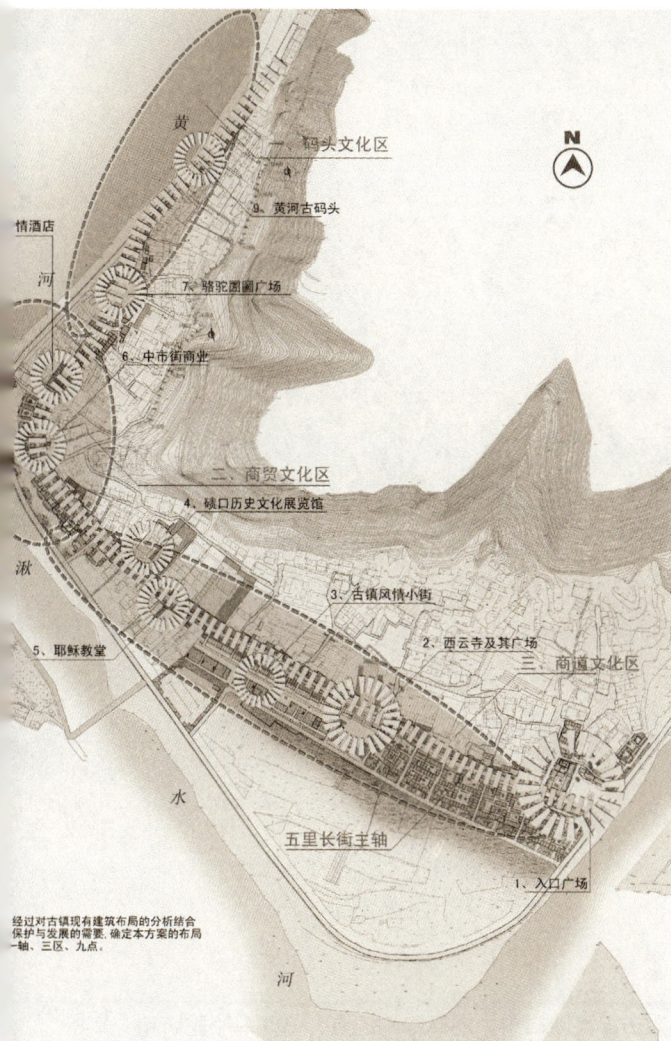

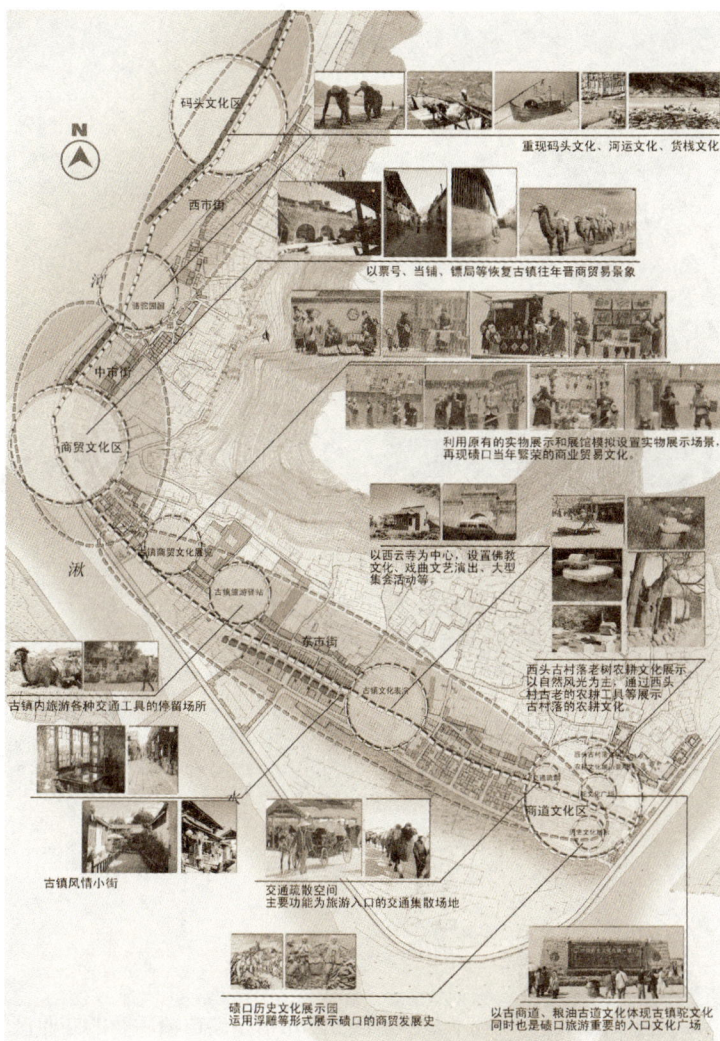

格、街区风貌与原有古镇肌理达到和谐统一。

# 一　碛口古镇建筑之形与文化之态

## （一）古镇"形"的分析

黄土高原的自然环境相对于富饶的中原地区要落后很多，而碛口古镇这一远离中原偏僻的地区是在依托河运码头和商道运输的发展而产生的。作为晋商聚落的一个分支，碛口在其独特的历史和自然环境下形成了自身独有的聚落特征。

碛口整个建筑群依山而建，与其后的卧虎山浑然一体，黄土加黄河的独特自然环境使整个古镇呈现出具有浓重地域特色的原生态黄土高原晋商民居特征。

### 1. 整体空间格局

碛口古镇位于湫水河与黄河的交汇处，建筑群沿着黄河和湫水河呈直角形分布，一条长街贯穿全镇，分为西市街、中市街、东市街三段。西市街紧邻黄河码头，密集着大批的

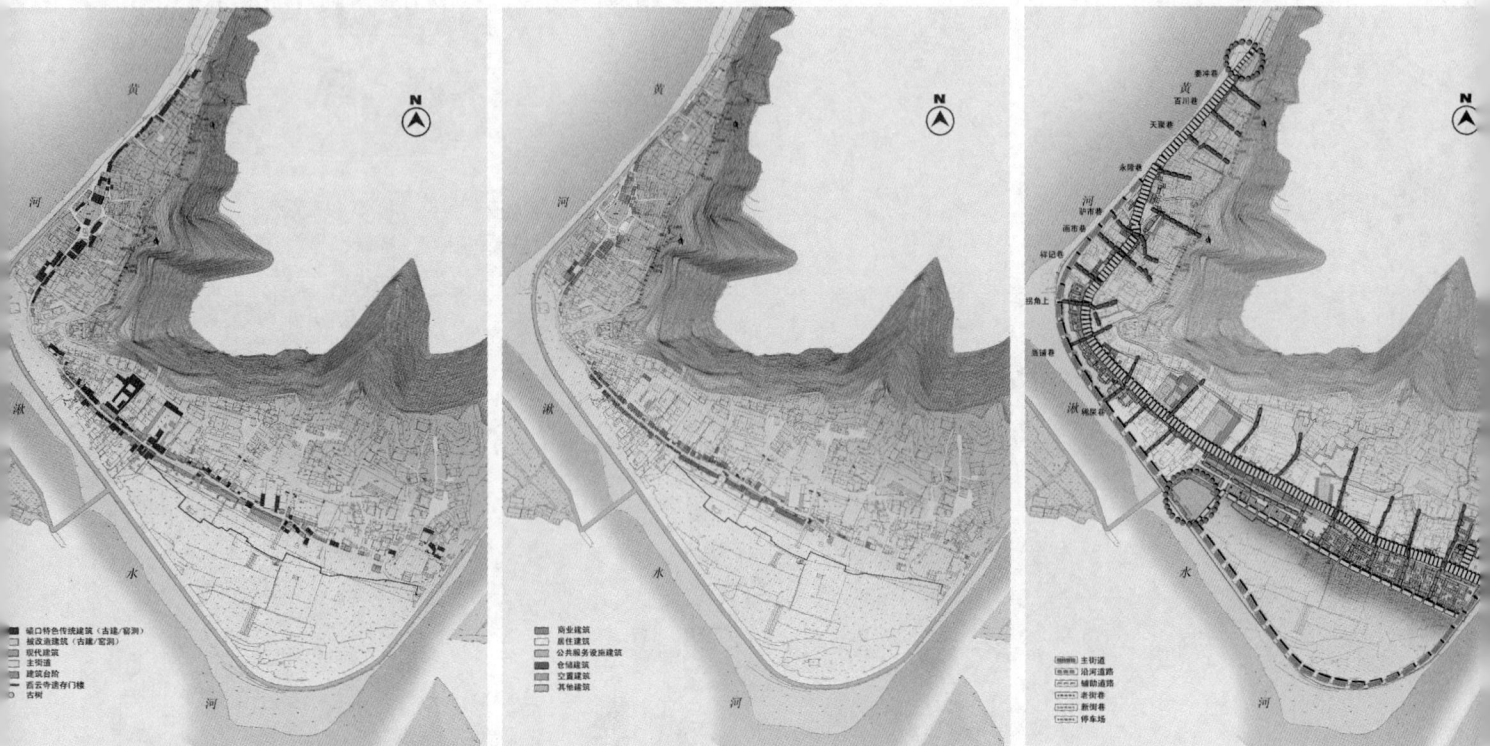

图5-4 碛口古镇建筑风貌现状图
图5-5 碛口古镇使用性质现状图
图5-6 碛口古镇古镇街巷分析图

货栈，中市街是碛口镇重要的商业区，东市街是碛口东去的旱路的起点，多骡马骆驼店和零售业，也是密集的居民区。古镇原有二道街、三道街，都已在20世纪40～50年代被洪水冲毁。与长街形成网络的十几条小巷连通各家货栈、商号，四通八达的街巷反映了碛口历史上商业贸易的繁荣。

### 2. 街巷（路径）

在街巷方面，碛口古镇主街宽约丈二，两侧建筑为店铺，高度相对较小，较为宽敞；小巷则较为狭窄，仅宽六尺，两侧都是高墙，小巷多有门洞、过街洞，街巷呈"丰"字形相连。由于十几条竖巷与山体相连接，能把雨水直接注入湫水河、黄河，所以便具有独特的排洪功能。

### 3. 院落及建筑的形式

在院落形式上，碛口的院落以四合院为基本形式，但特殊的地理位置又使它带有明显的地域特色。出于商业目的，各家货栈间形成了户户相通，院院相连的立体交通关系网。在建筑风格上，碛口建筑是箍窑与四合院的完美结合。窑洞是当地基本的建筑形式，一般的房屋底层都是用石材或者砖砌成的"箍窑"，二层大多是硬山顶的木构房屋，双坡及单坡，多"明柱厦檐"和"高圪台"的建筑结构，具有鲜明的地方特色。各处建筑基本上是就地取材，构造形式简易。

### 4.空间布局

碛口古镇建筑群由黄河边向卧虎山沿坡竖向发展，形成层层叠叠，序列有序的聚落空间环境。因其用地的局限性，村落沿山体形成带状的整体环境，五里长街作为古镇的大动脉，串联古镇的主要商业空间，这种聚落空间的形成正是古时聚落有机生长的结果。不同于"中规中矩"的城市规划，是灵动的与自然结合的典型空间环境。

### 5.村落的边界

古镇被黄河、湫水河和卧虎山围合，形成一处三面围合的聚落环境，西面是奔流不息的黄河，东面环绕卧虎山，南面由湫水河包围，北面还在向上延伸，作为一个有机生长的聚落环境，始终处于一个变化发展的过程中。

### 6.节点和重要标志物

作为水旱转运码头，整个碛口镇主要的商业建筑有类似仓储建筑、驼马店之类的运输类建筑，另外还有与商贸活动有关的手工业作坊和各种商业、服务业店铺。这些建筑作为古镇的主体有其重要的历史地位，为古镇中重要的节点。

而镇中最重要的标志物当黑龙庙莫属，碛口的繁荣与黄河航运有关，对于庙的选址，当时的建造者费了大的心思，黑龙庙建造在山转折的山岬上，这个转折同时与湫水河入黄河处趋同，由外入碛口镇范围首先会被这个转折处的建筑吸引。

## （二）古镇"态"的分析

碛口古镇既是黄河文化的突出代表，又是晋商文化的聚集地，具有深厚的人文内涵。碛口古镇在风貌上一方面体现了传统商贸集镇的特色；另一方面体现了晋西北的地方传统特色。具体表现在以下几个方面。

### 1. 碛口古镇具有"黄河文化"

碛口古镇是紧依黄河边，是一处密度很大的古建筑群。在20世纪30年代走向衰落之后，碛口基本上处于一种封闭、贫困的状态。几十年来，古镇的基本形态没有太多改变。黄河对碛口而言既是福也是祸。因为黄河水运使古镇得以形成、发展及繁荣，然而常年的黄河水患也使古镇中的人民苦不堪言，在这个过程中形成了古镇人坚强的"黄河精神"。

### 2. 碛口古镇是北方传统商业文化的载体

除了严整、庞大的集镇建筑群之外，在长期的商贸活动中，碛口形成了许多独特的商业习俗。商户为了保佑自己财运亨通，把财神爷供在正窑里，此外，还要供自己经营商

**图5-10-1** 碛口古镇五里长街修复设计

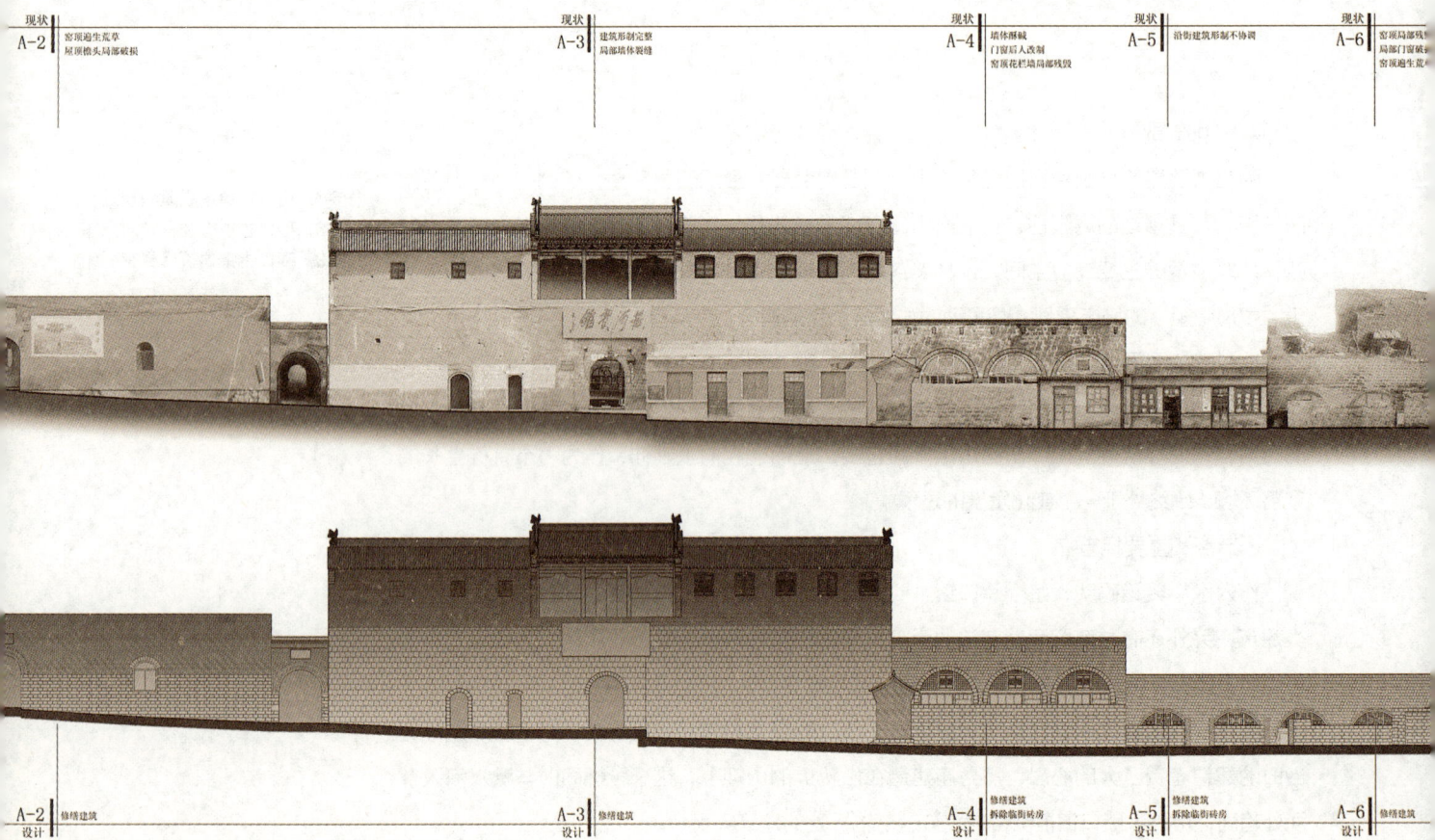

品的行业神。经营骆驼队运输的商户在农历六月二十三，即传说中马王爷的生日，要开始轮流请艺人为马王爷说书，一说就是几个月。船主、船工为保障行船安全，出行之前也要举行求神仪式。除了这些民间化的活动之外，碛口历史悠久的商会也有许多商业上的行规行风、公益事业、集镇建设等方面的规矩。这些商业习俗是碛口保存下来的非物质文化遗产，具有重大的文化意义。

### 3. 碛口古镇是晋西北传统民俗文化的载体

碛口当地居民的生活中处处体现着晋西北的传统民俗文化。家里正窑的外墙上都设有天地爷的神龛，屋子里供奉着灶王爷、家神爷等神位，每到除夕，家家都要磕头迎神。每年正月二十五是"仓官节"，二月初一家家都吃大蒸饺一样的"红面角"，这些都是碛口所特有的具有特殊意义的节日。为防瘟驱邪，碛口人在春季要剪一个小小的"瓜子人人"贴在门楣上，以保佑全家人的健康。伞头秧歌是吕梁地区的一种社火活动，碛口的伞头秧歌分外热闹有趣。两支秧歌队碰面，两位伞头要现场编词相互斗口，民间艺人们的口才往往令人叹服。碛口的民俗深深地扎根于碛口人的日常生活中，是碛口文化遗产的重要组成部分。

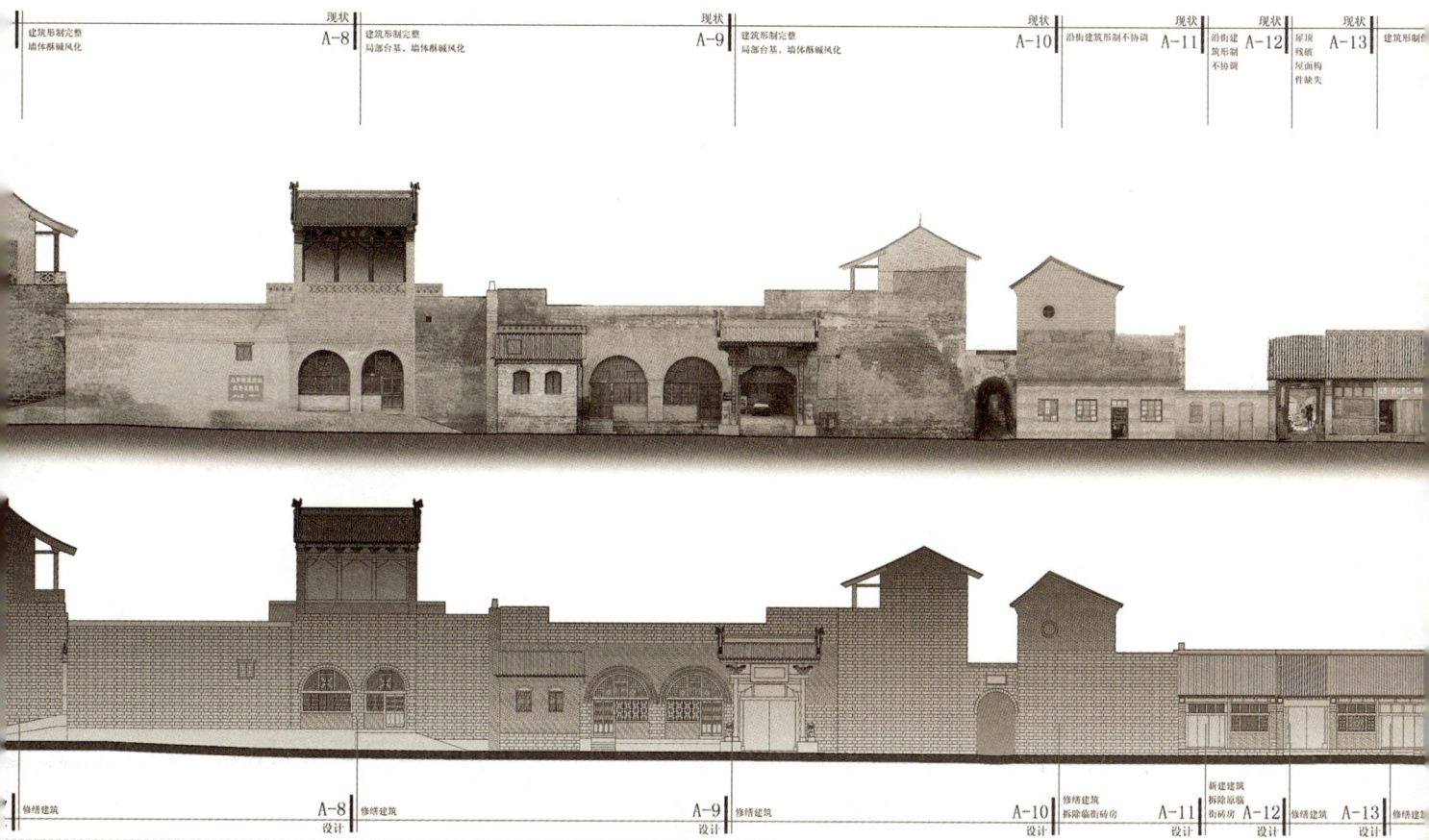

现状　建筑形制完整 墙体酥碱风化　A-8　建筑形制完整 局部台基、墙体酥碱风化　A-9　建筑形制完整 局部台基、墙体酥碱风化　A-10　沿街建筑形制不协调　A-11　沿街建筑形制不协调　A-12　屋顶残破 屋面构件缺失　A-13　建筑形制

修缮建筑　A-8 设计　修缮建筑　A-9 设计　修缮建筑　A-10 设计　修缮建筑 拆除临街砖房　A-11 设计　新建建筑 拆除临街砖房　A-12　修缮建筑　A-13 设计　修缮建筑

## 二 以"形态有机复合"方法修复设计

在对碛口古镇的"形"、"态"和现状存在问题调查及分析的基础上，运用"形态有机复合"对古镇进行修复设计。

### （一）修复思想

对古镇的修复要尊重历史原貌的修复，这是古镇修复所应遵循的基本原则，而丰富的历史和人文内涵使古镇早在2005年便被确定为国家级历史文化名镇。因此对五里长街的修复设计不仅仅是简单的对建筑物的修复还原工作，更是对其历史文化内涵的挖掘与彰显工作。

以碛口古镇的二重文化属性（黄河文化与晋商文化）为背景，把"形"与"态"复合修复作为本次规划的原则。我们首先对东市街西端被洪水冲毁区域以及中市街部分路段进

图5-10-2 碛口古镇五里长街修复设计

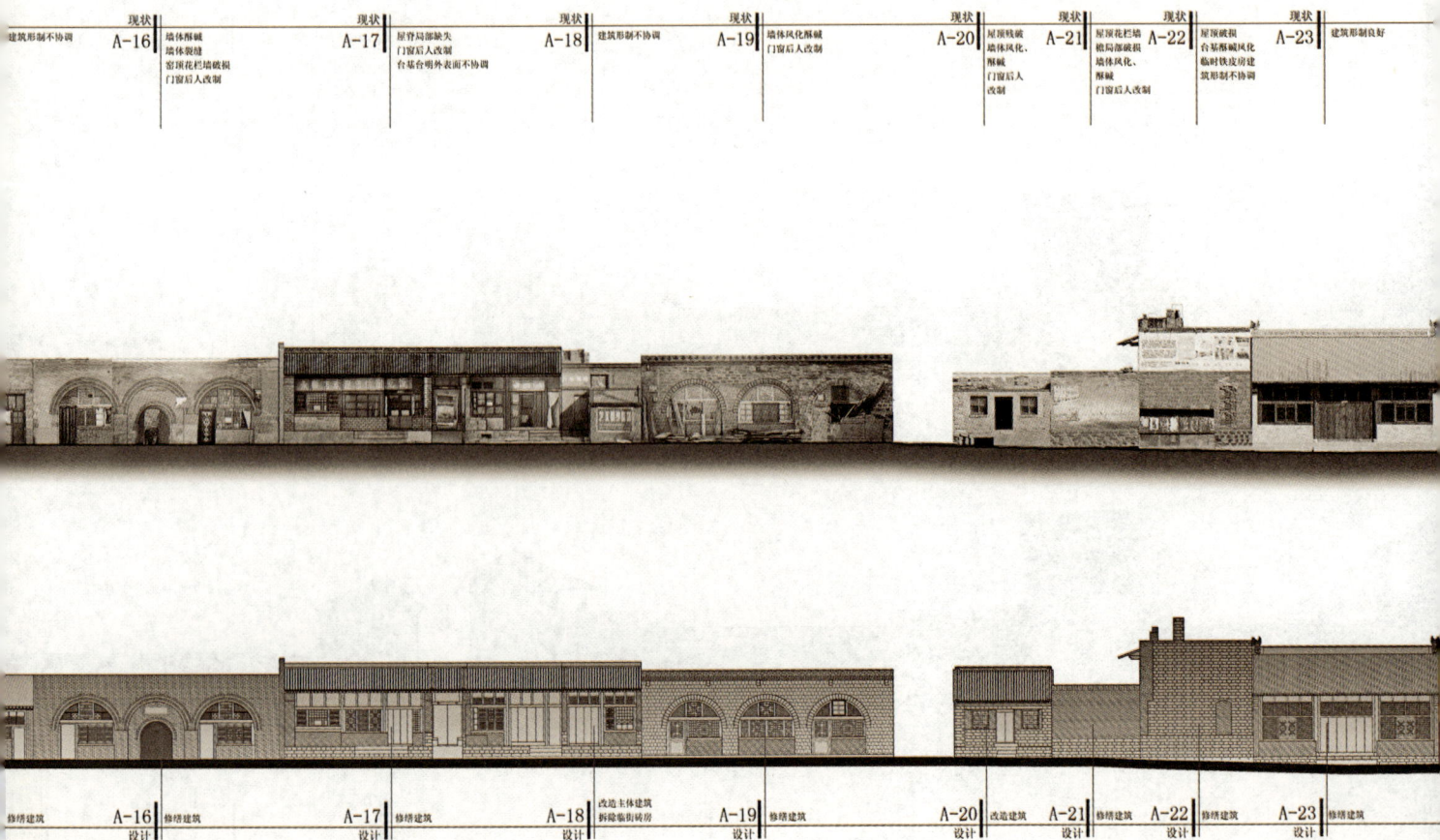

行规划设计，使碛口五里长街的风貌归于完整。其次，注重相关文化符号的保留和利用，使修复后的碛口五里长街成为具有广泛知名度的晋商文化与黄河文化的展示场所。另外，在尊重和保护当地的文化传统的前提下，改善居民的生活环境，提高居民的生活水平，并最终实现当地经济的长远稳定发展。

### （二）总体布局

经过对古镇现有建筑形态及功能的分析，结合古镇保护与发展的需要，我们设计了如下的布局方案：一轴、四区、九节点。

一轴：古镇由五里长街贯穿，同时有许多垂直于主街的小巷，形成"丰"字格局，设计时重点抓住这一特征，进行疏理和完善。在新区建设时，继续沿用此特征，设置西头一巷、二巷……使之垂直于主街，进而完善和彰显古镇街巷特色。

包括三大部分：西北入口—西市街—骆驼广场—中市街（教堂）—西云寺—东市街—东主入口。其中，西市街沿河部分码头保留相对完整，充分利用它与遗留的货栈来展示码

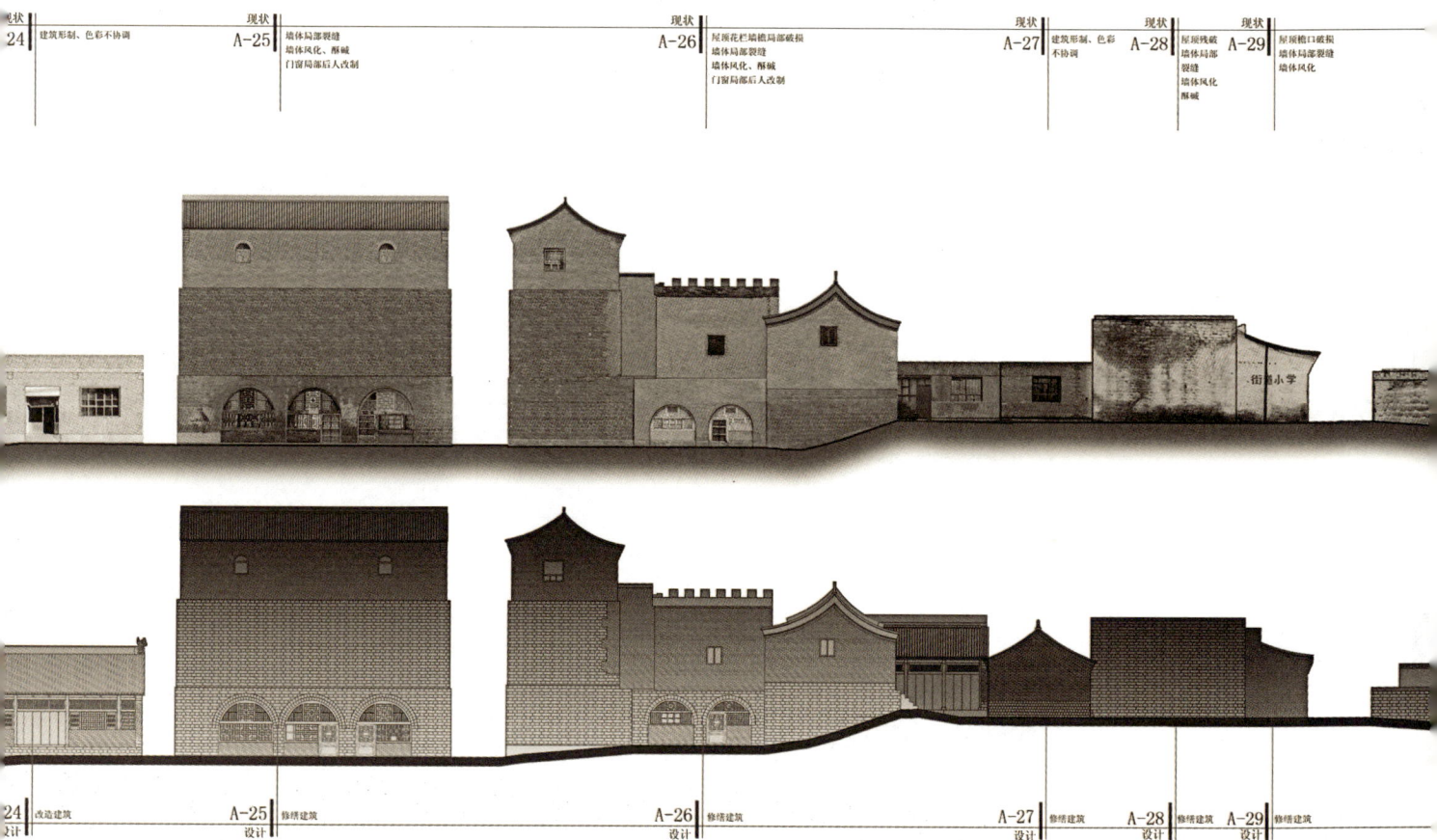

现状　A-24　建筑形制、色彩不协调　现状　A-25　墙体局部裂缝　墙体风化、酥碱　门窗局部后人改制　现状　A-26　屋顶花栏墙檐局部破损　墙体局部裂缝　墙体风化、酥碱　门窗局部后人改制　现状　A-27　建筑形制、色彩不协调　现状　A-28　屋顶残破　墙体局部裂缝　墙体风化　酥碱　现状　A-29　屋顶檐口破损　墙体局部裂缝　墙体风化

24　改造建筑　设计　A-25　修缮建筑　设计　A-26　修缮建筑　设计　A-27　修缮建筑　设计　A-28　修缮建筑　设计　A-29　修缮建筑　设计

头文化、货栈文化。而中市街西端建筑保留相对完整，尺度、店面风格、建筑形式以及界面的肌理也都保持得相当完整，这一部分可以用来作为展示和重构古镇商贸活动的场所。东市街往东至主要出入口广场段，以古商道、粮油古道体现骆驼文化及以东正教、道教场所展示的宗教文化。

四区：四个文化区的设置是对古镇历史文化梳理的基础上，基于"水旱转运"的特点，古镇自黄河以东，自然而然形成以物流链为基础的货栈码头、商镇文化区、商道文化区和以居住为主的西头区域，进而形成了相应的码头文化区、商贸文化区、商道文化区和居住文化区。

码头文化区包括北起古镇的税厅，南到驴市巷的西市街，船文化、码头、货栈成为该区域的主题。充分利用现有的遗迹，结合"水运码头"展示货物运输过程，增强人们对码头文化的认识和体验。

古镇商业主要集中在中市街，中市街又叫中繁市，在碛口镇中央，连接西市街和东市街，北起驴市巷，南至拐角巷。这是古镇中最好的商业地段，街两侧密布档次很高的店

图5-10-3 碛口古镇五里长街修复设计

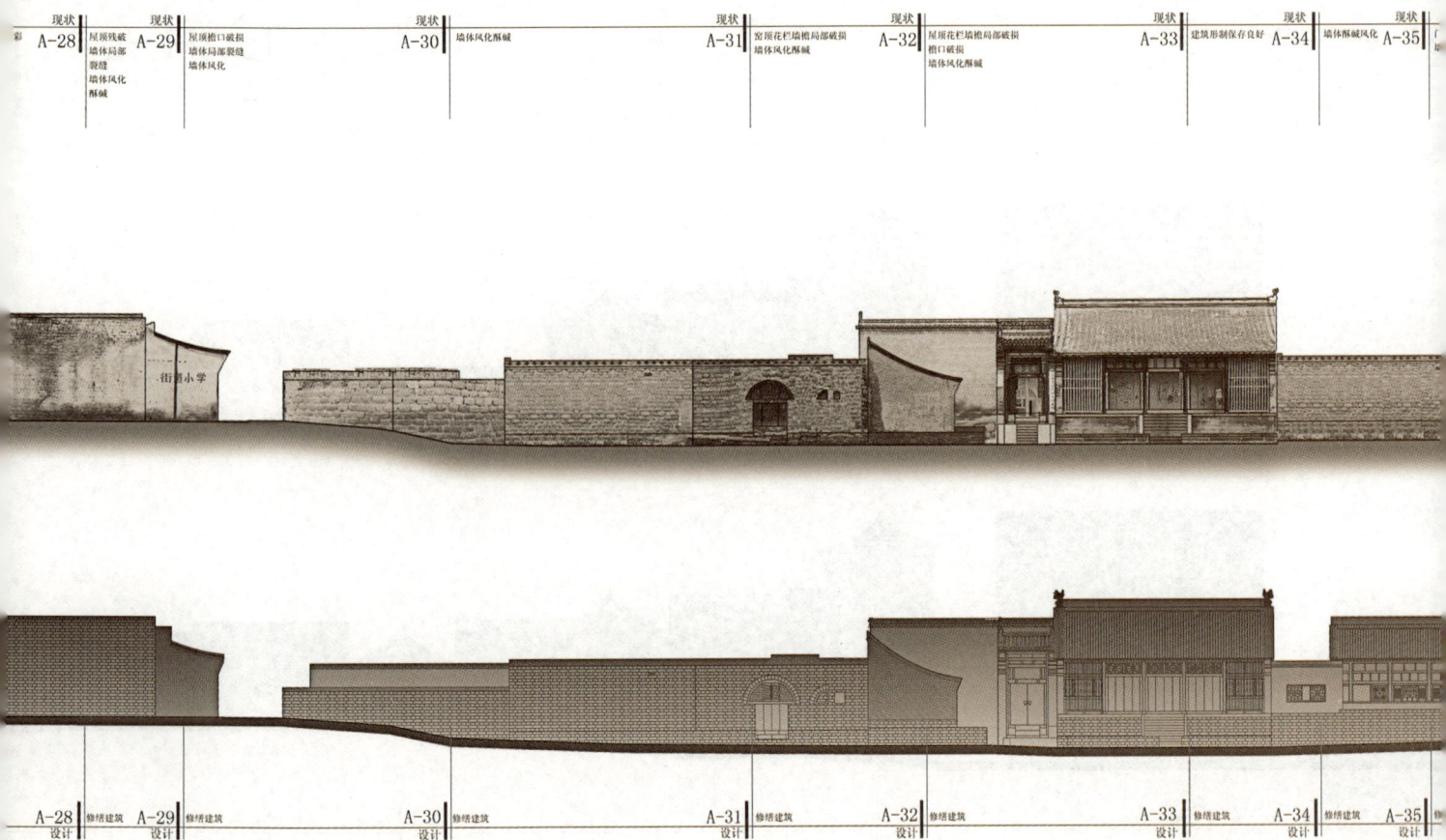

铺，在这个区域设置商镇文化区。

商道文化区包括东市街及其以东至东面主入口广场区域。其中，东市街东起西云寺，西接拐角巷，长约400m，西高东低。它是旱路的起点，这里多是骡马骆驼店，如三星店、义和店等，还有一些零售点和服务点。

民居文化区包括西头村古民居较集中的区域，文化区内由两条沿坡向上的主要街巷将主要的院落联系起来，院落主要是三合院和四合院。功能上，对重点院落进行保护，修缮一部分受损院落。通过对院落和建筑内部的展示，表现古镇的民居文化。

九节点：在对街区各个区域的功能划分的背景下，通过梳理，主街存在以下几个重要的节点场所：入口广场、西云寺及其广场、古镇风情小街、古镇商贸文化展览、耶稣教堂、中市街商业、骆驼（圜圚）广场、黄河风情酒店、黄河古码头。这些节点作为古镇中历史与未来延续的空间，有原有形态的复原也有在历史还原及延续基础上的创新，是运用"形态复合还原"对古镇进行的修复设计。

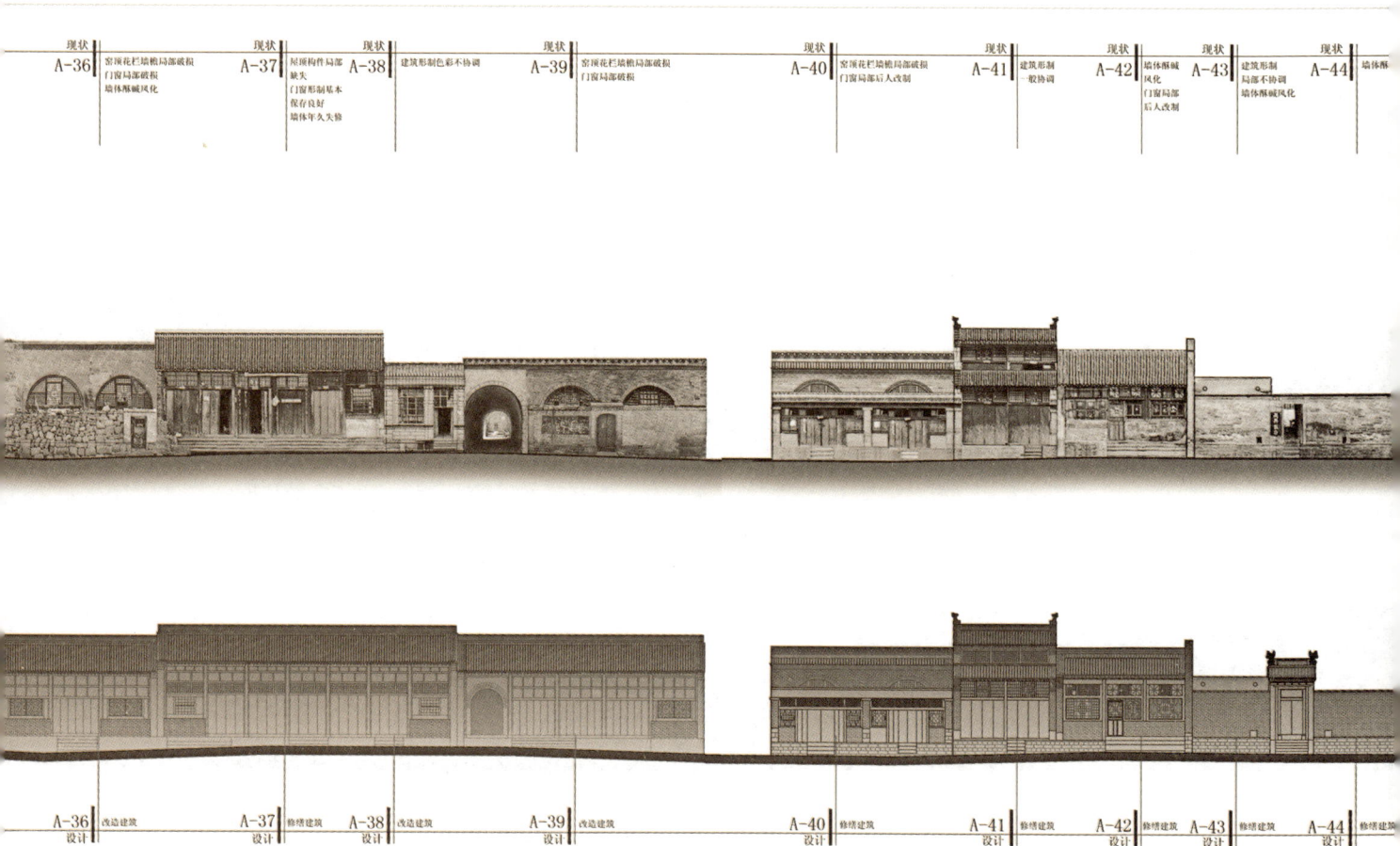

### （三）景观规划

碛口古镇景观主要由两大景观构成，即以卧虎山及黄河为代表的自然景观和以古建筑群为代表的历史文化景观。

卧虎山、黄河和湫水河，以及对面陕西的黄土山脉形成其独特的黄河、黄土地自然环境景观。

古镇依山就势，建筑沿着山坡，层层叠叠。暗红色的砂石、青灰色的砖瓦构成了古镇的主色调。其中，五里长街两侧的沿街建筑形成碛口古镇一条主要的建筑景观轴线，各街巷垂直于景观主轴，形成独特的"丰"字形，这种格局成为碛口古镇景观的精髓。

在绿化种植设计上，树木种植主要由当地的乡土树种为主，如枣树、槐树、花椒树等等，并搭配一些观赏性的地被灌木，如连翘、紫薇等，考虑其在不同季节植被色彩的搭配。另外，注重对古镇现有的古树、古木的重点保护。

古镇的人工景观应以尊重和利用现有的自然环境景观和历史文化景观为主，点缀少量

图5-10-4 碛口古镇五里长街修复设计

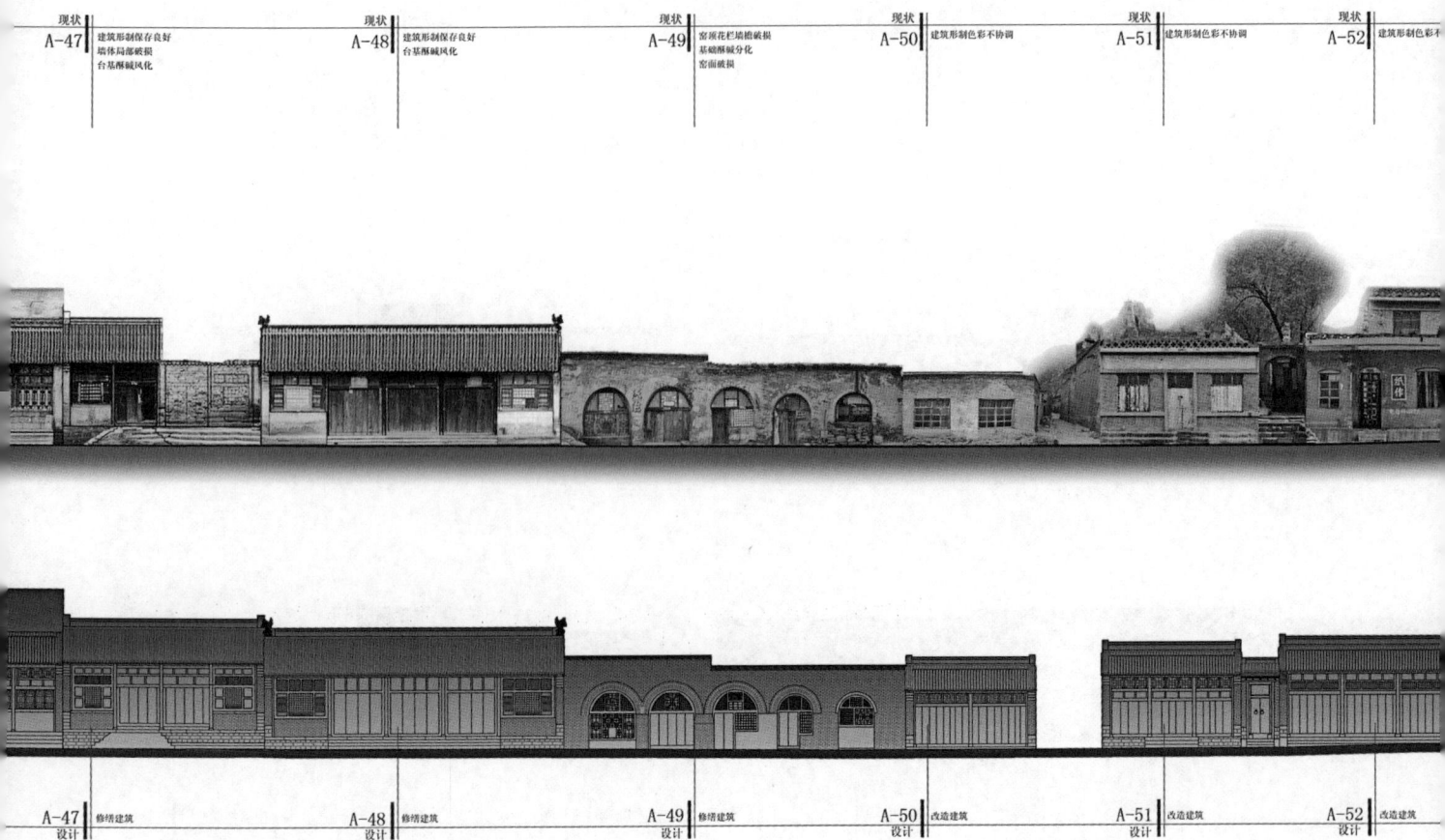

的人工景观，展现古镇的文化底蕴。如：把碾子、锄头等一些农耕用具融入广场、街道的景观布置中。

### （四）修复设计

通过对古镇五里长街的详细调查，街道两侧的建筑按保存质量可以分为：保护建筑、修缮建筑、改造建筑、加建建筑、新建建筑五个类别。

1. 保护建筑

现状保存完好，有价值的历史遗存和能够体现古镇特色历史文化内涵的文物古迹。如黄河宾馆、碛口客栈（新华商行和贸易局）、天聚隆、永顺店、广生源、当铺、商会。此类列为文物保护单位的建筑，严格按照《文物保护法》进行保护，本次规划不对其进行修复设计。

2. 修缮建筑

保存比较完整的单体临街建筑，风貌仍是明清商业街的旧容，瓦屋面、青砖墙体、高

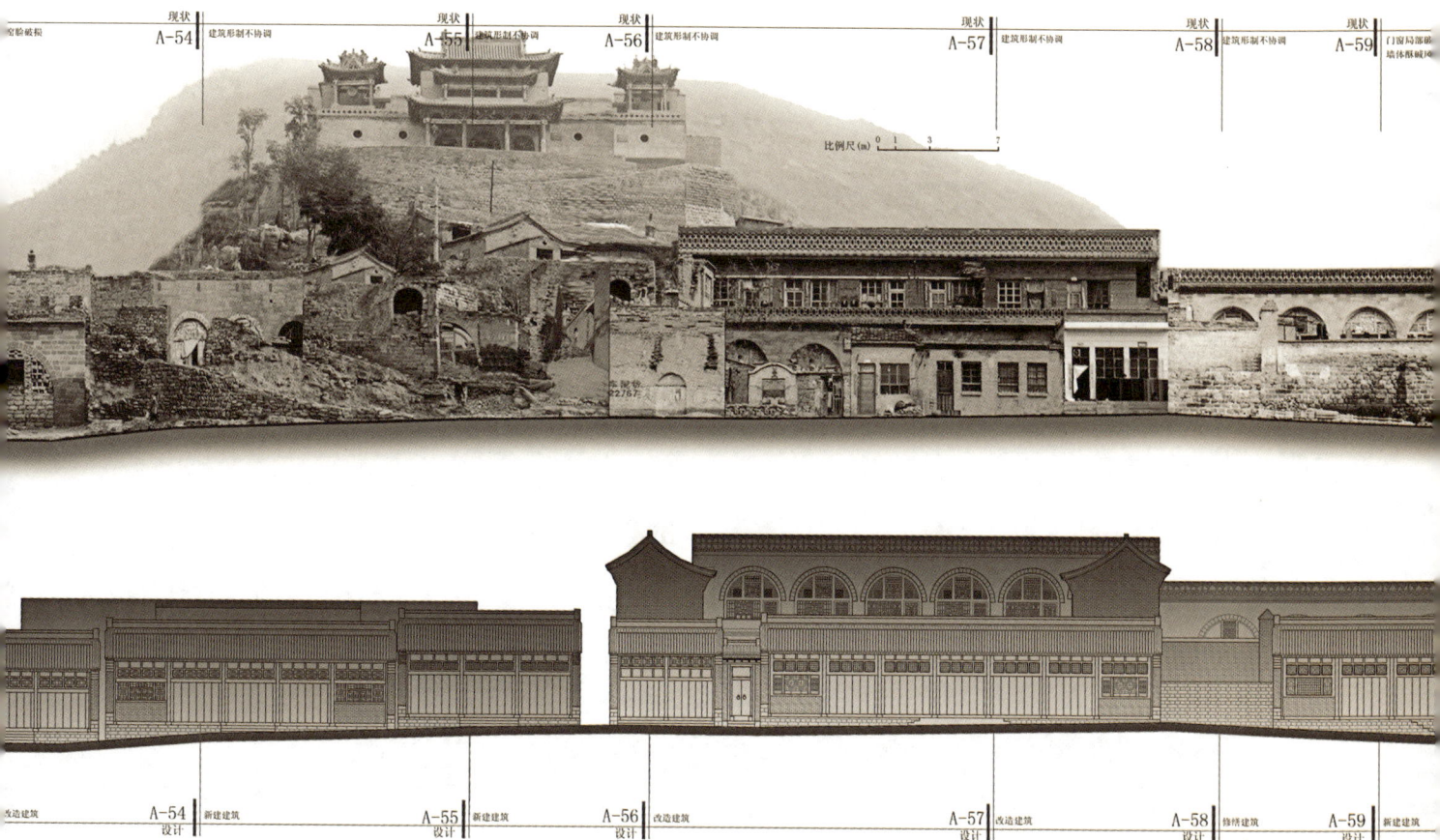

坛台和门窗都大体完整，只有局部受损。对于此类建筑的修缮工作主要采取以下措施。

用新的构件取代原有建筑上的破损构件。原则是保持原有的建筑风貌和体量，建筑面积不增加，建筑高度不变；用仿古建筑装饰构件取代由后人改造的局部构件（非仿古的改造），例如：门窗。有些建筑外形保存完整，只是门窗由后人用当代的做法改制；用原有的建筑构件重新施工，修复原貌，例如：山墙的墀头，年久倾斜、散落，但是砖瓦件尚保存完好，只需要粘结剂重新施工即可，材料仍用散落的旧构件。

### 3. 改造建筑

建筑形制与古镇风貌不一致的临街建筑，主要是由后人用当代的施工工艺建造的房子，大多是20世纪80～90年代建造的，用材多是红砖或白瓷砖等。街面宽度与规划街面宽度基本一致。对这些建筑主要采取改造的方式使它更好地融入到古镇风貌之中。改造措施如下。

在山墙的位置沿街面方向加垛口，临街墙面用木作装饰，加半柱，门窗洞口保留，窗户换用仿古的窗花、窗棂格，门用铺板的形式代替，与明、清商业街风貌保持一致，建筑面积保持不变。女儿墙改造为单坡的瓦屋面，檐口与山墙交接处是独具碛口特色的墀头（仿明、清中市商业街）。

### 4. 加建建筑

建筑形制与古镇风貌不一致，并且街面宽度不符合规划要求的临街建筑。另外还包括后人用砂石砌筑的窑洞，这些窑洞没有披檐，门窗会受雨水影响。此类建筑需要进行如下的整治。

图5-11 碛口古镇西市街黄河岸边

　　在建筑的外墙沿街面处加柱子（一榫或者两榫等），山墙用仿古青砖砌筑，做成明柱厦檐，门窗也采用仿古的窗花、铺板的临街商业形式，屋顶采用单坡的板瓦形式（扣瓦做法），使之形制色彩与古镇风貌一致；石砌窑洞加无柱厦檐，坡屋顶也是板瓦形式（扣瓦做法），窑洞的门窗用仿古的门窗形式代替。

### 5. 新建建筑

　　历史旧址尚存，已无遗迹，但对恢复整个古镇风貌起到重要作用，是古镇核心价值所在的建筑。历史并不存在，但对于保护和阐释古镇历史文化意义，完善五里长街具有重要价值的建筑，如：中市街院落、东市街酒吧一条街和院落、东入口广场。具体方案如下。

　　在中市街原来被冲毁建筑所在的空地上新建一些四合院恢复原来风貌；在东市街现状菜地上新建四合院，完善五里长街；在东市街靠近公路的地方新建东入口广场。

　　新建的建筑以箍窑和接口窑为主要建筑形式。屋顶可采用平顶加出檐、单坡顶、双坡顶三种形式，出檐可采用没根厦檐和明柱厦檐的形式。建筑所用主要构件必须采用传统建筑材料，色彩要以青色和暗红色为主，与古镇建筑的基本色彩相吻合。同时，还要注意使新建区的建筑与原建筑在风貌上相似而不相同，使之与被保护的原生建筑具有可识别性。

## 三　碛口古镇复兴的旅游发展途径

　　碛口古镇位于山西省吕梁市临县的西南端，吕梁山西麓，黄河与湫水河交汇处，西隔黄河与陕西吴堡相望，南与柳林县接壤。规划区范围包括：碛口镇、西头村、西湾村、李家山、寨子山、寨子坪、白家山、高家坪、孙家沟、小塔则、索达干、高家塔、枣圪垯等

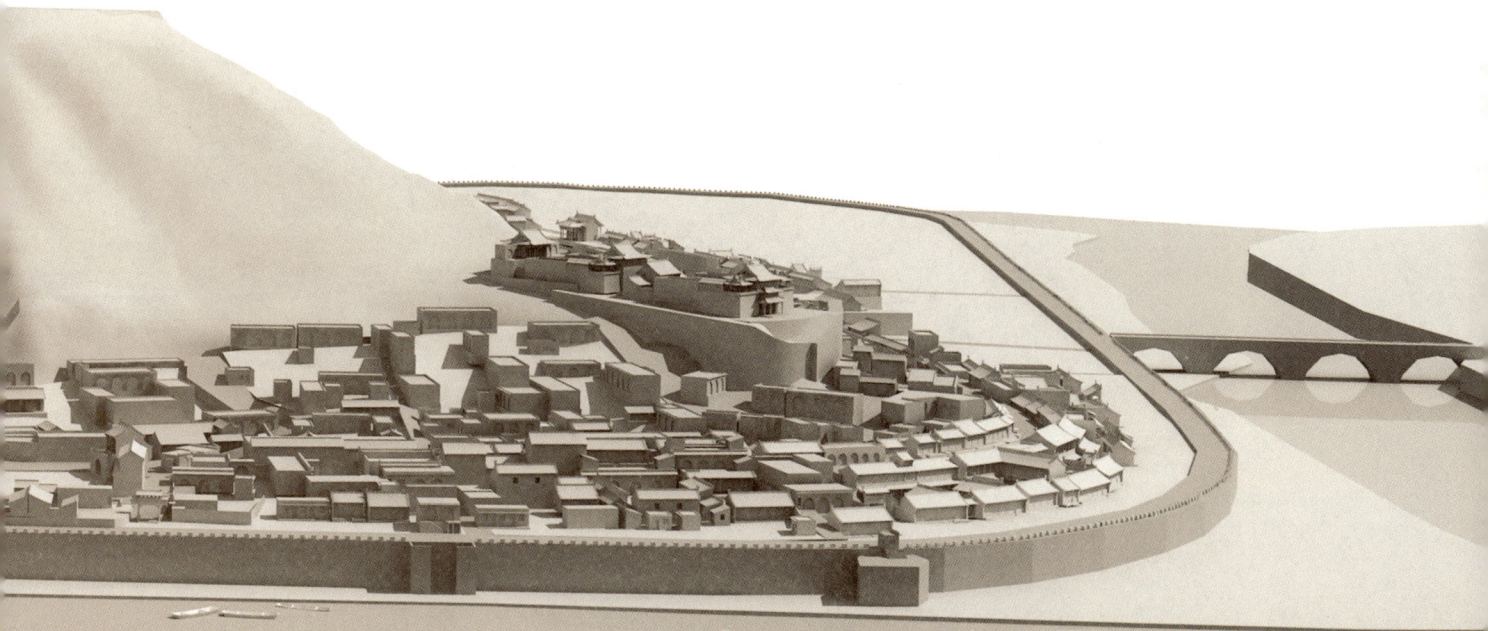

村落，黄河（规划长度为70km）、湫水河（规划长度为30km）两处河段，以及冯家会、李家山等黄土地貌区域，总面积约125km²。

### （一）碛口及周边区域旅游资源分析

#### 1.古镇旅游资源概况

作为二三百年的水旱码头型商贸重镇，碛口镇主要是货栈和店铺，同时形成了独特的商业习俗。碛口古镇旅游资源从单体来看价值不算太高，但作为融山河古镇于一体的景观则是非常独特的。碛口在古代曾是军事重地，明代晚期，已有水运。从清代乾隆朝到20世纪30年代末的200多年是碛口的鼎盛时期，此时的碛口被称为"晋陕大峡谷沿岸的第一镇"，也称"晋西第一镇"。由于转口贸易发达，碛口的货物川流不息，被民谚称为"驮不完的碛口"，是一处名副其实的"小都会"。2005年9月，碛口被列为国家历史文化名镇。

碛口古镇是具有黄土高原特色的山地建筑群，它作为古代北方集镇的代表，突出体现了集镇的商贸功能，是北方传统商业文化的载体。其单体古建筑保存数量大、质量高，整体集镇保存较完整。街市由东市街、西市街、中市街三条主街构成，还有十三条小巷与主街基本垂直相交，街道、小巷、商号形成了便捷而又复杂的交通网络。碛口街巷连接了古镇的各主要商号，长长的古街、幽深的古巷给人一种回归历史的感觉，它们和镇上的古建筑、传统商业习俗共同营造了浓浓的古镇文化氛围。古镇街市景观主要有：黄河码头、中

图5-12 碛口古镇东市街湫水河畔

市街、高圪台、要冲巷、百川巷。

碛口古镇的古建筑主要是货栈和店铺，目前还保留着400多个大小院落，数量多，且保存较好。建筑多以实用为本，简洁朴素，不求华丽，依照其功能可主要分为货栈、骆驼店、商铺、当铺、商会等几种类型，现在多作民居住宅。西头村有十余座居住院落，建筑精致华美。目前保存的观赏性较强的古建筑景观有：黑龙庙、荣光店、新华商行、贸易局、四十眼窑院、厘金局等。

古镇主要商业遗迹有：码头、纤痕、羊皮胴、驼道、驼铃、油篓、油茧子、拴马扣、骆驼店、骡马店、镖局等运输类遗迹；街巷、窑院、店铺、牌匾、楹联、字号、家什、商号等经营类遗迹；商会、税厅、厘金局等管理类遗迹；庙宇、戏楼、牌位、碑碣等习俗类遗迹。

主要民俗资源有：祭河神、敬马王爷、祭诸神、仓官节、红面角、伞头秧歌、临县道情、盲人说唱、碛口庙会等。

2. 碛口及周边区域旅游资源

碛口古镇周边区域包括黄河东岸地区和湫水河两岸及离石—碛口公路沿线上的一些点，资源涉及的村镇主要有：西湾、李家山、白家山、高家坪、寨子山、冯家会、小塔则、武家沟、孙家沟、丛罗峪、崖窑上、曲峪、开阳、寨甲村、杏林庄等。

3. 黄河沿岸景观资源

黄河沿岸景观丰富，包括有：大同碛、麒麟滩、黄河东岸古商道、高家塔主席登岸

处、黑水沟巨石平台、风蚀水蚀岩雕、枣树林风景带、黄河沙滩、寨上金銮宝殿、寨沟滑石岩、石门沟、白道峪、崖窑上、开阳景区、杏林庄等景点。

4.旅游资源优势分析

与同类型旅游景区相比,碛口旅游区的资源种类较全。水体资源、沙滩旅游资源、山石资源、黄土墚卯地质资源、古镇资源、古村落资源、宗教资源、传统工业旅游资源、田园风光资源、商贸历史文化资源、传统民俗资源等,各个单体资源特色明显,其间又有着天然或历史的密切联系,为碛口旅游业的发展奠定了坚实基础。同时,碛口旅游资源有着区位优势,毗邻陕北,便于沟通陕、甘、宁、蒙,区域交通较为方便,为旅游业的开展提供了有力保障。

图5-13-1 碛口古镇五里长街修复设计街区景观意向(一)

**(二)旅游发展的总体定位及战略重点**

综合碛口的历史文化特点、主体文化价值、历史地位、资源特别属性、景区独特个

性、景区的不可替代性以及大众传播的认同效应等各方面的因素，对碛口古镇（附含周边区域）的旅游形象总体定位是："九曲黄河第一镇"，区域市场定位：华北地区旅游重镇，山西省重要的休闲旅游地。

旅游产品战略重点：

（1）重点修复好一座古镇。

（2）集中开发好"大同碛漂流"。

（3）系统组织和建设好西湾村、李家山村等一批古村落旅游线路。

（4）精心打造好黄河沿岸风光带。

（5）认真做好古镇外围典型黄土地貌景观的开发利用。

（6）加强古镇外围古商道及人文景观的配套建设。

旅游发展目标：

旅游产品的精品化、旅游空间组合的区域化、旅游市场的网络化，是碛口旅游业做大、做强、做精的基本战略目标。

### （三）碛口古镇及周边区域规划布局与规划思路

根据综合分析与主导因素相结合的原则、景区内相对一致性和景区间差异性原则、旅游景区可不连续性原则和方便性原则，将碛口古镇及其周边区域的旅游区大约分为两区一带，即：碛口古镇古村核心景区、黄土地貌垣上人家综合旅游区、黄河自然奇观风光带。

#### 1.碛口古镇古村核心景区规划

碛口古镇作为旅游区的核心部分，分为西市文化娱乐客栈小区，中市商贸餐饮休闲小区，东市庙会集市旱路运输文化体验小区，西头高档住宿绿地景观小区。通过所有代表碛口古镇、古村历史文化特征的"信息元"（如羊皮筏、骆驼、货栈、店铺等）、"信息点"（如黄河码头、黑龙庙、荣光店、天聚永、西湾村、李家山等）、"信息链"（或称信息廊道，如西市街、中市街、东市街、古商道、黄河等）等景观点来强化碛口古镇古村特色，处处凸显其文化信息。

建筑上突出以窑洞为主体的窑院建筑特色。开发利用好当地有特色的民情风俗。对古窑洞、窑院进行恢复和整治，发展以窑洞为主要特色的农家旅社；恢复中市街西面曾有的二道街和三道街及一些店面的商业功能；建造休闲广场（八方街）；恢复黄河码头，建造河上大船；营造古镇的黄河文化和富有特色的夜文化。

周边古村应作为碛口古镇的群落体系进行互补性开发。

#### 2.黄土地貌垣上人家综合旅游区规划

孙家沟村老窑分布集中，保存完好，体现了清末到民国年间中国北方黄土高原的窑院建筑风格。枣林茂密，溪流可贵，是避暑休闲的好去处。对村里的旧窑院进行清理、整治，发展农家旅社和农家乐旅游，营造黄土高原小江南的氛围。武家沟要恢复传统铜器制

图5-13-2 碛口古镇五里长街修复设计街区景观意向（二）

作中心的地位，制造旅游纪念品，开发手工作坊旅游。双塔村中有毛主席、朱德路居之处，将其与高家塔、寨子山一道开展红色旅游。义居寺开发宗教旅游项目，小塔则要整治环境，恢复传统陶瓷生产，开发旅游纪念品，开展传统产业旅游。在岳山坪开发黄土地貌观赏旅游项目。

3.黄河自然奇观风光带规划

上车观光、下车看景、乘船览胜。把沿黄公路和黄河水道作为一条项链，将沿途的众多景点串起来。如风蚀水蚀岩雕、黄河水道、大同碛及其漂流、枣树林风景带等，构成一条集坐车观光、步行攀爬、乘船游览为一体的精美的旅游线路。大同碛（二碛）漂流项目的开发，具有极大的影响力和吸引力，将对整个碛口旅游起催化作用。

### （四）碛口古镇及周边区域旅游产品开发

#### 1.旅游产品

（1）感悟古镇

遴选一些特色鲜明的古店铺和商号，修缮之后作为游客重点游览的对象。重点打造八方街（骆驼圈圐）游娱，古码头亲水，黑龙庙览胜，骆驼店寻踪，演艺厅赏乐等项目。开辟窑院为民俗客栈，设置特色餐饮店，给游人提供特别的食宿体验。整修黑龙庙至荣光店半山腰的人行道，修建碛口博物馆，开辟黄河美术馆，从食、住、行、游、娱、购多方面着手，为游人全方位感受、玩味碛口提供条件。

（2）品味古村

古村落是碛口旅游区的重要组成部分，修缮古民居院落、古祠庙、古街巷，向游人展示黄土高原上原汁原味、古色古香的村居建筑风貌，让游人认识并体验清代至民国年间以窑院为特色的北方民居文化。重点打造西湾村的五行街巷，李家山的人地和谐，白家山的巧收天水，孙家沟的钟灵毓秀。在此大前提下，引导游客品味各村落不同的特色。

（3）体验黄河

黄河是碛口旅游区的半壁江山，体验黄河是一个非常重要的产品系列。开发古道觅踪，大同碛漂流，沙滩健身，黄河石阵、戈壁越野，老䲟冲碛，纤夫扳船，空中览胜，码头听涛，木船巡游，皮筏下漂，黄河魂展馆，索达干枣加工观赏，高家塔东渡群雕，高家塔黄土雕塑艺术园，寨上野营度假，白道峪窑院怀旧，开阳枣林漫步，黄河岩雕品赏，岩窑上金龟呈祥，石门映月，杏林石窟，黑水沟巨书等沿黄线上的全部景点和活动项目。让游人全方位地领略和体验黄河美景和黄河文化。

（4）亲近黄土

山西的黄土地貌在世界上极具代表性。在详细考察的基础上，选择一两处最有典型性、代表性的黄土峁墚沟壑，设计安排好停车处和观赏点，推出黄土地貌观赏和黄土艺术鉴赏活动，让游人充分欣赏领略品味黄土景观。

（5）神佛庇佑

碛口一带旧时多种宗教和民间信仰并存，供奉有各种各样的神灵。目前景区内尚存黑龙庙、西云寺、义居寺三处重要的寺庙。其中，义居寺"万佛庇佑"的主题活动，对游人

极富感召力。

此外，旅游区还可以开发以高家塔、寨子山、双塔为景点的红色旅游项目；以小塔则、武家沟为代表的传统手工业旅游项目；以枣林、田园为主的观光农业旅游项目。

2. 开发措施

（1）加强对外宣传，开拓客源市场。

（2）完善交通设施，提高区域交通的通行能力。

（3）加强旅游资源的保护，提高周围居民及游客对旅游景区的保护意识。

（4）改善旅游基础设施和旅游服务设施，提高旅游综合接待能力和管理水平。

（5）注重环境保护，改善生态环境。

3. 产品营销策略

转变观念，变宣传促销为市场营销。通过市场调研，适时地开发出符合市场需求的旅游产品，并对市场及时进行跟踪和反馈。

要有特色产品开发意识，立足碛口本身的特点，开发出有新意的符合市场需求的产品。

注意基础、服务设施的开发与旅游地空间环境的美化，在游客心目中树立良好形象。

要大力开展品牌推广策略，通过举办大型节庆活动、学术会议、媒体展示等活动，开展品牌推广，达到吸引游客的目的。

图5-13-3 碛口古镇五里长街修
复设计街区景观意向
（三）

图5-13-4 碛口古镇五里长街修
复设计街区景观意向
（四）

# 第三节 传统聚落景观保护与文化旅游地规划的"景观信息链"理论

　　长期以来,传统聚落景观保护与规划范式不科学、规划理论匮乏等问题一直困扰着规划界的同仁[①]。我们在多年开展传统聚落规划的基础上,紧扣传统聚落规划的关键是旅游地历史文化信息如何有效展示的问题,结合当前传统聚落规划的实际要求[②],于2005年在开展山西临县的碛口古镇规划中,首先提出了文化遗产地保护和传统聚落规划的"景观信息链"(landscape Information Chain)理论[③],并将这一理论分别运用于我国南方和北方各地文化遗产地保护和传统聚落的规划实践中,取得了明显的效果。现将这一理论原理及其运用实践作进一步阐释,以就教于文化遗产地保护和传统聚落规划的专家和同仁,共同推进旅游规划理论的发展。

## 一　"景观信息链"理论的内涵

　　"景观信息链"理论也可称之为"景观记忆链"理论或"景观基因"理论[④],其内涵可简要概括为"一目标、三要素、两途径"。"一目标"是提出"景观信息链"理论的宗旨,"三要素"是"景观信息链"理论的核心,"两途径"是"景观信息链"理论的具体实现(表达)方式。其理论框架可用图(图5-14)进行示意。

① 吴必虎.区域旅游规划原理[M].北京:中国旅游出版社,2001:38-45.

② 严国泰.历史城镇旅游规划理论与实务[M].北京:中国旅游出版社,2005:15-16.

③ 刘沛林,等.碛口旅游发展[M].太原:山西人民出版社,2006:5-6.

④ 刘沛林.古镇名村遗产保护与旅游开发[M].北京:现代教育出版社,2007:305-306.

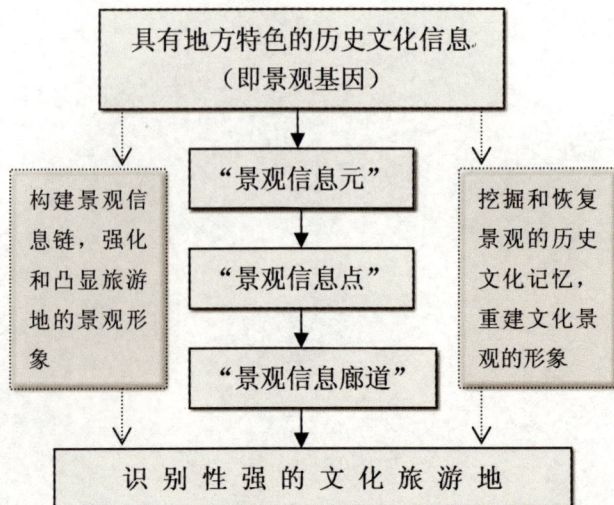

图5-14 "景观信息链"理论的启示

（一）景观信息链理论的"一目标"

传统聚落规划的关键问题是如何将其历史文化信息（即景观基因）有效挖掘和展示给游客的问题。达比（H.C.Darby）提出的"景观连续断面复原"理论对此具有一定的启发。他认为任何一种文化景观都是由不同历史时期的文化叠加而成的，历史文化景观就是历史文化层的不断叠加，历史文化景观的研究就是要"复原"这些文化层的连续断面，重新恢复原有的历史文化信息。鉴于当前传统聚落规划的不规范性以及旅游规划理论匮乏的现实。我们提出的"景观信息链"理论，拟将代表地方特色的历史文化信息（即景观基因）挖掘整理出来，按照一定的方式进行筛选和提炼，然后通过景观再现和景点组合等方式有效表达出来，使传统聚落的地方感强、特色鲜明、个性明显。游客一到此地就能被旅游地的"特征性"、"标志性"和"可识别性"所吸引，从而对旅游地产生深刻的景观意象（The Image of the Iandscape）。这样的旅游规划才是真正体现地方感的规划，从而具有生命力和感染力。

（二）景观信息链理论的"三要素"

"景观信息链"理论的核心就是它的三要素，包括："景观信息元"、"景观信息点"和"景观信息廊道"。三者具有很强的继承与发展的关系，是一种从抽象到具体，从潜在到明显，从散点到聚类，从分散到组合的过程关系（图5-15）。

1."景观信息元"

"景观信息元"（Elements of Landscape Information）理论中的"信息"实际上是指文化信息(Cultural Information)，是指附着在景观之上的各种文化元素，是构成文化景观的最核心因子。"景观元"即"景观元素"(Element of Landscape)，或称"景观

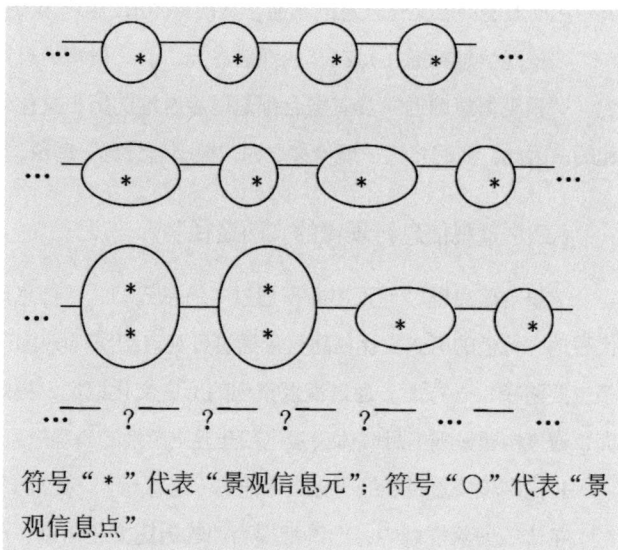

符号"＊"代表"景观信息元"；符号"○"代表"景观信息点"

图 5-15 "景观信息链"理论三要素

记忆"(Memory of Landscape)，它是指在传统聚落规划中的"文化景观基因"(Genes of Cultural Landscape)层面的内容，就像生物学上的基因层面的东西，很核心、很原始，通常是潜在的，难以被外人所轻易发现，多数地方必须通过专家的挖掘、筛选和提炼才能清晰分辨[①]。"景观信息元"是旅游地的"历史记忆"，也是一种"区域记忆"，是旅游地的"个性"所在，是规划者进行旅游地定位和项目设计的关键信息所在，也是旅游者"品读旅游地"、"鉴赏旅游地"、"感悟旅游地"的最核心因子。对"景观信息元"的准确把握，对具体的旅游景点和旅游项目的设计具有重要的指导作用。比如，一个商业古镇的"景观信息元"多数会体现在与商业相关的元素上，规划前必须认真把握这些元素。

2."景观信息点"

"景观信息点"（Places of Landscape Information）亦可称为"景观点"，它是旅游"信息元"的具体物化。比如一个商业古镇的信息元，总是要通过相应的商业场地和具体物象来表达；一个渔港必须通过各种渔业要素来表达；一个军事要地必须通过一定的历史军事设施来表达。历史传统聚落必须通过一定的历史文化场地和物景来表达自身的特色，彰显其文化基因。比如，一个古代商埠旅游地的"景观信息点"，就必须通过相应的××商铺、××票号、××钱庄、××广场、××集市、××街区、××码头等物景来表达，构成一个个具体的标志性很强的景观点。

3."景观信息廊道"

"景观信息廊道"（Corridor of Landscape Information）亦可称之为"景观走廊"，由"景观信息点"单体按一定规律在旅游地组合而成，是景观"信息点"在旅游地的空间组合与排列。在时间上，它是不同历史时期的典型的文化信息的现代展示通道；在空间上，它是一个实实在在的游道，是旅游者感受旅游地特殊文化的"廊道"。比如，在洪江古商城，可以将"码头→广场→东市→店铺→票号→骆驼店→迎宾柱→……"等文化信息点元素按照时间顺序（并考虑旅游行为的特殊要求进行调整）进行串联，以形成一个展示古商城的商旅文化气息的廊道，其视觉冲击力和气氛感染力均很强烈。

"景观信息廊道"是在"景观信息元"、"景观信息点"的基础上逐步形成的。实际上，"景观信息廊道"及其组合都是以旅游地的历史文化信息为节点通过链条的形式来构建的。因此，我们将这一理论称之为"景观信息链"理论。

### （三）景观信息链理论的"两途径"

"景观信息链"理论主要是通过"信息元"、"信息点"和"信息廊道"三要素，将代表地方特色的历史文化信息元素通过景观点和景观廊道的形式表现出来。具体说来，有2条主要路径：一方面，通过恢复景观的历史文化记忆，提炼和重建文化景观元素；另一方面，通过构建景观信息载体，强化和凸显旅游地的景观形象。

1.挖掘和恢复景观的历史文化记忆（信息元），找准文化景观元素

在传统聚落规划中，准确把握当地的历史文化信息，深入挖掘其文化景观信息元素，

---

① 申秀英等.景观"基因图谱"视角的聚落文化景观区系研究[J].人文地理,2006,(4):109-112.

恢复传统聚落的历史文化记忆，是传统聚落规划的关键性工作。一方面，可以让当地人更全面更透彻地理解本地文化，有助于做好后续的旅游服务工作；另一方面，让游客在欣赏旅游景观的时候能深入了解当地的文化特色，在阅读景观时不"误读"、理解上不"错位"，产生一种与景观互动的良性效果。根据"景观信息链"理论，恢复景观的历史记忆、重现文化景观元素的最佳途径是深入挖掘文化景观信息"元"，以达到让景观向游客准确传达历史文化信息的目的。让传统聚落充满文化景观的韵味，让传统聚落"神"、"气"十足。

2. 构建景观信息载体（景观点和景观廊道），彰显旅游地景观形象

文化景观形象作为历史文化记忆的外显，是传统聚落"神"与"气"的流露，是旅游抽象元素的具体化，可以"冲击"游客的综合感官，也是游客与旅游地互动的直接平台。为了彰显文化景观形象，必须构建景观信息的具体载体。根据"景观信息链"理论，"景观信息点"、"景观信息廊道"就是凸显文化景观形象的有效载体。合理选择景观信息点，有利于文化景观单体形象的凸显。将景观点进行有效的排列与组合，优化配置景观信息廊道，则可形成强烈的文化景观整体形象，可形成高效的文化景观集聚效应，有利于文化景观形象的彰显，是传统聚落规划的新视域。

## 二　"景观信息链"理论在黄土高原碛口古镇聚落景观旅游地规划中的实践

近年来，我们尝试用"景观信息链"理论开展传统聚落规划，积累了一定的素材和经验，下面以碛口古镇为例进行阐释。

### （一）碛口古镇历史地理特征

碛口古镇处于山西省吕梁市临县境内，这里是黄河与湫水河的交汇处，在历史上曾是晋商重要的水旱转运码头，并被誉为"九曲黄河第一镇"。古镇的繁华已在历史的变迁中悄然消逝。然而，至今依稀可见的古渡、古街、古铺、古刹、古村落，还在向我们诉说着昔日的荣光。五里长的明清一条街贯穿古镇，长街两旁店铺林立，商号比肩。十三条清幽的小巷垂直于长街，依山就势，层叠耸翠。

碛口古镇建筑群沿着黄河和湫水河呈直角形分布，贯穿全镇的五里长街按所处地段又分为西市街、中市街、东市街3段。西市街紧邻黄河码头，整个建筑群沿着河岸随地势而建，这使得一些店铺出门即是码头，为运输货物提供了便利；中市街是碛口镇重要的商业区，主要的商号、钱庄、当铺均分布于此，建筑形态各具特色；东市街是碛口东去的旱路起点，至今依然保留了大量的骆驼店、骡马店、仓储货栈和零售店铺。黄砂石和青灰砖瓦构成了古镇的主色调，在建筑风格上寓传统商贸集镇和晋西北地方建筑于一身。"物阜民熙小都会，河声岳色大文章"，黑龙庙大门的这副对联生动的概括出了碛口的历史地理特色。

碛口古镇具有保护的价值，然而由于各种原因，古镇的原生建筑风貌遭受了一定程度的破坏。2005年碛口古镇被世界文化遗产基金会公布为世界百大濒危文化遗址之一。使古镇濒危的因素总体来说主要来自以下3个方面：第一，1951年黄河大水，冲毁了古镇的一部分，尤其是东市街西端和中市街的交接处；第二，由于缺少维护费用，不断有危房出现，有许多房屋开裂，甚至局部倒塌；第三，新建建筑影响了古镇原生风貌。近年来，古镇东市街建设了部分新建筑，这些新建筑从内部结构到外部形态，都与古镇上原有的建筑大不相同，二者在风格上表现出一定程度的不协调。

### （二）"景观信息链"理论在碛口古镇传统聚落景观旅游地规划中的实践

#### 1. 碛口古镇"景观信息元"的确定

碛口古镇是一处规模庞大的古建筑群，包括商业建筑、居住建筑、庙宇建筑，有着浓郁独特的商业气息。碛口是古代晋商主要的水陆口岸，在京包铁路建设前的170年间，每年有大量的木船和羊皮筏云集碛口码头，运来大量的粮油、皮毛、药材、盐碱等北路货，早有所谓"水旱码头小都会，九曲黄河第一镇"的美誉，木船和羊皮筏是黄河水运的最主要工具。据民国6年《临县志》记载，清末民初碛口镇正式登记的坐商有204家，商业之发达远远超过了临县县城。根据"景观信息链"理论，其"景观信息元"可从如下方面去挖掘：水旱码头、九曲黄河、木船、羊皮筏、骆驼（店）、窑洞、商行、货栈、店铺、当铺、票号、镖局等等。

#### 2. 碛口古镇"景观信息点"定位

根据景观信息链理论，结合刘沛林等著《碛口旅游发展》[①]、《古镇名村遗产保护与旅游开发》[②]、霍耀中等著《碛口古镇保护》[③]、张世满等著《碛口村镇建设》[④]的研究成果，可将碛口古镇"景观信息点"归纳为如下几个方面。

（1）古镇街市景观"信息点"：号称"五里长街"，其主要景观"信息点"有黄河码头、中市街、要冲巷、百川巷和高圪台等。

（2）古镇建筑景观"信息点"：主要有黑龙庙、荣光店、天聚永、新华商行、贸易局、厘金局、广生源、古汉槐、协图店、永丰店、万兴店、兴盛韩、当局、福顺德和耶稣堂等。

（3）古镇商业运输类景观"信息点"：主要有码头、纤痕、羊皮胴、驼道、拴马扣和镖局等。

（4）古镇商业经营类景观"信息点"：碛口是一个商贸集镇，基本上没有民居民宅，所有建筑都是商业性的，400多个大小院落都是商号和店铺。比如，麻油大店"天聚永"、药材店"义生成"、粮店"裕后泉"、京广杂货店"广生源"、天津草帽店"义诚信"、祥记烟草分公司、义记美孚煤油分公司、火柴专卖店、当铺"义诚信"、票号碛口分号"大德通"等。

（5）古镇商业管理类景观"信息点"：主要有商会、厘金局、税厅子、贸易局等。

① 刘沛林等.碛口旅游发展[M].太原:山西人民出版社,2006:5-6.

② 刘沛林.古镇名村遗产保护与旅游开发[M].北京:现代教育出版社,2007:305-306.

③ 霍耀中等.碛口古镇保护[M].太原:山西人民出版社,2006.

④ 张世满等.碛口村镇建设[M].太原:山西人民出版社,2006.

（6）古镇河声岳色类景观"信息点"：如，**麒麟滩**、大同碛（又名二碛）、黄河水等。

（7）古村落类景观"信息点"：碛口镇的商人不住在碛口，而是住在周边的村落中，村落建设非常有文化品位，比较典型的有西湾、李家山、白家山、孙家沟、小塌则等。

**3.碛口古镇"景观信息廊道"的打造**

根据前述关于碛口古镇的景观"信息元"和"信息点"的分析，可以首先构建一条体现碛口主题的景观信息"总廊道"，即"黄河古镇小都会"信息廊道。考虑到碛口古镇范围较大，景观信息内容丰富，可以通过多条"次廊道"的形式分步表达"总廊道"的景观信息。

（1）西市街景观"信息廊道"。西市街也叫后街、西繁市，北起税厅字，南到驴市巷，宽度3～4m，一面临黄河岸，另一面是以窑院为主的建筑。由于面临黄河码头，上游运下的物品均在这里下船上岸，西市街东侧的建筑就以储放转运货物为主，集中了大量货栈。主要有锦荣店、荣光店、大顺店、永裕店、天聚永、万全店、万盛成等，大多都是面积较大的四合窑院，形态保存基本完好，有较高的历史文化价值和景观价值，是组合较好的"景观信息廊道"。

（2）中市街景观"信息廊道"。中市街又叫中繁市，在碛口镇中央，连接西市街和东市街，北起驴市巷，南至拐角巷，石板铺路，是最好的商业地段，街两侧店铺密布，建筑保存较为完整。主要店铺有协图店、复合店、兴盛韩、长星店、永顺店、洋火店、义记美孚、祥记烟草等。大多采用南方的排板门面，至今仍有较丰富的商业活动。中市街西面曾有二道街和三道街，两旁也都是商铺店面密集之地，与中市街共同构成碛口最繁华的街区，是自成体系的商业景观信息廊道。

（3）东市街景观"信息廊道"。东市街面临湫水河，东起西云寺，西接拐角巷，地段较为开阔。由于湫水河落差较大水量不稳，不宜航行，所以这里没有码头，没有大型货栈。但，这里是东去晋中的旱路起点，集中了近20家骡马店、骆驼店，较大的有三星店、长顺店、福顺德等，这些店大都是两进大院，一进院很开阔，可容纳上百头骆驼，二进院住客。骆驼店大都分布在路北侧，路南侧及骆驼店临街一面是各种从事零售和服务的店铺，杂货铺、饼子店、馍馍店、小吃店、剃头铺、镶牙铺、药店、钉掌铺等应有尽有。虽然街面古店铺毁坏较多，夹杂有不少新建筑，但这里是碛口目前最为繁华热闹的集市区，亦是碛口古镇的一条新兴的商业景观信息廊道。

（4）黄河沿岸景观"信息廊道"。黄河是碛口旅游区的半壁江山，体验黄河是一个非常重要的产品，也是一条极其重要的景观"信息廊道"。它包括景区沿黄河上的全部景点，目的是让游客全方位地领略和体验黄河美景和黄河文化。具体包括古商道、麒麟滩、大同碛、古码头等景观"信息点"。

（5）周边古村落景观"信息廊道"。周边古村落是碛口文化的重要组成部分，也是碛口"景观信息廊道"中的重要景观，可将西湾、李家山、白家山、孙家沟、小塌则等比较典型的周边古村进行有效组合，构成一条地方感强的古村落景观"信息廊道"，从而为碛口古镇的旅游"景观信息链"增添"卖点"。

当然，根据游览时间的长短，可以将碛口古镇的景观"信息廊道"进行多种不同的组合：

线路一：碛口码头——西市街——中市街——东市街——西湾古村。

线路二：西湾古村——李家山村——东市街——中市街——西市街——碛口码头。

线路三：碛口码头——沿河西街——荣光店——百川巷——天聚永——四十眼窑——广生源——八方街——十义镖局——西市街——中市街——关帝庙——黑龙庙——广泰镖局——丰盛店——福顺德店——巫泰店——东市街——西云寺——古槐树——盐局——西湾古村。

在充分把握上述"景观信息链"的基础上，可以将碛口古镇的旅游形象定位为"黄河小都会，晋西古商埠"或者"黄河古镇小都会"。

# 第四节 "景观信息链"理论对传统聚落景观旅游地规划的启示

根据"景观信息链"理论的内涵，结合实际案例的分析，可以明确"景观信息链"理论对黄土高原传统聚落景观及其文化遗产旅游地规划所带来的启示作用（图5-16）。

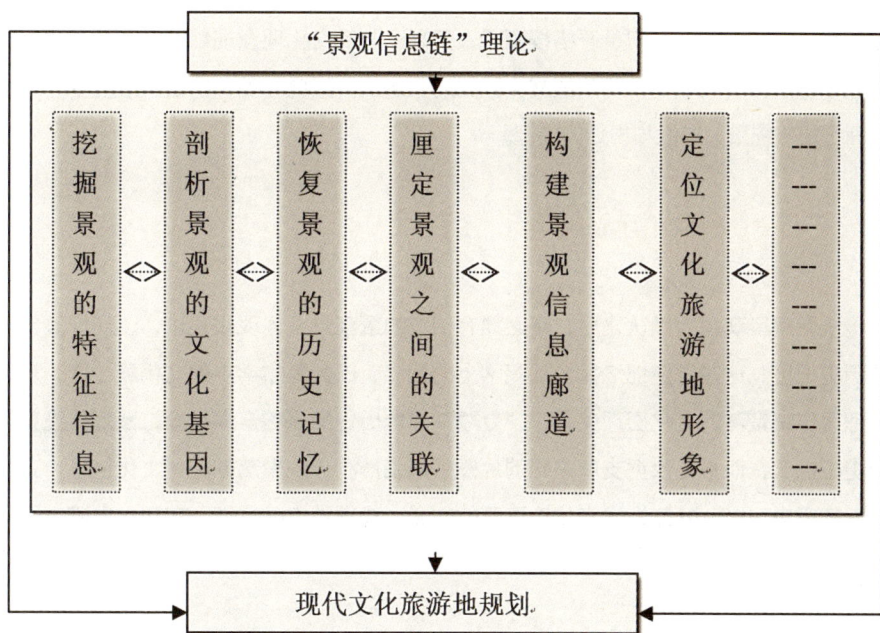

图 5-16 "景观信息链"理论框架

## 一 挖掘景观的特征信息

任何一个传统聚落都是以它独特的历史文化特征来吸引人、打动人的。因此，在进行传统聚落规划时，必须挖掘当地的历史文化信息，通过筛选和整理，找到其基本特征和旅游文化特征。越是民族的，就越是地方的；越是地方的，才越是世界的。在运用"景观信息链"理论进行传统聚落规划时，更要注重充分挖掘该旅游地不同于其他旅游地的地方文化特色，紧紧围绕"地方特色"或"地方感"这一核心主题，认真挖掘特征性的地方文化信息。这是搞好传统聚落规划工作的基础。

## 二　剖析景观的文化基因

其实，传统聚落景观特征信息的把握，最根本的还是对传统聚落景观基因的把握。任何一个地域都有她独特的文化景观，这种文化景观就像生物体一样都有它的个体基因，这种景观基因也就是她的文化基因。晋商以"票号"的形式建立了中国最早的银行金融体系，靠的是诚信；徽商以行业"鳌头"的优势统领大半个中国，靠的是人脉。晋商和徽商文化的不同源自他们各自所处的地域文化的不同。这种地域文化的不同是与地域文化基因的不同相关的。贵州省贵阳市附近的屯堡村，是一个深刻体现"军事防御"文化基因的古村落，它的旅游规划必须紧扣军事防御这一文化主题。安徽黟县的宏村，是一个典型的按照中国古代聚落选址与布局模式进行规划建设的古村（月沼、南湖、雷岗山等为载体），它的旅游规划必须体现中国传统的"天人合一"文化思想和文化基因。湖南北部岳阳县的张谷英村，在明末建设之初是严格按照"人丁兴旺"的文化理念规划建设的，对它的旅游规划应该重点体现在中国传统宗族文化基因的表达上。如此等等，均是从最基本、最核心的层面把握传统聚落定位与规划的关键。

## 三　恢复景观的历史记忆

传统聚落景观基因确认之后，还必须有相应的景观点来体现和表达，以便恢复传统聚落的历史记忆。这些历史记忆就像地貌学上的地层、田野考古学中的文化层一样，有助于人们理清传统聚落的文化层理关系，"复原"当地历史文化的连续断面，恢复传统聚落的"历史记忆"，而不是依据支离破碎的片段信息来推测传统聚落的历史文化信息。只有恢复景观的历史记忆，才能为丰富传统聚落的内涵、找准其文化特征、实现其准确定位，奠定科学基础。

## 四　厘定景观之间的关联

在找准传统聚落的景观基因、恢复其景观的历史记忆的基础上，还必须认真选取特征性强的景观信息点，来有效表达当地的景观信息。景观信息点的选取，必须考虑其代表性、标志性和关联性。代表性和标志性是优选法的表达；关联性是关联度的表达，决定着旅游地景观信息的组合状况和表达效果是否最佳。这是传统聚落规划时容易忽视但又特别重要的问题。

## 五　构建景观信息廊道

传统聚落"景观信息廊道"是景观点之间排列组合的结果。原则上，一个传统聚落总体上只能有一个体现主题的"总廊道"（主线），但一个信息丰富的传统聚落可以有多个景观信息的"次廊道"，次廊道是围绕总廊道来分步表达景观信息的。所有的廊道都是围绕景观信息元、并通过景观信息点来表达景观信息的。景观信息元、景观信息点、景观信息廊道之间必须高度关联，这种高度关联性共同构成传统聚落的"景观信息链"。

## 六　定位传统聚落形象

在旅游规划实践中，旅游地的形象定位常常成为困扰旅游规划工作者的主要难题。形象定位不准，直接影响到旅游地形象的推广和旅游地旅游发展的方向。传统聚落的景观信息元、景观信息点、景观信息廊道之间的高度关联性，成为我们进行传统聚落旅游形象定位的重要依据。因此，旅游规划工作者必须从挖掘传统聚落景观信息元出发，认真筛选当地的历史文化信息，准确提炼当地的文化景观基因，正确把握当地的历史文化特征，科学确认景观信息点，合理组织景观信息廊道，达到精准定位传统聚落旅游形象、科学制定传统聚落旅游规划的目的。

以往人们对旅游规划理论的探讨大多集中在区域旅游规划理论方面，实际上，许多旅游地规划都与文化有关，有的旅游地本身就是典型的文化旅游地。文化旅游地应该有自身的资源特点和表达方式，我们从挖掘旅游地的景观信息入手，通过寻找旅游地的文化基因、景观特征，"复原"其景观记忆和景观过程，然后选择一定的有代表性的景观点，结合游客的兴趣和需求，采用优选法和相关理论，构建景观信息廊道[①]。这种基于景观信息元、景观信息点和景观信息廊道"三要素"的高度关联性的旅游规划法则，我们称之为"景观信息链"理论，受启发于英国著名历史地理学家达比（Darby）提出的"景观连续断面复原"理论。这一理论在近年来我们开展的山西碛口古镇、湖南王村、张谷英村、山东临清古城等文化旅游地规划中，得到了很好的运用和修正，对当前旅游规划界正在开展的规划理论建设，尤其是文化旅游地的规划理论建设，希望有所裨益。

## 本章小结

碛口古镇作为世界百大濒危文化遗址之一，是全人类共同的财富，更是我们中华民族的珍贵历史遗产，保护并发展好碛口对我们具有重要意义。对于碛口古镇修复设计来说，保持其原有的外在形式无疑是至关重要的。我们的修复工作，从挖掘其传统文化景观基因入手，通过寻找聚落景观的"信息元"，在尊重历史"形"的原则的基础上，挖掘原有的文化内涵与文化基因，进而从根本上保护传统聚落的原真性和地方感。

（1）"景观信息链"理论即"景观记忆链"理论或"景观基因"理论，是黄土高原传统聚落景观保护与文化旅游地规划研究的有效方法。其内涵可简要概括为"一目标、三要素、两途径"。"一目标"即将传统聚落历史文化信息（即景观基因）有效挖掘和展示给

---

① 刘沛林.乡村旅游发展规划——以衡阳县为例[M].北京:华龄出版社,2006.

游客，这是提出"景观信息链"理论的宗旨；"三要素"包括景观信息元、景观信息点和景观信息廊道，这是"景观信息链"理论的核心；"两途径"指挖掘和恢复景观的历史文化记忆（信息元）、构建景观信息载体（景观点和景观廊道），这是"景观信息链"理论的具体实现（表达）方式。

（2）碛口古镇作为世界百大濒危文化遗址之一，"景观信息链"理论在其传统聚落景观旅游地规划的实践中具有重要价值。可从"景观信息元"的确定、"景观信息点"的定位、"景观信息廊道"的打造进行具体设计。"景观信息链"理论对黄土高原传统聚落景观旅游地规划具有重大的启示意义，即挖掘景观的特征信息，剖析景观的文化基因，恢复景观的历史记忆，厘定景观之间的关联，构建景观信息廊道，定位传统聚落形象。

（3）基于"有机更新"理论下的"形态有机复合"设计实践，碛口古镇的"形"表现在整体空间格局、街巷（路径）、院落及建筑的形式、空间布局、村落的边界、节点和重要标的物，碛口古镇的"态"表现在"黄河文化"、北方传统商业文化、晋西北传统民俗文化及其载体上，可从保护建筑、修缮建筑、改造建筑、加建建筑、新建建筑等方面着手，对碛口古镇进行修复设计。实际上，基于景观基因理论，对这种古镇修复设计的"形态有机复合"，不仅对碛口的修复具有重要的指导意义，而且对于其他的古城、古镇修复工作也具有普遍的价值。"形"和"态"复合修复，要求我们在保护整治中要保留古镇的历史发展印记，充分利用原有材料，并采用可逆性技术，使古镇的传统风貌得到最大程度的体现等，对我们的修复设计工作是有重大的借鉴与启发意义的。

（4）从河曲、碛口、河津三地的民间艺术与民俗文化之中，我们感受到了他们之间的文化差异，同时也看到了他们的生活百态。无论是高亢的河曲民歌，还是传播于市井的碛口三弦书，抑或是欢快的河津民谣，都是对当地人生活最鲜活的记录。在这些歌谣故事中，人们或是讲述着他们的历史，或是表达着他们对先贤的哀思，或是寄托着他们的美好心愿，或是暗含着他们的朴素信仰，这所有种种无疑都是对他们生命状态的最真实表述。这种文化形态，历来就是以其特有的活态传承的非物质文化遗产为基础，融合新的文化导向，建立人与自然、人与社会平衡发展的动态关系，在内涵上是我国黄土高原农耕文化、游牧文化和近代市商文化兼容共生的体现。因其历史性、融合性、传承性和表现形式的丰富性，构成山西黄河沿岸独特的文化生态现象，进而影响到当地传统聚落景观的形成。

# chapter 6 第六章
## 黄土高原
## 传统聚落景观保护与乡村旅游规划
### Loess plateau traditional settlement landscape protection and rural tourism planning

　　为了充分发挥黄土高原传统聚落景观资源的价值，打造有文化特色的乡村旅游，我们于2009年12月5日，在山西大学举办了"山西2009乡土景观与乡村旅游学术论坛"。围绕山西省乡土景观与乡村旅游的主题，对新时期的山西乡土建筑文化、山西乡土建筑文化遗产的价值与保护、山西乡土建筑功能特色的传承与创新、新形势下发展山西乡村旅游的重要意义、山西乡村旅游的产品创新、山西乡村旅游的可持续发展等议题，展开了深入的学术研讨。

　　在论坛上，分析了山西省发展乡村旅游的优势条件和存在问题，提出了山西乡土景观与乡村旅游的4个研究方向：建立山西特色的乡土景观研究体系、研究乡土景观的区域发展政策和产业发展措施、研究乡土聚落人居关系和人居环境的改善、研究乡土建筑保护的实用技术。同时提出以科学发展观构建乡村旅游要素，充分展示和保护传统文化，注重乡村氛围和现代生活的对接，倡导低成本、本土化。之后，我们通过分析山西自然、人文、历史等区位因素，将山西的民居景观划分出晋北民居、晋西民居、晋中民居、晋东南民居和晋南民居等5种类型；将山西聚落划分为城镇聚落（规划型城镇、自由生长型城镇、防卫型城镇）和乡村聚落（散点型乡村、条带型乡村、团堡型乡村、层叠型乡村）；在民居形式上，将山西民居大致分为窑洞、石头房、砖瓦房、砖木房和土木房等5种类型。以此为基础，认真探讨了黄土高原乡土景观保护与乡村旅游发展的基本问题。

# 第一节　传统聚落乡土文化景观基本概述

传统聚落乡土文化旅游景观是指在传统聚落旅游过程中所形成的旅游景观格局，包括自然景观和人文景观的综合表现。传统聚落丰富的地域文化及乡情民俗构成了传统聚落乡土文化旅游景观的主要内容。

传统聚落乡土文化旅游景观作为一个完整的景观体系其内涵可概括为"三层次、三要素、三原则"。"三层次"是分析传统聚落乡土文化旅游景观的基本层次，"三要素"是对传统聚落乡土文化旅游景观各层次进行分析的基本方法，"三原则"是传统聚落乡土文化旅游景观设计的基本原则。其理论框架可用图（图6-1）进行示意。

## 一　传统聚落乡土文化景观层次

按照传统聚落的区域范围，根据刘沛林教授的聚落景观"胞—链—形"层次分解原理[①]，可以将传统聚落乡土文化旅游景观划分为3个层次。

① 刘沛林,刘春腊等.我国古城镇景观基因"胞—链—形"的图示表达与区域差异研究[J].人文地理,2011,(1):19-23.

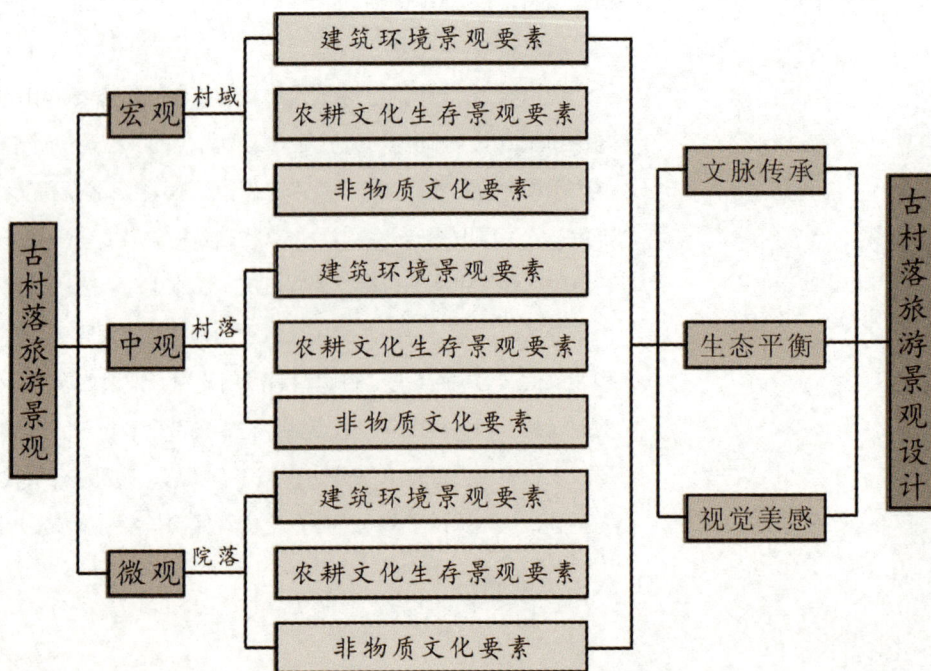

图6-1　传统聚落乡土文化旅游景观理论框架图（陈晓丽绘）

## （一）宏观——景观基因"形"

从景观基因的角度，可将传统聚落的宏观外形分为正方形、长方形、拟方形、椭圆形、圆形及不规则形等基本形态（表6-1）。

从空间分布上看，华北地区（河北、河南、北京等）多为正方形，边疆地区（内蒙古、黑龙江等）多为长方形，云南等地多为拟方形，中部、南部地区（湖南、湖北、广西、广东等地）多为椭圆形，江苏、江西、安徽等地多为圆形，贵州、福建、浙江等地多为不规则形[①]（图6-2）。

① 刘沛林，刘春腊等.我国古城镇景观基因"胞—链—形"的图示表达与区域差异研究[J].人文地理，2011，(1):19-23.

表6-1 传统聚落景观基因形的基本形态

| 基本形态 | 图示及特征 | 典型案例 |
|---|---|---|
| 正方形 | □ |  |
| 长方形 |  □ | 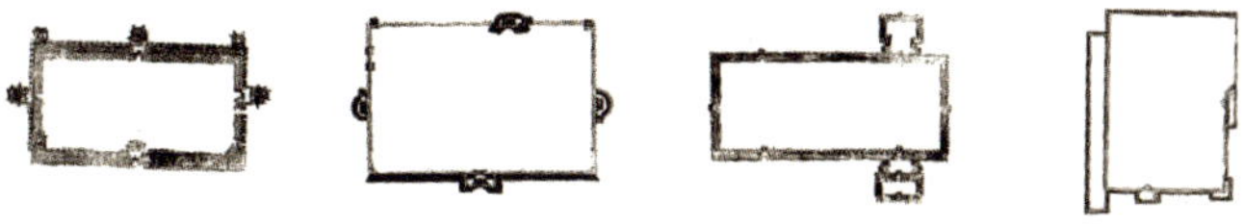 |
| 拟方形 | — |  |
| 椭圆形 |  ○ |  |
| 圆形 | ○ |  |
| 不规则形 | — |  |

资料来源：根据各地地方志，作者绘制整理得出。

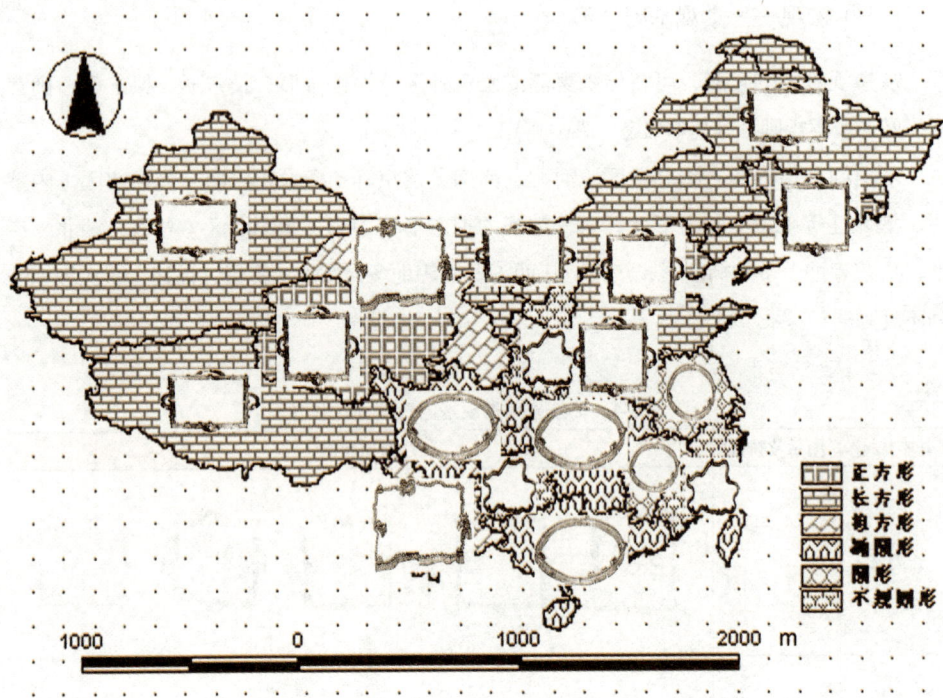

图6-2 中国传统聚落景观外形的空间分布及其演变示意图

　　从图中可以看出，我国传统聚落景观基因外形的空间分布是具有一定的规律性的。总体来说，北方城镇较南方规整，平原地区较山区规整。这是由于，一方面，我国北方特别是中原一带（河南、河北一带）受宗法思想的影响十分深刻，多按照我国古代城市规划理论的基石《周礼·考工记》中的思想，讲究等级规制："匠人营国、方九里、旁三门、国中九经九纬、经涂九轨、左祖右社、前朝后市、市朝一夫。"这也是我国古代乃至世界上最早的城市规划建设理论；另一方面，北方平原辽阔，传统聚落建设受地形的影响较小，可以方方正正的按照经典理论进行布局，在其周边地区，其传统聚落规划对此布局原则虽有一定的依附性，但越到南方、越到山区、越靠近沿海，其依附程度不断减弱，越来越出现各种形态的变异。这也呈现出我国传统聚落平面景观基因形态的变异规律：正方形→长方形→拟方形→椭圆形→圆形→不规则形。

　　黄土高原传统聚落宏观旅游景观的范围是指传统聚落的范围（景观基因形）。聚落范围内具有可度量性的景观组分或区域景观[①]。

　　（1）团状。圆形或不规则多边形通常是这类聚落的基本平面形态，南北轴与东西轴基本相等或大致呈长方形。这是中国最为常见的形态。

　　（2）带状。此类乡村聚落多位于平原地区，通常在河道、湖岸、道路附近呈条带状延伸，在黄土高原地区多依山谷、冲沟的阶地伸展而建。

　　（3）环状。多位于山区的环山聚落及河、湖、塘畔的环水聚落。

① 陈威.景观新农村[M].北京:中国电力出版社,2007:72-73.

在这个范围和层次的旅游景观视角下，主要从自然角度进行考量，涉及地质地貌、水文、气候、动植物，以及地域的社会人文历史等方面，全方面考虑环境的保护和建设因素，将功能技术和美学因素相结合进行总体设计方案。

## （二）中观——景观基因"链"

根据我国古代城市规划理论的基石《周礼·考工记》和《管子》中有关城市规划建设的思想，传统聚落景观中的道路系统大致可以分为"九经九纬、经涂九轨"式的等级规制布局（周王城路网）和"道路不必中准绳"式的实事求是、因地制宜的格局（齐临淄故城路网）这2种原型景观基因链的格局。其中，不同的原型景观基因链又存在若干的变异式景观基因（表6-2）。

若综合考虑水系的布局（表6-3），则可以发现，我国传统聚落景观基因链亦存在不同的变异。

表6-2　传统聚落经典景观基因链及其变异（道路）

| 景观基因链原型 | 景观基因链的变异 |
|---|---|
| 等级规制式景观基因链 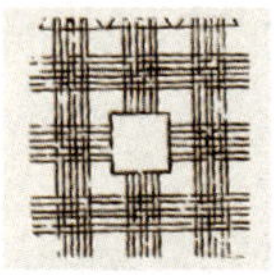 | 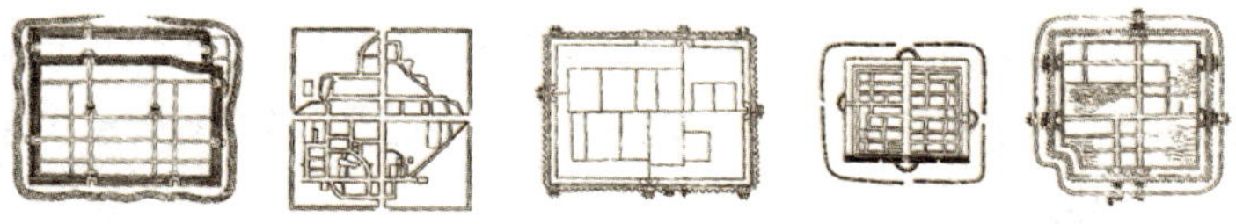 |
| 因地制宜式景观基因链 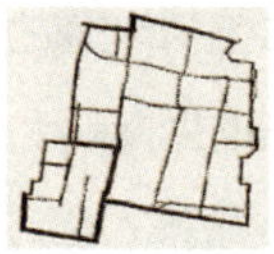 | 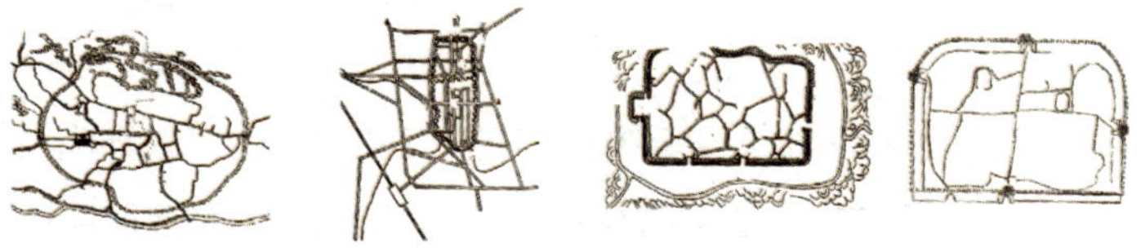 |

资料来源：根据各地地方志，作者绘制整理得出。

表6-3　传统聚落经典景观基因链及其变异

| 景观基因链（道路+水系） | 特征 |
|---|---|
| 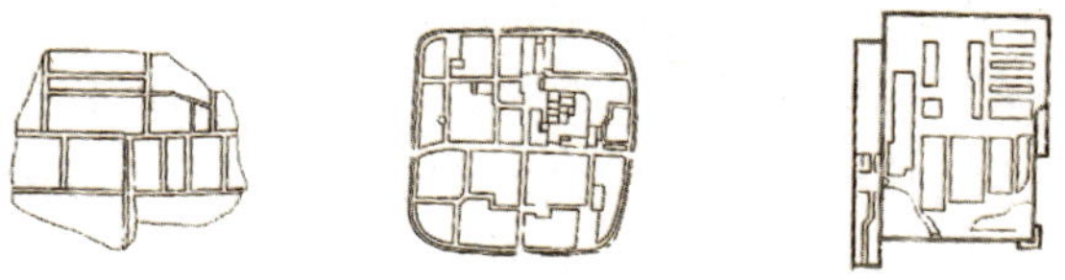 | 水系稀缺，以道路为主 |
| 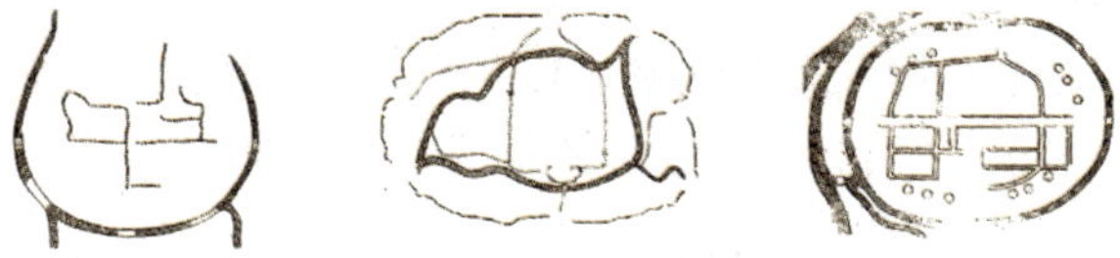 | 水系相当发达 |

（续表）

| 景观基因链（道路+水系） | 特征 |
|---|---|
| | 依山傍水，水陆结合 |
| | 水陆结合，水网发达 |
| | 依山面水，网系简略，陆路为主 |

资料来源：根据各地地方志，作者绘制整理得出。

构成黄土高原传统聚落中观旅游景观（景观基因链）的各个部分包括了街巷、广场、居住区、标志性景观、边沿景观以及村落周边水系等景观因素。这是村落旅游景观设计的主体部分。

（1）街巷。村落街巷是连接聚落节点的纽带。传统村落街巷充满了浓浓的人情味，体现出"场所感"。它与公共空间相交融，是一种人性的空间，是村落居民交往和沟通的必要场所，是居住环境的扩展和延伸，是村落居民最依赖的生活场所，具有无限的生机和活力。

（2）广场。广场通常是村落的中心和景观标志，是连接各街巷道路、聚集人流的主要地点，同时也是景观节点。古村落常见的广场类型有：宗教性广场、商业性广场和生活性广场。广场通过与道路空间的融合而存在，是村落中居民活动的中心场所，许多村落都是以广场为中心进行布局的。

（3）居住区。传统村落居住区通常具有同一性的构成要素，连续的形体特征或是相同的砖砌材料和色彩形成了具有特色的居住区景观。

（4）标志性景观。标志性景观通常零散地散布在村落的周边。它们的平面规模并不大，但往往因其竖向高耸或横向展开，加之与地形的结合，成为整个村落景观的补充或村落轮廓线的中心[①]。

（5）边沿景观。乡村聚落边沿是指聚落与农田的交接处，特别是靠近村口的边沿，往往是人们重点处理的地区，这是风水观念所决定的，它往往表现出村落的文化氛围和经济基础[②]。

（6）水系。村落的选址大多与水有关，除了利用村落周围的河流、湖泊外，人们还设

---

① 陈威.景观新农村[M].北京:中国电力出版社,2007:72-73.

② 陈威.景观新农村[M].北京:中国电力出版社,2007.

法引水进村、开池蓄水、设坝调节水位，不仅方便日常生活使用和防火，而且还成为美化和活跃聚落景观的重要元素[①]。

### （三）微观——景观基因"胞"

传统聚落景观基因胞是传统聚落基本单元的展示窗口。从时间序列上看，我国传统聚落景观基因胞呈现不断多样化的趋势。从形成于仰韶文化时期的西安半坡遗址中可以看出，原始聚落只具备居住、生产和防御等基本功能。伴随着定居、社会分工及私有制的出现，聚落的防御功能、手工业生产以及产品交换的功能逐渐显现，并缓慢地演变为城市的雏形[②]。至西周时期（公元前1027年～前770年），伴随着奴隶制的不断完善和诸侯分封，各国的都城成为名副其实的政治统治中心和军事防御据点，才有了真正的政治功能和军事功能，才出现真正的政治型和军事型景观。相对于诸侯都城较单一的职能，春秋战国时期（公元前8～前3世纪）的城市已伴随着封建土地所有制的确立而发展了手工业和商业，出现了手工业和商业的古城景观，从已发掘的遗迹来看，齐临淄（公元前4世纪）的城市功能已包括政治、军事、手工业、商业以及居住等[③]。至秦汉时期，古城作为商业中心及行政管辖中心的职能得到加强。比如，西汉都城长安城内除宫殿外，还有手工业作坊、市场以及作为一般居住地区的闾里，在城外还建有宫殿、皇帝祭祀专用的礼制建筑、皇家园林等。从魏晋到隋唐，再从五代到宋元（公元3～14世纪），我国古城都城格局进一步附会礼制，并大致定型，古城礼制景观比较突出。至明清时期，传统的农业、手工业、商业等都达到封建社会的顶峰。明清北京城内除宫殿、皇家园林外，主要有寺庙、衙署、仓库、府第及平民住宅，手工业、商业设施多集中在外城。总体而言，在历史时期，中国传统聚落景观日趋多样化，传统聚落景观在传承中国古代方形规整的基因形态的同时，也表现出一定的适应性变异（图6-3）。

若从我国一些有考证的传统聚落遗址示意图进行比较，也可发现我国传统聚落景观基因胞的遗传与变异特征同时存在（图6-4）。

① 陈威.景观新农村[M].北京:中国电力出版社,2007:72-73.

② 许学强,周一星,宁越敏.城市地理学[M].北京:高等教育出版社,1997:6-28.

③ 董鉴泓.中国城市建设史[M].第二版.北京:中国建筑工业出版社,1989:50-120.

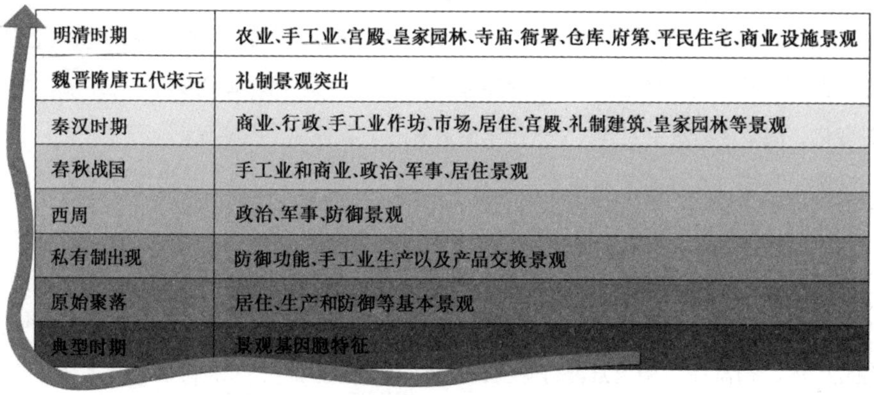

| 明清时期 | 农业、手工业、宫殿、皇家园林、寺庙、衙署、仓库、府第、平民住宅、商业设施景观 |
|---|---|
| 魏晋隋唐五代宋元 | 礼制景观突出 |
| 秦汉时期 | 商业、行政、手工业作坊、市场、居住、宫殿、礼制建筑、皇家园林等景观 |
| 春秋战国 | 手工业和商业、政治、军事、居住景观 |
| 西周 | 政治、军事、防御景观 |
| 私有制出现 | 防御功能、手工业生产以及产品交换景观 |
| 原始聚落 | 居住、生产和防御等基本景观 |
| 典型时期 | 景观基因胞特征 |

图6-3 传统聚落景观基因遗传与变异史层图

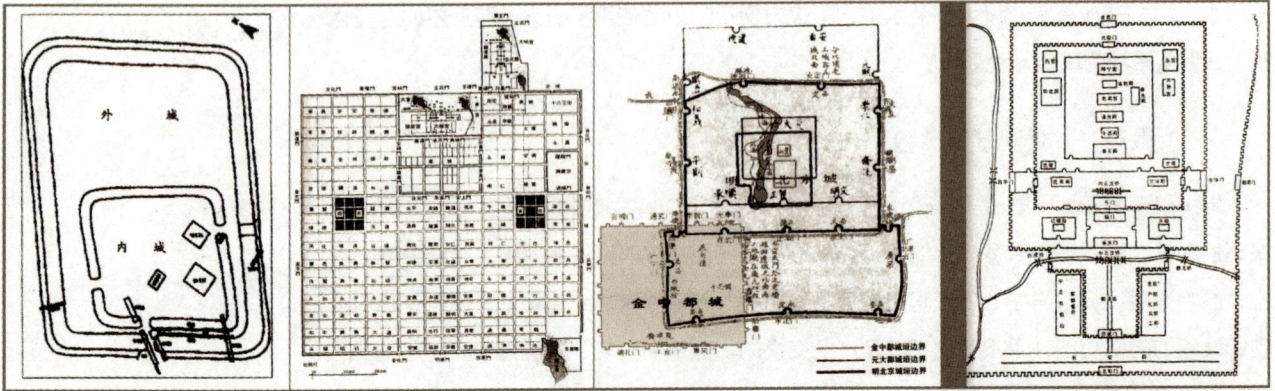

图6-4 中国部分传统聚落景观
基因胞比较图

表6-4 中国传统聚落景观基因胞的全国差异比较

| 地区 | 古城镇 | 主要景观基因胞（重点指城内公共建筑） |
|---|---|---|
| 北方 | 河北雄县县城 | 太仆寺、城隍庙、县义驿、养济院、医学、县署、察院、儒学馆、府厅、预备仓等 |
| 南方 | 广东惠来县城 | 兵马司、关帝庙、儒学、文昌祠、察院司、二忠祠、忠义祠、节孝祠、游击署、预备仓、惠来县署等 |
| 中部 | 湖南茶陵州城 | 常平仓、关帝庙、节孝祠、教瑜署、学宫、文昌祠、青赏观、训导署、尊经阁、古义祠、吏目署、州判署、茶陵州、通防署、城隍庙等 |
| 东部 | 浙江镇海县城 | 镇海县属、城守营、城隍庙、忠义祠、节义祠、县学、水殿阁、关帝庙等 |
| 西部 | 新疆哈密城 | 魁星楼、娘娘庙、都司、万寿宫、哈密厅、关帝庙、正办署、副将署、帮办署等 |

从空间分布上看，我国传统聚落景观基因胞也存在着较大的空间差异（表6-4）。

就同一景观基因胞而言，也会发生不同的变异，从而产生不同的景观形态。以山墙为例进行说明。山墙（又叫马头墙）是传统建筑景观的重要组成部分，不同地区的山墙造型反映出不同文化的特质。中原地区传统建筑的山墙以厚重、规整见称，这与中原文化本身强调规整有序密切相关。江西、皖南地区传统建筑的山墙风格在保留中原文化传统的同时，由于受地方文化的较大影响，墙角出现一定的上翘趋势。广东、福建一带传统民居的山墙则以圆弦状或波浪起伏状为特征，给人以活泼、轻盈之感，显然是越来越摆脱了中原文化的约束，有了更多的自由舒展的空间。也就是说，这种原本用来防火的山墙，随着地域的变化，造型逐渐发生变异，呈现出丰富多彩的山墙景观（图6-5）。

在黄土高原，其微观旅游景观（景观基因胞）一般是指院落等小范围的景观。内容包括了小游园、旅游景观小品、建筑景观、庭院景观等。

院落是组成乡村的基本单元。晋陕地区的院落一般有四合院、三合院，山区院落多依山而筑，没有定格。街门是家庭的门面，一般比较讲究，普通的街门大部分是建在墙面上的独立门体，通常在门楣上方留有匾空，上书"耕读传家"、"竹雨松风"等字样。乡土院落的乡土气，最有诗意。农家院落不同于书院花园，农具柴草、鸡狗猪羊和车马套具交

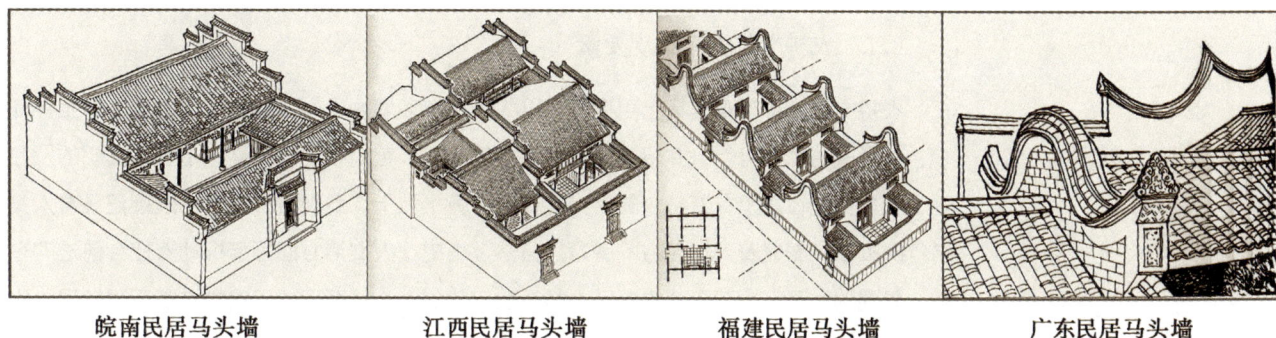

| 皖南民居马头墙 | 江西民居马头墙 | 福建民居马头墙 | 广东民居马头墙 |

错杂陈，都要有自己的安排。柴房、碳房、鸡窝、猪圈、牛棚、马厩、羊栏在一般农家都用极简陋的方法搭建。山区人则多在土崖上掏窑洞来利用。室内尽管陈设简单、俭朴，但都摆放得有条有理，擦拭得一尘不染。

　　古村落的农家院落中，篱笆栅栏里的鲜花蔬菜欣欣向荣，招引的蜂飞蝶舞。顺藤而爬的豆角、葫芦、牵牛花早给窗前搭起了凉棚。屋檐下飞进飞出的鸽子，落上落下的春燕，院子里悠然觅食的老母鸡……作为旅游景观，民居建筑、庭院环境最能体现村落的地域文化和乡风民俗，也是游客体会乡村生活的主要空间。

图6-5　中国传统聚落景观基因胞的遗传与变异——山墙图

## 二　传统聚落乡土文化景观的基本要素

　　旅游景观的要素是指景观内涵中各要素的构成。在古村落旅游景观中，大致可以分成3种构成要素：建筑环境景观要素；农耕文化生存景观要素；非物质文化要素。3要素相辅相成，丰富地演绎着古村落旅游景观的广阔内涵。

### （一）建筑环境景观要素

　　古村落的建筑环境与城市建筑环境截然不同，城市的喧哗、污染与村落的幽静、自然形成了强烈的反差。村落在居住环境上具有明显的特点，主要表现在：

　　一是古村落范围及周边自然环境上，基本上保持着原有的自然生态环境，体现出人们常说的"大尺度的生态环境"。

　　二是住宅周边环境。古村落民居四周通常都进行了绿化，一般有古树、小溪等衬景。同时，与树木、菜地有机契合，也是我国山水画的传统主题，居住环境优美宜人[①]。

　　三是住宅和室内环境。传统村落保留着传统的建筑风格，而建筑风格也因地而异。不同民族之间，不同地理环境之间都有极其明显的差异。这些传统的建筑，具有浓郁的地方特色，反映出不同的地域文化和历史。这些具有民族和地方风格的建筑，本身就具有很高的艺术价值，成为重要的古村落旅游景观。

① 俞孔坚.生存的艺术:定位当代景观设计学[J].建筑学报，2006,(10):39-43.

## （二）农耕文化生存景观要素

农耕文化生存景观实际上更多还是以人类生存环境为中心的。为了谋求更好的生存环境，人类改造了大自然，并留下了许许多多的印记。黄河中游黄土高原是农耕文明的发源地，农耕文化在这里有着悠久的历史。在这片黄土地上，景观各异的生存痕迹记录着人类前行的脚步，彰显着人类无穷的智慧。自然、历史、人文诸方面因素推动着社会前进的车轮，景观的发展自始至终都贯穿了人类对生存的需求，从而形成了农耕文明不同发展阶段人类在谋求生存过程中所创造的多种多样的农耕文化景观。比如碾子、石磨、风车，以及锄、镰、锨、镢、犁、耧、耙具、筐篓、扁担、辘轳、木制独轮车等农具。

黄土高原人类传统聚居环境是经过岁月的长久积淀而形成的。当我们走进黄土高原古村落，那些经过时间洗练的窑洞景观，就是一部令人赞叹的生存记录。它适应天然地形，与自然生态有机地组成整体，形成人与建筑环境之间的和谐景观。其建筑形态、装饰元素与大自然结合，显得格外生动美观。

当年"农业学大寨"，用"战天斗地"的大寨精神在黄土高原开荒造田，形成梯田式大地景观，是典型的人类为获取粮食生产的生存痕迹。现在"全国学右玉"，山西右玉县是造林模范县，50年前风沙侵蚀严重，自20世纪50年代开始植树造林，一直走在全国绿化前沿，从而使右玉现在的生态环境得到了治理，成为人类改善生存环境所塑造出的生态景观。人们往往在争取生存和改善生存环境时塑造了景观。几千年来，土地在人们的观念中就是生产作物，生产粮食、蔬菜、水果及其他农产品的地方。而现代旅游景观学认为，农田和土地都属于景观，属于一种村落独有的景观。

## （三）非物质文化要素

除了物质要素外，非物质要素在村落旅游景观的要素构成中也十分重要。村落旅游景观非物质文化要素是指村落居民生活的行为和活动，以及与之相关的历史文化。大体上，构成村落旅游景观的非物质要素主要体现在精神文化生活层面，如：宗教、艺术、语言、文字、风俗、民间技艺等。这些因素是村落旅游景观的无形之气，其作用不容忽视；对它们进行研究，就可以透过景观的物质形态表象，深入到旅游景观内部，使村落旅游景观设计研究更加深入。

## 三 传统聚落乡土文化景观营造的基本原则

古村落旅游景观营造的目的，就是要合理布局及有效整合地域自然景观和人文景观，充分展现旅游景观整体的历史文化价值、生态价值和观赏价值，更好地实现其环境效益、社会效益和经济效益。在古村落旅游景观营造中，要遵循以下3项原则。

第一，文脉传承原则。"传承"之义为接受及递交，传承是一种承上启下，是如何将先人留下的遗产承接下来，并如何把这些遗产加以创新传递给后人的行为过程。现代旅游景观设计首先应该注重把握文化与实际生活的关系，既要符合生态景观设计的原则，又要考虑地域文化的传递与延续。文化传承在旅游景观设计中的关键之处，归根结底就是处理设计场地内外新与旧、传统与时代之间的关系，不管它们是隐性的还是显性的[①]。就像彼得·拉茨在谈到后工业景观设计时所反复强调的那样，对待工业遗存首先是一个哲学问题，而不是设计问题。葡萄牙建筑师西萨（Alvaro Siza）有句名言，"没有场地是沙漠（No site is a desert）"[②]。场地中即使没有物质性的遗存，非物质性的地区文脉甚至地域文脉有时仍是值得探寻的，对于设计同样能够产生深刻的影响。

第二，生态平衡原则。在人与自然和谐相处的观念日趋成熟的状况下，越来越多的人对旅游景观有了新的认知。旅游景观资源不仅仅是供游客欣赏的视觉对象，还是生态结构的反映，体现出人对环境的影响以及环境对人的约束，是一种文化与自然的交流。旅游景观除了外在形式美的表现之外，还在生态系统精美结构与功能上表现出具有生命力的美。它是建立在环境的秩序与生态系统的良性运转轨迹之上的[③]。

第三，视觉美感原则。与人们的生活关系最为紧密的乡村聚落，由于地域独特的地形环境、气候、生活习惯、民族、文化传统、宗教信仰等的不同，其村落形态与民居形式也各有差异，因而赋予了浓郁的地域乡土气息。例如，受当地自然条件和社会因素影响而各具特色的西北黄土高原上的窑洞、江南水乡、湘贵黔山区的苗寨等通常也能以其强烈的地域乡土气息而使人产生美感。旅游景观设计要合乎人们的审美情趣和形式美的规律，具有艺术性。

① (UK) Maggie Roe. The European Landscape:A Revolution in Thinking about "Cultural Landscapes" [J].中国园林,2007,(11):10.

② Frampton K. Alvaro Siza. Complete Works[M].London: Phaidon,2008.

③ 周向频.生态意识和规划的应对——基于生态原则的城市景观规划概念及方法[J].城市规划汇刊,1995.

# 第二节 传统聚落乡土文化景观设计与地域文化表达

## 一 地域文化的概念及特征

### （一）地域文化的概念

根据现代汉语词典对文化的解释，文化是指人类在社会历史发展过程中所创造的物质财富和精神财富的总和，特指精神财富，如文学、艺术、教育、科学等。所谓地域文化是指，由于地理上有各种不同的区域，每一区域又因地区的不同而出现的不同的次文化。中国幅员广大，在数百万平方公里的范围内，有各种各样的地域文化，比如：黄土高原文化、齐鲁文化、巴蜀文化、燕赵文化、湘楚文化等等。

### （二）地域文化的特征

第一，地域文化的空间特性。文化一发生就带着鲜明的地域特性，使各地域的文化相互区别。在一定环境条件下产生的文化，又会反作用于原生环境，使之发生变化，出现新的环境，进而使文化进一步分异。

第二，地域文化的时间特性。文化也具有鲜明的时代性。也就是说，一个时代的文化与另一个时代的文化会有明显区别[1]。

## 二 传统聚落乡土文化景观所反映的地域文化特征

不同地域有不同的文化形态。即使是同一民俗，在不同的地域也表现为不同的景观，这一点在节日民俗中表现得尤为明显，如：同样是中秋节，各地就有不同的欢庆形式。民俗文化随地域而变化的特性使得旅游景观也具有地域性的特点。以美食景观为例，不同地域的美食，风味各不相同，因而有"四大菜系"、"八大菜系"之说，各大菜系的风味又常常折射出相应的地域文化[2]。地域的差异，使景观从形式到内涵都发生了变化。因此，旅游景观的形式和内涵也随地域发生变化。

要了解古村落的旅游景观，也必须把空间与时间的因素考虑进去，放大视野，采用宏观的研究方法，把旅游景观放在地域文化的背景下观察，找到区域的差异和共同的特质。

① 戴代新,戴开宇.历史文化景观的再现[M].上海:同济大学出版社,2009.

② 沙润.旅游景观审美[M].南京:南京师范大学出版社,2005:238.

### （一）传统聚落乡土文化景观的空间联系性

由于文化地域性上的差异，导致了古村落旅游景观在空间上存在的差异性。不同的民族、地理环境、气候和经济发展水平、文化程度等都可使景观产生巨大的差异。但差异不是绝对的，在空间相互联系的古村落旅游景观之间能够看到这种渐变的过程。因而，对任何一个局部景观的研究，都要将视角扩大到周围景观与环境，从更大的空间范围中加以考察。

### （二）传统聚落乡土文化景观的时间延续性

古村落在其内部及外部等各种因素的影响下，旅游景观从形成开始就随时间发展而不断变化，但无论如何，总是在原有的基础上发展和改变。总体而言，这种变化是延续的[①]。古村落旅游景观作为人类聚居环境的一部分，随时间的流逝而不断生长、积累和发展。在当前村落快速发展的情况下，尤其要注意古村落旅游景观的延续性，继承和弘扬历史文化传统是古村落旅游景观设计的本质要求。

从不同空间范围和不同时间阶段对古村落旅游景观的分析也是一种解读地域文化的方法。在黄土高原这块黄土地上，人类起初的生活简单，空间需求有限，日出而作，日落而息，居住空间也只是一个巢穴而已。但是，当文明渐渐发达，生活的要求增多，人际的关系复杂，建筑的空间自然会跟着复杂起来。居住建筑也自单纯的窑洞开始，发展为庞大的聚落。以家族为本的观念发展了伦理观念，完善了秩序。人们把社会的秩序表达在具体空间中，保留了原始民族的象征性和民族的率直而朴实性格，形成以窑洞建筑为主体的聚落，其建筑特质为原生建筑。

① 戴代新,戴开宇.历史文化景观的再现[M].上海:同济大学出版社,2009.

## 三 传统聚落乡土文化、景观与旅游的三元关系

古村落文化、景观与旅游三者相辅相成，缺一不可（图6-6）。

### （一）地域文化元素是传统聚落乡土文化景观设计的基础

地域文化是古村落旅游景观体系中的灵魂，它以有形或无形的方式融入到古村落聚落、社会的各个部分，是古村落旅游特色产品创造的源泉。古村落蕴含着巨大而丰富的地域文化

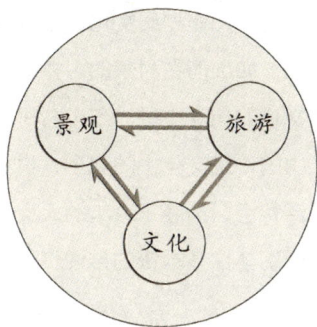

图6-6 文化、景观与旅游的三元关系图（陈晓丽绘图）

资源，可以说是中国传统文化的代表。由于城市的不断扩张，"城市病"日益严重。一些具有浓郁乡土气息的聚落景观，就成为吸引旅游者重返乡村、感受地域文化的重要原因。

**1. 建筑文化元素**

古村落旅游景观是以传统民居为主的乡土建筑环境。中国具有丰富的村落建筑景观形式和风格，无不反映着当时当地的自然、社会和文化背景。村落建筑景观是人类长期适应地理环境，并与之相协调的具体创造结果。分布于全国各地、数量众多的村落传统建筑是根据当地的自然条件、建筑材料和经济水平而建造的。因此，它具有鲜明的地方特征和民族特征。建筑形式多种多样、丰富多彩，体现了各民族劳动人民的聪明智慧，也成为地方特色鲜明的旅游资源。

**2. 农耕文化元素**

农耕文化的内容包括了思想、饮食、技术、节日习俗、生产制度与法令等，是与农业有关的物质文化和精神文化的总和，是华夏文明产生和发展的基础，满足了人们最基本的衣、食、住、行的需求。它使得人类与生存景观的联系更加密切。

如南方水稻种植活动，水乡的渔业，北方的旱地农作等农业生产活动等，本身就是一种技术和文化的结合，具有浓厚的地方特点和历史文化痕迹，同时又具有村落旅游景观体验的价值。同样，农业生产类型也因不同的地理环境而不同，北方草原的牧业与南方山区的牧业，南方的旱地农业与北方的旱地农业等从生产形式到内容都有很大区别，有着自身的地域文化标志。

我国5000年的农业文明，在不同的地域形成了符合当地生态条件的生产方式和模式。这些生产方式和模式，到目前为止，还在我国大部分地区保留着，或者是还没有被彻底废弃。从旅游景观学的角度出发，传统生产方式是重要的旅游资源。因此，作为村落旅游景观的基本要素之一，在农业生产过程中要有意保存和传授传统的生产方式。对于现代人，特别是对于来自城镇的居民，它不仅可以演示我国农业生产历史和文化，讲述农业生产的进步，同时能直接参与农耕和民俗活动。

**3. 非物质文化元素**

非物质文化是一个地方历史发展的结晶。主要表现在地方戏、民歌、诗歌、故事、饮食、服装、民风民俗、历史遗迹等方面。不同地区、不同民族的文化在村落中保存的也是最完整、最具代表性的。

在世界各国的旅游景观观赏活动中，非物质文化都是旅游活动的中心。我国村落幅员广阔、历史悠久，文化呈现多样性。如散落在村落的古村镇，大多历史悠久，人文内涵丰富，有着悠久的历史沉淀和多种文化的相互交融。不少古村镇建筑物在选址、形态结构、造型、色彩、命名等方面体现了中国传统文化中的观念，也体现了当地人的传统价值观、传统审美观和当地的经济文化地域特色。历经千百年的人文濡染，许多古村落保存了大量的历史文化遗迹，且人文荟萃，留下了许多神奇的传说和文化古风。众多的文物遗存为古村落增添了厚重的历史文化价值。

## （二）传统聚落乡土文化景观设计是传统聚落旅游的重要环节

以旅游开发带动古村落地域文化景观的保护，旅游开发是吸引投资的有效途径，有了投资才能更好地保护。

产业革命后，随着生产效率的不断提高，亟需大量的劳动力投入到工业生产的发展中。越来越多的人远离了过去自由、宁静、景色优美、悠闲的乡村生活，来到嘈杂、拥挤、节奏紧张的城市，极大地加速了城市化的进程。城市居民，特别是劳动就业人员，绝大多数都在从事单调乏味的重复性工作，身心感到极大的疲惫。他们希望重返大自然放松紧张的情绪，向往悠闲自得的田园生活。在这样的心理因素驱动下，工业革命引起的城市化进程，必然引起更多的城市居民对大自然的向往，从而在客观上促进了古村落旅游的发展。

古村落旅游中，最具生命力、最具灵魂的内容应该是体现传统文化内涵的古村落旅游景观，这也是村落旅游最具开发价值的地方。目前，正当人们渴求着返璞归真、亲近泥土之时，对传统文化的探究便成为了旅游者探古访幽、寻乡问根的主要动机。中国广袤的乡村聚集了大约70%的旅游资源[①]。天人合一的建筑环境景观、恬美的农耕文化生存景观、浓郁的非物质文化景观等，这些以传统文化为特色的旅游景观要素使乡村旅游充满了无穷的魅力，也对乡村旅游的发展起着重要的核心作用。村落旅游景观及其文化内涵是最能展现一个地方特点的因素，文化是一种隐性资源，利用古村落景观及其传统文化资源，可以开发高附加值的村落旅游产品，推动村落旅游产业化的发展[②③]。

## （三）旅游对传统聚落乡土文化景观的变迁产生影响

古村落旅游景观及地域文化之所以能够保留至今，一个重要原因是交通闭塞、地处偏僻、与世隔绝。另一个重要原因是经济落后。交通闭塞和经济落后，使古村落形成了一个封闭的空间环境。旅游开发必然会改变原住民的生存方式，加速本土文化的社会变迁进程，进而逐渐改变原有的文化和生态环境。

如云南南部的拉祜族，在旅游开发前还处于原始社会末期，盛行的是诸如"有肉同吃，有酒同喝"的传统风尚。村里谁家杀猪，全村人都可以来吃，谁家酿了酒，全寨老少都可以来喝。当第一批旅游者达到这个边寨时，拉祜族旧习尚存，但是，逐渐受到商品经济的影响，上述古风如今已不复存在，这虽然是体现了时代在进步，但对村落民俗文化却是一个损失[④]。

现在，越来越多的民俗在悄然离去，如湘西土族姑娘的"哭嫁"，据说将会成为千古"绝唱"；新疆维吾尔族姑娘的小辫子，梳洗起来太麻烦了，如今也开始被时髦的发型所代替；贵州苗族村寨住户的木槌、石碓之类传统生活用具，也因落伍被淘汰，取而代之的将是冰箱、电饭煲；上海奉贤的皮影戏曾被人誉为"原始的木偶电影"在现代影视文化的冲击之下濒临失传。应当说这是一个发人深省的问题。在古村落旅游开发过程中，要制定严格的保护控制规划，避免破坏地域文化景观。当然，好的旅游景观开发可以更好地继承和发扬传统文化，教育人们，推动地区经济文化发展。

① 何景明.国内乡村旅游研究:蓬勃发展而有待深入[J].旅游学刊,2004,(1).

② 刘沛林.中国古村落之旅[M].长沙:湖南大学出版社,2007.

③ 刘沛林.古镇名村遗产保护与旅游开发[M].北京:现代教育出版社,2007.

④ http://www.kmtrip.net/mingzu/jieshao/lahu.htm.

# 第三节 传统聚落景观保护与风貌恢复设计

## 一 交城县东关历史街区传统聚落景观保护与风貌恢复

"风貌恢复"作为历史建筑保护的一种有效方法逐渐引起了人们的重视与讨论。它是指对历史建筑的保护修复，在整个外观上要按照建筑的原貌进行修复，在材料与方法上要使用原来的材料与技术方法，不得随意进行更改。在具体的历史建筑保护工作中，"风貌恢复"主要体现在3个方面：其一，挖掘历史建筑中所承载的文化信息，并使之得到有效的传承。其二，探析历史建筑的基本格局及整体风貌，并使之得到如实的再现。其三，发现历史建筑的地域及民族特性，其中包括建筑类型、建筑材料、建筑形态、建筑装饰等等，并使之得到本真的还原。"风貌恢复"不仅是对建筑实体的历史还原，而且还是对古建筑所蕴含的文化内涵的再现。

### （一）东关历史街区历史沿革及文化意蕴

交城县城东屏太原，西峙吕梁，地处晋中盆地北部之中，历来为省城太原的西南要地，距省城太原仅50km。距明清时期重要的商贸巨镇平遥、太谷、祁县等均较近，加

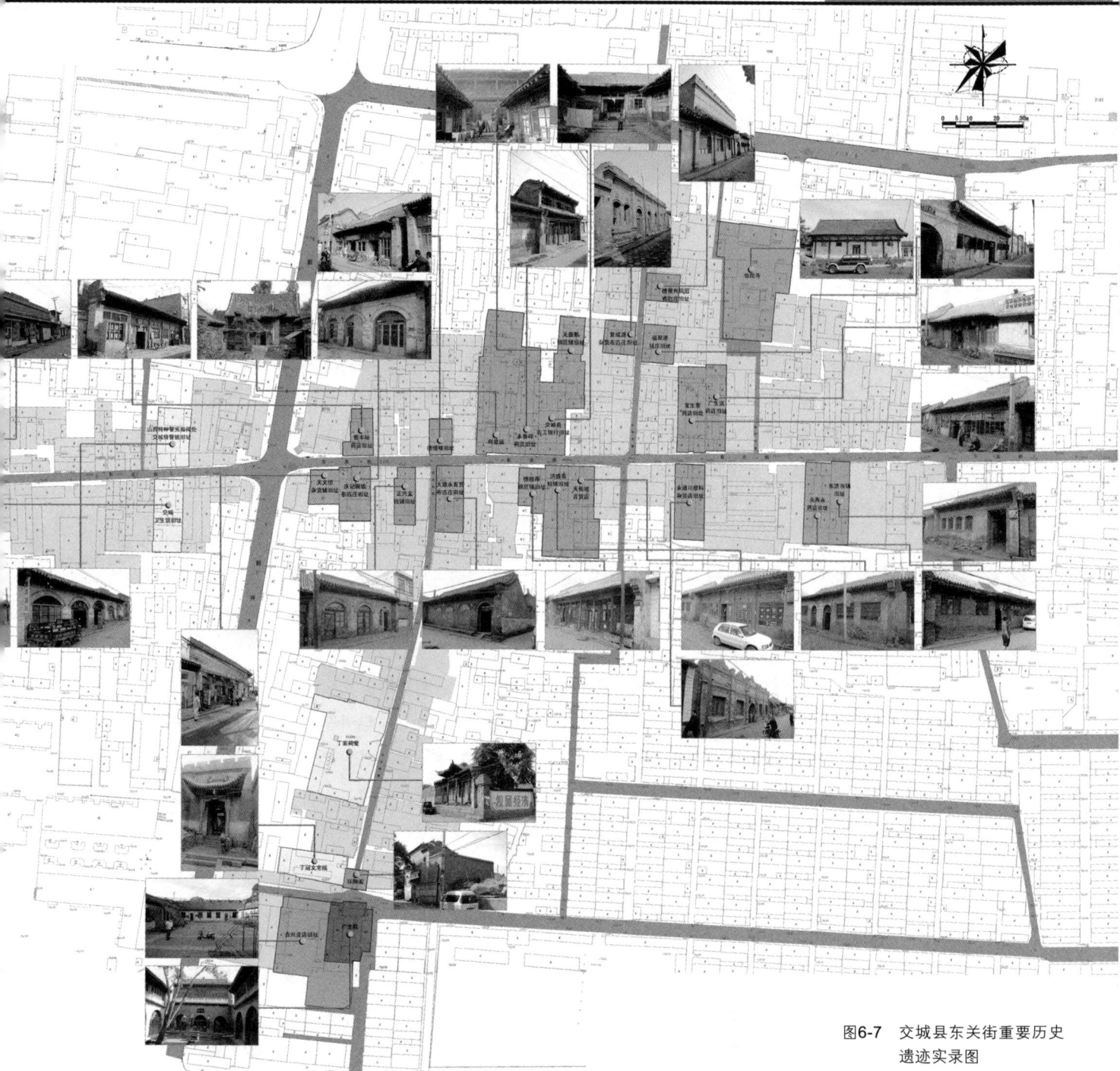

图6-7 交城县东关街重要历史
遗迹实录图

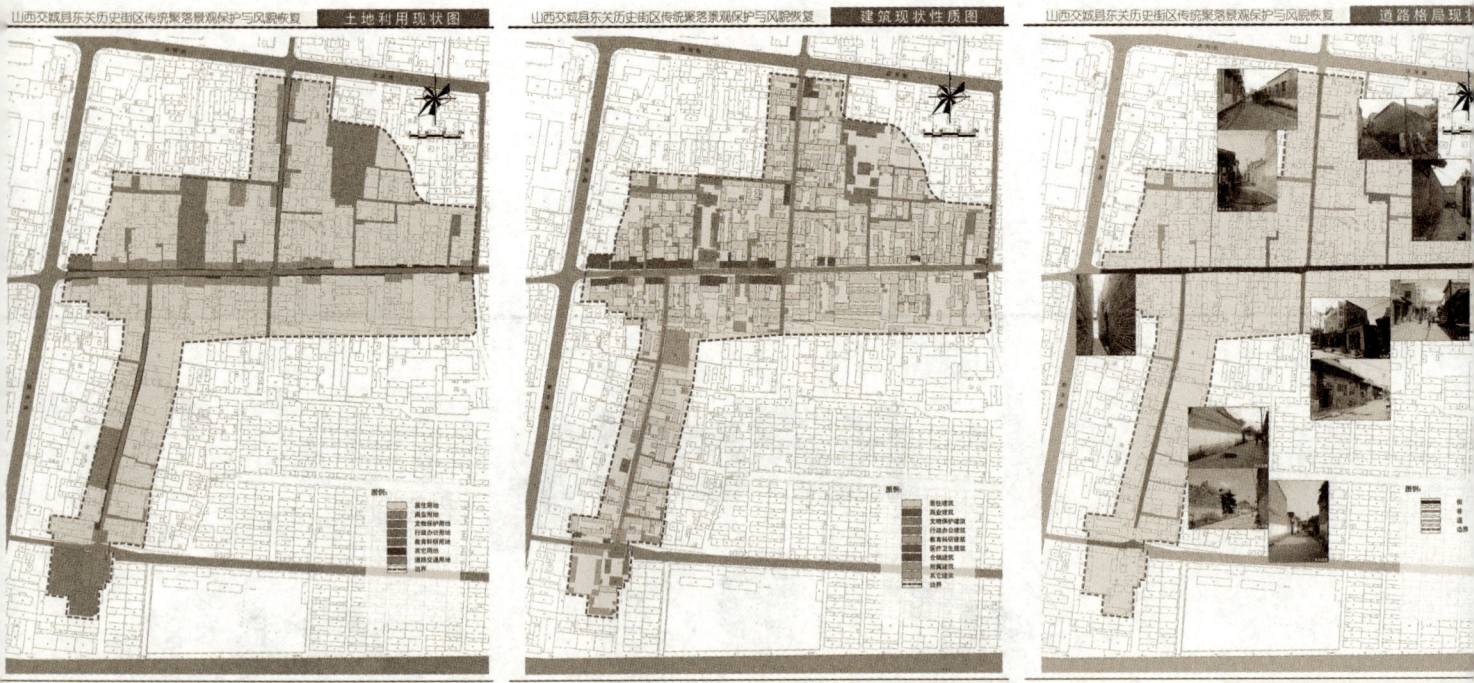

上这一区域有较好的经济资源，使交城处于良好的古晋商商业环境中。

东关街位于交城县政府所在地天宁镇东侧的东关街村（建国前东关西偏称市东厢、东偏称崇儒坊），有护城壕与县城相隔，以广济桥（东门桥）通行。这是我国古代"城、市（场）分别而建"理论的实例遗存。

1. 东关历史街区的形成

我国历史上很早便在城市中出现了专门性质的历史街区，如我们所熟知的唐代长安城的东市与西市，这种商业中心的出现即是经济发展的结果，也是人们生活的需要。最初的历史街区都是建立在城垣之内的。然而，随着经济的发展，商业活动愈加繁荣，导致城内的用地不足，这时往往会在城门外形成新的街区，称之为"关厢"。

交城城池建于唐天授二年（公元691年），随着经济和城市发展，原有城垣内的用地不足，于是在城门外的交通便利之处，形成新的街区。城外东、西、北三关无城垣，明嘉靖二十七年（公元1548年）创筑土垣，形成东关厢；隆庆四年、清同治七年均重修。城厢用地东西沿东关街南北沿北关街（北巷）和南木厂街发展，土垣呈菱形；用地形态呈"城关大小相差不大"的特点；东关厢地区由于交通便利，商业繁荣，市肆密集，店铺庙宇众多，成为商业集中地带。

2. 东关历史街区的兴盛

"东关延袤二里许，民居稠密。"东关是清代至民国时期交城县最繁华的商区，区内商店鳞次栉比，市面商贾云集。交城县的商业贸易，明清时以毛皮、木材为盛。清咸丰年间，西山木材有伐无栽，渐被伐光，木材交易微乎其微，然毛皮业大振。到光绪年间，每年秋季都有外商采办，住交城争购滩皮件。据《太原府志》（1922年版）载，德国采办曾将数十万白银存放府库，备买交城皮件。"交字毛皮"誉满中外。

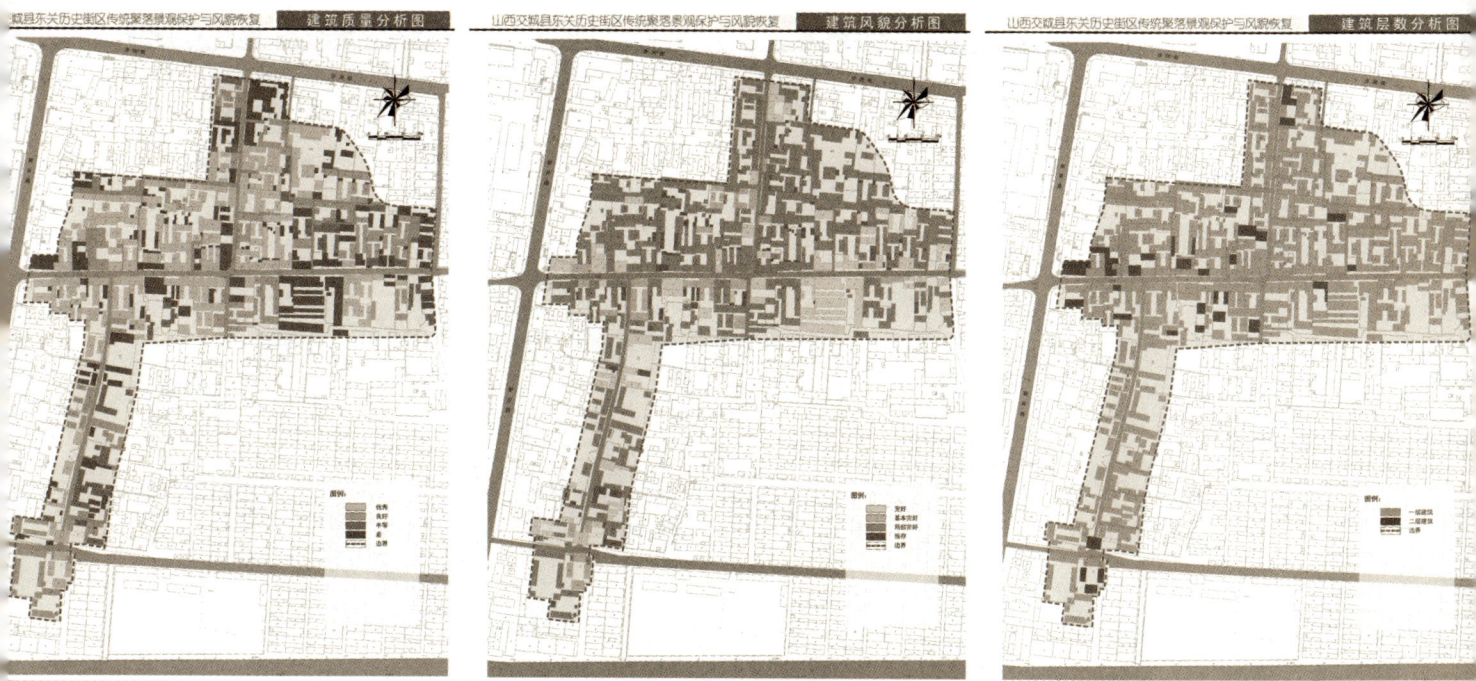

6-11 | 6-12 | 6-13

图6-11 交城县东关街建筑质量分析图

图6-12 交城县东关街建筑风貌分析图

图6-13 交城县东关街建筑层数分析图

一业兴旺，带动百业昌盛。清末民国初，县城有大小商号250余座，其中皮店多达127家。这些皮店，既有皮坊加工制作皮件，又搞生皮收购和制件销售，另外还加设客房，接待中外皮货商，并为客商提供库房。所以当时在交城形成了以毛皮生意为中心，融手工业、商业、服务业为一体的商业链。民国元年（1912年），交城有人口68660人；民国10年（1921年），交城有人口111800人。众多的人口、发达的经济是东关历史街繁荣发展的基础。

### 3.东关历史街区的衰落

七·七事变后，日军侵占交城，作为本邑商业贸易之主干的毛皮产品，因被列为日方军需统购物资而遭受掠夺，并因交通断绝，生皮无源，皮店几乎全部停业倒闭，历时数百年的这支民族工商业被彻底摧毁。一业萧条，百业凋零。民国35年（1946年），日本国宣布无条件投降后，阎锡山政权统治交城平川，推行"兵农合一"暴政，物价飞涨，到民国37年（1948年）夏，交城解放前夕，县城仅剩小型店铺和十数家摊贩，商业濒临绝境。民国37年（1948年）7月交城县城解放，商业逐步恢复和增多。

文化是历史的产物和体现。透过历史，我们才能看到文化的本真面目。从东关历史街的历史变迁中，我们可以看到它是多元文化相互交融所产生的结果，是晋中传统商业文化的载体。它是晋中地区清至民国时期传统历史街的代表，也是晋中传统民俗文化的承载者。因此，东关街有着深厚的文化内涵，对于晋商研究、民俗研究等方面具有极高的价值。

### （二）东关历史街区整体风貌及基本特色

东关街历史悠久，古建筑、构筑物绝大部分保存完好，基本保持了传统建筑的原真性和整体性，对于我们认识和继承中国民族建筑具有重要意义。整体建筑格局结构清晰、风

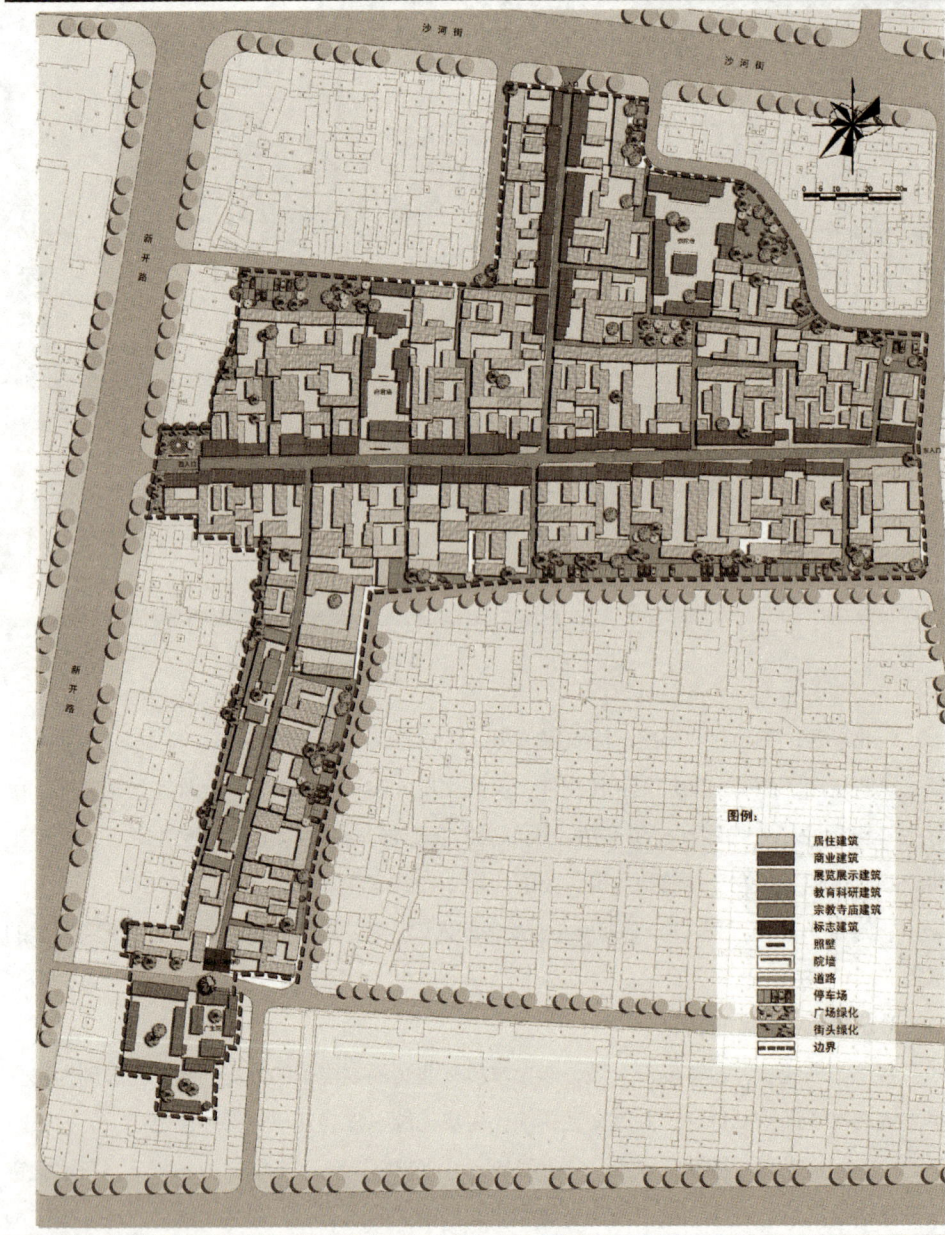

图6-14 交城县东关街规划总
平面图

貌完整，能真实反映当地特定历史时期历史街的发展脉络和背景。东关街上有大量的历史遗存建筑，这些具有地方特色的古建筑集中反映了明、清、民国时期的建筑风格和工艺水平。每个建筑还运用丰富的建筑语汇彰显出各自的独特性、标识性，体现出了东关街作为传统历史街区所具有的独特气质和风貌。

1. "城——市"分置的整体空间格局

古街区在交城县古城的东面，独立形成商业区域，成为交城古城的"东城厢"，这样的城市布局形式是我国古代"城、市（场）分别而建"理论的实例遗存。在关厢的府君庙周围，形成设有各行业的集市，商店沿街分布。

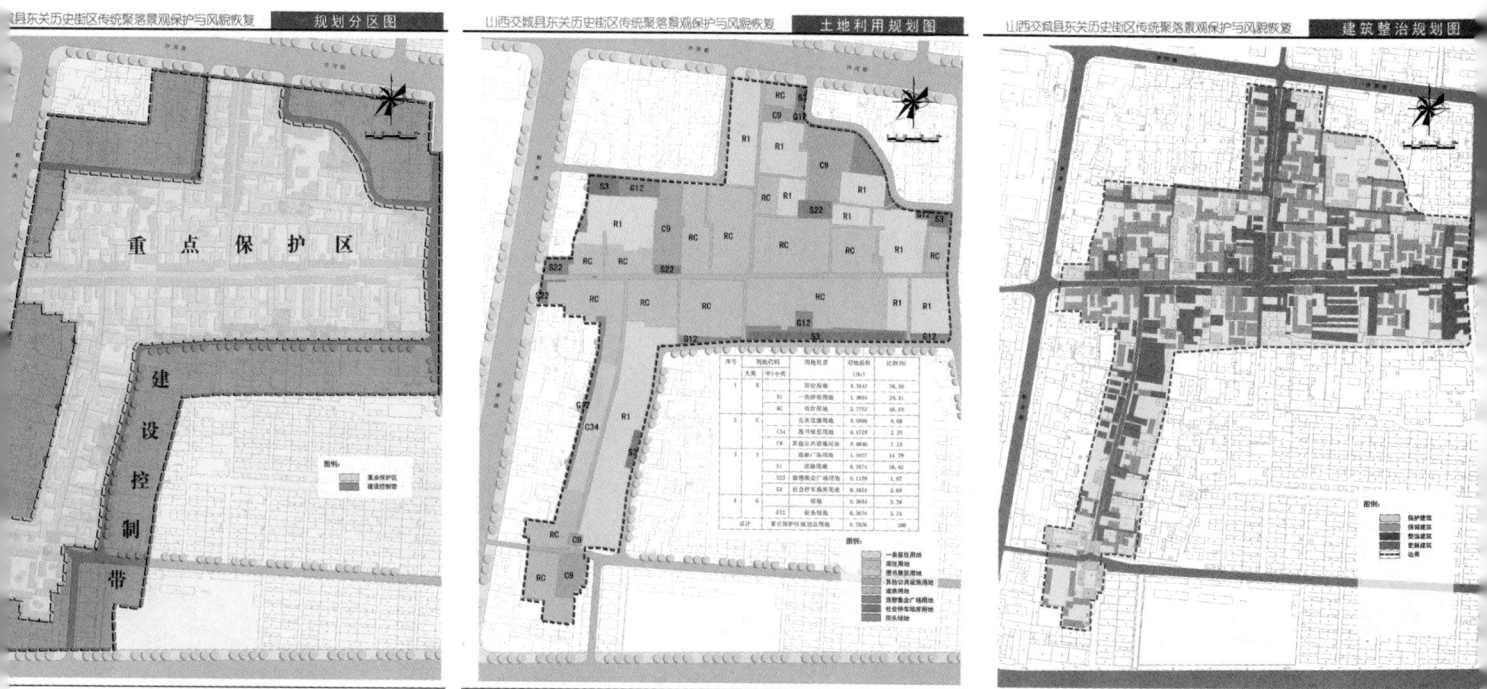

6-15 ｜ 6-16 ｜ 6-17

图6-15　交城县东关街规划分区图

图6-16　交城县东关街土地利用规划图

图6-17　交城县东关街建筑整治规划图

### 2. "街——巷——道"层次有序的街巷组织

古街区道路包括街、巷道和小道3种形式，街为东关街，宽度为5.8m，巷道为南巷、北巷，宽度为3.6～4.0m；小道为最窄的城市道路，宽度为0.5～0.8m；主要道路东关街、南巷、北巷，呈错口十字形相交并与4个城门直通，东关街的街巷较为宽敞，小道则较为狭窄，街巷呈"丰"字鱼骨形相连。沿东关街、北巷，布置有店铺、当铺、布匹庄、银匠铺，这些店铺按着前店后宅的方式分布于东关街、北巷两侧，店铺的门面高度相对较小，空间较为开敞。小巷以石板铺砌，两侧都是高墙，有几条小巷还留有大门，由于路窄墙高，构成封闭感较强的外观，几条小巷还兼有排泄洪水的功能。

### 3. "传统格局清晰，历史建筑丰富"的街区特征

街区内形成由东关街、东关北巷和东关南巷形成的错十字形式的街区传统格局，这样的格局具有不漏风水的说法，同时具有很好的防御效果。街区内的建筑沿街建造，院落的格局基本上是方正的四合院，由于街区商业繁荣，造成了街区"寸土寸金"的状况。在这样的背景下一些院落在"夹缝"中建造起来，不能严格按照传统的格局来建造，就出现了院落上的轴线错位现象。目前，街区现存的历史建筑数量多且状况较为良好。

### 4. "功能划分严明"的街区建筑特色

街区内的建筑主要分为商业类建筑、居住类建筑和公共类建筑3种。各类建筑表现出不同的建筑特色。

商业建筑表现为"外开敞，内封闭"的特色。临街店铺的房顶为双坡顶，院落呈"前店后宅"状，入口一般为居中设置，建筑一般为砖木结构。通透的大面积排板隔扇木门和花格窗使光线相互渗透，形成空间感的同时使店里的货物得到充分展示，削弱了店面的狭窄感，使其氛围显得亲切、融洽，便于经营活动。

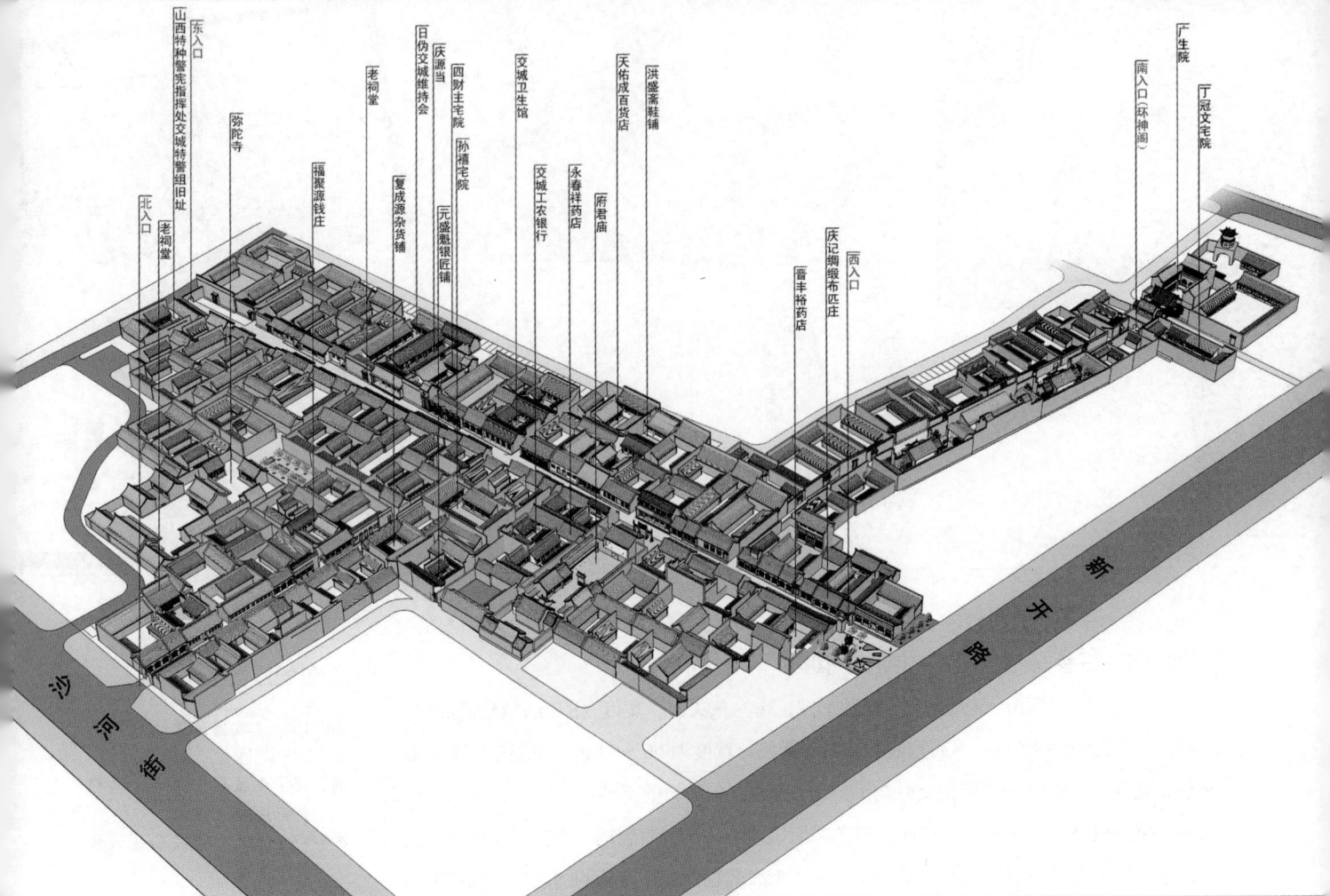

东入口　山西特种警宪指挥处交城特警组旧址　北入口　弥陀寺　老祠堂　福聚源钱庄　庆源当　老祠堂　四财主宅院　复成源杂货铺　百伪交城维持会　元盛魁银匠铺　孙福宅院　交城卫生馆　交城工农银行　永春祥布店　府君庙　天佑成百货店　洪盛斋鞋铺　晋丰裕药店　庆记绸缎布匹庄　西入口　南入口（环神阁）　广生院　丁冠文宅院

沙河街　新开路

图6-18　交城县东关街街区总体鸟瞰图

居住类建筑特色概括为"全封闭、高墙围合的封闭空间"，防御性较强。入户大门在临街的一侧，多采用单坡屋顶，屋的四周设高墙，女儿墙上做成城楼式的箭垛形花拦墙，所以整个院落由外面看上去呈一座堡垒状，这应是出于防护的需要，因为内向的单坡顶，后檐显著升高，可形成周边高墙环卫的防御作用。

公共类建筑的特色概括为"全开敞，体量大，亲民性强"。街区的公共类建筑体量较之其他的院落、建筑要大一些，突出了其"开放"的重要特征。一般在公共类空间内都有一定的居民活动空间，如府君庙和丁家祠堂都有戏台，使街区居民有活动的场所。

5."开间小，进深大"的院落空间特征

东关街的窄院以一进院为主。"一正两厢"为其基本型，配上倒座、大门、形成单进院平面。整个院落宽度上控制较紧，自然形成窄门面、大进深的建筑格局，以庭院窄长为主要特征。不同于其他地区的窄院，交城院落的长宽度之比更加明显，大体上交城地区多为（4~2）：1，远超过晋中其他地区的2：1和晋南地区的接近1.5：1的比例关系。另外，窄院在平面布置上，厢房的位置全在正房"通面阔"的宽度以内，正院纵向垂直街道方向

长，横向平行街道方向窄，形成一个狭长的院落空间。这样的布置使临街部分建筑宽度得
以保证，并在此基础上增加了整个院落的面积，方便了院落的使用，这种现象的产生也是
由于街区"寸土寸金"的商业性质决定的。

## （三）以"形态有机复合"实践方法保护修复

根据东关历史街区的历史文化及传统建筑的特征，我们以重塑"东关街"街区的传统
风貌、抢救濒危的文物古迹和非物质文化遗产、合理有效改善街区内居民的居住环境、实
现文化资源向商业资源的转变为目标，以"形态有机复合"方法，具体制定了如下的修复
保护措施。

### 1.古街区整体保护

（1）保护街区肌理。东关街人稠地稀、院宅密集、商业氛围浓厚，分布着体现前店
后宅商住特征和家族制度的宅院、庙宇、戏台、祠堂等建筑，显示了中国古代传统历史街
区风貌特色。规划应严控街区的建设规模，对规划区内现有的文物建筑进行重点保护。另
外，建筑作为文化传承的重要载体，可以对其进行移植性保护，规划在不破坏街区原有空

6-19 | 6-20

图6-19 交城县东关街重点院
落整治图-1
图6-20 交城县东关街重点院
落整治图-2

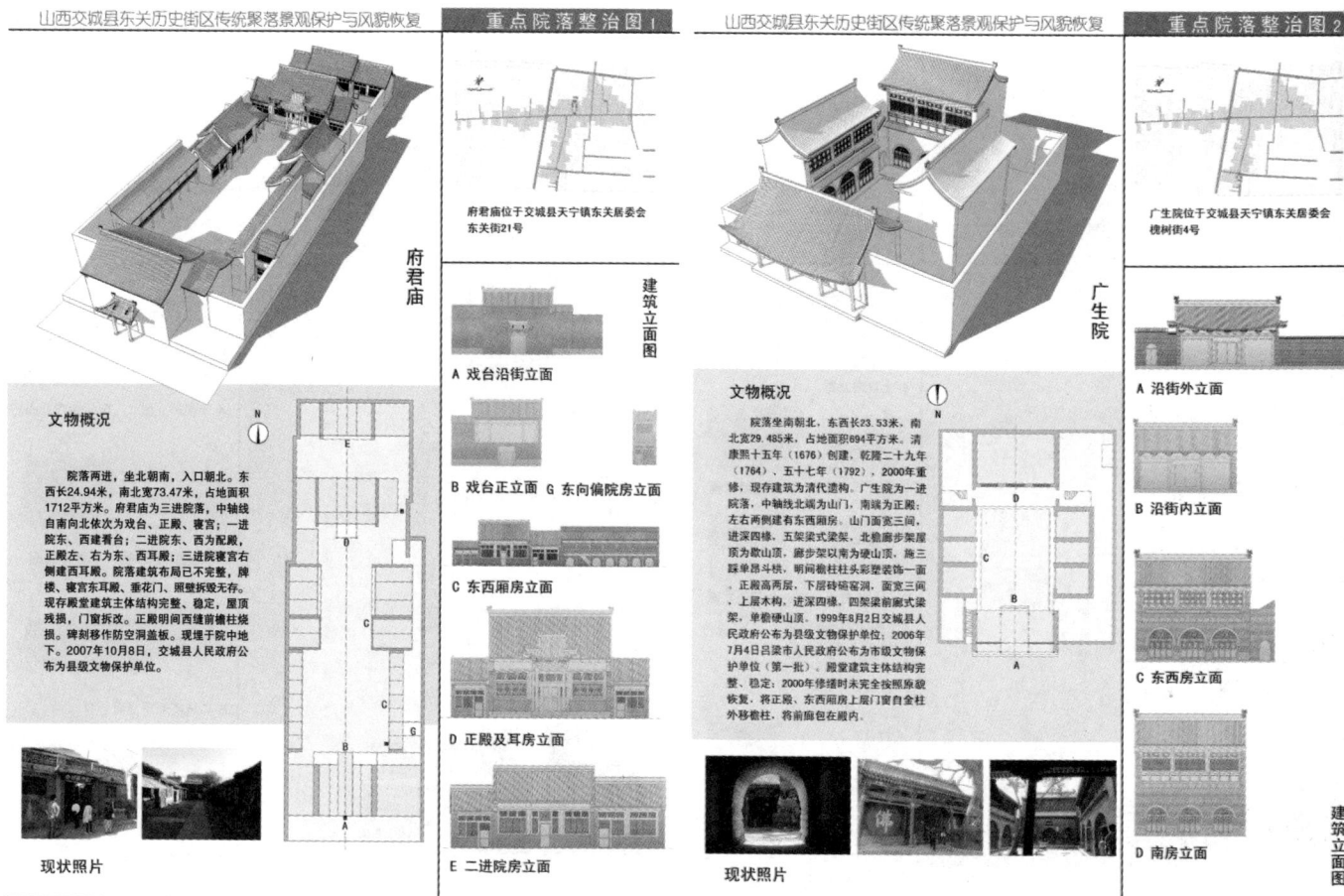

图6-19 交城县东关街重点院落整治图-1

图6-20 交城县东关街重点院落整治图-2

间肌理的情况下，将具有重要保存价值的孙禧宅院、交城卫生所、特种警所等建筑进行移植性保护，同时也将恢复街区原有的空间肌理。

（2）保护街区轴线。东关街以贯穿东西的东关街为主轴，以南巷、北巷为副轴，呈现"一横二纵，纵向相错"的街区轴线格局。这是东关街独特的空间特色。规划要求严格保护东关街的街区轴线和巷网，不允许随意改变其宽窄尺度、建筑格局以及沿街传统店铺的形式、色彩和材质。保护内容为明、清至解放初期所有的历史信息。保护措施为维护历史建筑、构筑物；整治现代建筑、构筑物，延续传统生活方式，提升历史街巷经济社会的发展动力。

针对东关街历史特色与保存现状，分段制定不同的规划主题与策略，根据整治的时序逐步予以实施。

（3）保护街区界面。东关街建筑"顺街巷而建"。东关街、北巷两侧店铺鳞次栉比，空间界面以虚实相间的砖券、砖木结构的木排板门面为主，具有浓郁的商业氛围。南巷及小巷两侧建筑则以居住为主，界面以带箭垛式花栏墙的高墙和屋顶式门厦为主，出角门厦大门为主，具有强烈的防御感。在勘察、认定这些遗址界面的基础上，以"风貌恢复"的

6-21 | 6-22

图6-21 交城县东关街重点院落整治图3
图6-22 交城县东关街重点院落整治图4

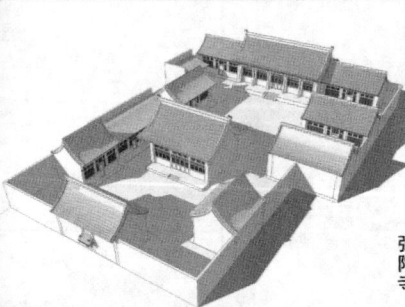
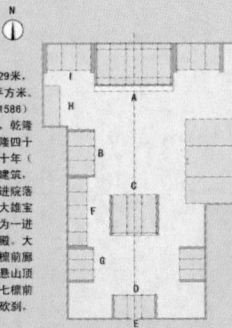

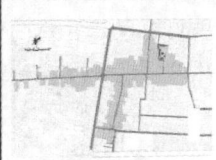
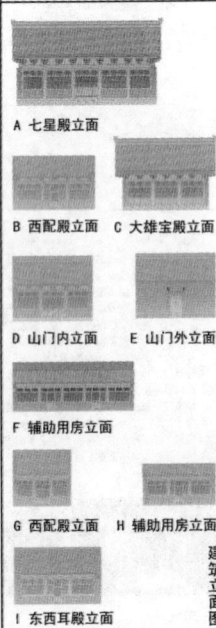

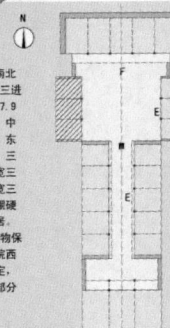

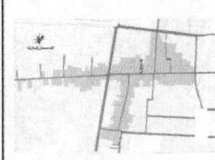

原则，恢复东关街作为历史街具有的独特环境和氛围。

（4）保护街区节点。环神阁、广生院、府君庙是街区内的标志性节点，应严格保护。保护规划要保护这些历史建、构筑物，使之成为古街区中重要历史信息的物质载体。

（5）保护街区空间轮廓线。为保护东关街的整体环境，对东关街空间轮廓线进行严格的保护性控制。凡在建设控制区内进行新建和改建的建筑物，其高度不得超过3层，建筑使用传统材料和传统建筑符号，外墙必须使用青砖，非居住建筑应使用明清古砖，同时禁止使用玻璃幕墙、反光玻璃等现代建筑材料。

另外，古树、古井、古牌楼等作为东关街区传承发展的见证，增强了历史的厚重感，是古街区有机组成部分。同时，古树名木也是活着的文物，应严格保护。街区50年以上的树木一律挂牌保护，重要的古树名木要设立护栏，对少数濒危的古树名木采取相应的养护措施。

2. 街区重要场所和建筑、构筑物保护

（1）街区内的重要场所。街区内保存有一定数量和规模的历史建筑、构筑物和风貌相对完整的生活区域，它们所构成的整体环境和秩序反映了某一历史时期的风貌特色。商业

6-23 | 6-24

图6-23 交城县东关街重点院落整治图5
图6-24 交城县东关街重点院落整治图6

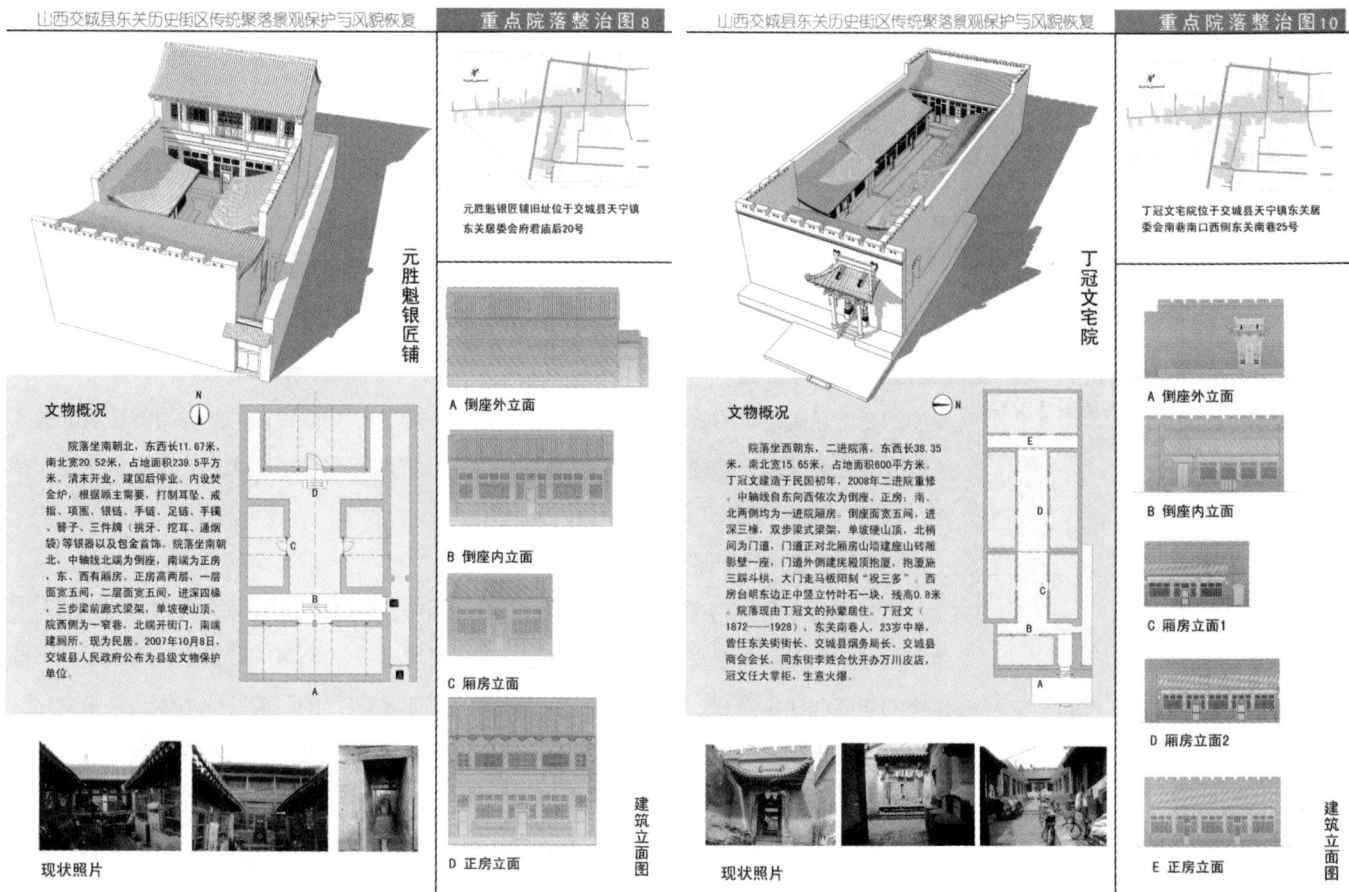

山西交城县东关历史街区传统聚落景观保护与风貌恢复 **重点院落整治图8**

元胜魁银匠铺

元胜魁银匠铺旧址位于交城县天宁镇东关居委会府君庙后20号

文物概况

院落坐南朝北，东西长11.67米，南北宽20.52米，占地面积239.5平方米。清末开业，建国后歇业。内设焚金炉，根据顾主需要，打制耳坠、戒指、项圈、银链、手镯、足镯、手镯、镯子、三件牌（挖牙、挖耳、通烟袋）等银器以及包金首饰。院落坐南朝北，中轴线北端为倒座，南端主正房，东、西有厢房。正房高两层，一层面宽五间，二层面宽五间，进深四椽，三步梁前廊式梁架。单坡硬山顶。院西侧为一窄巷，北端开街门，南端建厕所。现为民居。2007年10月8日，交城县人民政府公布为县级文物保护单位。

A 倒座外立面
B 倒座内立面
C 厢房立面
D 正房立面

现状照片

建筑立面图

山西交城县东关历史街区传统聚落景观保护与风貌恢复 **重点院落整治图10**

丁冠文宅院

丁冠文宅院位于交城县天宁镇东关居委会南巷南口西侧东关南巷25号

文物概况

院落坐东朝西，二进院落，东西长38.35米，南北宽15.65米，占地面积800平方米。丁冠文建造于民国初年，2008年二进院重修。中轴线自东向西依次为倒座、正房、南、北两侧均为一进院厢房。倒座面宽五间，进深三椽，双步架式梁架，单坡硬山顶，北柄间为门道，门通过北厢房山墙建垂山梢影壁一座，门道外侧建廛底观阳抱厦，抱夏施三跳斗拱，大门走马板阳刻"祝三多"。西房合明东边正中竖立竹叶石一块，残高0.8米。院落现由丁冠文的孙辈居住。丁冠文（1872——1928），东关南巷人，23岁中举，曾任东关街街长、交城县商务会长。同东街连姓合伙开办万川皮店，冠任大掌柜，生意火爆。

A 倒座外立面
B 倒座内立面
C 厢房立面1
D 厢房立面2
E 正房立面

现状照片

建筑立面图

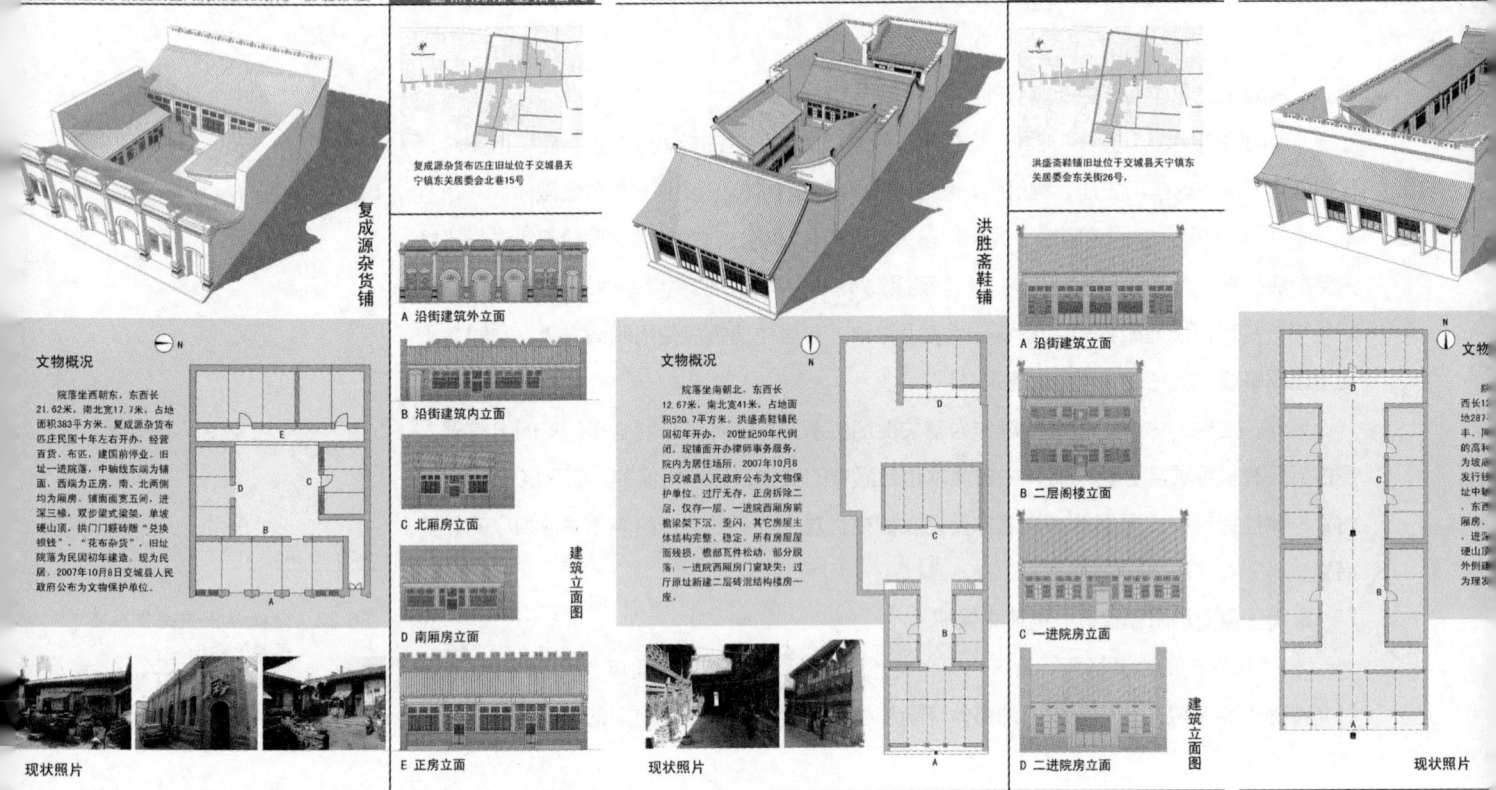

复成源杂货铺

洪胜斋鞋铺

**文物概况**

院落坐西朝东，东西长21.62米，南北宽17.7米，占地面积383平方米。复成源杂货铺匹庄民国十年左右开办，经营百货、布匹，建国前停业。旧址一进院落，中轴线东端为铺面，西端为正房，南、北两侧均为厢房。铺面面宽五间，进深三椽，双步梁式架构，单坡硬山顶，拱门门楣砖雕"兑换银钱"、"花布杂货"，旧址院落为民初年建造，现为民居。2007年10月8日交城县人民政府公布为文物保护单位。

**文物概况**

院落坐南朝北，东西长12.67米，南北宽41米，占地面积520.7平方米。洪盛斋鞋铺民国初年开办，20世纪50年代倒闭。现铺面主体建筑结构完整、稳定。所有房屋屋面残损，椽部瓦件松动、部分脱落。一进院西厢房门前新砌筑二层砖混结构楼房一座。

A 沿街建筑外立面

B 沿街建筑内立面

C 北厢房立面

D 南厢房立面

E 正房立面

A 沿街建筑立面

B 二层阁楼立面

C 一进院房立面

D 二进院房立面

**建筑立面图**

复成源杂货铺匹庄旧址位于交城县天宁镇东关展委会北巷15号

洪盛斋鞋铺旧址位于交城县天宁镇东关展委会东关街26号，

现状照片

现状照片

现状照片

的发展使街区的文化思想得以相应的发展，街区在历史的发展中形成一些寺庙空间和祠堂空间，这些空间成为街区内居民活动的重要场所。街区内的重要场所主要有：弥陀寺、府君庙、丁家祠堂、广生院等。这些构筑物是交城东关历史街区的空间标志和特色场所，是街区历史的见证。要对其基址进行保护，并在原样修复的基础上，进一步整治周边环境。

（2）街区内的历史建筑。街区内有很多的历史建筑，就保护级别而言有：市级文物保护单位、县级文物保护单位和未定级别的历史建筑3个层次。这些历史建筑见证了古街区的历史，其原有的建筑构造形式直接反映了街区的风貌特色，所以有必要对其进行保护，保护的要素涵盖建筑的式样、高度、体量、材料、色彩、平面设计乃至与周围建筑的关系处理等多方面因素。除经常性修缮、加固外，不允许随意改变这些建筑的布局、结构和装修，其保护措施为修缮和局部修复。

### 3. 非物质文化遗产保护

（1）街区内的老字号。交城县抢救和保护的非物质文化遗产中绝大多数均与"商"有渊源。"商"即意味着交流与交融，所以在东关古传统历史街区的建筑中，可以看到不同风格的老商业建筑样式。如，极具山西民居特色的起券拱形的门窗开间与体现外来文化的建筑符号元素共荣。各种文化在这里均有各自发展的空间，体现了一种"古老、融合"的街区特色。

（2）传统皮革制作技艺和民间艺人。建议在东关南巷建设皮革博物馆，同时将传统制作艺人列入保护对象。在建设控制区内完善陈列、表演设施；挖掘、提升东关街区的文化

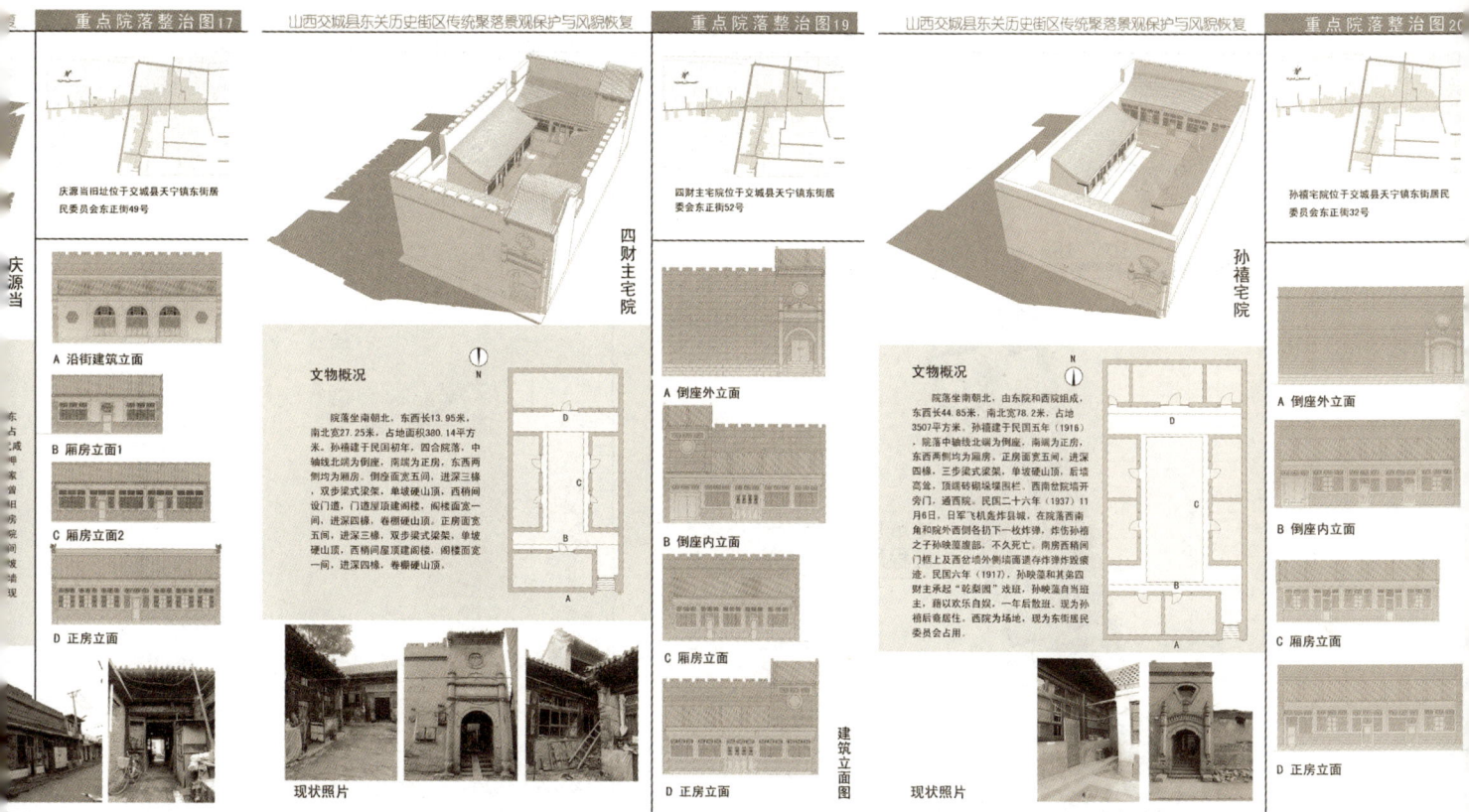

重点院落整治图17 山西交城县东关历史街区传统聚落景观保护与风貌恢复 重点院落整治图19 山西交城县东关历史街区传统聚落景观保护与风貌恢复 重点院落整治图20

庆源当旧址位于交城县天宁镇东街居民委员会东正街49号

庆源当

A 沿街建筑立面

B 厢房立面1

C 厢房立面2

D 正房立面

四财主宅院

文物概况

院落坐南朝北，东西长13.95米，南北宽27.25米，占地面积380.14平方米。孙禧建于民国初年，四合院落，中轴线北端为倒座，南端为正房，东西两侧均为厢房。倒座面宽五间，双步梁式梁架，单坡硬山顶，西梢间设门道，门遗屋顶建阁楼，阁楼面宽一间，进深四椽，卷棚硬山顶。正房面宽五间，进深三椽，双步梁式梁架，单坡硬山顶，西梢间屋顶建阁楼，阁楼面宽一间，进深四椽，卷棚硬山顶。

现状照片

四财主宅院位于交城县天宁镇东街居民委员会东正街52号

A 倒座外立面

B 倒座内立面

C 厢房立面

D 正房立面

建筑立面图

孙禧宅院

文物概况

院落坐南朝北，由东院和西院组成，东西长44.85米，南北宽78.2米，占地3507平方米。孙禧建于民国五年（1916），院落中轴线北端为倒座，南端为正房，东西两侧均为厢房，正房面宽五间，进深四椽，三步梁式梁架，单坡硬山顶，后墙高耸，顶端砖砌墙堞图栏，西南垒砌墙开旁门，通西院。民国二十六年（1937）11月6日，日军飞机轰炸县城，在院落西南角和院外西侧各扔一枚炸弹，炸伤孙禧之子孙映腿部，不久死亡，南厢西梢间门框上及西岔遗外侧墙面遗存停弹片痕迹。民国六年（1917），孙映监和其弟四财主承起"乾梨园"戏班，孙映监自当班主，聘以乐自娱，一年后散班，现为孙禧后裔廷栏。西院为场地，现为东街居民委员会占用。

现状照片

孙禧宅院位于交城县天宁镇东街居民委员会东正街32号

A 倒座外立面

B 倒座内立面

C 厢房立面

D 正房立面

品味与特色。

（3）历史名人事迹及相关资料。东关街区历史悠久，文化积淀厚重，对历史名人事迹及相关资料的保护作为非物质文化遗产保护的重点。首先，要整理、挖掘丁冠文等历史名人的相关故事，并以展览的形式进行展示。其次，保护家谱地契、花梁题记。登记、注册现存的家谱地契、花梁题记，并拍摄成图片存档，作为陈列、研究、欣赏之用。

历史传统建筑是人类文化遗产的重要组成部分，是探寻文明发展历程不可或缺的珍贵实物性材料，它不仅可以作为我们传承文化的直接载体，而且还可以成为我们发展经济的重要资源。修复保护历史建筑的重要意义已为越来越多的人达成共识，同时，各类修复保护工作也已纷纷提上议事日程。然而，在如火如荼地开展古建保护工作形势之下，许多隐藏的问题却浮出了水面，诸如"保护性破坏"的事例已是屡见不鲜。这不仅是保护目的不明确所引起的，更重要的是缺乏进行古建保护工作的科学方法与措施。在当前历史建筑保护工作背景下，"形态有机复合"方法的历史街区保护修缮实践，在我们的历史建筑修复保护工作中具有重要意义。

山西交城县东关历史街区传统聚落景观保护与风貌恢复　　皮革博物馆规划图

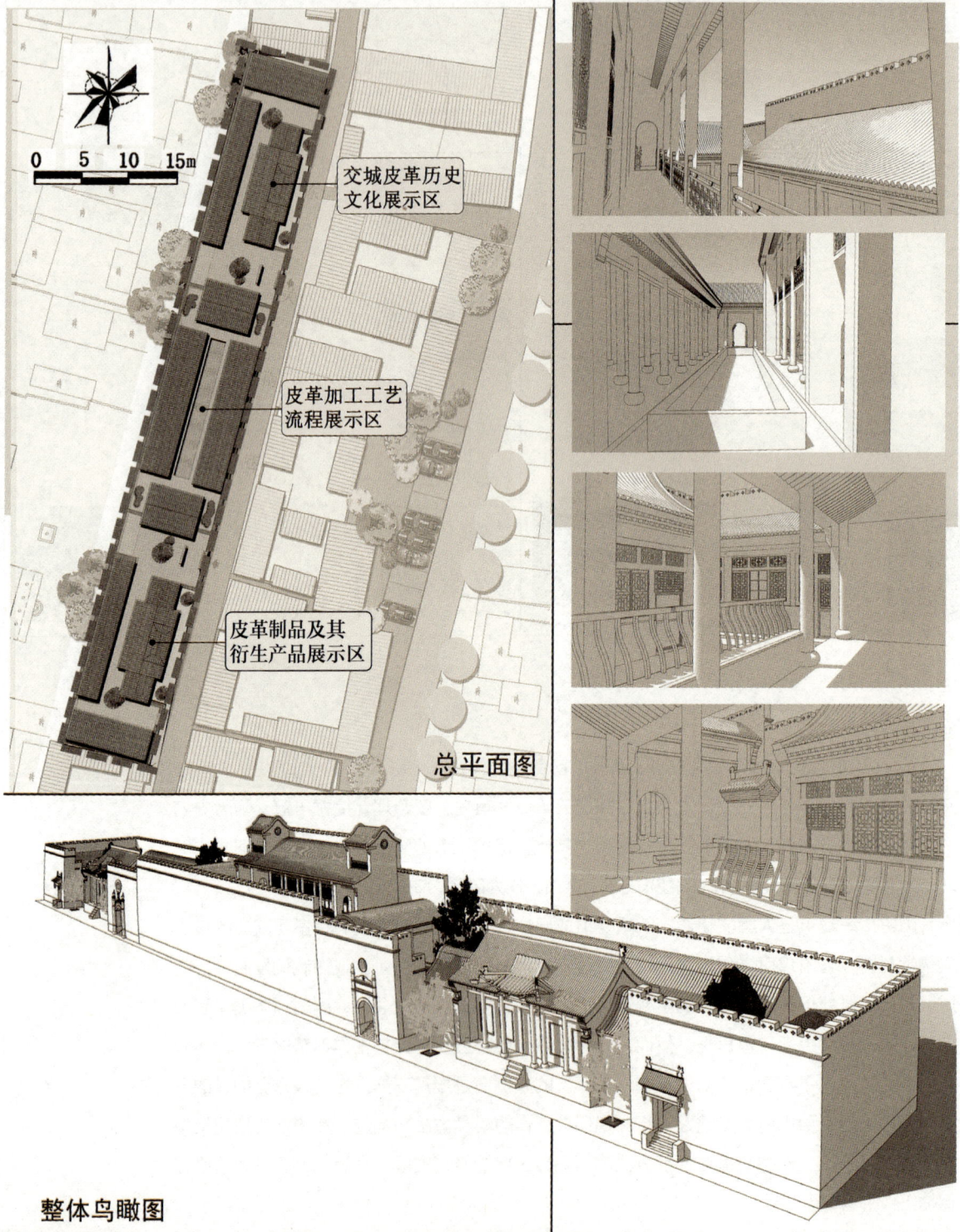

交城皮革历史
文化展示区

皮革加工工艺
流程展示区

皮革制品及其
衍生产品展示区

总平面图

整体鸟瞰图

图6-30　交城县东关街皮革博物馆规划图

## 二　蔡家崖历史文化保护与北坡村风貌修复

饱蕴晋西北民居特色的蔡家崖古村，位于吕梁山的兴县城西5km处。它曾是中共中央晋西北军政委员会、晋乡绥分局、八路军120师和晋绥军区、晋西北行政公署所在地，是全国著名的敌后根据地和大战略首府，当时被誉为"小延安"。古村有国家一级文保单位晋绥革命纪念馆，晋绥边区司令部、分局、行政公署等机关便成立于此院。中共领导人毛泽东、周恩来、刘少奇、贺龙等曾在这里居住，院内可见贺龙当年亲手栽种的6棵柳树，当地人称"六柳亭"。

古人称："吕者，脊骨也；梁者，屋之负栋也。吕梁山，言其高巍也。"提到吕梁山，人们就会想到的首先是这方水土养育出来的"吕梁英雄们"；回首上世纪那烽火连天的岁月时，人们忘不了的还是"吕梁英雄"。在红色旅游热遍大江南北，席卷全国时，三晋大地上人们最熟悉的，名声最响亮地还是"吕梁英雄"、"刘胡兰"等。

晋绥边区是"抗日前线、圣地门户"，同时也是"英雄的摇篮"。借用一下《吕梁英雄传》的开头语：

晋绥解放区人民，在共产党和抗日民主政府领导下，许多热血男儿都参加了八路军、游击队，在家的就参加了民兵。民兵们平时在家生产，抽空练兵习武；一到战时便拿起步枪、火枪、地雷、手榴弹，和敌人战斗，保护群众，日夜打击敌人，并且配合主力军作战。

在这8年的斗争当中，人民用血泪写下了不少可歌可泣的故事，涌现出无数民兵英雄。1944年晋绥边区群英大会上，单说出色的民兵英雄，就有124位。这些人物当中，有的是爆炸大王；有的是神枪能手；有的是破击英雄；有的是锄奸模范；有的是智勇双全的领导人；有的是天才卓越的指挥员……要一一介绍出来，恐怕三年五载也说不完……

人们对某个旅游目的地的认知往往来自于一本文学作品、一部电影、电视剧、甚至是一首诗、一支歌曲……。与此同时，一部优秀的文艺作品也会使相关地域声名远播。比如：韩剧在中国的热播，推动了中国人去韩国旅游的热潮，沈从文的一部《边城》火了凤凰古城的旅游。在我们山西就有电影《大红灯笼高高挂》、电视《乔家大院》对乔家大院

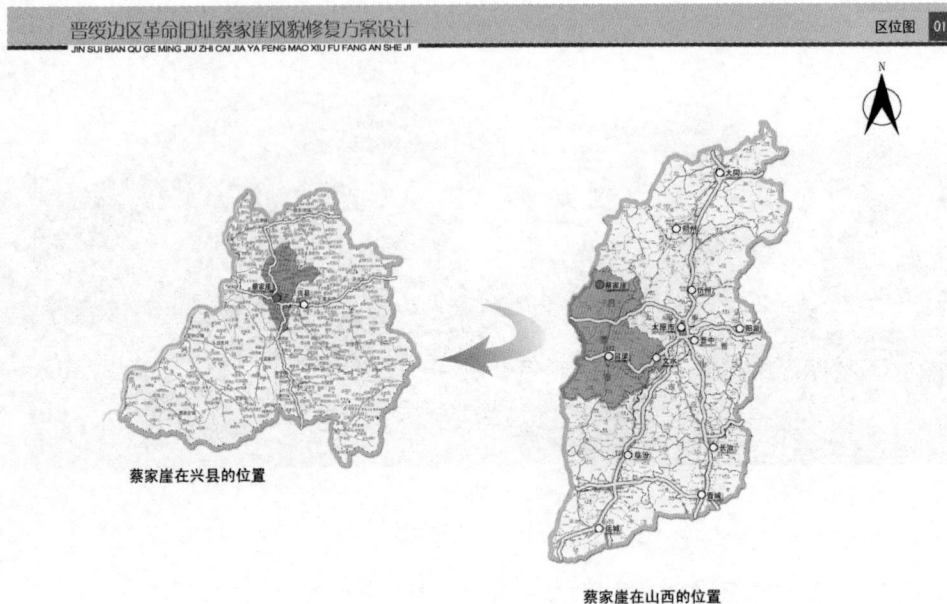

晋绥边区革命旧址蔡家崖风貌修复方案设计
JIN SUI BIAN QU GE MING JIU ZHI CAI JIA YA FENG MAO XIU FU FANG AN SHE JI

区位图 01

蔡家崖在兴县的位置

蔡家崖在山西的位置

图6-31　蔡家崖区位图

旅游的推波助澜。而晋绥边区早在抗战时期就有一部曾经鼓舞全国人民抗日热情的文学作品《吕梁英雄传》。《吕梁英雄传》在晋绥大众报上的连载，引起了根据地的人民的关注。随着《新华日报》的转载，又点燃了全国人民的热情。建国后电影《吕梁英雄传》的拍摄使得吕梁英雄更是深入人心。《吕梁英雄传》改编成电视剧后走入了千家万户，观众们，特别是许多青少年观众又一次将关注的目光投向吕梁山这片英雄的土地。可以说许多人是因为吕梁英雄才关注晋西北的抗战经历，才开始了解晋绥边区的历史。

### （一）历史环境遗存

古村坐落在连绵的黄土丘陵之中，东崖是蔡家崖旧村所在地，长300多米，多为靠山式窑洞，有土窑、石窑和接口窑。其靠崖式院落高低相置、左右相连、层层叠叠。拱形窑洞，木制门窗，窑面及院墙用当地人称为"顽石"的石材砌成。往西便是古村的北坡，此处窑洞依山靠崖、妙居沟壑，与黄土紧密连在一起，融于自然。一孔孔农家老窑内，散置着许多生产、生活物品。这些东西，有上辈传下来的，有自己在日常生活中积累起来的，它们看似自然散置，但却有序摆放，渗透着原始的乡土风格和朴素的自然观。

蔡家崖的建筑，有其特殊的韵味。首先，它是蔡家崖祖祖辈辈人用自己的辛勤和智慧塑造出来的。我们可以看到，朴实的老百姓对空间仍然有着很好的安排，有着一定的适应性。他们对空间的自我塑造，有一定的规律和一定的审美取向。这里生存痕迹非常明显，需求与场所紧密相扣。我们通过一个小院子，来剖析人类生存与环境的基本关系，鸟瞰老百姓真实生活的场所：

这是蔡家崖一户农家，在一个小山头上，挖出不足80m²的方坑。以自然山体为墙，靠山开凿窑洞，形成了实用功能颇为完善、生活空间错落有致的生存场所。小院不是平地下沉开向四壁建屋，而是典型的黄土高原半下沉式院落。由于山体关系，院门向西开，院墙是顺山挖下的天然墙壁，还开有通风口，形成了空间围合通透的场所景观。正房两孔窑洞坐北朝南，住着一户三代人，紫红与草绿相间的"顽石"窑面，典型晋西北风格的木质门窗。院中2棵小枣树，黄土地面。大门一边是牲口棚，另一边是山岩，山岩上凿的小土洞和搭置在南墙下的小棚房里，散置着好多生产、生活用具，是农家储物的场所。东墙下建有厨房和柴房，旱厕设在了院门之外。小院不大但别致，生存环境简单而淳朴，宁静而和谐，有着浓郁的风土气息，是人与自然融洽共存的原生态建筑景观[1]。

以上剖析的是一户极普通的农家院落。透过它可以看到农民的生存观和审美取向。他们用最直接、最本原的一种需求来生存，创造了一种生存的景观。这种景观是经过千百年的环境变迁、文化传承而形成的。朴实农民的审美是单纯而富有生活热情的。这种农家景观使人们生存需求和自然环境紧密地扣在了一起。

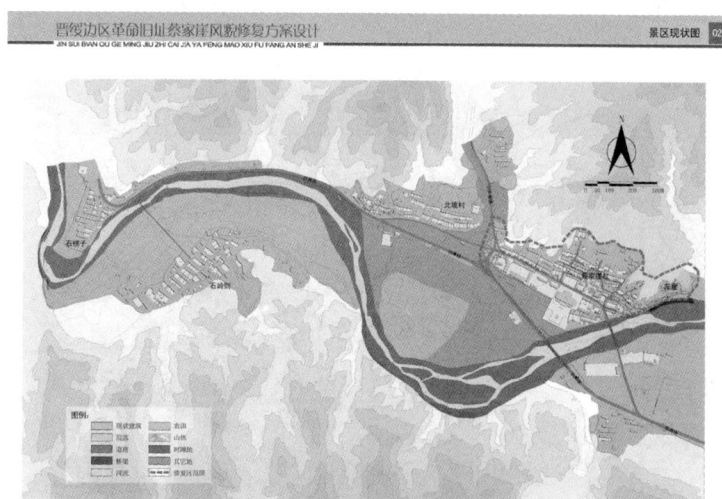

图6-32 蔡家崖景区现状图
图6-33 景区设计总平面图

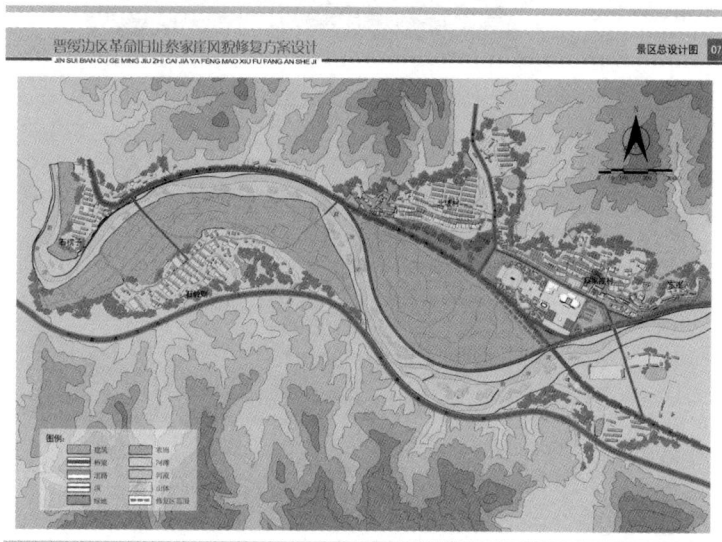

①于红，霍耀中.生存的景观[J].ID+C室内设计，2007，(10).

### （二）人文环境特色

我们说景观是在变迁的。在这里，生存一定意义上是指老百姓的基本需求。但是从社会的发展来看，实际上也有另一种意义上的生存需求。比如，晋绥边区政府当时选择在蔡家崖，就是一种革命的生存需要。其适合当时的政治、经济条件，且有着天然的地理优势。

八路军的到来，给这个原本封闭的古村落带来了新气息。天南海北的人集聚在这里，文化的撞击、生存需求的变化，令黄土高原的建筑环境，有了新的景观变迁。它首先体现在对空间的使用上，原先古村的生存空间大部分是供几口人居住的小型院落，后来却出现了大窑洞和一排12孔窑洞的大院，这与当时团体活动的空间需求是分不开的。此外，审美上也发生了变化。例如，窑洞的窗棂，过去窗棂大多是方格状，"万"字、"喜"字也是方格的打散重新组合，后来却出现了倾斜、呈放射状象征旭日东升的图案，带有浓郁的红色延安特点。

由此可见，人们在生存过程中会适应环境，在适应过程中又会改造环境。这种适应中

6-34
6-35

图6-34 蔡家崖修复区现状图
图6-35 蔡家崖建筑风貌分析图

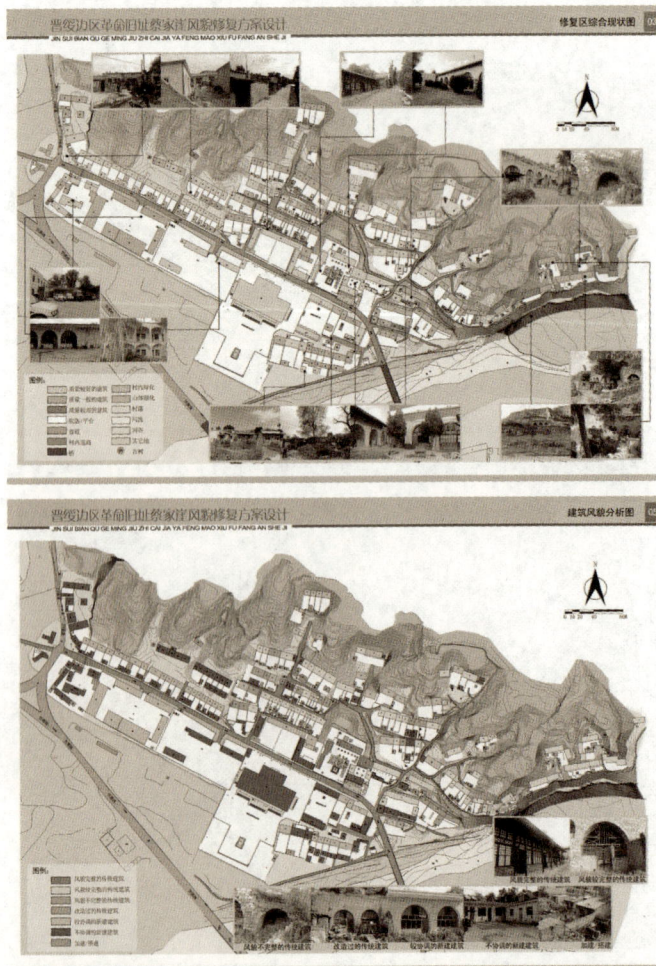

的改造，改造中的适应，二者往往是对立统一的关系。晋绥时期形成的特有村落风味，便是当年军民努力改造与适应环境的结果。晋绥边区特殊的时代文化给我们一种思考，因为生存而留下来的场所，对我们现在来讲，这些场所就是生存的景观。场所是景观的载体，晋绥边区留下来的景观，恰恰就是特定时期的场所。

### （三）蔡家崖景观风貌特色

蔡家崖整体空间布局依山就势，暗红色的砂石窑洞构成了村落的主色调。蔡家崖地区的村落是晋西北地区农村居住方式的典型代表，其建筑风貌体现着非常明显的人类生存痕迹，窑洞依山而建，与黄土紧密连在一起。整个村落随着山脊延伸，层层叠叠，互相垒加，街巷之间曲折相通，体现了人与自然、人与山地的完美和谐，被称为"立体交融式"的乡土建筑。

#### 1. 街巷空间特色

蔡家崖东崖及北坡，村落依山就势，石头铺砌的小巷较为狭窄，两侧石头垒墙，还砌有过街石洞等。路窄墙高，构成封闭感较强的外观，与山形相呼应的同时还兼有排水、防洪的功能。

#### 2. 风貌特色

以自然山体为墙，靠山开凿窑洞，形成了实用功能颇为完善、生活空间错落有致的生存场所。窑面是紫红与草绿相间的当地石材，典型晋西北风格的木质门窗。院内是黄土地面，一般种有枣树、南瓜、鲜花等植物，另外大多都饲养家畜、家禽。小院不大但别致，

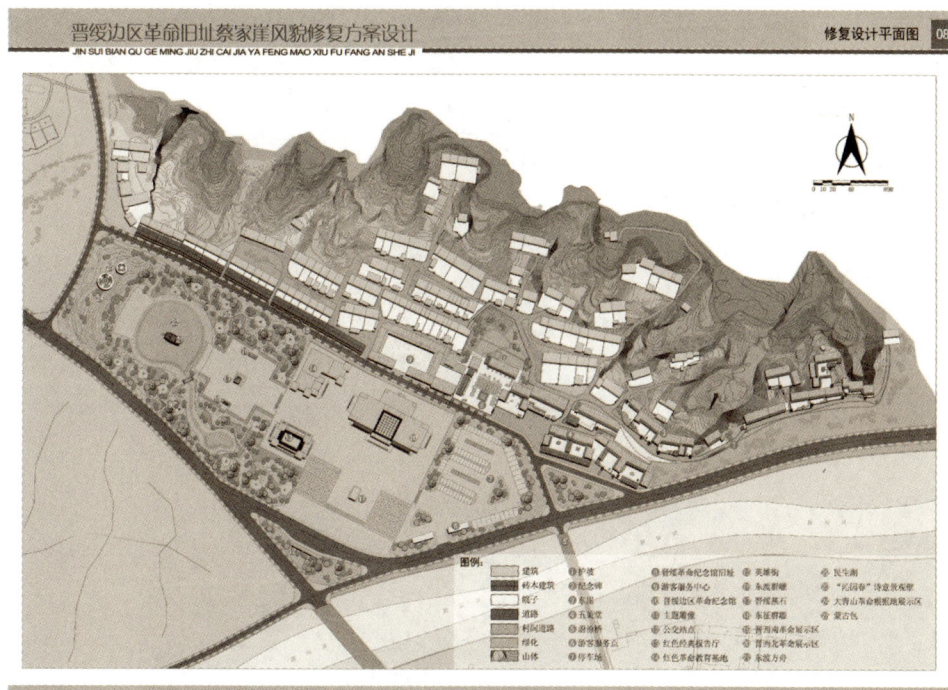

图6-36　蔡家崖修复设计平面图

生存环境简单而淳朴，是一种纯粹的人与自然融洽共存的原生态建筑景观。

### 3. 民俗特色

这里特有的民风民俗，如伞头秧歌、腰鼓、霸王鞭、迎灯、提灯会、焰火、面塑等。

### （四）蔡家崖历史文化保护

根据蔡家崖自然和人文特点确定其保护范围，范围包括：蔡家崖东崖、北坡村、石岭则以及石楞子等村落中的部分院落。分为建设控制区、环境协调区和核心保护区。蔡家崖历史文化保护以整体性保护、原真性保护、特色保护、保护与发展相互促进为原则，在概括提炼蔡家崖特色的基础上，整体保护其传统物质形态和文化内涵。保护内容要素由自然环境要素、整体空间要素、人文环境要素3部分组成。

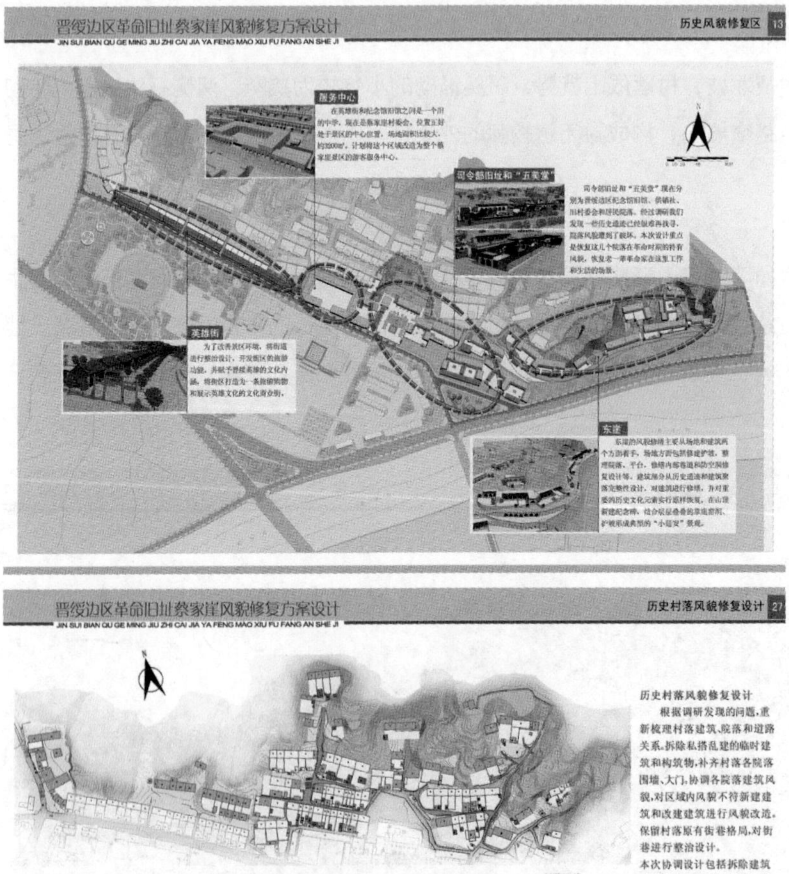

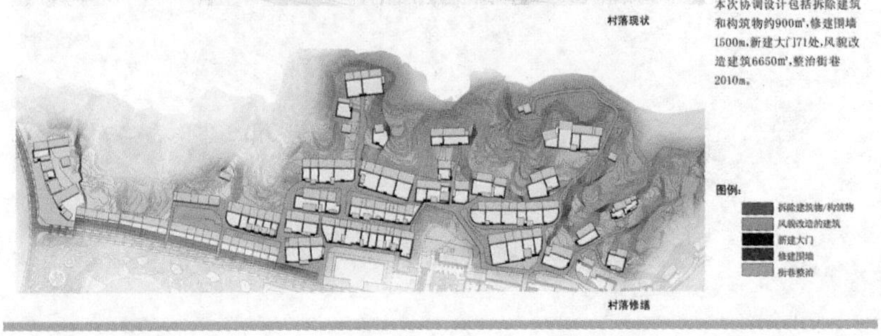

6-37
6-38

图6-37 蔡家崖历史风貌修复区
图6-38 蔡家崖历史村落风貌
　　　修复设计

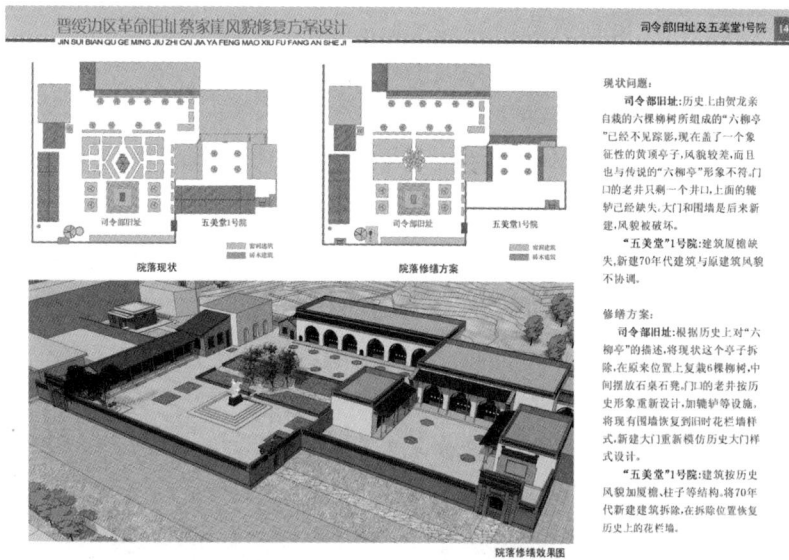

**晋绥边区革命旧址蔡家崖风貌修复方案设计**　司令部旧址及五美堂1号院　14

院落现状　　院落修缮方案

院落修缮效果图

**现状问题：**

**司令部旧址：**历史上由贺龙亲自栽的六棵柳树所组成的"六柳亭"已经不见踪影，现在盖了一个象征性的黄顶亭子，风貌较差，而且也与传说的"六柳亭"形象不符，门口的老井只剩一个井口，上面的辘轳已经缺失，大门和围墙是后来新建，风貌被破坏。

**"五美堂"1号院：**建筑厦檐缺失，新建70年代建筑与原建筑风貌不协调。

**修缮方案：**

**司令部旧址：**根据历史上对"六柳亭"的描述，将现状这个亭子拆除，在原来位置上复栽六棵柳树，中间摆放石桌石凳，门口的老井按历史形象重新设计，加辘轳等设施。将现有围墙恢复到旧时花栏墙样式，新建大门重新模仿历史样式设计。

**"五美堂"1号院：**建筑按历史风貌加厦檐、柱子等结构。将70年代新建建筑拆除，在拆除位置恢复历史上的花栏墙。

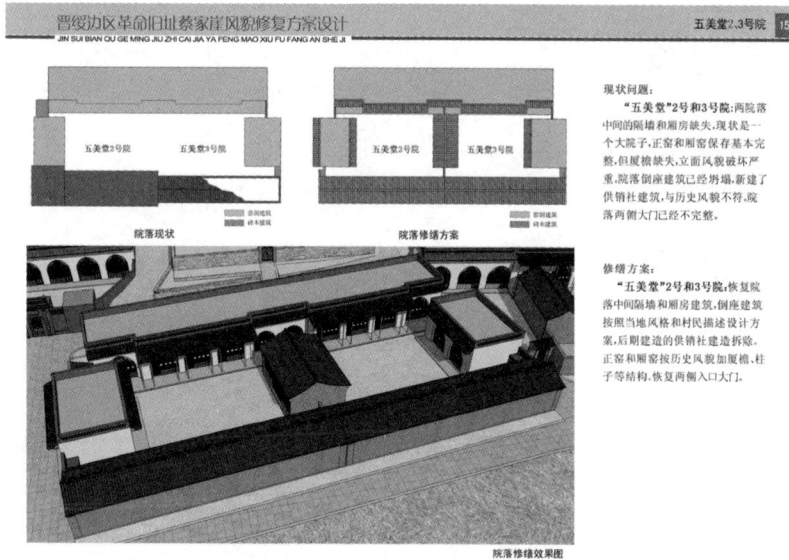

**晋绥边区革命旧址蔡家崖风貌修复方案设计**　五美堂2、3号院　15

院落现状　　院落修缮方案

院落修缮效果图

**现状问题：**

**"五美堂"2号和3号院：**两院落中间的隔墙和厢房缺失，现状是一个大院落，正窑和厢窑保存基本完整，但厦檐缺失，立面风貌破坏严重。院落倒座建筑已经砌墙，新建了供销社建筑，与历史风貌不符。院落两侧大门已经不完整。

**修缮方案：**

**"五美堂"2号和3号院：**恢复院落中间隔墙和厢房建筑，倒座建筑按照当地风格和村民描述设计方案，后期建造的供销社建造拆除。正窑和厢窑按历史风貌加厦檐、柱子等结构。恢复两侧入口大门。

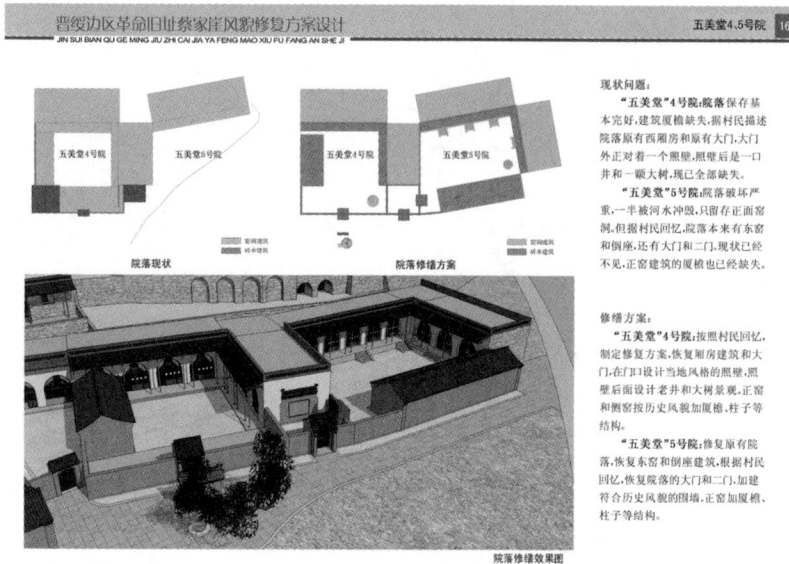

**晋绥边区革命旧址蔡家崖风貌修复方案设计**　五美堂4、5号院　16

院落现状　　院落修缮方案

院落修缮效果图

**现状问题：**

**"五美堂"4号院：**院落保存基本完好，建筑厦檐缺失，据村民描述院落原有西厢房和原有大门，大门外正对着一个照壁，照壁后是一口井和一棵大树，现已全部缺失。

**"五美堂"5号院：**院落破坏严重，一半被河水冲毁，只留存正面窑洞，但据村民回忆，院落本来有东窑和倒座，还有大门和二门。现状已经不见，正窑建筑的厦檐也已经缺失。

**修缮方案：**

**"五美堂"4号院：**按照村民回忆，制定修复方案，恢复厢房建筑和大门，在门口设计当地风格的照壁，照壁后面设计老井和大树景观。正窑和倒座按历史风貌加厦檐、柱子等结构。

**"五美堂"5号院：**修复原有院落，恢复东窑和倒座建筑，根据村民回忆，恢复院落的大门和二门，加建符合历史风貌的围墙。正窑加厦檐、柱子等结构。

6-39
6-40
6-41

图6-39　蔡家崖司令部旧址及五美堂1号院

图6-40　蔡家崖五美堂2、3号院

图6-41　蔡家崖五美堂4、5号院

### 1.自然环境要素的保护

　　蔡家崖背靠元宝山，面临蔚汾河，自然环境，植被状况一般。保护元宝山，加强山体林木培育，保护历史遗址，修复历史建筑。禁止任何不利于保护的建设活动，禁止开山采石，伐木毁林。结合兴县县城的绿化工程，进一步对蔡家崖村落风貌进行修复保护。蔡家崖地区的建设活动，均要考虑对蔡家崖革命历史文化和周边环境的影响，保证其视线景观。

6-42
6-43

图6-42　北坡村风貌修复设计现
　　　　状图
图6-43　北坡村风貌修复设计平
　　　　面图

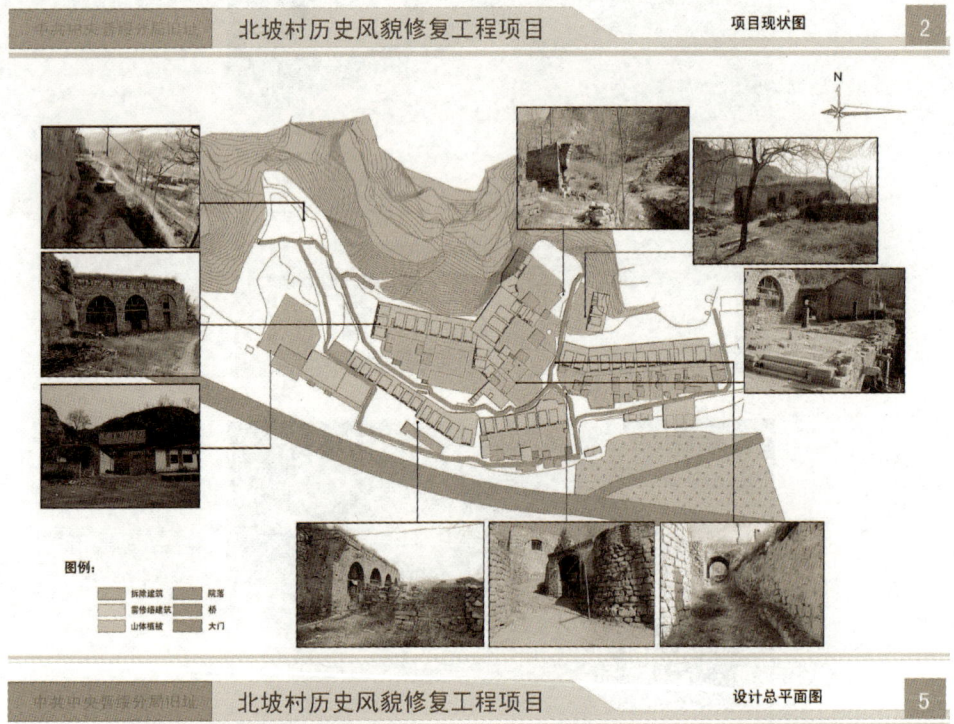

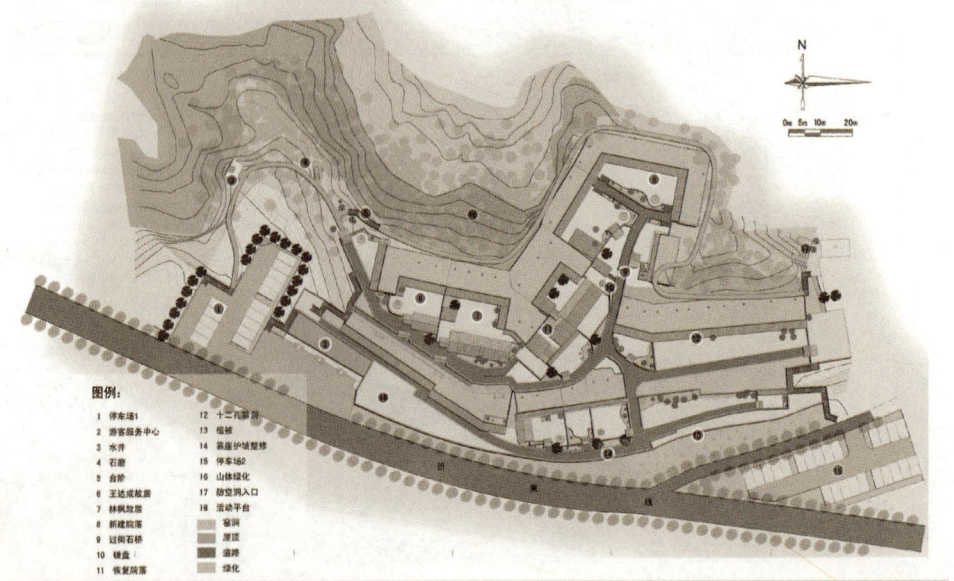

共中央晋绥分局旧址　**北坡村历史风貌修复工程项目**　设计鸟瞰图　30

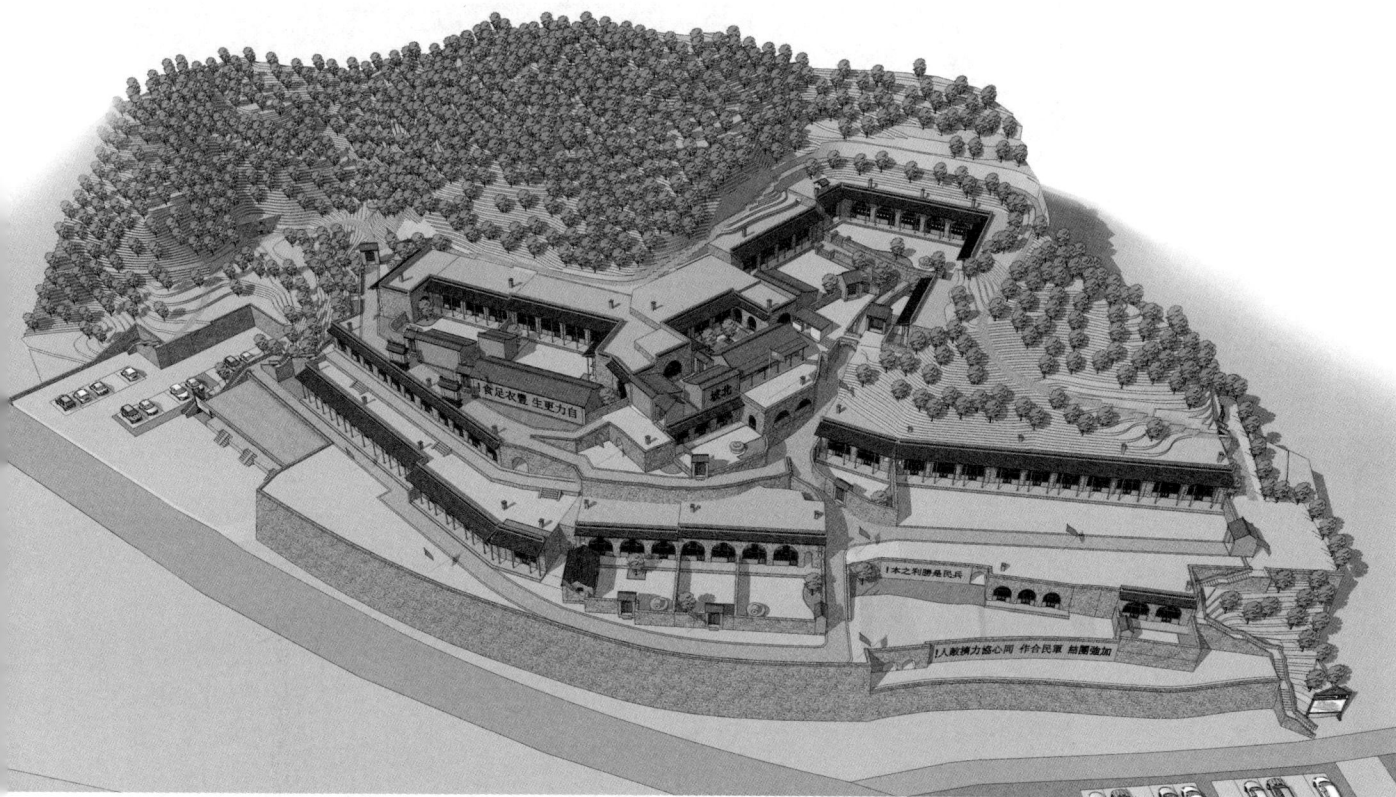

2.整体空间要素的保护

历史文化遗存富集的蔡家崖村属省级历史文化名村，古村落应控制建设，保留特色。划定"蔡家崖东崖，北坡村"的村落格局整体保护，全面保护蔡家崖的传统建筑和完整的村落风貌。对蔡家崖的保护要从古村的形态、街巷格局、院落空间、传统建筑层面进行系统保护。重点清理整治保护区内的临时建筑，整治沿街两侧建筑的立面，恢复街巷的原始风貌。对北坡村戏台进行部分恢复设计，使其成为蔡家崖保护区广场文化体验场地。保护纪念馆、纪念地，晋绥边区革命纪念馆的保护，处理好保护与利用的关系，充分利用纪念馆内的建筑和设施。晋绥边区革命纪念馆属国家级文物，其用地范围外100m为建设控制区，保护空间视廊，对文物保护点与城区制高点、城市公园等视线通廊区域的建筑要控制其高度。保护东崖建筑群，修复破损倒塌的岩壁、院墙及部分窑洞，对街巷、道路进行修整。恢复墙壁上的宣传画，拆除保护范围内影响视觉的临时建筑。对村落整体视觉效果进行整治，并对院落提出风貌控制要求。保护北坡村建筑群及地道系统，破损倒塌的岩壁、院墙及部分窑洞。提出对院落的风貌控制要求，对街巷、道路进行修整。清理、恢复地道系统，特别是地道各入口的保护和标示。保护石岭则个别院落（政治部、宣传部、除奸部等），对闲置窑洞、院落进行修复、整治，对还在使用中的院落，提出风貌控制要求，不

图6-44 北坡村风貌修复设计鸟瞰图

北坡村历史风貌修复工程项目　　　　　设计表现图（一）　34

北坡村历史风貌修复工程项目　　　　　设计表现图（二）　35

6-42
6-43

图6-45　北坡村风貌修复设计
　　　　表现图（1）
图6-46　北坡村风貌修复设计
　　　　表现图（2）

得随意拆建院内建筑。保护旭谷古树，对古树加强监管和护理，不准随意砍伐树木，破坏自然环境。

　　3. 人文环境要素的保护

　　设立吕梁英雄纪念馆及其他各种主题的纪念馆。在东崖建吕梁英雄纪念馆。展示晋绥边区抗战、解放战争以及其他时期的英雄人物。在东崖古建筑群中推出典型场景和主题展区。

　　在北坡村和东崖牛家大院中设立晋绥旧址展示区。展示晋绥边区重要活动及主要领导人的故居及纪念馆等。如：贺龙、关向应、林枫、续范亭、牛友兰等名人纪念馆。

### （五）北坡村历史风貌修复设计

兴县北坡村是晋绥革命根据地中共中央晋绥分局机关所在地，是晋绥边区党的领导中心和革命斗争的核心枢纽。在抗日战争和解放战争时期，贺龙、关向应、林枫、续范亭、王达成等老一辈革命家曾长期在此工作和生活，创建了晋绥革命根据地，领导了晋西北、晋西南和大青山地区党的建设和对敌斗争，带领边区军民浴血奋战，取得了晋绥地区抗日战争和解放战争的胜利，为民族解放事业和新中国的建立立下了不朽的功勋。抗日战争与解放战争时期，中共中央主要领导人毛泽东、刘少奇等都曾在这里有过许多活动，发布过重要指示，指导了山西以及全国各根据地的革命斗争和解放区的建设工作。

北坡村具有独特的聚落建筑风貌。整个村落依山傍水，拥有多种窑洞民居形态和独特的建筑景观。窑洞依山就势，层层叠叠，整个坡面基本都被建筑覆盖。其中的台阶、坡道回环往复，因势就形，把各个院落连为一体。另外北坡村地下的地道又连通了村里家家户户，形成一个地下通道系统。而地上的民居既有别致实用的农家小院，又有规模较大的窑洞群落和体量较大的大窑洞，加上居民们饲养的家畜、家禽以及种植的枣树等植物将这里

图6-47 北坡村风貌修复设计表现图（3）

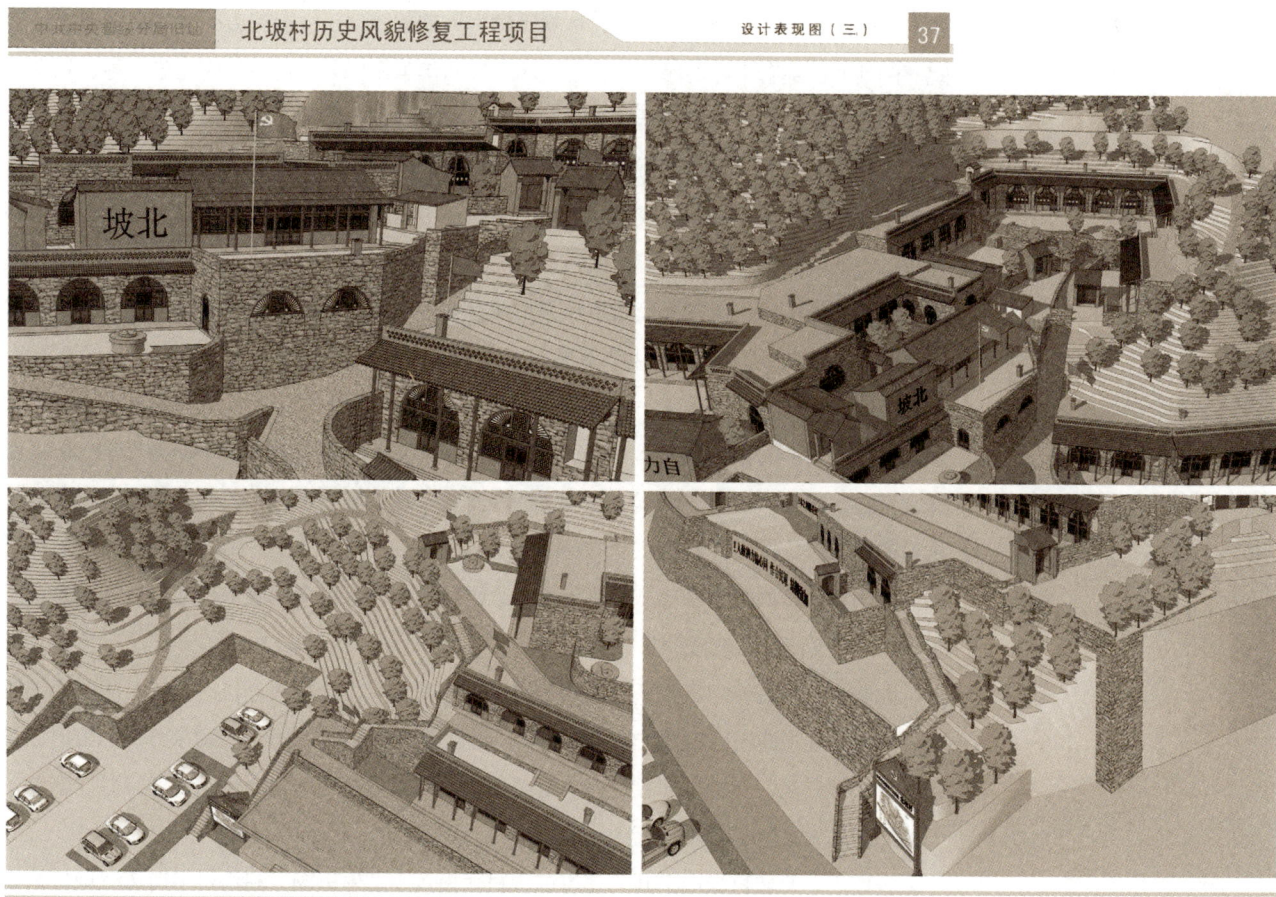

营造出一幅优美的田园景象。既表现了人与自然相互协调、相互依存的关系，又蕴含着军民的斗争智慧和文化内涵，体现了晋西北农耕文化与革命精神的高度结合、独特地域风貌与革命斗争形态的有机融合。

长期以来，分布在兴县的蔡家崖、晋绥革命纪念馆等重点革命历史遗迹、景点虽然进行了一些保护和开发，但是北坡村作为晋绥革命根据地一处重点遗迹，尚未进行科学、合理的保护和开发。蕴涵着的珍贵历史、文化、旅游价值没有进行深度挖掘和有效利用。

### 1. 现状条件分析

北坡村位于山西省吕梁市兴县蔡家崖乡，距兴县县城5km。地处忻黑线与岢大线的交叉口处，交通便捷。同时，紧邻有"小延安"美誉的蔡家崖古村以及晋绥革命纪念馆，形成了一个景观区域，利于景点优势互补，旅游组团发展。

北坡村属于大陆性暖温带季风气候。一年四季分明，雨热同季，季风强盛。冬、春雨少干旱，夏秋雨量较多，年平均地面温度10.9℃，年降雨量435mm，无霜期170d左右。蔚汾河从村南流过，村内地表水系较发达，具有明显的夏雨型和山地型河流特征。

北坡村是一处典型的黄土高原立体交融式的建筑群落。就自然环境而言，村落所靠大山植被稀疏、山体裸露，生态环境和自然景观较差。由于北坡村曾是晋绥革命根据地中共中央晋绥分局机关所在地，这里留有众多的革命历史文化遗迹。但随着时光的流失，一些重要的革命遗址已经坍塌。如，林枫等领导人的故居现已空置荒废，战争时期连接各家院落的地道已经有部分坍塌，出口已被堵塞。当年革命标语、宣传栏已无迹可寻。除了一些破旧的建筑，历史风貌再难寻觅。近年来北坡村的社会经济有了长足发展，许多村民放弃了原来的老窑洞，盖起了新砖房，即使使用中的老院落也由于自然损毁和居民的私搭乱建，使村落的整体风貌改变较大。就目前修缮范围内的建筑情况分析，建筑以靠山式窑洞为主，有的院落已经坍塌损毁，保留下来的老窑洞窑口以及窑面门窗损毁严重，窑顶杂草丛生。原有的照壁、水井等设施也仅仅是残存着一部分，基础设施极不完善。区域内道路以土路为主，狭窄迂曲，路边栏花墙损坏严重，有许多安全隐患。

### 2. 环境景观风貌修复

恢复北坡乡村聚落特色，再现北坡村的革命历史风貌，在保护的基础上进行修复设计，通过景观整治、建筑修复、环境营造等方式重现当年晋绥革命根据地军民团结、全民抗日的革命历史场景，展现生动的晋绥革命历史画卷，打造与太行山八路军纪念馆相对应的吕梁山晋绥革命纪念基地、革命英雄纪念瞻仰基地，红色文化展示基地，红色旅游示范基地，红色爱国主义教育基地。

北坡村的风貌修缮主要从场地和建筑两个方面着手。场地部分包括区域空间的规划设计、旅游景观塑造和历史文化氛围营造以及基础设施建设4个部分。建筑部分从历史遗迹和聚落完整性介入，对相关建筑进行修缮或新建，并对重要的历史文化元素实行原样恢复，同时对相关的安全设施进行整治。

合理规划北坡村场地空间，在村东、村西设置小型停车场，利用村中街边空地打造休闲广场和观景平台，整治村街步道，在村北山坡上开辟环村观景步道。开展革命历史氛围景观营造工程和山体、村庄绿化工程，完善上水、排洪、电力、通信等基础设施。

旅游景观工程，书写标语、恢复照壁、设置革命宣传栏、革命音乐背景等，再现晋绥革命时期历史景观，营造浓郁的革命氛围。形成既符合历史真实性，又具有观赏性的斗争、工作、生活情景。通过文字介绍、图片展示、多媒体情景再现等方式展示晋绥边区历史，布置一些重要战斗、重大事件、重要活动的展示，丰富和延伸景观内涵，展现和提升红色文化特色。在重要领导人和主要机构生活、工作的窑洞内，恢复原有设施，添置仿制家具、器具，再现当时的历史情景。此外，在院中摆放石磨、碾子等农家景观小品，强化北坡村浓郁的晋西北农家风味。利用修缮建筑，在村西设置旅游服务中心，提供旅游接待、售票、导游、旅游纪念品售卖等综合服务。

绿化工程包括山体绿化和村庄绿化，其中最主要部分是山体绿化。选取成活率高、抗性强的树种，绿化北坡村周围的山体，从整体上提升北坡村的生态景观。村庄绿化包括：道路、民居院落、广场、停车场等处。绿化主要选取当地乡土树种，栽植包括3个层次：第一层次以乔木为主，包括松、柏、杨、柳、槐、枣、柿等。第二层次以花灌木为主，包括迎春、连翘、金银木、红瑞木、胶东卫矛、红叶小檗等。第三层次种植草坪、地被植物。形成既有当地特色，又季季有景可赏的绿化景观。

基础设施工程包括：上下水、排洪、电力、通信等基础设施建设。上水可引进自来水；雨水排放可利用自然地势由纵向街道和结合明渠排放；村内接入电力、电讯线路，保证基本的照明及通讯。

3.历史建筑修复设计

对村落建筑风貌进行整治修复，完善聚落形态。重建具有历史价值但已经损毁的建筑。按照整体风貌，修缮原有建筑，并进行厦檐等建筑构件修复和立面整治。拆除影响整体风貌、私搭乱建的建筑。修复大门、照壁、防空洞等，统一替换窑洞门窗，增设室外阶梯、护栏、护坡等。打造具有浓郁革命历史氛围和晋西乡土风味的建筑聚落空间。

具体设计项目：

（1）重建建筑：对于已经损毁但有历史价值的建筑，在实地调研、详细测绘的基础上，按照院落原有建筑格局和风貌进行恢复重建。同时，从村落整体建筑布局的完整性出发，增建若干院落，整体上形成聚落围合关系。

（2）修缮建筑：修缮村落中破损的建筑。按照原有建筑风格，修复厦檐、柱础、廊柱、台阶。顽石是当地建筑窑洞的主要材料，具有耐用、坚固的特点。利用当地丰富的顽石材料修缮窑洞破损立面，并统一勾灰，既可加固窑面，外观上又与村落整体风貌相协调，具有美观性。

（3）拆除建筑：拆除与村落整体风貌不相符合的建筑。如，无序分布的旱厕、破损低矮的牲畜圈以及临时搭建的构筑物等。

（4）大门、照壁：修复、新建大门共13处，其中5处按照当地建筑风貌新建，另外8处按照其原来风貌修复。照壁共有3处，其中2处正对在林枫院和王达成院的大门，另外1处位于新建院中，按照当地建筑风貌设计修建。

（5）窑洞门窗：替换窑洞门窗，窗棂格以当地建筑风格为主，采用多种建构样式。可融入具有革命根据地特色的构图。例如，倾斜呈放射状象征旭日东升的图案，以体现晋绥边区革命根据地的建筑风貌特色。替换的窑洞门窗共102架。

（6）室外阶梯：设置入村阶梯步道，连接村庄和外界道路、停车场等。主要为石砌步道，阶梯步道宽约1.4m，总长约125m。

（7）台地护栏：在村中台地边沿设置护栏，主要使用当地石材，发挥安全防护作用，同时也美化村落整体景观。台地护栏总长约1830m。

（8）护坡：北坡村背靠山体，南沿忻黑线。沿线部分使用当地石材修砌护坡，护坡长约245m，平均宽约8m，总面积为1960m$^2$。

（9）防空洞修复：按照原有路线，疏通、整治防空洞。整治出口、入口，重新修砌内壁，增加支撑结构，保证通风，配备照明系统。还原洞内布置，增设解说系统，打造特色革命人防教育实景地。

（10）旅游标识系统：在周边主要交通干线设置道路指示牌。村内主要街道设置旅游标识、警示标识与安全标识。主要院落中配备完善的解说系统。标识设计风格需与北坡村整体环境相协调。

（11）旅游厕所：按照《旅游厕所质量等级的划分与评定》标准，因地制宜、合理规划厕所位置。旅游厕所内应配备洗手池、墙镜等设施，并加强洗手间维护和管理。

## 三 结语

近年来，在山西省建设文化强省，发展旅游产业，实现转型跨越发展的形势下，北坡村的革命历史价值和旅游文化资源越来越被各级政府和人民群众所认识。省委、省政府也高度重视北坡村的保护和开发。将北坡村建成我省乃至全国的革命传统教育基地和红色旅游胜地，已成为省委、省政府与其所在地党和政府的一项重要工作，也是广大人民群众关注点和期待所在。所以做好北坡村历史风貌的修复设计，工作十分关键，意义非常重要。

# 第四节　乡土景观与乡村旅游规划

## 一　佳县木头峪传统聚落旅游详细规划

木头峪景区位于陕西省榆林市佳县东部木头峪村，距佳县县城20km，隔黄河与山西临县相望。以木头峪古村落为中心，北起寨子上，南至苗老先生碑，东临黄河，西靠山坡至寺沟黑龙庙，景区面积约0.75km²。

### （一）旅游资源分析

古村的空间环境、建筑形态、街巷特色是吸引游客的主要资源。古村坐落在黄河阶地上，村中民居以石窑为主，院落为石窑洞、石围墙，石板铺院。院中有石碾石磨，民居多为四合院，大都以石窑为正，由左右厢房、下院过厅、大门组成。木头峪村是历史文化名村，历史上文人辈出，在清代出过举人3名，秀才多位，以后的文化人不计其数。村中多有"德"的家训，从村民院门所挂的牌匾"尚德者昌"、"德音难忘"、"绩德乃昌"可以看出。村中保留着古树、老祠堂、古牌坊，均具鲜明特色。另外周边还有归云寺、三皇庙、黑龙庙、河神庙、魁星庙等，至今仍香火不断。古村还有丰富民俗风情旅游资源、浓郁的乡土气息及丰富的民俗活动，是游客参观体验的主要内容。

木头峪村是佳县的红枣名村，百亩枣林，即是主要经济作物，又是极好的自然景观。枣花开时，香味弥漫，蜜蜂飞舞，给人视觉和嗅觉上的享受；7～8月份，一望无际的枣林郁郁葱葱，是避暑休闲的理想之地。红枣成熟季节，枣子挂满枝头，累累果实昭示着丰收的喜悦。进入冬季，枣叶落尽后的遒劲枝干，是理想的写生临摹标本，似有梅花枝干之美。与枣林相映成辉的是周边优美的田园生态农田景观，田里主要种植着各式蔬菜，田地不大却异常丰富。在大片枣林下面，也种有红薯、花生等其他作物。寺沟内环境幽静，生态植被良好，有着丰富的奇石资源，鬼斧神工的奇石和岩壁景观具有较强的可观赏性。

黄河秦晋峡谷是黄河旅游中最具魅力的旅游带，木头峪景区可以通过水上交通串联黄河沿岸各景区，远可游黄河百里画廊，近可观对岸杏林庄百米画廊奇观，木头峪老渡口、黄河沙滩和天然的黄河湾也都是景区特色资源。

## （二）规划布局与景观系统规划设计

### 1.规划布局与主题形象设计

规划由沿黄公路轴线，串连寨上古堡景点、木头峪古村民俗文化区、寺沟生态休闲区，形成交通、游览、食宿、娱乐、购物配套、各具特色的功能分区。并依托黄河及其两岸的景观资源，形成完整的黄河风情景观带，突出木头峪黄河老渡口的旅游形象。

以沿黄公路为交通轴，贯穿古村民俗文化区、寺沟生态休闲区和寨上古堡景点。以黄河为纽带形成沿黄风情景观带。总体形成"一轴一带两区一点的'1121'空间布局结构"。

从木头峪古村的地域资源特色出发，规划将"黄河老渡口——中国历史文化名村"作为整个旅游景区的主题形象。

### 2.景观系统规划设计

根据旅游资源特点，近期规划设计重点为：规划建设以木头峪古村为核心的古村民俗文化区，田园生态休闲区和寨上古堡景点。

### （1）古村民俗文化区景观设计

遵循整体规划，突出重点、保护利用并重的原则，将木头峪古村打造成为黄河民俗民居的集中展示地。为游客提供食、宿、游、购以及各种乡土体验。重点在基础设施和环境

图6-48　木头峪区位图

陕西省佳县木头峪传统聚落旅游详细规划　区 位 图 1

陕西省佳县木头峪传统聚落旅游详细规划　**乡土文化资源分析图　2**

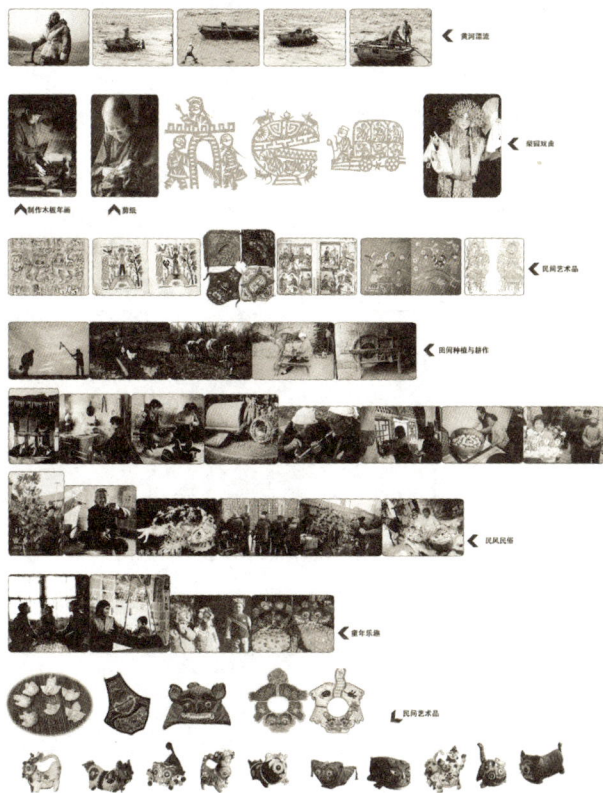

陕西省佳县木头峪传统聚落旅游详细规划　**聚落景区资源分析图　3**

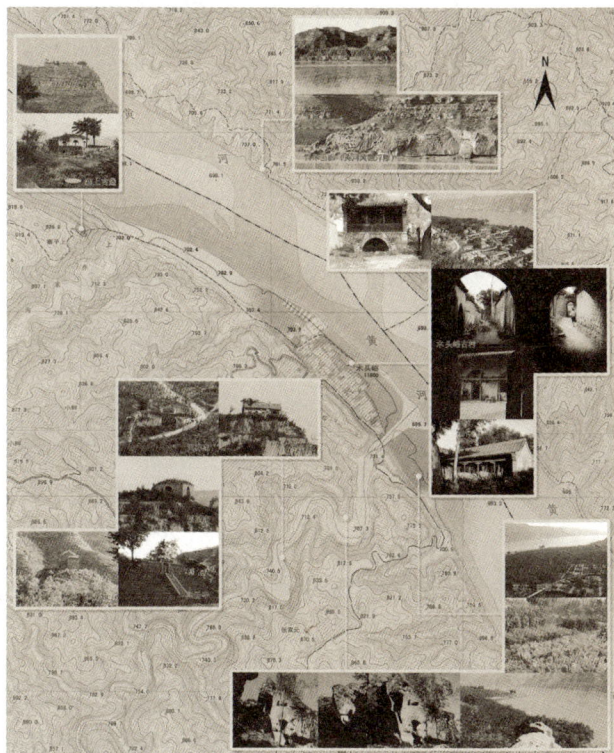

整治，使木头峪成为人们乡村度假、观光的场所。

从乡村文化角度出发，规划建设民俗博物馆，修复村内的牌坊，将老祠堂改建为代表村内三大姓氏的"三姓祠堂"。修缮村中的古庙等乡土文化建筑，着力打造承载古村发展历史的黄河古渡口。开拓建设与旅游活动配套的相关设施项目，主要为浮图广场、商业街、木头峪民俗客栈。在广场附近设计"山乡梨园"，作为游客的游憩、观赏民俗表演的场所。

（2）田园生态休闲区景观设计

打造集农耕文明、佛教文化、黄河游乐于一体，体验自然生态、观赏天然奇石的寺沟休闲旅游区，与木头峪核心区相辅相成。规划充分挖掘沟内古寺、奇石内涵，打造寺沟佛教文化景观。利用农田、枣林规划设计以黄河大水车为标志的田园景观。在黄河湾处建设黄河天然泳场，为游客提供亲水休闲场所。

（3）田园文化景观设计

利用寺沟口大片的枣林和农业蔬菜地资源，开展田园观光采摘。修复原来的水渠等灌溉设施，兴建黄河大水车，将水车、水渠、农田和百亩枣林共同组成一幅农耕文化的田园风光景观图，供游客观赏、游憩。

（4）寺沟佛教文化景观

利用佛教主题将寺沟打造成为集自然景观与乡村佛教文化为一体的生态休闲旅游区。在保护原有生态植被的基础上，以归云寺为核心，对沟内环境进行系统整治。

| 6-49 | 6-50 |

图6-49　木头峪乡土文化资源分析图

图6-50　木头峪聚落景区资源分析图

（5）寨上古堡景观设计

依据景区总体规划思想，以保护和利用并重为原则，将寨上古堡打造成为领略秦晋峡谷风情的观景点。规划铺设登山步道，修复建筑设施，设置观景台，配备相应的旅游服务型项目。如：茶社、摄影店、工艺美术部等，使古堡成为一处游客观光、游憩的场所。

## （三）旅游产品开发

### 1. 黄河古村民俗旅游区

### （1）古村休闲游

黄河老渡口，陕北古民居，让游客体味到黄河古村的历史与沧桑。古色古香的窑洞民居、环洞相套的街巷，让人体味到黄河小村别样风情。"山乡梨园"定时上演文艺表演和节庆活动，为游客感受黄河风情和当地民俗特色提供很好的机会。黄河民俗博物馆，陈列展示黄河、古村民俗文化的图片和展览品，提供让游客全面了解黄河古村文化的场所。富有浓郁乡情的农家小院，可以让游客全方位融入古村，达到吃、住、行、游、购全方位的

图6-51 木头峪聚落核心区现状图
图6-52 木头峪规划总平面图

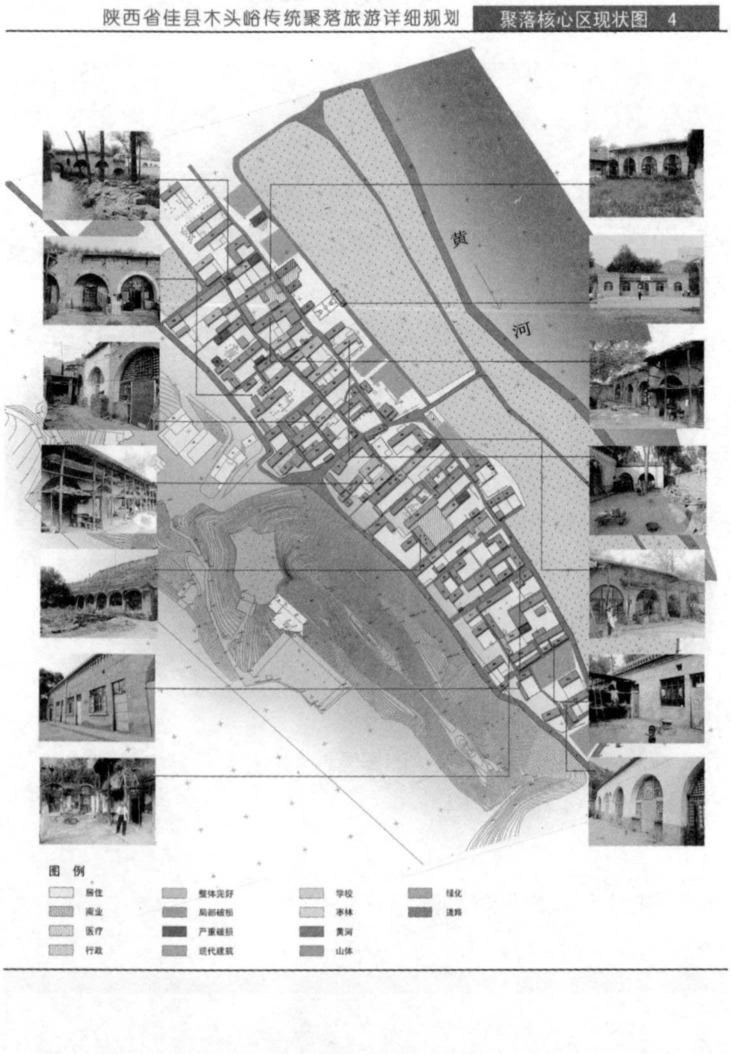

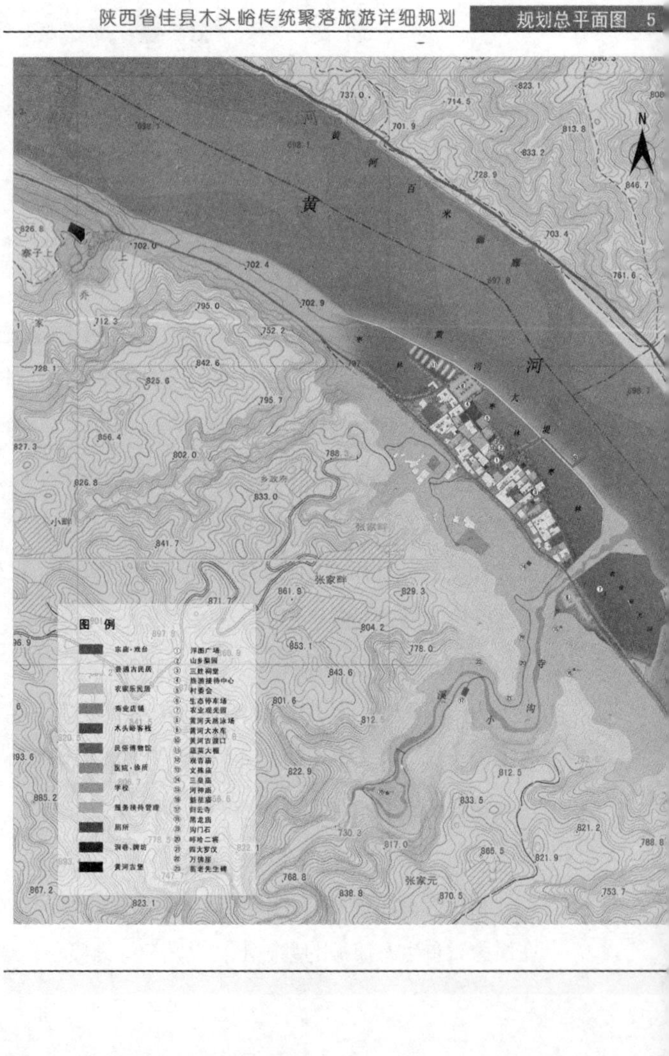

陕西省佳县木头峪传统聚落旅游详细规划 聚落核心区现状图 4

陕西省佳县木头峪传统聚落旅游详细规划 规划总平面图 5

图6-53　木头峪核心区规划平面图

满足。

（2）古村农家游

品农家情趣，赏乡土小院。木头峪的农家乐走"一户一特"或"一户一品"发展模式。游客通过吃农家饭菜，住农家小院，品农家情趣来体验黄河枣乡的别样风情。

（3）节庆民俗游

听山乡梨园，舞社火秧歌。结合木头峪春节前后的各种民俗活动，开展节日民俗游。与当地民俗节日相呼应，打造一些特定的民俗仪式和节庆活动。主要节日有：清明节、三月三、四月八、六月六、七月十五、八月十五、九月九等。

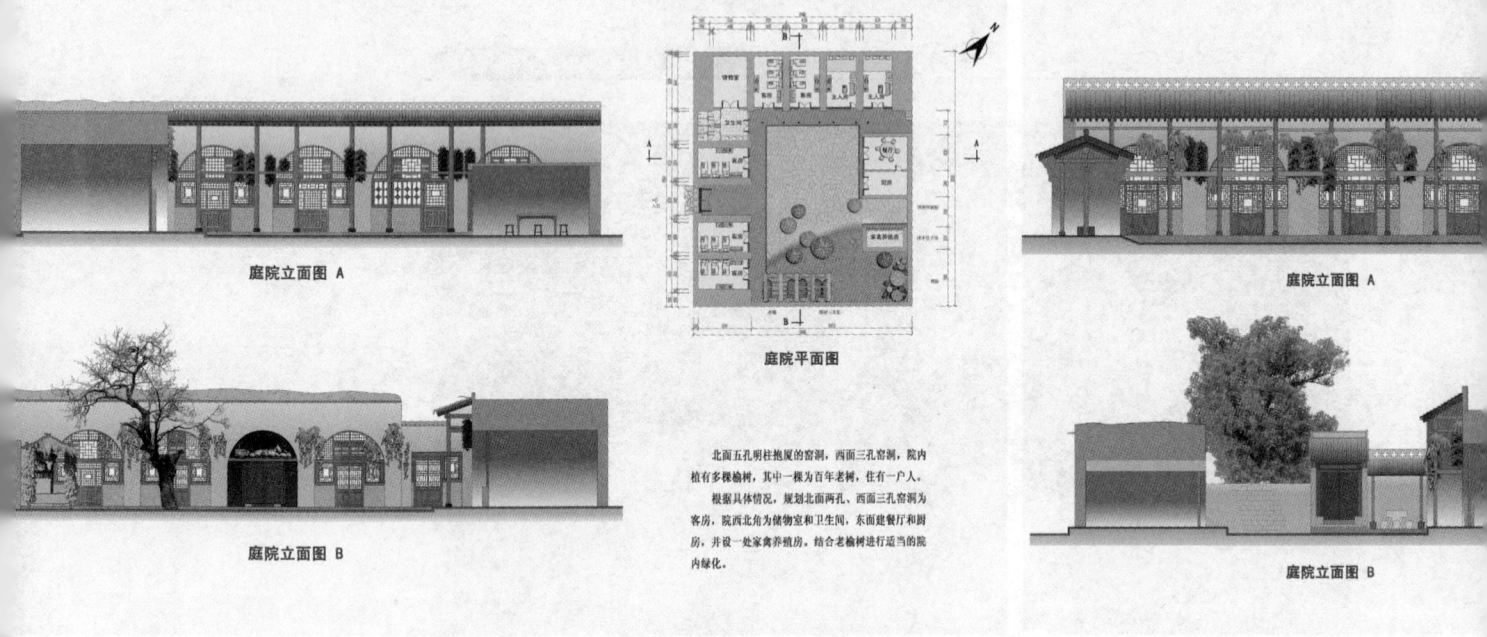

庭院立面图 A

庭院立面图 B

庭院平面图

北面五孔明柱抱厦的窑洞，西面三孔窑洞，院
内植有多棵榆树，其中一棵为百年老树，住有一户人。
根据具体情况，规划北面两孔、西面三孔窑洞为
客房，院西北角为储物室和卫生间，东面建餐厅和厨
房，并设一处家禽养殖房，结合老榆树进行适当的院
内绿化。

庭院立面图 A

庭院立面图 B

| 6-54 | 6-55 | 6-56 |

图6-54　木头峪庭院景观设计
　　　　图1
图6-55　木头峪庭院景观设计
　　　　图2
图6-56　木头峪庭院景观设计
　　　　图3

**2. 田园生态休闲游区**

（1）红枣特色游

游枣园风景，摘红枣鲜果。中秋节前后，正值红枣成熟，充分展示佳县"红枣名村"特
色，举办定期的红枣节，游客在这里可以观赏枣节美景，了解红枣文化，体味枣乡风情。

（2）田园观光游

踏田间小径，观黄河水车，大片的农田菜地、枣林可以让游客欣赏到怡人田园风光，
同时可进行田园果蔬采摘。

（3）寺沟胜境游

归云佛寺沟，瑰丽现奇石。寺沟因归云寺得名，沟内外有大片枣林和田地，生态植被
良好，幽静的环境缔造了"结庐在人境，而无车马喧"的胜境。寺沟内的寺庙群，让游客
领略到浓郁的乡村宗教文化景观。最为瑰丽的当属寺沟内的奇石，大自然的鬼斧神工让整
条寺沟奇石林立，展现了丰富瑰丽的奇石景观。

（4）黄河风情游

戏水漂游黄河，休闲日浴沙滩。黄河泳场，为游客提供一个与黄河亲近的机会。黄河
漂流既可以体验黄河的惊险，沿河还可以观赏寨上古堡远景、黄河百米画廊、黄河古渡以
及沿黄河的百亩枣林、黄河天然泳场、黄河大水车等峡谷风光。

泳场沙滩可以为游客提供一个进行日光浴和沙浴沙疗的场所。让游客在此可以尽情体
会黄河情怀。

**3. 寨上古堡观光**

登高远眺黄河，上堡品味山茶。寨上古堡作为位置绝佳的远眺黄河、欣赏黄河峡谷风光
的观景台。"山下是红枣，寨上有酸枣"，还可开辟一处以酸枣为主题的休闲项目，开发酸枣

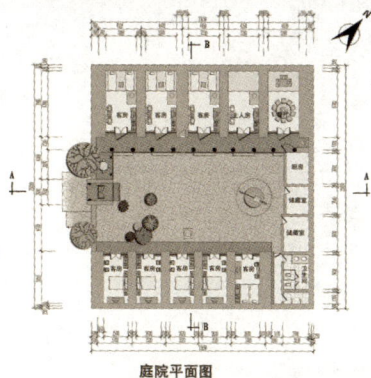

農家庭院景观设计2

陕西省佳县木头峪传统聚落旅游详细规划

農家庭院景观设计3

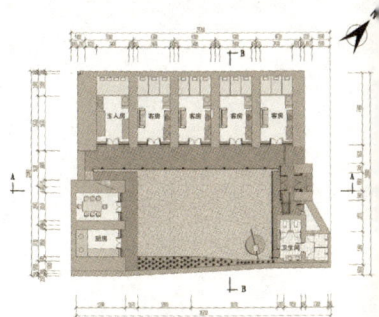

庭院平面图

庭院立面图 A

庭院立面图 B

北面五孔明柱抱厦的窑洞，南面五孔小窑洞，东面一排简易的棚房。住有两户三口人，院中有磨、马房等。

根据其具体情况，规划北面三孔、南面五孔窑洞作为客房，北面东侧窑洞作为餐厅，将东面棚房改建为厨房、储藏室和卫生洗浴空间。

庭院平面图

北面五孔明柱抱厦老窑洞，其余建筑均已破损，住有临时户。

根据实际情况，规划北面四间客房，西面设单独的厨房、餐厅，东南角配有单独的卫生间洗浴空间。院内适当设计碾子等庭院景观。

茶、酸枣酒、酸枣果干等。酸枣核可制作旅游工艺品，古堡里设置茶社等一系列服务性项目。

### （四）旅游营销规划

（1）通过旅游管理部门，将木头峪纳入到榆林市以及陕西省的总体旅游营销系统中。

（2）利用各种节庆活动，宣传木头峪的旅游产品。如"红枣节"、"春节民俗游"等。

（3）景区管理部门与旅行社、各大美术及旅游院校合作开拓木头峪旅游市场。

（4）建立木头峪旅游网站，并与政府网站建立连接，采取多种网络营销的手段进行营销。

陕西省佳县木头峪传统聚落旅游详细规划

農家庭院景观设计4

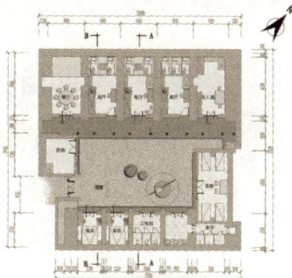

庭院平面图

庭院立面图 A

庭院立面图 B

北面有五孔明柱抱厦老窑洞，南面有两孔小窑洞，西面和东面为旧式平房。院中有枣树、碾子、老磨坊、平车等。现住有一户四口人。

根据实际情况，规划北面三孔、南面两孔窑洞以及东面的平房为客房，西面设厨房，院东南角为卫生洗浴空间。

图6-57 木头峪庭院景观设计图4

陕西省佳县木头峪传统聚落旅游详细规划　　农家庭院景观设计5

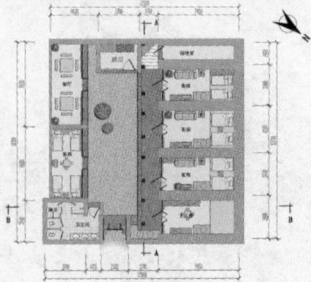

庭院平面图

庭院立面图A

庭院立面图B

北面有两孔明柱抱厦老窑洞，西面建筑破损，院门为复式老门，院中无人居住，有杏树、碾子。

根据实际情况，规划将北部三间、南面一间设为客房，西面设置厨房，西南角设餐厅，东南角为卫生洗浴空间。

陕西省佳县木头峪传统聚落旅游详细规划　　农家庭院景观设计6

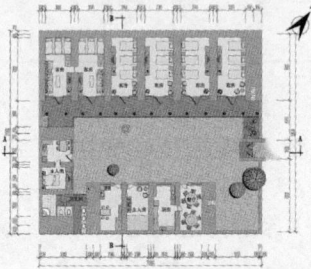

庭院平面图

庭院立面图A

庭院立面图B

北面有六孔明柱抱厦老窑洞，部分窑洞的白灰已经脱落，西面有两孔窑洞，东面大门旁有一孔砖窑，南面有四间平房，现住有两户，三口人，院中有水窖，植有榆树、杏树、枣树。

规划将北面六孔窑洞全部改为客房，南面设餐厅、厨房和卫生间，对庭院进行适当的绿化整治。

陕西省佳县木头峪传统聚落旅游详细规划　　农家庭院景观设计7

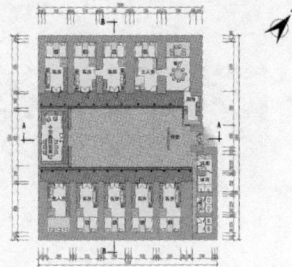

庭院平面图

庭院立面图A

庭院立面图B

院子南、北面有十孔窑洞，均为明柱抱厦老窑洞，西面有一老瓦房，建筑质量良好，东南面建两平房，现有白色瓷砖，现住有两户，三口人。

根据实际情况，规划南北窑洞共七间客房，西面的瓦房改建小型多功能室，北面窑洞旁设一个餐厅，东面平房为厨房，在大门南侧建独立的卫生间和洗浴空间，对院内空间进行整治，修一围墙。

6-58
6-59
6-60

图6-58　木头峪庭院景观设计
　　　　图5
图6-59　木头峪庭院景观设计
　　　　图6
图6-60　木头峪庭院景观设计
　　　　图7

陕西省佳县木头峪传统聚落旅游详细规划 ▌ 农家庭院景观设计8

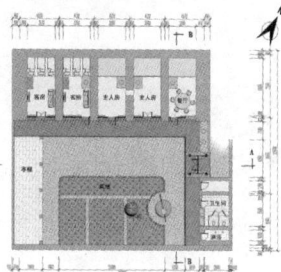

庭院立面图 A

庭院立面图 B

庭院平面图

　　北面五孔窑洞，窑面周围白灰泥出，门窗完好，干净整洁，现住一户人。院子空间较大，有碾子、枣树、菜地，大门上有"文魁"的牌匾。

　　根据实际情况，规划西面两孔窑洞为客房，最东一孔窑洞设餐厅，院东南角设单独的卫生间洗漱间，院子西面建枣棚，利用现有的菜地、树木、碾子设计庭院景观。

陕西省佳县木头峪传统聚落旅游详细规划 ▌ 农家庭院景观设计9

庭院立面图 A

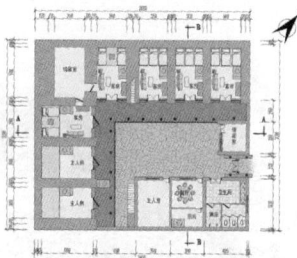

庭院立面图 B

庭院平面图

　　北面和西面共有八孔明柱抱厦老窑洞，质量较好。展檐下放有多个枣笆和其他生产用具，东图为瓦房和田式大门，上有精美的砖雕、木刻，配有"怀德居"牌匾，东面是新建的砖房，上面建有枣棚，现住两户六口人。院中有马鞍、马凳、马槽、磨盘等物件。

　　根据实际情况，规划五孔老窑洞为客房，新建砖房设一个餐厅和单独的厨房、卫生间和洗漱间，东面的瓦房作为储藏室。

陕西省佳县木头峪传统聚落旅游详细规划 ▌ 农家庭院景观设计10

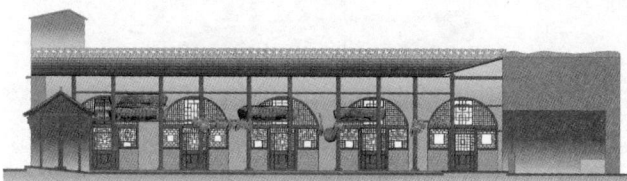

庭院立面图 A

　　东面和北面均为明柱抱厦老窑洞，共八孔。窑面白灰部分脱落，院中有较多杂物，南面有四间门面房，西面大门旁有一平房，现住老两口，院中有榆树。

　　根据实际情况，规划将南面四间平房和一孔邻广场的窑洞作为商铺，北面窑洞设西向客房，一个餐厅，东面窑洞除一间商铺外，其他窑洞改做厨房、卫生间和洗漱间，保留院中的榆树，并适当绿化。

庭院立面图 B

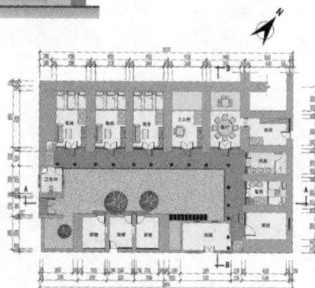

庭院平面图

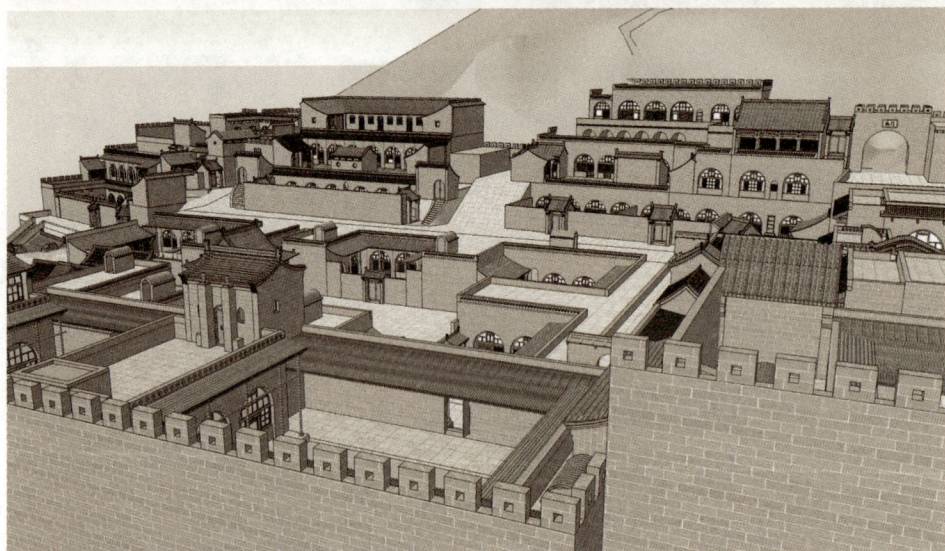

图6-64　杜家山庭院景观设计
　　　　图1
图6-65　杜家山庭院景观设计
　　　　图2
图6-66　杜家山庭院景观设计
　　　　图3

## 二 吕梁市离石区杜家山旅游度假景区规划

《北京宪章》指出："文化是历史的积淀，它存在于建筑间，融汇在生活里，对城市的营造和市民的行为起着潜移默化的影响，是城市和建筑的灵魂。"然而，在城市化进程中的当代中国，各地建筑的同质化现象越来越严重，从而导致各地的建筑失去了自己的灵魂。事实上，这种"失魂现象"不仅体现在城市建筑中，而且还突出的表现在当下的旅游开发与景观设计之中。目前，各地出现的大量趋于同化的景点景区便是"失魂现象"的最好说明。当然，这与追求现实的经济效益以及盲目崇拜现代元素有一定的关系，但更重要的是缺乏对民族地域文化的挖掘与展现。因此，如何在旅游规划中避免同质化，实现现代化，保持多元化，便成为我们所面临的一项重要课题。

在杜家山景区规划中，我们对这一问题进行了积极的探索。根据杜家山地区的文化背景及资源特点，我们设计了融现代性与地方性于一体的安国堡会议度假区。在这里我们采取了寓现代元素融于传统意象的方式，力求实现传统民居意象与现代度假功能的链接，为游客提供一个集观光、旅游、度假、会议办公于一体的具有"原真性"的生活体验空间。

### （一）杜家山概况

杜家山区为安国寺景区片区，地处吕梁市离石区交口镇杜家山村，位于安国寺景区西侧，距安国寺约0.73km，规划面积约0.22km²。杜家山村的村落景观属于黄土高原原生生态景观，现在保存较为完好，具有较高的乡村旅游价值。由于村内荒地较多，因此发展旅游基本不会占用原有耕地。同时，周边村落赋闲在家的农民，也为旅游发展提供了劳动力资源保障。

另外，由于目前吕梁市区及周边旅游景点开发仍较少，所以就使得本景区开发具有了重要的现实意义。同时，这种现状也为杜家山旅游业未来的发展提供了广阔的市场。

### （二）杜家山景区设计思路及总体布局

#### 1.设计思路

本规划为《安国寺景区旅游总体规划》的子项目，目的是要在《安国寺景区旅游总体规划》的框架下，对杜家山片区旅游做出详细规划说明。

在《安国寺景区旅游总体规划》中，杜家山承担着整个景区的服务功能，规划将主要朝餐饮住宿、休闲娱乐方向发展。据此设计了杜家山游客服务中心、安国堡会议度假区建设项目。同时，根据杜家山村保存完好、极具原真性和典型性的黄土高原村落风貌，设计了雨水灌溉农业技术示范区、传统手工艺作坊等项目。为游客提供乡村文化生活体验的空间，使规划在总体上实现了社会效益、生态效益、经济效益的结合。

## 2.总体布局

根据杜家山片区各方面的基本情况，将其空间格局规划打造为"一轴、一心、三区"："一轴"为"文化景观轴线"，即杜家山区通往安国寺的公路干线，作为区内旅游发展主动脉，"一轴"将"一心"与"三区"有机串联起来。"一心"是杜家山游客服务中心，为安国寺总景区主要的停车、导向、休憩服务接待地。"三区"指杜家山片区的3个功能区，即安国堡会议度假区、杜家山乡村文化体验区和雨水灌溉农业技术示范区。其中，安国堡会议度假区是我们的一个重点打造对象。在这里我们将晋陕典型民居院落集于一处，构成参差错落、宏伟开阔的建筑景观，集观光、游览、住宿、会议、休闲度假为一体，兼具景观性和功能性。

## （三）安国堡会议度假区景观设计

### 1.规划设计思路

晋、陕两地散落着诸多具有代表性的黄土高原民居建筑，蕴含着人们无穷的生存智慧和朴素的审美风格。随着经济的发展，劳动力向城市的转移，很多院落已无人居住，损毁

图6-67 离石杜家山区位图

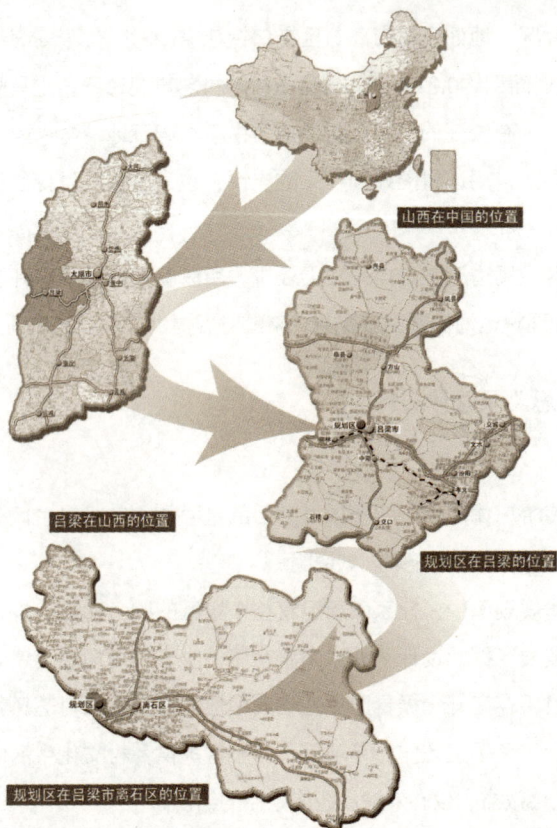

山西吕梁市离石区杜家山度假区景观规划　　　区 位 图 1

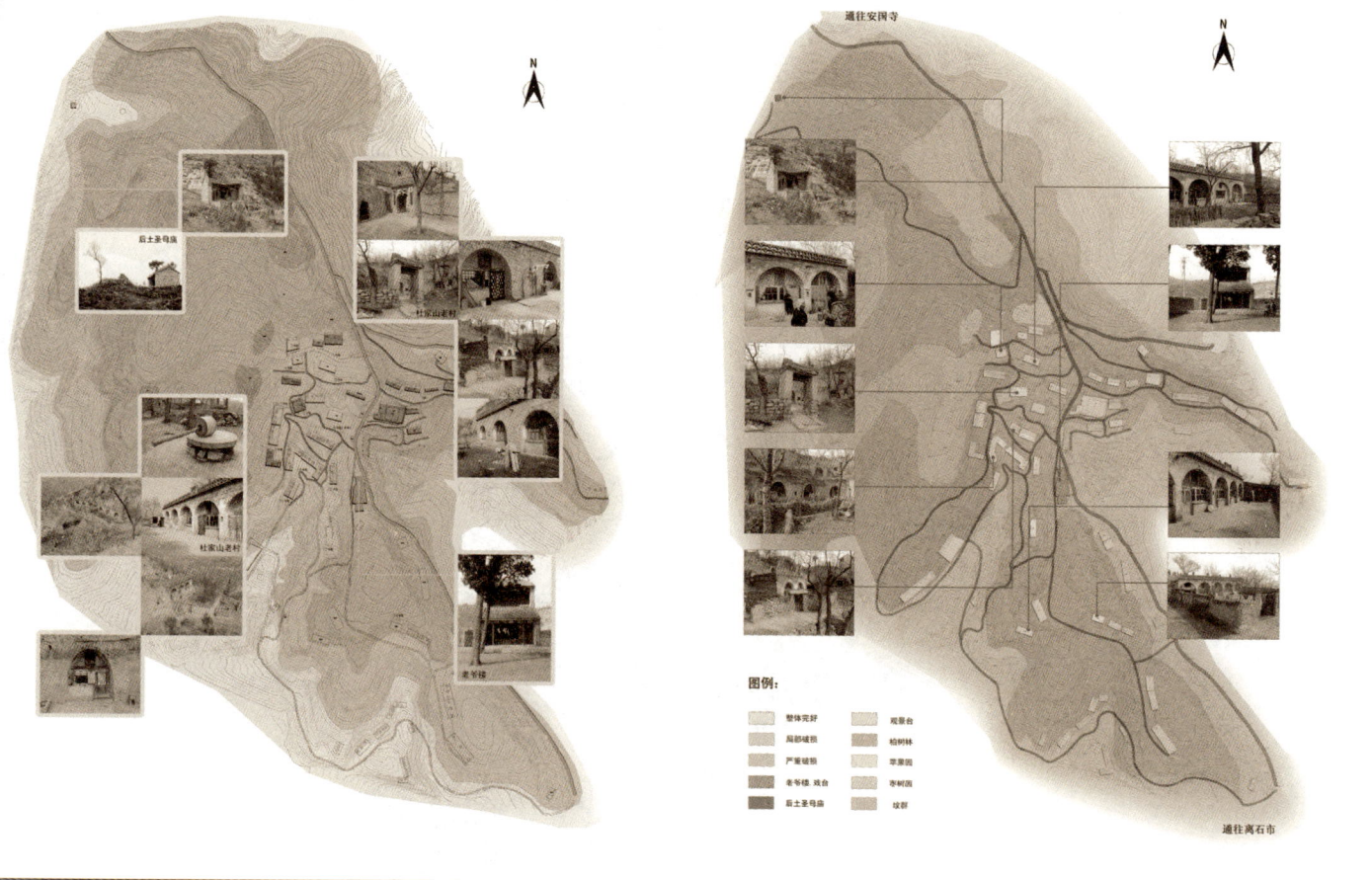

山西吕梁市离石区杜家山度假区景观规划　资源分析图 3　　　山西吕梁市离石区杜家山度假区景观规划　现状分析图 2

严重，现状令人担忧。因此，如何采取有效的措施，保护这些珍贵的文化遗产已经引起了众多专家学者的关注。在详细调查这些民居的建筑规制、风格、布局特色及其装饰细节的基础上，我们具有开创性地提出了将这些院落集中保护的方案，以此为基础对其进行合理的开发利用。具体而言，即在杜家山兴建晋陕大院景观，保护其外部景观特征，同时利用其内部空间，辅之以现代化设施，将其打造成具有浓郁地域特色的会议度假休闲酒店，从而实现保护与利用的双赢。

### 2. 原型建筑景观分析

晋陕地区的民居建筑，在景观特征方面有许多共通之处，同时又有很大的差异。总体来说，它显示出了一种东西方双向融合的历史演替进程，这是历史发展与文化交流双重作用的结果。沿着这条历史演替的线索，在深入细致的剖析了晋陕地区各院落的特征及价值的基础上，我们精心遴选了以下12座院落，作为我们安国堡景区的建筑原型：陕北米脂县高庙山常氏庄园、山西省方山县城峪口镇张家塔赵家大院、山西临县碛口镇西湾村的一处四合院、山西临县碛口镇高家坪村的成氏大宅、山西临县碛口镇高家坪村的成氏二宅、山西临县招贤镇工农庄村的杨家大院、山西临县招贤镇工农庄村的三叠院、山西临县碛口镇孙家沟的王恩润宅院、山西碛口镇寨子山村的陈家大院、山西碛口镇的李家山新窑院、山

6-68 | 6-69

图6-68　离石杜家山现状分析图
图6-69　离石杜家山资源分析图

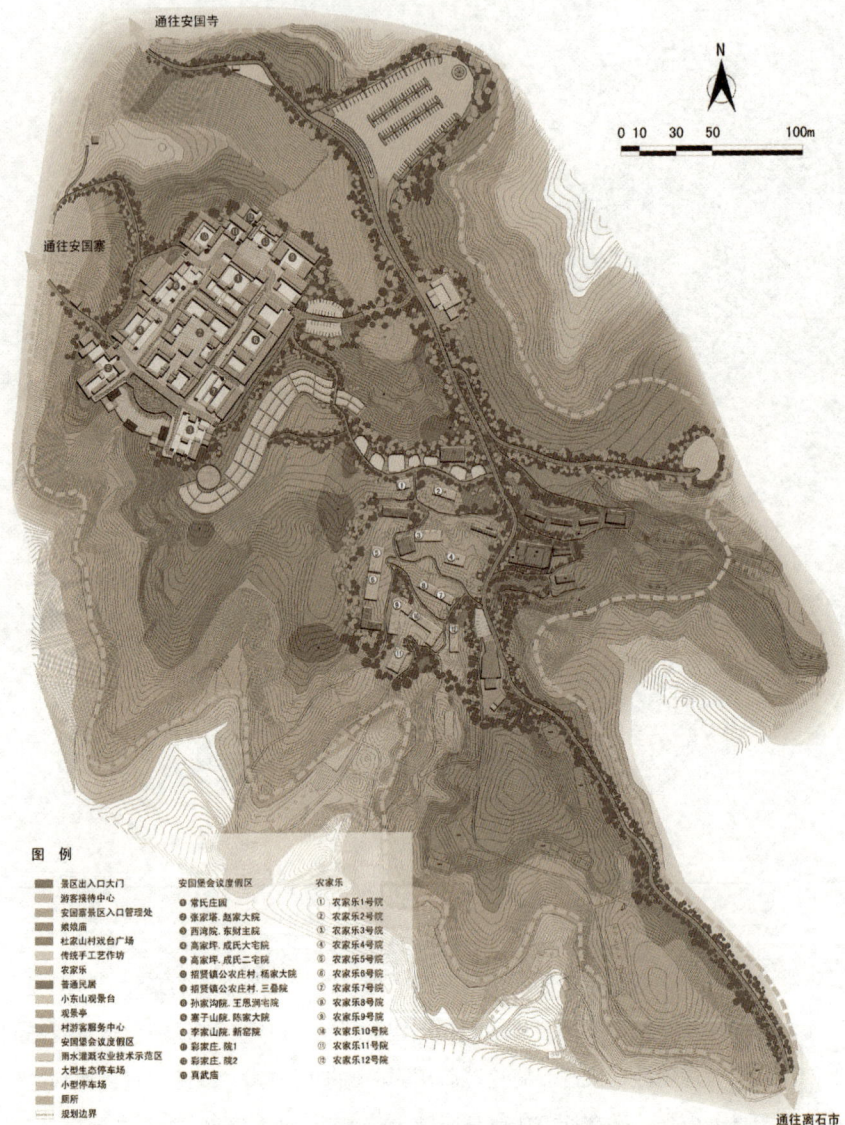

山西吕梁市离石区杜家山度假区景观规划　　规划总平面图　4

图6-70　离石杜家山规划总平
　　　　面图

西离石彩家庄下街的一处四合院、山西离石彩家庄的另一处大院。

　　这12座院落是黄土高原传统民居建筑的典型代表，它们既体现出了晋陕传统民居的地域特征，同时又蕴含着丰富的历史文化内涵。我们将原本分处于各地的院落聚集在一处，这不仅形成了一道奇特的黄土高原晋陕大院景观，而且还为来此休闲度假的游客打造了一个具有原真性的生活体验空间。在此我们以下面几个院落为例，来分析介绍一下这12座院落原型：

　　1号院落的原型是陕北米脂县高庙山常氏庄园。常氏庄园建于清光绪三十四年至民国初年，由常维兴和其子常彦丞先后修建而成。其院落坐北朝南，依地形分布，格局为上、下两套长形标准的窑洞四合院，为典型的"明五暗四六厢窑倒座四围窑"结构。这种结构在陕北窑洞四合院中具有很强的代表性。这座典型的清代庄园，代表着当时的历史文化，彰显着附着其上的封建传统礼仪。

　　3号院落的原型是山西临县碛口镇西湾村的一处四合院，清乾隆年间开始修建，由陈氏家族所建。坐北朝南，由东、西两组并列建筑群组成。每组都有四进院落，院落每进一层，便随山势升高一层。院内除了供居住的房屋外，还有厅房（也称花厅）、练武房、碾房院和客房院等。这组大宅占地面积大，建造质量高，有11号院落的原型是山西离石彩家庄下街的一处四合院。该院三面为窑洞，一面是卷棚顶的房屋，马厩、豆腐坊、神龛各得其所，最大的特色在于它有一完备的雨水收集系统。硬化的平房屋顶担负着收集雨水的重任，屋顶有集水口，院里有旱窖，雨水从屋顶流下来注入院内的旱窖中，形成了一个独特的雨水收集系统，窖内撒白灰消毒，这便是日常生活所有用水的来源。这可以说是当地一大特色，在其他地方很少见到。直至今日，彩家庄仍然保留着这样的取水方式。

6-71 | 6-72

**图6-71**　离石杜家山规划结构图
**图6-72**　离石杜家山道路系统规划图

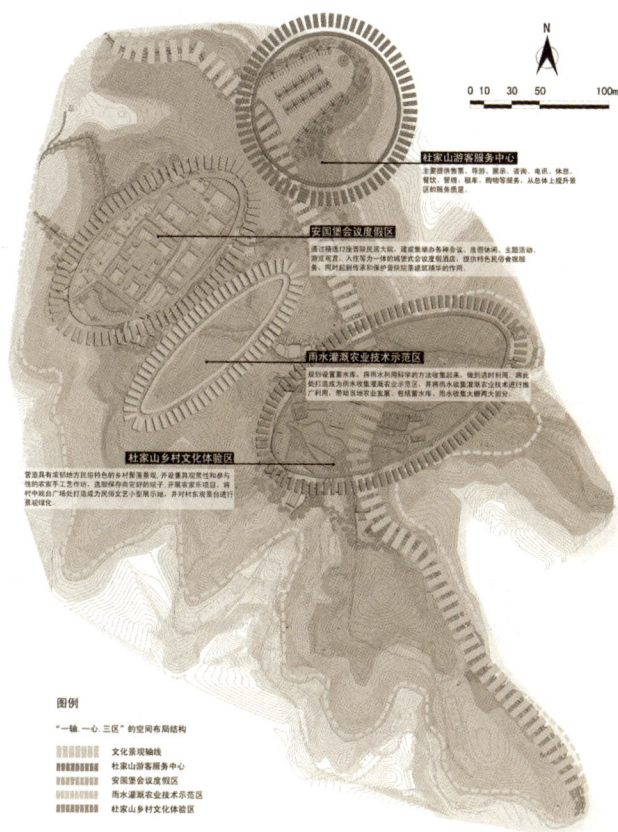

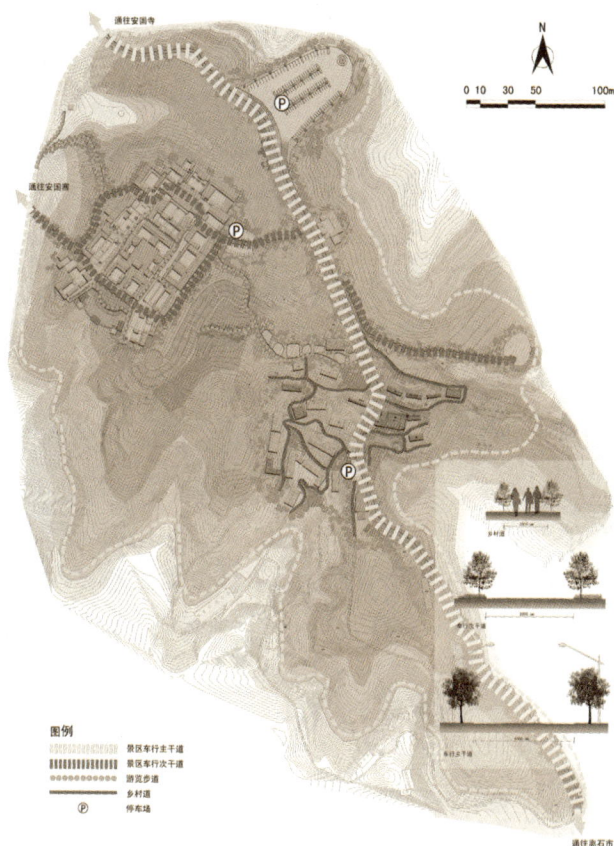

山西吕梁市离石区杜家山度假区景观规划　　规划结构图　5

山西吕梁市离石区杜家山度假区景观规划　　道路系统规划图　6

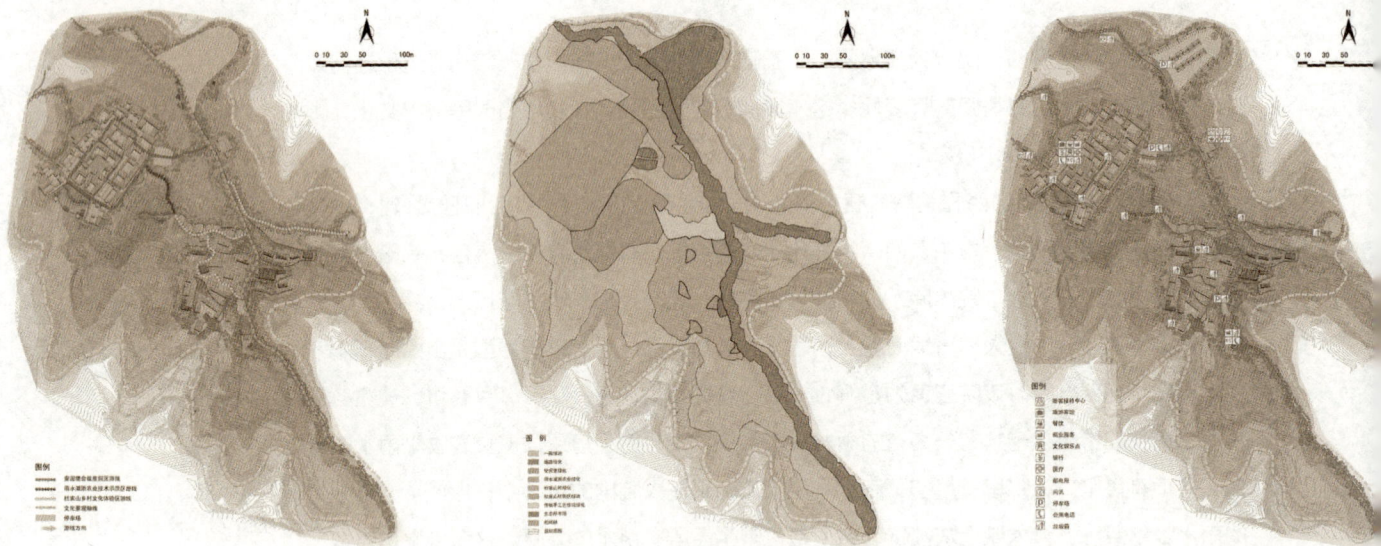

## （四）安国堡会议度假区总体景观设计

规划建于杜家山村西北一条黄土沟谷中，占地约21960m²，建筑面积约16970m²，共有257孔窑洞、62间瓦房、1处庙宇、1座戏台、1处人造水景。因邻近安国寺，故将其命名为安国堡。安国堡依据黄土高原民居建筑规制、形态以及12个院落不同特色，力求合理布局，形成一个层叠错落、民俗味道浓厚、富载黄土高原民居特色的建筑群落景观，并将建筑外墙作为堡墙，围合建筑群，形成完整的民居建筑城堡。

### 1. 整体布局

安国堡整体布局呈"鼎"字形，寓意鼎盛千秋；三面围合，南面设有瀑布、假山、水池以及活动观景平台，呈开放式，迎接四方来客。各个建筑单体本身分为若干错落叠置的小型院落，整个堡子共分6层，层层逐次提升，在空间上呈现出高低错落的宏观景象。沿中轴线从东南至西北依次为真武庙、一号院落、戏台、"器"字形二号大院、洗砚池，由高到低，呈现出不规则的对称。安国堡设有4道堡门，分别位于安国堡东南、西北两侧，可分别命名为定安门、昌盛门、崇德门、兴晋门。堡内正对各大门处，设置风格不一的砖雕照壁。

设计将立体性较强的三叠院、四叠院以及呈长方形状的四合院置于周边，高高的叠院院墙即可作为堡墙，其具体分布为：4号院、5号院、6号院、10号院由西南到东北依次排布在安国堡的西侧，3号院、7号院、8号院置于安国堡的东侧，一进院落的11号院、12号院、真武庙以及两进院落9号院分布在安国堡北侧。下沉式院落2号院和有上、下两套四合院的1号院置于安国堡的中间，整体形成北高而南低、周边高而中间低的闭合结构。

### 2. 街巷设计

安国堡三面环山，堡内最高点与最低点相差17m，内部交通以巷道为主，错落的巷道由台阶或缓坡相衔接。主体建筑及街巷沿中轴线从高到低，对称分布。规划堡内设多个层次立体式空间道路系统，使各个大院以及邻院内部空间互通。在两个巷道相连处，设置牌坊，上书宣扬孝悌、忠义等内容的题字。牌坊要求置放错落有致，打造出不同角度的景观视域点。

安国堡周边建筑主要为三层或四层叠院，堡中心为单层建筑，以2号院为主。2号院的屋顶上是路，路边修有护栏。走在安国堡中心的街巷里，向下可看到规整的2号院院落空间，向上可观赏叠置的层层建筑，向左、向右可看到颇具特色的各式大门、照壁以及精美的砖雕石刻，堡内景观颇为丰富。

### 3. 内部装饰

以原汁原味的大院建筑文化为装饰基调。其门楼、照壁、瓦檐、砖雕、厦檐、碾子、磨以及马槽、栓马石等仿造原样装饰，保持大院建筑的原汁原味。另外，院内可适当挂大红灯笼、贴上窗花以及置放适当的水缸、绿植等，既美化庭院景观，也美化安国堡整体景观。

杜家山安国堡会议度假区兴建的黄土高原晋陕大院景观，打造了别具一格的城堡式度假休闲酒店，实现了对传统民居大院的充分利用，并达到了对其永久性保存的目的。在挖

| 6-76 | 6-77 |

图6-76 离石杜家山民俗节庆活动示意图
图6-77 离石杜家山传统作坊景观示意图

山西吕梁市离石区杜家山度假区景观规划　民俗节庆活动示意图　14

安国堡具有民居建筑的美感，更有浓浓的中国味，对展现传统民俗类节日、活动具有独特的优势。可在端午、中秋节、元宵节等时令节日，旅游旺季举办各色节日、文化活动、会展、参与性大赛等为主题活动，活动期间堡内装饰要突出特色主题。同时可开展各种小型游客参与性较高的活动，提高对游客的吸引力，其经营模式可以与电视台、礼品制作厂商、歌舞剧院等共同举办。

山西吕梁市离石区杜家山度假区景观规划　传统作坊景观示意图　15

传统手工艺作坊：
① 豆腐坊
② 醋坊
③ 磨.碾坊
④ 布.染坊
⑤ 油坊
⑥ 酿酒坊
⑦ 铁.铜匠坊

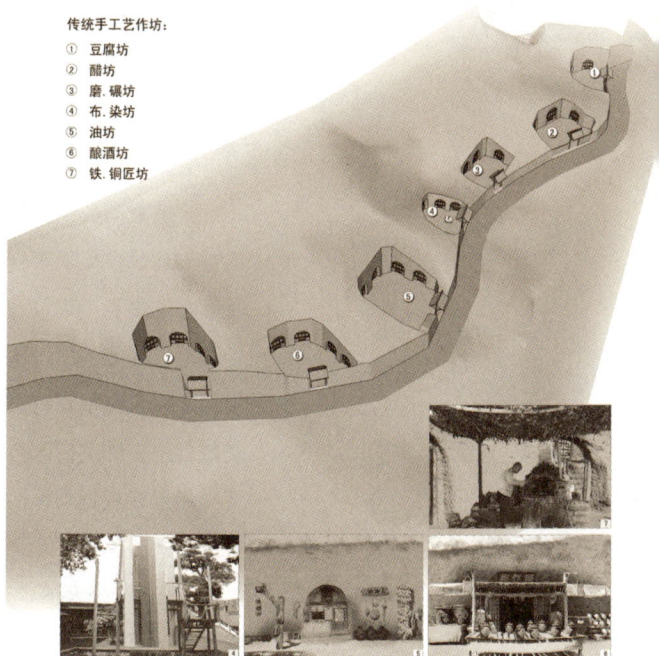

安国堡原型建筑景观示意图

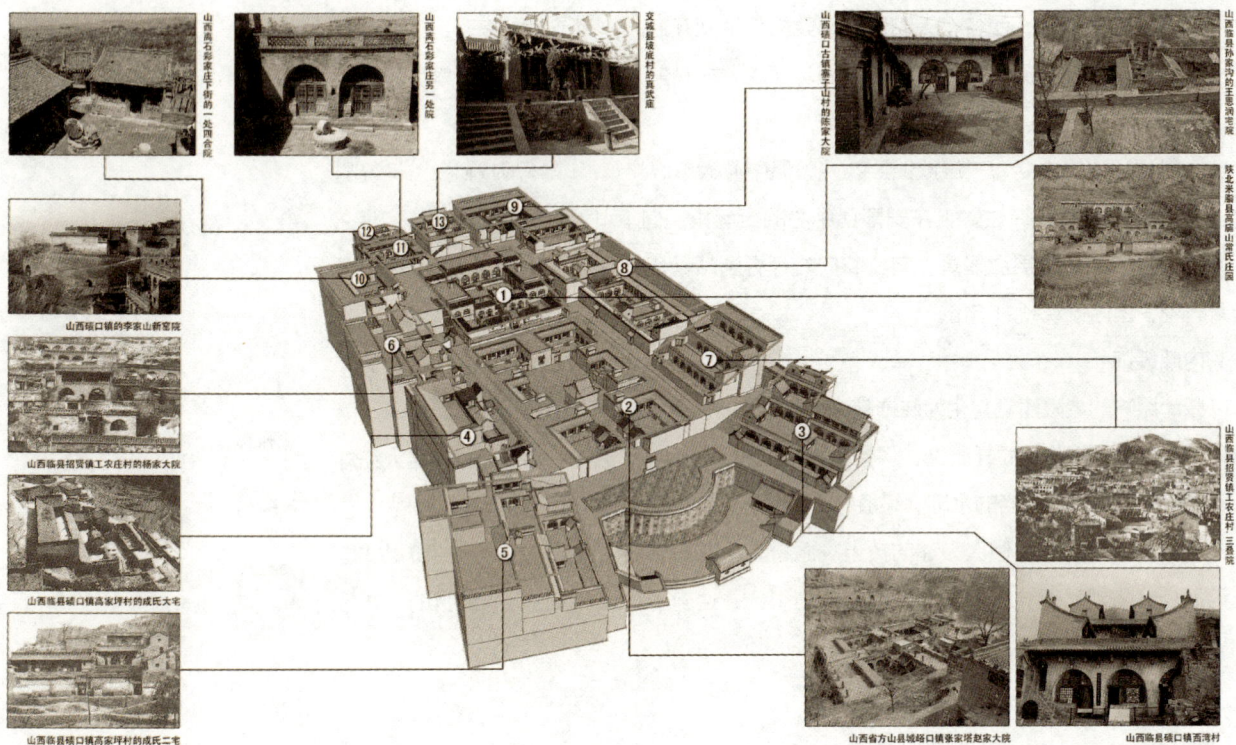

图6-78 离石杜家山安国堡原型
建筑景观示意图

掘与展现地域文化特色的基础上，实现了杜家山旅游业的长期发展，同时也完成了杜家山的文化传承。走进杜家山，我们受感染于传统民居意象的独特魅力；走进杜家山，我们受熏陶于晋陕文化的深厚底蕴；走进杜家山我们流连于淳朴的民俗风情，徜徉在清幽的石阶小巷，乐而忘返，醉不思归……

## 本章小结

传统聚落乡土文化景观是一笔无尽的宝藏，它以各种各样的方式反映着人们对生命的热爱与理解，反映着一个地域、一个民族最根本的文化基因。这些非物质形态的景观与物质形态的景观（建筑、装饰、雕塑等）共同构成了乡土景观的内容。将它们互相联系，互相印证，才能够真正认识一个地区的文化内涵。这无论对于乡村旅游发展，还是对于民族文化建设无疑都具有重要意义。本章以景观基因"胞—链—形"理论为基础，探讨了山西交城县东关历史街区传统聚落乡土文化景观保护与风貌恢复、陕西佳县木头峪传统聚落乡土文化景观规划与保护、晋陕黄河大峡谷山西沿岸传统聚落乡土民俗文化景观保护与开发等传统聚落乡土文化景观及其开发问题。

（1）传统聚落丰富的地域文化及乡情民俗构成了传统聚落乡土文化旅游景观的主要内容。按照传统聚落的区域范围，可以将传统聚落乡土文化旅游景观划分为3个层次：宏观——景观基因形，中观——景观基因链，微观——景观基因胞。

（2）传统聚落乡土文化景观的基本要素包括建筑环境景观要素、农耕文化生存景观要素和非物质文化要素，三者相辅相成。营造传统聚落乡土文化景观，要遵循文脉（文化基因）传承原则、生态平衡原则和视觉美感原则。

（3）传统聚落乡土文化景观反映了地域文化特征，具有空间联系性和时间延续性特征。传统聚落乡土文化、景观与旅游三者关系密切，地域文化元素是传统聚落乡土文化景观设计的基础，传统聚落乡土文化景观设计是传统聚落旅游的重要环节。

| 6-79 |
| 6-80 |

图6-79 离石杜家山安国堡建筑景观示意图1

图6-80 离石杜家山安国堡建筑景观示意图2

# 参考文献

[1] 霍耀中.刘沛林.黄土高原村镇形态与大地景观[J].建筑学报,2005,(12): 42-44.

[2] 霍耀中.流失的村落[M].太原:山西人民出版社,2005.

[3] 霍耀中,张入方.黄土中游地区农耕文明的生存景观[J].城市发展研究,2009,3: 11-14.

[4] 霍耀中.黄土高原原生建筑群系历史演替研究[J].城镇化研究,2009,4: 9-16.

[5] 霍耀中,张其俊,师振亚.碛口古镇保护[M].太原:山西人民出版社,2006.

[6] 霍耀中.山西碛口古镇历史建筑文化相融现象探析[J].中国名城,2011,10: 33-37.

[7] 中国大百科全书出版社编辑部.中国大百科全书·农业Ⅱ[M].北京:中国大百科全书出版社,1990: 1044-1046.

[8] [日]原广司.世界聚落的教示100[M].北京:中国建筑工业出版社,2003: 214.

[9] [日]藤井明.聚落探访[M].北京:中国建筑工业出版社,2003: 16.

[10] 刘沛林,刘春腊等.中国传统聚落景观区划及景观基因识别要素研究[J].地理学报,2010,65(12): 1497-1507.

[11] 刘沛林,刘春腊等.我国古城镇景观基因"胞—链—形"的图示表达与区域差异研究[J].人文地理,2011,(1): 19-23.

[12] 刘沛林.基于景观基因完整性理念的传统聚落保护与开发[J].经济地理,2009,29(10): 1731-1736.

[13] 刘沛林."景观信息链理论"及其在文化旅游地规划中的运用[J].经济地理,2008,28(6): 1035-1039.

[14] 申秀英,刘沛林等.景观"基因图谱"视角的聚落文化景观区系研究[J].人文地理,2006,(4): 109-112.

[15] 刘沛林.中国传统聚落景观基因图谱的构建与应用研究[D].北京:北京大学学报,2011.

[16] 刘沛林.古村落文化景观的基因表达与景观识别[J].衡阳师范学院学报,2003,24(4): 1-8.

[17] 林河.中国巫傩史[M].广州:花城出版社,2001: 393-394.

[18] 杨兆麟.原始物象——村寨的守护和祈愿[M].昆明:云南教育出版社,2000: 74,75.

[19] 刘沛林.古村落文化景观的基因表达与景观识别[J].衡阳师范学院学报,2003,24(4): 1-8.

[20] 刘沛林."景观信息链理论"及其在文化旅游地规划中的运用[J].经济地理,2008,28(6): 1035-1039.

[21] 刘沛林.古村落:和谐的人居空间[M].上海:上海三联书店,1997.

[22] 刘沛林.中国古村落之旅[M].长沙:湖南大学出版社,2007.

[23] 赫特纳A.地理学:它的历史、性质和方法[M].北京:商务印书馆,1986.

[24] 竺可桢,黄秉维等.中国自然地理:总论[M].北京:科学出版社,1985.

[25] 濮静娟,朱晔.我国大陆地区旅游季节气候分区初探[J].旅游论丛,1987,(4): 65-67.

[26] 杨载田.中国旅游地理[M].第2版.北京:科学出版社,2004.

[27] 蓝勇.对中国历史文化地理研究的思考[J].学术研究,2002,(1): 87-90.

[28] 周振鹤.中国历史文化区域研究.序论[M].上海:复旦大学出版社,1997.

[29] 李旭旦.人文地理学[M].上海:中国大百科全书出版社,1984.

[30] 王恩涌等.文化地理学[M].北京:高等教育出版社,2001.

[31] 司徒尚纪.广东文化地理[M].广州:广东人民出版社,1993.

[32] 李孝聪.中国区域历史地理[M].北京:北京大学出版社,2004.

[33] 赵世瑜,周尚意.中国文化地理概说[M].太原:山西教育出版社,1991.

[34] 申秀英,刘沛林等.中国南方传统聚落的景观区划及其保护与利用价值[J].地理研究,2006,25(3): 485-494.

[35] 王文卿.中国传统民居的人文背景区划探讨[J].建筑学报,1994,(1): 44.

[36] 朱光亚.中国古代建筑区划与谱系研究//陆元鼎,潘安.中国传统民居营造与技术[M].广州: 华南理工大学出版社, 2002: 5.

[37] 余英.中国东南系建筑区系类型研究[M].北京: 中国建筑工业出版社,2001.

[38] 翟礼生.村镇建筑综合自然区划和建筑体系研究——江苏、贵州和河北三省的理论与实践[M].北京: 地质出版社,2008.

[39] 刘沛林,刘春腊等.中国传统聚落景观区划及景观基因识别要素研究[J].地理学报,2010,65 (12): 1497-1507.

[40] 霍耀中.黄土高原原生建筑群系历史演替研究[J].城镇化研究,2009,4: 9-16.

[41] 霍耀中,谷凯.市镇规划分析: 概念、方法与实践[J].城市发展研究,2005,2: 27-32.

[42] A·P·科维（A·P·Cowie）.牛津高级英语词典（Oxford Advanced Learner's Dictionary）[M].伦敦: 牛津大学出版社,1990.

[43] 吴家骅.景观形态学[M].北京: 中国建筑工业出版社,1999.

[44] (英)迪伊(Dee,C.).景观建筑形式与纹理[M].浙江: 浙江科学技术出版社,2004.

[45] (美)拉普卜特.宅形与文化[M].北京: 中国建筑工业出版社,2007: 14.

[46] 列宁.列宁全集（第38卷）[M].北京: 人民出版社,1959: 459.

[47] 凯文·林奇.城市形态[M].北京: 华夏出版社,2002: 93.

[48] 凯文·林奇.城市形态[M].北京: 华夏出版社,2002: 156.

[49] http://www.oklx.com/c/2007-4/C8E5B50PF1BC47C8A30E27496ED74D4F.htm

[50] 颜纪臣等.山西传统民居[M].北京: 中国建筑工业出版社,2006: 40.

[51] 颜纪臣等.山西传统民居[M].北京: 中国建筑工业出版社,2006: 19.

[52] 颜纪臣等.山西传统民居[M].北京: 中国建筑工业出版社,2006: 89.

[53] 曹正伟,邓宏,贾祺.观照欲望与图示概念——传统建筑图示中的视角分析[J].重庆建筑大学学报,2007,29(4): 17-21.

[54] (日)海野一隆.地图的文化史[M].北京: 新星出版社,2005: 5-21.

[55] 马耀峰.专题地图符号构成元素的研究[J].地理研究,1997,16(3): 23-30.

[56] 高俊.地图,地图制图学,理论特点与科学结构[J].地图,1986,(1): 7-8.

[57] Robinson A H.地图学原理[M].第五版.李道义.北京: 测绘出版社,1989: 10-33.

[58] 申秀英,刘沛林等.景观"基因图谱"视角的聚落文化景观区系研究[J].人文地理,2006,21(4): 109-112.

[59] 刘沛林.古村落文化景观的基因表达与景观识别[J].衡阳师范学院学报(社会科学),2003,24(4): 1-8.

[60] 申秀英,刘沛林等.景观基因图谱: 聚落文化景观区系研究的一种新视角[J].辽宁大学学报(哲学社会科学版), 2006,34(3): 143-148.

[61] 田德森.现代地图学理论[M].北京: 测绘制版社,1991: 23-34.

[62] 马永立.地图学教程[M].南京: 南京大学出版社,1998.50-62.

[63] 凌善金,黄淑玲.地图符号的视觉形态分类探讨[J].装饰,2008,(5): 86-87.

[64] 百度百科.基因[EB/OL].[2010-12-17] http://baike.baidu.com/view/8563.htm.

[65] 谭纵波.城市规划[M].北京: 清华大学出版社,2005: 25-32.

[66] 贺业钜.考工记营国制度研究[M].北京: 中国建筑工业出版社,1985: 39-61.

[67] 刘沛林. 古村落: 和谐的人聚空间[M]. 上海: 三联书店, 1997: 174.

[68] 刘沛林. 古村落文化景观的基因表达与景观识别[J]. 衡阳师范学院学报, 2003, 24(4): 1-8.

[69] 李青, 霍耀中. 景观形态学视角下的山西古村落特征及其保护[J]. 城镇化研究, 2009, 4: 17-23.

[70] 霍耀中, 刘沛林. 流失中的黄土高原村镇形态[J]. 城市规划, 2006, 2: 46-78.

[71] 吴昊等. 民居之本源——米脂窑洞古城[J]. 室内设计与装修, 2009, (8): 15-18.

[72] 刘沛林. "景观信息链理论"及其在文化旅游地规划中的运用[J]. 经济地理, 2008, 28(6): 1035-1039.

[73] 单霁翔. 文化遗产保护与城市文化建设[M]. 北京: 中国建筑工业出版社, 2009.

[74] 方可. 当代北京旧城更新: 调查·研究·探索[M]. 北京: 中国建筑工业出版社, 2000.

[75] 吴必虎. 区域旅游规划原理[M]. 北京: 中国旅游出版社, 2001: 38-45.

[76] 严国泰. 历史城镇旅游规划理论与实务[M]. 北京: 中国旅游出版社, 2005: 15-16.

[77] 刘沛林等. 碛口旅游发展[M]. 太原: 山西人民出版社, 2006: 5-6.

[78] 刘沛林. 古镇名村遗产保护与旅游开发[M]. 北京: 现代教育出版社, 2007: 305-306.

[79] 申秀英. 景观"基因图谱"视角的聚落文化景观区系研究[J]. 人文地理, 2006, (4): 109-112.

[80] 刘沛林等. 碛口旅游发展[M]. 太原: 山西人民出版社. 2006, 5-6.

[81] 刘沛林. 古镇名村遗产保护与旅游开发[M]. 北京: 现代教育出版社, 2007: 305-306.

[82] 霍耀中等. 碛口古镇保护[M]. 太原: 山西人民出版社, 2006.

[83] 张世满等. 碛口村镇建设[M]. 太原: 山西人民出版社, 2006.

[84] 刘沛林. 乡村旅游发展规划——以衡阳县为例[M]. 北京: 华龄出版社, 2006.

[85] 陈威. 景观新农村[M]. 北京: 中国电力出版社, 2007: 72-73.

[86] 陈威. 景观新农村[M]. 北京: 中国电力出版社, 2007.

[87] 许学强, 周一星, 宁越敏. 城市地理学[M]. 北京: 高等教育出版社, 1997: 6-28.

[88] 董鉴泓. 中国城市建设史[M]. 第二版. 北京: 中国建筑工业出版社, 1989: 50-120.

[89] 俞孔坚. 生存的艺术: 定位当代景观设计学[J]. 建筑学报, 2006, (10): 39-43.

[90] (UK) Maggie Roe. The European Landscape: A Revolution in Thinking about "Cultural Landscapes" [J]. 中国园林, 2007, (11): 10.

[91] Frampton K. Alvaro Siza. Complete Works[M]. London: Phaidon, 2008.

[92] 周向频. 生态意识和规划的应对——基于生态原则的城市景观规划概念及方法[J]. 城市规划汇刊, 1995.

[93] 戴代新, 戴开宇. 历史文化景观的再现[M]. 上海: 同济大学出版社, 2009.

[94] 沙润. 旅游景观审美[M]. 南京: 南京师范大学出版社, 2005: 238.

[95] 何景明. 国内乡村旅游研究: 蓬勃发展而有待深入[J]. 旅游学刊, 2004, (1).

[96] 刘沛林. 古镇名村遗产保护与旅游开发[M]. 北京: 现代教育出版社, 2007.

[97] http://www.kmtrip.net/mingzu/jieshao/lahu.htm

[98] 于红, 霍耀中. 生存的景观[J]. ID+C室内设计, 2007, (10).

# 后记

我是走出大山而把根留在山里的吕梁人，在从事艺术的道路中从未间断地走在高原山涧中，黄河和黄土地成为我艺术生命的沃土和甘泉，从记事起就深爱着这一方水土，在梦里仍能记得那老城、古镇、山村的凡人俗事。陕北道情、乡土鼓乐、地方戏曲是我艺术的入门，随演出走在山山峁峁的一村又一村；黄河和黄土风情是我美术创作的永恒题材，随画笔一次次翻越着黄土沟梁村庄；聚落景观、窑洞民居、古村古镇使我走向历史文化遗产保护与旅游景观规划研究，随热情穿梭在晋陕黄土高原村镇之间。我用生命的真情回报着这片热土，我的艺术生涯源于黄土，情系大山，像森森黄河水，激情永在涛声中。

2002年我牵头组建了山西大学城市设计学院，从此我从美术教育转向景观规划设计教学和研究。我与沛林认识在2004年8月英国伯明翰大学的一次国际学术会议上，当时，沛林已在人文地理学领域成绩显著，二人虽专业不同却有着共同的兴趣，对聚落景观和历史文化保护的热情使我们走到一起。我们首次合作是山西碛口古镇的保护规划和旅游发展规划，其成果后来整理出版了《聚落风土》丛书4册，并获得了山西省社会科学优秀成果奖。2005年我们和李锦生、孙善文共同发起组织召开了"中国古村镇保护与发展碛口国际研讨会"，有建设部原副部长两院院士周干峙、国家文物学会会长著名古建专家罗哲文先生等一批国内外知名专家学者参加，会议发布了古村镇保护与发展的《碛口宣言》，在国内外产生了一定的影响，引起了国家领导人的高度重视，时任副总理的曾培炎特别批示"我国古村镇保护工作刻不容缓"，建设部领导也指出要"对此类不可再生的遗产资源实施更有效的抢救措施"。

2006年在我的邀请下沛林被聘为山西大学兼职教授，因此，我们又开展了一系列项目研究，召开了"山西乡土景观与乡村旅游学术论坛"、"协作共赢—晋商文化景区旅游发展论坛"、"古迹永存文化永续—文物景点旅游文化论坛"等，《黄土高原聚落景观与乡土文化》一书就是在沛林和我主持的国家社会科学基金项目、国家自然科学基金项目、山西省高校社科研究基地项目的基础上形成的研究成果。

在本书即将出版之际，回想从1990年起，自己对晋西黄河流域传统村落、民居建筑景观的兴趣，做了大量纪实性写生和建筑测绘。2010年我再次组成晋陕峡谷明清民居调研小组对陕北、晋西传统村落进行了专项考察，其成员有研究生李青、王凡、张入方、于红等，一路西行，一路思索，一路感动于人与自然和谐相生的朴素画面，一路折服于最平凡的生活中所创造的最伟大的艺术。探访古村落达50多处，大家分工明确，各司其职，考察报告完成后在山西《城镇化研究》特刊专刊发表。我的三位研究生李青、陈晓丽、王凡分别在研究成果的基础上完成了硕士论文；孙伟、原帅为本书绘制了民居院落模型，沛林的学术助理刘春腊为本书的完成做了大量基础工作。

本书研究源起碛口古镇，特别是时任临县县委副书记孙善文（现任文水县委书记）和常务副县长王成军（现任文水县县长），以及现任碛口风景区管理局局长张犬照、碛口镇镇长郝大山等均给予了我们倾力支持，在此表示诚挚的谢意。

感谢山西省住建厅李锦生副厅长、村镇处于丽萍处长多年来的关心支持，感谢中国建筑工业出版社责任编辑。

成书之余，仍然诚惶诚恐，担心因为我们水平有限而令长期关心关注我们的各位师长和朋友感到失望，令期待我们成果见面的各位学人感到遗憾。但我们还是本着"抛砖引玉"的想法，期待更多关于黄土高原乡土文化与聚落景观研究的成果能涌现出来，也恳请专家同行赐正。

霍耀中

2013年1月1日

**图书在版编目（CIP）数据**

黄土高原聚落景观与乡土文化 / 霍耀中，刘沛林著.
北京：中国建筑工业出版社，2012.12
ISBN 978-7-112-14838-7

Ⅰ.①黄… Ⅱ.①霍… ②刘… Ⅲ.①黄土高原－聚落地
理－研究 ②黄土高原－文化史－研究 Ⅳ.①K927 ②k294

中国版本图书馆CIP数据核字(2012)第255099号

责任编辑：费海玲　　王雁宾
责任设计：董建平
责任校对：姜小莲　　王雪竹

黄土高原聚落景观与乡土文化

霍耀中　刘沛林　著

＊

中国建筑工业出版社　出版、发行（北京西郊百万庄）
各地新华书店、建筑书店经销
北京美光设计制版有限公司制版
北京富诚彩色印刷有限公司印刷

＊

开本：880×1230毫米　1/16　印张：17　字数：400千字
2013年6月第一版　2018年4月第二次印刷
定价：68.00元
ISBN 978-7-112-14838-7
　　　　　(22865)